中 華 文 明 史

중화문명사

The History of Chinese Civilization (4 Volume)
edited by Yuan Xingpei, Yan Wenming, Zhang Chuanxi, Lou Yulie

중화문명사 中華文明史

제4권 下
명대 중엽–신해혁명

주편主編 위안싱페이(袁行霈), 옌원밍(嚴文明),
장촨시(張傳璽), 러우위리에(樓宇烈)
본권 주편 러우위리에(樓宇烈)
본권 부주편 류융창(劉勇强)
역자 김상일

동국대학교출판부

차례

제8장

종교 신앙: 관념과 실천 13

제1절 국가 종교제사의 완비 15

1. 국가의 종교제사 15
2. 선농과 선잠에 대한 제사 18
3. 공자에 대한 제사와 유가학파에 대한 예경 20
4. 만주족의 제사 22
5. 제단과 사묘祀廟를 짓다 23

제2절 전통종교의 다원적 발전과 융합 26

1. 전통종교의 다원적 발전 26
2. 명말 불교의 4대사 27
3. 거사 불교 29
4. 대장경의 개판 29
5. 서장 종객파의 격로파 30
6. 도교의 성쇠 34

7. 이슬람교 37
8. 한문 역저와 청초의 4대가 38

제3절 민간종교와 민간신앙 42
1. 민간종교와 사회 42
2. 나교羅教 45
3. 샤머니즘과 민간종교 46
4. 직업의 신 53

제9장
문예창작의 새로운 흐름 57

제1절 통속문학의 발흥과 변주 59
1. 존정尊情 · 숭속崇俗 · 상진尙眞 · 구취求趣 59
2. 『서유기』의 문화적 내용 62
3. 『금병매』와 '삼언이박'에 보이는 세태인정 64
4. 고금 세계의 큰 소부笑府 66
5. 소설가의 한유寒儒의식과 재자才子의식 68
6. 꽃의 요정과 여우 화신의 정신세계: 『요재지이』 70
7. 문인의 운명의 반성: 『유림외사』 72
8. 무협소설의 원류 73
9. 화부花部와 아부雅部 74
10. 소설의 혁명 78

제2절 독서성령獨抒性靈과 부도창상賦到滄桑 80
1. 복고와 혁신: 문학 관념의 변화 80
2. 서위徐渭: 심령의 몸부림 82

3. 『동심설』 84
4. 소품문의 세계 86
5. 성령의 세계: 원굉도부터 원매까지 88
6. 시사詩詞에 대한 우환과 역사의 흥망 89
7. 시사의 중흥과 시학의 발전 93
8. 검 한 자루와 퉁소 한 자루: 쇠퇴하는 시단 95

제3절 판화 세계와 한묵단청 99
1. 서화의 세계 99
2. 판화의 세계 101
3. 동기창의 남북종론 106
4. 문인화의 사왕四王 108
5. 주탑과 석도 109

제4절 『홍루몽』: 문화사를 반영한 한 편의 소설 116
1. 억어체憶語體 문학의 유행과 조설근의 회상 기질 117
2. 신화적 사유와 사실 주장 118
3. 성별: 현실체험과 역사 관조에의 간절한 몰입 119
4. 이상과 현실의 모순 122
5. 말세감과 「미인과 황토」의 비극의식 123
6. 서사와 서정 130

제10장
사회생활의 답습과 움직임 133

제1절 예교적 배경 아래서의 종법적 가족생활 135
1. 사당祠堂 136

2. 족전族田과 종보宗譜의 편찬 139
3. 족규 · 가훈과 족인의 생활 142
4. 사회윤리를 위배하는 경향 147

제2절 상인의 정신과 사회의 기풍 155
1. 사회관념의 변화와 개혁 155
2. 상인과 세태 165
3. 사회문화의 번영 180

제3절 문인사대부의 청아한 생활 187
1. 정을 얻고, 욕망을 이루다 187
2. 개성을 키우는 생활 스타일 191
3. 청아한 생활 정취 194
4. 끽차와 음주에의 고집 195
5. 주거 원림에의 고집 200
6. 골동 · 금석 · 고서 204
7. 문인들의 풍류 모임 206

제11장
학교교육과 사회교육 213

제1절 완비된 학교와 서원의 흥망과 쇠퇴 215
1. 학교제도의 완비 215
2. 국자감 216
3. 지방의 유학 217
4. 양명심학과 서원에서의 강학 226
5. 네 번에 걸친 서원탄압 228
6. 경전과 역사를 강의하는 서원 231

7. 만주족의 학교 232
8. 강희제와 산학교육 233

제2절 초등교육과 그 문화적 의미 236
1. 사학社學 · 의학義學 · 사숙 236
2. 식자와 사학 242
3. 강서講書 · 낭독 · 암창 245
4. 대구를 만들다 247
5. 도덕교육의 행위화 248
6. 계몽사상과 초등교육 249
7. 중국 전통문화의 기초 255

제3절 사회생활 속에 융합된 교육 257
1. 여성교육과 전통적 미덕 257
2. 명청 시대의 여성 인재 261
3. 관잠서官箴書 264
4. 청淸 · 신愼 · 근勤 265
5. 관잠서와 정치문화 267
6. 사대부와 향약 270
7. 강약회講約會 273
8. 선서善書 275
9. 원황과 『요범사훈』 입명설 276

제12장
중심도시의 건설과 지역 간 차이의 돌출 279

제1절 명청 두 왕조 수도의 계획과 관리 282
1. 천인합일 이념의 사물화 과정 282

2. 전통과 실용의 결합 284
3. 사합원四合院 290
4. 공간의 분할과 관리 기구 293
5. 수도의 일상과 운영 295
6. 상업구역 297
7. 호적과 치안 300

제2절 연해도시의 발전과 방사放射 작용 304
1. 해금海禁과 개항 305
2. 연해도시의 방사 작용 310

제3절 연해도시의 발전과 지역 차이 312
1. 동북 지역 연해 항구도시의 성쇠–영구와 대련 313
2. 화북 지역 연해도시의 대표–천진 · 청도 · 연태 316
3. 동남 연해의 하구형 항만도시 322
4. 상해와 광주의 차이 333

제13장
변혁과 부강의 도모: 근대 문명의 촉진 339

제1절 사이師夷 · 제기制器 · 자강自强 341
1. 아편전쟁의 참패 341
2. 기불여인器不如人 342
3. 근대 기계공업의 출현 346
4. 군수산업 문화의 전진 348
5. 근대 민간산업과 민족자본주의 349
6. 전통사회에 대한 분석과 상업계의 성황 353

7. 신자유직업 집단 354
8. 도시인들의 소비구조와 관습의 변천 357
9. 근대도시의 물결 361
10. 갑오전쟁(청일전쟁) 실패의 영향 363

제2절 서학 · 계몽 · 구국 367
1. 서학의 충격 367
2. 세계로 시선을 돌린 선구자 368
3. 기독교와 태평천국 372
4. '중체서용'이라는 서양관 375
5. 구국과 계몽의 이중 사명 376
6. 박학한 선비와 배움이 없는 이의 순간적인 변화 377
7. 무술 시대의 사조 379
8. 근대적 문화교육사업의 원류 381
9. 문화의 전파 수단, 새로운 미디어 384
10. 학문 분야의 체계와 새변성 386

제3절 제도 · 입헌 · 공화 408
1. 헌정 시스템 도입의 비동시성 408
2. 군사제도–새로운 군대의 재건 415
3. 재정제도–해향 · 협향에서 근대 재정제도의 시작까지 418
4. 법률제도–'제법합체'에서 사법의 독립 420
5. 교육제도–과거제 폐지의 시대적 의의 423
6. 행정제도–근대 관료제도의 구축 426
7. 신해혁명과 공화국 431

찾아보기 · 439

中華文明史
제4권 下

제8장

종교 신앙: 관념과 실천

명대 중엽 이후 전통종교 발전의 뚜렷한 특징은 다원적이고 융합적이라는 점이다. 전통적인 유교·불교·도교 모두 그 발전의 정점에 이른 뒤에 점차 쇠락하기 시작하였으며, 3교 합일의 사조가 하나의 추세를 이루었다. 이와 동시에 장전藏傳(티베트 경전)불교가 도달한 그 발전의 고봉은 종객파宗喀巴(총카파)가 창립한 격로파格魯派(겔룩파)가 서장西藏(티베트)에서 불교를 개혁하였고, 아울러 정교政教 합일의 정권체제를 건립하였다. 중국에 전해진 이슬람교는 토착화를 시작하였고, 본토의 다른 종교와 조화롭게 상생하면서 유교·불교·도교·이슬람교 4교가 나란히 선 새로운 국면을 형성하였다. 전통종교의 발전과 병행하면서 백련교白蓮教·나교羅教·삼일교三一教로 대표되는 민간종교의 교파도 널리 일어났다. 그들은 불교와 도교에서 배태되어 나온 것으로 민중의 생활 속에서 영양을 흡수하고, 아울러 명 중엽 이후의 새로운 사회현실과 긴밀하게 결합하여 매우 빠르게 하나의 커다란 흐름을 형성하였다. 민간종교 역사에서 일찍이 연속으로 발전한 것은 명청 시기에 가장 두드러졌으며, 중국 종교사상에서 중요한 자리를 차지한다. 명청 시기에 하나의 종교문화가 된 민간신앙은 또한 광범하게 유전되었으며, 성황城隍·관제關帝·벽하원군碧霞元君·마조媽祖 등으로 대표되는 민간신앙이 이 시기의 독특한 종교와 민속적 풍경을 구성하였다.

제1절

국가 종교제사의 완비

1. 국가의 종교제사

국가의 종교제사는 전통 예제에 속해 있었는데, 역대 왕조는 모두 그것을 매우 중시하고 예부터 있었던 예악문화를 계승하여 발전시켰다. 그리하여 중화문명의 주요 상징의 하나가 되었으며, 풍부한 인문의식의 온축과 찬란한 예술적 광휘를 표현해 왔다.

예악 전통의 연원은 아주 오래되어 전통상으로 말하면, 유가사상이 줄곧 이 영역에서 주도적인 지위를 차지하였다. 그러나 역대로 발전해 오면서 점차 허다한 갈래를 낳았는데, 심지어 이역의 내용을 불교와 도교에 혼입하여, 흘러내려온 예악을 갈수록 번잡하게 하고 갈수록 형식화하였다. 그리하여 상하층을 바르게 하고 귀신을 감동시키며 교화를 이루도록 하는 정교의 목적을 어렵게 하였다. 송대 이후 이학理學을 중심으로 신유학이 일어나 예악의 근원을 맑게 하기 위한 사상적 기초를 제공하였다. 명청의 예악은 유가의 옛 의례를 회복하여 유가사상을 충실하게 함양한 것이 주요한 특징이다. 명조 건국 당초에 명 태조는 이선장李善長·부환傅瓛·송렴宋濂·첨동詹同·도안陶安·유기劉基 등 유신들의 협조 아래 "고금을 짐작하여(斟酌古今)", 역대로 남긴 예악을 과감하게 개혁하여 천황天

皇 · 태을太乙 · 육천六天 · 오제五帝 등의 제사를 혁파하였으며, 여러 신들의 봉호封號도 모두 본래의 이름으로 고쳐서 누습을 크게 씻어내 명조의 예악을 "한나라와 당나라의 수준을 넘어서게 하여(度越漢唐)" 이전에 없었던 수준에 이르렀다.[1] 청조 전기에는 예를 수개修改하면서 또한 예禮와 악樂의 사상적 내용을 매우 중시하였다. 이후 대대로 조정에서는 예를 수개修改할 때 모두 강희제가 정한 『일강예기해의日講禮記解義』와 건륭제가 정한 『삼례의소三禮義疏』를 지도 강령으로 삼았다. 명 · 청 양조는 천지 · 종묘 · 사직 등의 3대 제사 외에 공자에게 제사하는 것을 매우 중시하고 제례의 규격 또한 끊임없이 제고시켰으며, 광서光緖 말에 이르러 공자 제사를 승격하여 대사大祀로 삼았다. 공자와 나란히 종사從祀(공자와 함께 제를 지내는 것)하게 된 역대의 많은 유자들의 지위를 높인 것은, 어떤 면에서 명 · 청 양 시대의 예악제도 중에서 유가사상이 차지하는 비중을 증가시킨 것이었다.

국가의 예악인 길吉 · 가嘉 · 빈賓 · 군軍 · 흉凶 5례 중에서 길례는 계통적인 종교제사 제도를 포함하였다. 이 제도는 명 · 청 양조에서 점차 발전하면서 완비되었다. 명청 시기의 종교제사는 방대한 제사 체계가 있었는데 대 · 중 · 소 세 가지 제사로 나누었다. 『명사明史』에 실린 것을 살펴보면 명나라가 정한 바 있는 대사大祀에는 환구圜丘 · 방택方澤 · 종묘宗廟 · 사직社稷 · 조일朝日 · 석월夕月 · 선농先農 등이 있고, 중사中祀에는 태세太歲 · 성신星辰 · 풍운뇌우風雲雷雨 · 악진岳鎭 · 해독海瀆 · 산천 · 역대 제왕 · 선사先師 · 기독旗纛 · 사중司中 · 사명司命 · 사민司民 · 사록司祿 · 수성壽星 등이 있었다. 뒤에는 대사 중에서 조일 · 석월 · 선농은 내려서 중사에 넣었다. 소사小祀에는 사조司竈 · 중류中霤(땅을 관장하는 신) · 사문司門 · 사

1 『明史 · 禮志』, 『明史』 권47, 上海古籍出版社 · 上海書店出版 『二十五史』 제10책, 1986년, 132쪽 참조.

그림 8–1 농업의 신 제단에서 제물을 바치는 옹정제. 경적례에서 매년 음력 2월과 8월에 열리는 의식을 위해 황제의 도착을 기다리는 텐트 아래에 놓인 만찬회에 참석한 관리들과 제단을 보여 준다. 청 왕조.

정司井 같은 여러 신에게 제사 지냈다.[2] 『청사고淸史稿』에는 청나라 초기에 정한 대사로 환구·방택·기곡·태묘太廟·사직 등이 있었고, 이후에 상우常雩를 더했다. 중사에는 천신·지지地祇·태세·조일·석월·역대 제왕·선사·선농·선잠先蠶 등을 제사 지냈고, 군사群祀에 선의先醫·현량賢良·소충昭忠 등을 제사 지냈다. 만주족이 보유하고 있던 제사 구례는 청나라 종교제사의 뚜렷한 특징으로, '당자지제堂子之祭(사직社稷의 제신에게 제를 지내는 당에서 자연신과 조상에게 지내는 제사)', '곤녕궁제신坤寧宮祭神(자금성의 내전인 곤녕전에서 지낸 샤머니즘 계통의 제사)' 같은 것은 모두 만주에서 근원한 것이며, 청조가 산해관으로 들어온 뒤에는 궁중에서 계속되었다.[3]

천지·종묘·사직 3대 대사는 모두 천자가 직접 집전한 가장 융숭한 제사였다.(그림 8–1) 홍무洪武 원년 동지에 호천상제昊天上帝를 환구단(천단天壇의 제단)에서 제사 지냈는데 황제가 친히 제례를 행하였다. 영신迎神·전옥백奠玉帛·진조進俎·초헌初獻·아헌亞獻·종헌終獻·철찬徹饌·송

2 『明史·禮志』, 『明史』 권47, 132쪽 참조.

3 『淸史稿·禮志』, 『淸史稿』 권85, 上海古籍出版社·上海書店出版 『二十五史』 제11책, 1986년, 346쪽 참조.

신送神 · 망료望燎 등의 예제를 따라 진행하고 아울러 협률랑協律郎(음악을 관장하는 관리) 등이 배합하여 중화中和 · 숙화肅和 · 응화凝和 · 수화壽和 · 예화豫和 · 희화熙和 · 옹화雍和 · 안화安和 · 시화時和 등의 전례음악을 연주하였다.[4] 방택 · 종묘 · 사직에 제사하는 것 또한 모두 유사한 예의 과정을 거쳤다. 그 가운데 사직에 대한 제사는 천자로부터 왕국 · 주 · 부 · 현에 이르기까지 모두 거행한 전국적인 성향의 제사였다. 3대 제사를 거행하는 종교적 의의는 일종의 정교상의 선포에 있다. 먼저 황조皇朝의 정통을 표명하는 것이다. 청초로 예를 들면, 만족이 처음 흥기했을 때 예악은 모두 동북의 옛 풍속을 따랐다. 1636년(숭덕 원년)에 대청국을 세우면서 비로소 국가의 대사를 행하였으나 예제상에서는 간소해지고 낮아졌다. 1644년(순치 원년)에 북경에 도읍을 정하고 천지 · 종묘 · 사직을 크게 제사지내고 곧 전면적으로 중원에서 예로부터 행한 예제를 계승하고 만주의 옛 풍속을 궁중에 남겼다.

황조의 바뀜은 매우 다양한 상황에서 민족의 융합에 영향을 미쳤는데, 한편으로 민족의 융합은 예제를 얼마간 개변하도록 하고, 다른 한편으로 원래 변방에서 중원의 주인이 된 민족의 입장에서 말하면 중원에서 예부터 행해진 예제를 선택하여 외적인 면에서 내적으로 전변하는 과정을 시작하게 되었다. 이것은 문명의 연속과 통일로 전변하게 하는 것과 같은 중대한 의미를 갖는다.

2. 선농과 선잠에 대한 제사

중화문명은 줄곧 농업을 근본으로 삼았다. 때문에 선농先農과 선잠先蠶에 제사하는 것은 중화문명사에서 매우 상징적인 의미를 갖는다. 선농 ·

4 『明史 · 樂志』, 『明史』 권61, 163쪽 참조.

선잠에 제사하는 것은 사람들의 실제적인 생활과 밀접한 관계가 있고, 이러한 제사는 종교성은 비교적 약화되었으나 다시 전통적인 풍속에 대해 좋아하는 바람으로 접근하게 하였다. 선농에 제사를 지내는 것은 한나라 때부터 시작되어 줄곧 이어진 전통적인 제사였다. 명초 태조 황제는 예관과 함께 새로운 선농 제사 의례를 정하는 일을 의론하고 남쪽의 들에 선농단先農壇을 건립하여 음력 2월에 황제가 친히 선농에 제사를 지냈다. 그런 뒤에 경적례耕耤禮(임금이 친히 쟁기로 밭을 가는 행사)를 행하고 예제를 마친 뒤, 다시 단이 있는 곳에서 백관과 기로耆老들을 위한 잔치를 벌였다.[5] 청 옹정 초의 윤음綸言에, "나라는 민중을 근본으로 삼고 민중은 먹는 것을 하늘로 삼는다. 예에 이르기를 '천자는 천 무의 밭을 갈고 제후는 백 무의 밭을 간다'고 하였다. 이 경적례는 신하에게도 통하는 것이며 각 지방 행정관들은 따라 행하는 것이 마땅하다. 씨를 뿌리고 거두는 일의 간난을 알도록 하고 땅의 기름짐과 메마름을 살피며 계절의 날씨를 헤아리도록 하는 것이다. 민중을 양육하여 나라의 근본에 힘을 쓰는 방법은 실로 이로부터 시작하는 것이다.(國以民爲本, 民以食爲天. 禮天子耤千畝, 諸侯百畝. 是耕耤可通臣下, 守土者宜遵行, 俾知稼穡艱難, 察地力肥磽, 量天時晴雨. 養民務本, 道實由之.)"라고 하였다. 이에 의론을 결정하고 순전부로부터 전국 각지에 이르기까지 농단農壇과 적전耤田을 세웠다. 선농에 제사하는 예제는 사직에 지내는 제사와 같은 양식으로 전국적으로 확대되었다.[6] 선잠은 명대 가정 연간(1522-1566)에 제사하는 것을 정한 것으로 선잠단은 자금성 서원에 건립하고 황후가 궁중의 비빈 및 명을 받은 궁 밖의 부녀자들을 거느리고서 제사를 지내고 제례를 마친 뒤 다시 친히 잠례蠶禮를 행하였다.[7](그림 8-2) 이후에 명청 양조는 모두 선잠에 제사를 지

5 『明史·禮志』, 『明史』 권49, 137쪽 참조.
6 『清史稿·禮志』, 『清史稿』 권83, 342쪽 참조.
7 『明史·禮志』, 『明史』 권49, 137-138쪽 참조.

그림 8-2 내전에서 고치를 모으고 있는 여인들. 명 왕조.

냈다. 건륭 말년에 특별히 절강성의 헌원軒轅 황제묘의 잠신蠶神에게 제사를 지냈으며 항주 · 가흥嘉興 · 호주湖州 등지의 잠신사蠶神祠의 잠신에게도 제사를 지냈고 사전祀典의 예에 넣었다.[8] 이러한 시행은 국가가 양잠을 중시하고 종교의 제사도 모두 양잠을 위해 지낸다는 것을 나타낸 것이다.

3. 공자에 대한 제사와 유가학파에 대한 예경

1368년 명 홍무 원년에 시작하면서 매년 '중춘(음력 2월) · 중추(음력 8월)의 첫 번째 정일(上丁日)'에 황제는 향을 내리고 관리를 파견하여 국학에서 지성선사至聖先師인 공자에 제사하였는데, 승상이 초헌하고 한림학사

8 『淸史稿 · 禮志』, 『淸史稿』 권83, 342쪽 참조.

가 아헌을 하고 국자좨주가 종헌을 하였다.[9] 청 옹정 4년 봄가을 두 번 황제가 친히 공자에게 제사하는 제도를 정하고 5년에 또 8월 27일을 공자의 탄신일로 정하였다.[10] 명 영락 초년에 세운 북경의 공묘孔廟는 이 이후 명청 양조에서 공자에 제사하는 전문 장소가 되었다. 공자에 대한 제사는 기실 공자와 유가학파에 대한 예경禮敬을 확립하는 것이며, 많은 제사 중에서도 유가학파 중의 정수이고 꽃이었다. 청대 순치 2년(1645)에 공자에게 제사하였던 것을 예로 삼아, 정중앙에 선사先師인 공자에게 제사하고, 그런 뒤에 배열한 안자顔子 · 증자曾子 · 자사자子思子 · 맹자孟子 등의 4배配와 민손閔損 · 염옹冉雍 · 단목사端木賜 · 중유仲由 · 복상卜商 · 염경冉耕 · 재여宰予 · 염구冉求 · 언언言偃 · 전손사顓孫師 등 10철哲, 선현 중에 공문의 많은 제자 및 좌구명左丘明 · 주돈이周敦頤 · 장재張載 · 정호程顥 · 정이程頤 · 소옹邵雍 · 주희朱熹 등 69인, 선유先儒로 곧 공양고公羊高 · 곡량적穀梁赤 · 복승伏勝 · 공안국孔安國 · 모장毛萇 · 후창后倉 · 고당생高堂生 · 동중서董仲舒 · 왕통王通 · 두자춘杜子春 · 한유韓愈 · 사마광司馬光 · 구양수歐陽脩 · 호안국胡安國 · 양시楊時 · 여조겸呂祖謙 · 나종언羅從彦 · 채침蔡沈 · 이동李侗 · 육구연陸九淵 · 장식張栻 · 허형許衡 · 진덕수眞德秀 · 왕수인王守仁 · 진헌장陳憲章 · 설선薛瑄 등 28인이 있다. 뒤의 각 왕조별로 공자를 제사할 때 제사의 대상자에 대해서는 보통 증감이 있었고, 그 가운데 돌출적인 예로는 청나라 사람들이 가장 존숭했던 한나라 때의 경사經師인 허신許愼 · 정현鄭玄 등을 더하는 것과 같은 경우이고, 또한 유종주劉宗周 · 황도주黃道周 · 여곤呂坤 · 손기봉孫奇逢 등 명청 시대의 대유大儒를 더한 것이다.[11]

한나라 때 이래로 각 왕조는 제사 대상인 유가儒家를 선택함에 있어 더하거나 줄이기도 했는데, 이런 점은 국가 이데올로기가 유가의 정통을 이

9 『明史 · 禮志』, 『明史』 권50, 140쪽 참조.

10 『清史稿 · 禮志』, 『清史稿』 권84, 343-344쪽 참조.

11 『清史稿 · 禮志』, 『清史稿』 권84, 343-344쪽 참조.

해하는 데 끊임없는 변화가 있었음을 반영한 것이다.

4. 만주족의 제사

'당자제천堂子祭天(제사용 당실堂室에서 하늘에 제사 지내는 것)'은 만주족 내부의 중요한 종교제사였다. 만주족의 구례 중에는 '당자제천' 외에도 월제月祭·간제杆祭·욕불제浴佛祭·마제馬祭 등 일련의 제사가 있었다. '당자堂子'는 사직社稷의 여러 신기神祇를 받든 조용한 방을 말한다. 당자제는 황제가 친히 지내는 큰 제사였다. 순치제 때 장안 좌문 밖에 당자를 세웠는데, 매년 정월 초하루와 출정했다가 개선할 때 황제가 모든 친왕과 번왕 등 만족의 왕공들을 거느리고 당자에서 제사하였다.[12] 만주족 사회에서 유전된 종교제사는 그 기원이 살만교薩滿教(샤먼) 전통이라 말하는데, 어떤 원시성의 흔적이 있었다. 그러나 청조에서 계승된 부분은 종교제사가 되었고, 예부터 있었던 중원의 종교제사와 대체로 같은 종교적 의의를 갖추고 있었다. 다만 다른 문명의 전통에서 내려온 것이며 예의禮儀상에 다른 점이 있었다. 만족의 통치자가 중원에 들어온 뒤로 동시에 두 가지의 문명전통적 종교제사를 가지게 되었는데, 이는 청조의 종교 정책상에서의 다원화와 포용성을 표명한 것이었다. 뒤에 청조는 라마교·불교·도교·이슬람교·기독교 등을 대하면서 모두 이러한 특징을 드러냈다.

명청 양조 국가의 종교제사는 유가사상을 기본으로 예제를 갱정하는 측면이 비교적 현저하였고 예악상에서 새롭게 발명한 것은 많지 않았다. 기본적인 것은 예부터 있었던 예악을 유지하였고 대체로 한漢·당唐·송宋·원元의 옛것을 모아서 조금씩 그 이름을 바꾼 것이었다. 청 강희제는 악률에 정통하였는데 예악을 제정하고자 하는 뜻을 두고 위정진魏廷珍·

12 『清史稿·禮志』, 『清史稿』 권85, 346쪽 참조.

매곡성梅穀成 · 왕난생王蘭生 등 전문가를 불러들여 몽양재蒙養齋에서 함께 율려律呂에 관한 여러 책들을 수정하여 1713년(강희 52)에 『율려정의律呂正義』를 상편 2권의 『정률심음定律審音』, 하편 2권의 『화성정의和聲定義』, 속편 1권의 『협운도곡協韻度曲』으로 구성하여 편찬하였다. 1746년(건륭 11)에 또 이것을 보정한 『율려정의후편律呂正意後編』 120권을 편찬하였는데, 각종 전례음악典禮音樂을 기술하고 아울러 무보舞譜와 곡보曲譜를 수록하였다. 이런 대규모 저작은 고대의 악률학을 집대성한 것이나, 다른 면에서 후세에 비판을 받았다. 명 만력 때 주재육朱載堉은 이미 12평균율을 발명하였다. 강희제가 도리어 그것을 그릇된 것이라 하여 배척하고 별도로 14율을 제기하였는데 실제는 복잡해졌을 뿐이었다.[13] 이 저작의 제3부인 『협운도곡』은 서양의 전교사인 스페인 사람 서일승徐日昇(Thomas Pereira)과 이탈리아인 덕례격德禮格(데오도리코)이 전래한 서양음악의 성률 규칙을 수용한 것으로, 이것은 서양음악학이 중국에서 처음으로 중시된 것임을 보여 주는 자료라 할 수 있다.

5. 제단과 사묘祀廟를 짓다

명청 양조의 국가 종교제사에서 중요한 구성 요소였던 제단과 사묘는 중국 고대 건축 역사상에서 가장 찬란한 성과이다. 명 성조成祖는 북경으로 천도한 뒤 자금성을 건축하는 동시에 태묘太廟 · 사직단社稷壇 · 천단天壇 · 산천단 등의 단묘를 대규모로 건축하였다. 뒷날의 가정 황제와 청조의 여러 황제 또한 부분적으로 단묘를 더 짓거나 수리하였다. 최종적으로 천단 · 지단 · 일단 · 월단 · 사직단 및 태묘 · 종묘 · 공묘 · 관제묘關帝廟 등으로 구성된 단묘 체계를 형성하였다. 중국 역대 도성 중에서 북경의 단묘

13 廖輔叔, 『中國古代音樂簡史』, 人民音樂出版社, 1964년, 135-136쪽 참조.

그림 8-3 명청 시기의 천단天壇 환구圜丘 전경.

건축은 최고의 체계이고 예술성 또한 최고이다. 단묘 건축은 종교성과 예술성을 유기적으로 결합하여 구현해야 한다. 천단의 환구圜丘를 예로 들면 그것의 종교적 상징성은 특별히 강하다.(그림 8-3) 환구는 천단 건축의 중심으로 제천의 예를 거행하는 곳이다. 그것은 중앙의 원형 환구와 3층의 둥근 모양의 하얀색 석대로 구성하였는데, 이러한 식의 건축은 모두 하늘이 둥글다고 하는 것에서 착안한 하늘의 상징이다. 3층 석대 제1층은 직경이 9장丈인데 1과 9란 수의 상징이며, 제2층 석대는 직경이 15장으로 3과 5를 곱한 15의 수를 상징하고, 제3층 석대는 직경이 21장으로 3과 7을 곱한 21의 수를 상징하는 것으로 모두 양陽의 수이다. 양수는 하늘을 상징하는데 당시 환구를 건설하는 종교성의 요구로 땅에 연이어 깐 돌판도 모두 9의 배수를 고려하여 하나같이 배열하였다.[14] 전체 천단 건축은

14 『中國古代建築簡史』, 『中國建築簡史』 제1책, 中國工業出版社, 1962년, 199-204쪽 참조.

종교성과 예술성이 유기적으로 통일된 형상적 특징을 갖추고 있다. 더 말하면 천단뿐 아니라 그것이 소유한 단묘 건축은 모두가 그에 상응하는 종교성의 내함을 가지고 있다.

제2절

전통종교의 다원적 발전과 융합

1. 전통종교의 다원적 발전

명청의 불교 발전은 한전漢傳불교와 장전藏傳불교의 양대 계통으로 나눌 수 있다.

불교의 발전은 국가의 관리와 불교 자체의 변천 양 방면에서 볼 수 있다. 명조의 초기 태조 황제는 한전불교에 대해 지지하였기에 선종·정토·천태·현수·율종 등 불교 종파 모두 점차 회복하여 원대 라마불교 독존의 국면을 개변시켰다. 명초에는 불교를 정비하려는 많은 조치를 채택했는데, 송대에 비추어 각급의 승사僧司·승관僧官을 설립하였다. 즉 수도에는 승록사僧錄司를 설치하고, 각 부에 승강사僧綱司를 설치했으며, 주에 승정사僧正司를 설치하였고, 현에는 승회사僧會司를 설치하여 이로써 불교에 대한 관리를 강화하였다. 또한 사원을 선禪·강講·교教 세 가지 종류로 규정하고 아울러 각각 승복의 색깔을 달리하여 구별하였다. 불교 중에 또한 고시제도를 적용하여 각지 승려들에게 명하여 『심경心經』·『금강경金剛經』·『능가경楞伽經』 등의 경전을 강습하게 하고 정기적으로 시험을 실시해 경전에 불통하는 자는 도태되도록 하였다.

명대 불교는 각 종파 중에서 선종禪宗이 가장 성행하였다. 원말 선승인

초석 범기楚石梵琦(?-1370)가 명에 들어와 지극히 높은 추숭을 받아 '국초제일종사國初第一宗師'라 일컬어졌다. 명 중엽 이후 소암 덕보笑巖德寶 등이 선종의 임제종臨濟宗 법계를 이어 전했는데, 덕보 문하에 환유 정전幻有正傳이 나왔고, 정전 문하에 밀운 원오密雲圓悟·천은 원수天隱圓修·설교 원신雪嶠圓信 등의 저명한 선사가 있었으며, 각기 일방을 전도하여 당시 임제종을 중흥시켰다고 일컬었다. 혜경慧經은 선종의 조동종曹洞宗 법통을 이어 전했다. 그 법을 이은 자로 박산 원래博山元來·고산 원현鼓山元賢 두 계통이 가장 성하였는데, 주로 강서·복건·광동 등지에 전파하여 이러한 지구는 조동선과 임제선이 평등하게 나누어 자리 잡았다. 선종 이외에 화엄종·천태종 등이 유전되었다. 유식종은 송대에 있었지만 곧 단절되고 다만 유식학만 도리어 명대 중엽에 일시적으로 학풍을 드러내 선종과 기타 종파의 법사와 거사 학자들이 유식의 구전에 대한 새로운 연구를 거듭하였으며, 유식학에 대해 비판적으로 해석한 저서를 내 개중에는 성상합일性相合一의 불교사상을 천발하기도 하였다. 율종 또한 한번 중흥했던 모습이 있었다. 정토종은 발전이 범범하여 점차 각 종파에 녹아들어 불교 각 파의 공동 신앙이 되었다.

2. 명말 불교의 4대사

명 만력 시기에 불교 명장이 배출되어 불교의 부흥 기상을 형성하였다. 그중에 가장 중요한 인물은 운서 주굉雲栖袾宏·자백 진가紫柏眞可·감산 덕청憨山德淸·우익 지욱蕅益智旭 등으로 명말 4대사라 일컫는다.[15] 명청

15 雲栖袾宏(1535-1615)은 杭州 사람으로 속성은 沈씨이다. 紫柏眞可(1543-1603)의 자는 達觀, 호는 紫柏이고 세상에서 紫柏尊者라 일컬었으며 속성은 沈씨로 강소성 吳江 사람이다. 憨山德淸(1546-1623)의 자는 澄印, 별호는 憨山, 속성은 蔡씨로 安徽省 金椒 사람이다. 蕅益智旭(1599-1655)의 자는 素華, 만년에 蕅益老人이라 일컬었

전 시기에 걸쳐 이 네 사람의 불교 대사는 모두 최상의 걸출한 대표로 일컬어진다. 불교상에서 말하면 그들은 모두 공소한 선불교 담론을 반대하고 선종과 정토종의 결합, 그리고 법성法性과 법상法相 양 종의 교의의 결합을 힘써 꾀하여 불교가 점차 잃어 가고 있던 종교적 특질을 회복하였다. 그들은 모두 교의 · 계율 · 경전 등의 여러 방면에 공헌하였으며, 그들은 불교와 불교 바깥 세계에 대한 체험과 실천을 통해서 그들의 말과 행동이 세속인들에게 귀감이 되고 이미 산만해진 불교 신앙이 수습되기를 바랐다.

운서 주굉은 염불에 주력하여 정토종을 널리 선양하는 데 힘을 쏟았다. 그는 또한 저작 가운데에서 유교와 불교 두 종교의 관계를 정리하고 당시 막 중국에 전입되고 있던 천주교에 대해 곧바로 격렬하게 배척하였다. 그는 일찍이 4편의 『천설天說』을 연이어 지어서 천주교를 비판하였다. 만력 때 자백 진가와 법본法本 등은 공동으로 발원하여 방책본方册本 대장경을 판각하였는데, 산서성 오대산에서 처음 시작하여 후에 남쪽으로 옮겨 절강성 여항余杭의 경산徑山에서 속각하였고, 아울러 가흥의 능엄사에서 책임을 지고 유통하였다. 감산 덕청은 선종의 조계 조정祖庭인 남화사南華寺를 회복시킨 공이 있었다. 그는 절에 도착한 뒤 승을 뽑아 계를 주고 승학을 설립하고 청규淸規를 바로 세워 일 년 사이에 온갖 없어진 것을 모두 부흥시켜 조계의 중흥 조사로 존경을 받았다. 우익 지욱은 20년에 걸쳐 『열장지진閱藏知津』 1책을 편찬하였다. 이 책은 경 · 율 · 논 · 잡 4장을 감안하여 분류하고 1,700여 부의 불교경전을 함께 수록하여 해설한 것으로 이는 불교의 세계로 들어가는 나루터와 뗏목이다.

고 속성은 鍾씨로 江蘇省 吳縣의 木瀆鎭 사람이다.

3. 거사 불교

정리해 보면 명 중엽의 불교신앙은 이미 쇠락한 형세를 드러냈으나 일반 사회문화적으로 말하면 불교문화는 도리어 충분히 유행하였다. 그리고 하나의 돌출 현상은 명 중기의 거사居士들에 의해 불교에 대한 연구 기풍이 형성된 것이다. 명말의 이지李贄·원굉도袁宏道·구여직瞿汝稷·왕우태王宇泰·초굉焦竑·도륭屠隆 등은 모두 불교학에 대해 상세히 해석하였다. 그리고 청대에 들어와 팽소승彭紹昇·나유고羅有高·왕진汪縉 세 사람도 법우를 맺고 불교학 연구에 종사하였다. 명말청초에는 명조의 유민으로 출가하여 승려가 된 이가 꽤 많았다. 그 가운데 들어볼 만한 사람으로 팔대산인八大山人·석도石濤·석계石溪·점강漸江 등의 4대 화승畵僧[16]이 있는데, 그들의 회화 중에는 만명晚明 시기의 시대정신이 흘러넘치고 있다.

4. 대장경의 개판

명청 양대에는 대장경을 여러 번 간행하였는데, 불교 문헌을 정리하여

16 八大山人(1626-1705)은 명말의 강서성 사람으로 명나라 종실인 朱權의 후손. 본명은 朱耷, 자 雪個, 호는 驢·個山驢·傳綮·拾得·雪納·人屋 등을 사용했다. 石濤(1603?-1708)의 본명은 朱若極, 명나라의 종실로 명나라가 망한 뒤 머리를 깎고 중이 되어 법명을 原濟라 하였으나 다시 道濟로 고쳤다. 호는 大滌子·清湘老人이라 하였고 만년에는 瞎尊者·老濤·枝下叟 등을 썼으며, 스스로 苦瓜和尙이라 하였다. 화법으로 불교의 이치를 천명하였고 회화의 기교 가운데 禪法을 녹여 넣었다. 石溪(1612-1692?)는 호남성 무릉 사람으로 속성은 劉씨이며 법명은 髡殘, 자는 石溪 또 다른 자는 介丘이고 호는 白禿이라 하고 스스로 殘道人·電住道人·石道人이라 하였다. 성정이 高峻하여 산수를 그릴 때 奇辟한 경계를 만들어 기운이 蒼渾하였다. 漸江(1610-1663)은 속성은 江씨이고 이름은 韜이고 또 舫이라 했다. 자는 鷗盟·六奇이다. 청나라 군대가 산해관에 들어온 뒤로 곧 무이산에 들어가 古航에 의탁하고 머리를 깎고 중이 되어 이름 고쳐 弘仁이라 하고 자를 漸江, 스스로 漸江學人·漸江僧 또는 无智라 불렀다. 매화를 매우 좋아해 세상에서 梅花古納이라 하였다.

이른 것이 매우 많다. 명초 홍무에서 영락 연간 전후에 남경과 북경에서 『남장南藏』과 『북장北藏』을 판각하였고, 이 이후 항주에서 판각한 『무림장武林藏』과 『가흥장嘉興藏』이 있다. 명대 또한 장문장경藏文藏經(티베트대장경)인 『감주이甘珠爾』(칸규르Kanjur)를 간행한 바 있는데 영락과 만력 시대 전후로 두 번에 걸쳐 번각되었다. 청 순치와 강희 연간에 민간의 각지에 판각한 승전僧傳과 어록 등이 모두 수집되어 가흥의 능엄사에 이르렀고, 이것이 『속장경續藏經』과 『우속장경又續藏經』으로 나뉘어 편집되었다. 옹정에서 건륭 사이에 이르러 『용장龍藏』을 판각하였다. 강희·옹정 연간에 또 『단주이丹珠爾』(텐규르Tengyur)를 간행하였는데 이는 곧 지금의 북경판 『서장대장경西藏大藏經』이다. 건륭 중에 또 『몽문대장경蒙文大藏經』과 『만문대장경滿文大藏經』을 간행하였다. 불교의 경전이 전에 없이 완비된 것이다.

5. 서장 종객파의 격로파

장전불교(티베트불교)는 원대에 개시하여 역대 왕조에서 라마교喇嘛教에 대해 매우 높은 우대를 하였다. 영락제 때 종객파宗喀巴(총카파)는 티베트불교를 널리 편 점에서 이름이 널리 칭송되어 알려졌다. 명 성조成祖(영락제)는 대신을 파견해 그를 맞이해 올 것을 요청하였고, 종객파는 상수제자인 석가지釋迦智를 파견해서 먼저 북경에 가도록 하니, 성조는 그에게 '대자법왕大慈法王'이란 칭호를 주었다.(그림 8-4) 뒤에 석가지는 서장으로 돌아와서 라싸의 3대 사찰 중의 하나인 색랍사色拉寺(세라Sera 사원)를 창건하였고 또다시 북경에 이르러 영락·선덕 두 시대의 국사國師를 맡았다.

종객파(1375-1419)의 원명은 나상찰파羅桑扎巴(롭상 닥빠: 지혜가 뛰어나다는 뜻으로 길상이라 한다.)이고, 종객파는 뒷사람들이 붙인 일종의 존칭

그림 8-4 금박 받침 위에 "위대한 명의 영락제에게 바친다."라는 글귀가 새겨진 야만타카 만달라. 내부는 티베트불교 격로파 비전秘傳의 본존 가운데 하나인 아미타불의 분노존 화신, 야만타카를 보이기 위해 열려 있다.

이다. 청해성 황중湟中 사람이다. 장전불교 격로파格魯派(겔룩파)의 창시자이다. 종객파는 청해성 탑이사塔爾寺 부근의 종객 지구에서 출생하여 16세에 서장西藏으로 나아가 전후로 많은 장전불교의 큰스님들에게 불법을 배웠다. 종객파는 아저협阿底峽(아티샤Atiśa)에 의해서 전하여 서술된 용수龍樹의 사상을 계승하여 용수의 중관中觀사상을 널리 천명하였다. 그 뒤 서장불교를 개혁하여 격로파를 창립하였다. 격로파는 점차 장전불교의 정통파가 되었고, 또한 점차 서장에서 서강西康 · 감숙甘肅 · 청해靑海 · 몽골 등지로 전파되었다.

종객파가 시작함에 따라 격로파 승려들은 머리에 누런 모자를 썼는데 그래서 격로파는 황교라 일컬어졌다. 1542년(가정 21) 격로파는 '활불전세活佛轉世' 제도를 시작하여 장전불교의 양대 활불—달뢰라마達賴喇嘛(달라이라마)와 반선班禪(판챈)활불—이 모두 격로파에서 탄생하였다. 1645년(청 순치 9) 달라이라마 5세는 초청을 받고 북경에 이르자, 이듬해 청나라 조정으로부터 '서천대선자재불소령천하석교보통 와적라달라달뢰라마西天大善自在佛所領天下釋教普通 瓦赤喇怛喇達賴喇嘛'로 봉해져 장몽藏蒙(티베트·몽골) 불교의 총수령이 되었다. 1713년(강희 52) 청나라 조정은 또 반선 5세를 책봉하여 '반선액이덕니班禪額爾德尼'라 하여 달라이라마와 공동으로 몽골과 티베트의 불교를 관할하도록 하였다. 서장(티베트)의 본교本教의 영향을 받아 장전불교는 격로파를 제외하고 대부분 승려가 아내를 취하고 자식을 낳는 것을 허락하여 절 밖의 직업에 종사하면서 가정과 연계하였다. 종객파가 창립한 격로파는 엄격하게 출가수행을 요구하였으며 독신으로 장가를 가지 않고 아울러 사원의 조직과 관리를 강화하였다. 먼저 격로파 창립에 앞서 격로파가 다스린 사원 안에 정교일체의 사원조직을 형성하였다. '라싸 3대사大寺'로 일컬어진 철방사哲蚌寺(대풍Drepung 사원)·색랍사·감단사甘丹寺(간댄Ganden 사원)는 서장의 종교적 중심지이고 정치적 중심지였다. 격로파의 세력이 장대해지면서 청 정부는 영을 내려 서장의 행정 대권을 달라이라마에게 주니 이로 말미암아 서장은 달라이라마를 최고 영수로 삼는 정교합일의 사회제도를 건립하였다.

불교 자체 역사로 보면 격로파의 불교사상과 학술은 서장불교 발전을 대표하는 최고봉이다. 격로파는 역사상의 장전불교를 전면적으로 총결하였는데, 현종顯宗과 밀종密宗을 아울러 중시하고 경·율·론 삼장을 어느 한 곳을 편파적으로 폐하지 않았으며 계·정·혜 삼학을 반드시 모두 닦도록 하였다. 격로파의 사원은 서장의 문화교육 사명을 담당하였다. 격로파 사원 안에 계통적인 교육제도를 건립하고 승려들은 불교경전을 학습하고 각종 불교 사무를 하는 것 외에도 또한 '오명학처五明學處'—성명聲

그림 8-5 포탈라궁 전경. 달라이라마 제5세의 지휘로 1645년 건설이 시작되었다. 티베트자치구 라싸.

明·인명因明·의방명醫方明·공교명工巧明·내명內明 등—를 배울 수 있었다. 그들은 사원에 충분하게 갖춰진 각종의 실제적 수요에 따른 전문지식을 배울 수 있었기 때문에 유용한 인재가 되었다. 불교 교육 중에는 문화지식과 실제적인 기능 교육을 포괄하였는데 이는 장전불교의 특별한 장점이었다. 장문대장경인『감주이』와『단주이』안에는 서장 각 방면의 문명 진보적인 문헌이 대량 반영되어 포괄되어 있는데, 그것은 문법·시가·미술·논리·천문·역산·의약·공예 등 다방면의 내용을 포섭한 것이다.

장전불교는 휘황찬란한 문명의 성취를 창조하였는데, 장전불교의 중심인 포탈라궁은 바로 뚜렷한 예이다.(그림 8-5) 포탈라궁이 있던 곳은 원래 당唐대인 손챈감포왕 때의 궁전이 있던 곳으로 손챈감포왕과 문성공주가 여기에서 혼례를 거행하였다. 후에 다시 라마사원으로 고쳐 지었고 대대로 달라이라마들이 모두 여기에 거주하였다. 1645년(순치 2) 5세 달라이라마가 포탈라궁을 짓기 시작하여 50여 년에 걸쳐서야 겨우 기본 건물을 이룩하였다. 포탈라궁은 건축상에서 장족의 요소와 한족의 요소가 혼합된 양식이다. 그것은 산을 의지해 일으켰는데, 산을 따라서 평평한 누각 13층을 쌓고, 위로는 금전金殿 3좌座를 올렸다. 궁전은 산의 위세를 빌려 산언덕 위로 솟아난 것 같고, 높고 웅장한 모습이 광채가 나 사람의 눈을 빼앗아 간다. 궁전 내부의 구조는 복잡하고 이면에는 벽화와 기타 예술적 장식물로 가득 차 있어 장족 예술의 한 보고이다.[17] 포탈라궁은 세계 건축사상에서 가장 위대한 작품 중의 하나이며 티베트 고원 위의 하나의 밝은 구슬이라고 해도 부끄럽지 않다.

6. 도교의 성쇠

명 중엽 이전은 도교가 여전히 흥성한 시기로서 가정 연간에 이르러 최고조에 달하였다.

명초의 도교는 원대에 이어서 북방의 전진도全眞道와 남방의 정일도正一道가 균등하게 나뉜 국면이었다. 태조 황제는 강남을 정벌했을 때 정일도의 지지를 얻었는데 태조는 이 때문에 정일도를 중히 여겼다. 정일도는 이에 점차 빛을 발하기 시작하여 전진도를 넘어서 전국의 도교를 주도하게 되었다. 제42대 천사天師인 장정상張正常이 '정일교주사한사십이대천사 호국천조통성숭도홍덕대진인正一教主嗣漢四十二代天師護國闡祖通誠崇道弘德大眞人'이라는 이름으로 천하의 도교를 관장하였다.

원말 도교의 발전이 넘쳐서 도사가 부패하여 타락한 것을 거울 삼아, 태조는 특별히 수도에 도록사道錄司를 설치하여 예부에 소속시키고 도교를 관리하는 최고 기관을 만들었다. 지방을 보면 부에는 도기사道紀司를,

17 『中國古代建築簡史』, 『中國建築簡史』 제1책, 292-295쪽 참조.

주에는 도정사道正司를, 현에는 도회사道會司를 설치하여 부·주·현의 도교 업무를 나누고 구별하여 관장하였다. 용호龍虎·각조閣皂·삼모三茅·무당武當 등의 도교 명산에 모두 서로 다른 도관을 설치하여 각 산의 도교 일을 나누어 관장하였다. 도교 내부에서 정일도천사 장우張宇는 처음으로 『도문십규道門十規』를 편찬하고 도교 교의와 제도를 천술하고 이로써 정일도를 정돈하려고 하였으며 아울러 전진도의 성명쌍수性命雙修의 학을 흡수하여 나아가려 하였고 점차 남북 양파 도교의 융합을 실현하였다.

성조는 '정난靖難의 변'이 발동했을 때 진무眞武가 신령함을 공표하였고 이후에 곧 진무대제를 받들어 믿으며 무당산에 진무사眞武祠를 건축하였으며, 나중에 8궁 2관 36암당 72암묘를 포괄한 방대한 도교 사원 건축군을 조성하여 무당산을 중국 최고의 저명한 도교 성지로 만들었다. 성조는 도교 경전 편찬에 대해 매우 적극적이었으나 완성에 이르지는 못했다. 영종英宗 정통正統 연간에 이르러 계속 편집하고 1445년(정통 10) 판각 간행 유포하였는데 모두 5,305권으로 『정통도장正統道藏』이라 일컫는다. 뒤에 신종神宗 만력萬曆 35년 또 칙령으로 제50대 천사 장국상張國祥이 『속도장續道藏』 180권을 편성 인쇄하였는데, 『만력속도장』이라 일컫는다. 이 두 도장道藏의 수찬은 도서에 대한 보존과 전파에 커다란 작용을 일으켰다.

명초가 시작되면서 각 조대의 황제들은 줄곧 삼교를 봉행하고 아울러 도교와 어울리는 방대한 정책을 사용하였다. 명대의 여러 황제 중에서 가장 돈독하게 도교를 숭상한 이는 세종世宗(가정제)이었고 도교를 이에 고봉으로 이끌어 올렸으나 뒤에는 쇠락을 막을 수 없는 시기가 시작되었다. 가정제는 도사를 매우 총신하였는데 그중에 가장 뚜렷한 것은 용호산 위의 청궁도사淸宮道士 소원절邵元節이었다. 그는 높은 관직과 두터운 녹을 받았고 '치일진인致一眞人'이라 봉해졌을 뿐 아니라 도교의 총령이 되었으며 후에 예부상서에 배하고 1품복을 내려주었다. 가정 황제는 또 서원西苑에 깊이 거처하면서 매일 천재天齋에서 초제醮祭를 지내고 조정을 다스리지 않았으며 후에 마침내 '날이 지나면서 조정을 살피지 않는다'는 지경에 이르렀다. 초제를 거행할 때 필요한 청사靑詞를 고정신顧鼎臣 · 하언夏言 · 엄숭嚴嵩 등이 모두 앞뒤에서 자기 재주를 드러내 써서 총애를 얻었기에 심지어는 '청사재상靑詞宰相'이라 일컬어지는 일이 있었다. 가정 황제가 도교를 신봉하는 것은 정통 유가 사대부들이 볼 때는 유가의 전통을 위배하는 것이었다. 대신 해서海瑞는 (그것이) 부자 · 군신 · 부부 간의 윤상을 박하게 한다고 현장에서 그를 꾸짖듯이 분명히 하고 옛 성현이 내려준 안신입명安身立命과 순수기정順受其正의 교훈을 위배한다고 했다. 많은 정직한 재상들이 상소하여 세종이 도사를 물리치고 유가 예교의 정통으로 되돌릴 것을 청했다. 이때의 도교는 황제를 받들어 모시며 부록符籙과 재초齋醮 등 미신 활동을 전담하면서 성명쌍수상에서 신앙과 도덕의 경계를 제고하는 것을 소홀히 여겼다. 다만 부귀를 탐하여 구하는 일만 알아 교사와 음일함으로 날로 부패해 가서 자아의 구속과 부단한 혁신을 불가능하게 했다. 도교는 금원金元 시기에 건립한 숭고성망崇高聲望이 급속하게 와해되었다. 또한 매우 중요한 점이 있는데, 곧 유가 사대부가 도교를 경시하고 적시하기에 이르렀고, 도교는 전통적인 유 · 도 · 석 3교의 국면 중에서 점차 지위가 내려갔다.

정일도가 황제에게 의지하여 크게 일어났다가 크게 쇠락한 것과 달리 명대의 전진도는 은둔하여 몰래 수양하면서 온건하게 발전하였고 많은 새로운 유파가 생겨났으며 또한 새로운 도교 저작도 있었다. 명에서 청으로 넘어가는 시기에 전진도는 장기간의 침적 기간을 거쳐 뒤에 용문파를 주체로 또 부흥의 기세를 드러냈다. 용문파 제7대 율사인 왕상월王常月이 계율을 청정히 하여 공개전계公開傳戒 제도를 세우고 아울러 청 조정의 지지를 받을 수 있었다. 일시에 남북의 도파들이 왁자지껄 북경에 계를 받으러 왔다. 전진도는 이 한 번의 노력으로 세력이 졸지에 올라갔다. 이 시기의 도교는 또한 시대의 요구와 영합하여 교파의 보루를 타파하고 서로 교류하며 도교 밖의 유교와 불교사상과 융합하였다. 그러나 청으로 들어온 이후 도교가 처한 퇴세적 상황은 이미 거꾸로 돌릴 수 없는 것이었고 청조의 만족 상층에 본디 도교신앙이 없었기 때문에 청조의 여러 황제는 점차 갖가지 제한적인 조치를 취했다. 따라서 도교 쇠락의 길은 가속되었으며 결국 달려가는 상층 노선이 굴러 하층 노선으로 달려갔으니 이로써 민간에 통속적인 형식만이 확산되었고 민간종교의 큰 물결에 뒤섞여 들어갔다.

7. 이슬람교

명청 시기는 중국 이슬람교 발전의 중요한 시기였으며 중국 이슬람교가 각 방면에서 모두 진일보한 발전을 이루어 스스로 본토화한 특징을 형성하였다.

중국 이슬람교는 명대 중엽에 비교적 커다란 발전을 하였는데 가정 연간 섬서성의 함양咸陽 위성渭城 사람인 호등주胡登洲가 창시한 경당經堂 교육에서 힘을 얻었다. 호등주는 가정 내부에서만 전승되던 구습을 고치면서 중국의 사숙과 학교를 참조하여 청진사淸眞寺를 경당으로 만들고 아굉阿訇(이맘imam)을 교사로 삼고 경전을 독본으로 삼아서 회족 자제를 불러 모아 규범화한 이슬람교 교육을 진행하였다. 청나라 초에 이르러 경당 교육 발전은 전국의 회족 지역에 이르렀고 아울러 아라백문阿拉伯文(아랍 문자)과 파사문波斯文(페르시아 문자)을 주요 교학언어로 삼아서 '13본경本經'을 주요 교학 내용으로 세우고,[18] '경문소학'·'경문대학' 두 가지 주요

18 이슬람교의 '十三本經': 『連五本』, 『遭五 · 米斯巴哈』, 『滿倆』, 『白亞尼』, 『阿戛伊德』, 『舍萊哈 · 偉戛業』, 『海瓦依 · 米諾哈吉』, 『虎托布』, 『艾爾白歐』, 『古洛司湯』, 『米爾薩德』, 『艾什阿 · 萊麥阿特』, 『古蘭經』. 내용은 아랍어와 페르시아어의 교본과 교의를 포괄한 것이다.

교학 단계를 완비한 교학체계를 형성하였다. 경당 교육을 거쳐 하나하나 가려 유학有學 · 유전有傳 · 유덕有德 · 유언有言 · 유수有守의 새로운 중국 이슬람교학이 출현하였다. 경당 주위에 또한 매우 많은 중국 이슬람교의 학술 유파를 형성하였는데 가장 저명한 것으로 호등주가 대표였던 섬서 학파, 상온화常蘊華와 사온선舍蘊善이 대표한 산동학파, 왕대여王垈輿와 유지劉智가 대표한 동남학파 등이 있었다. 이러한 학파는 이슬람교를 전파함과 아울러 중국 이슬람교의 사상학설을 창립하는 데 매우 커다란 공헌을 하였다. 경당 교육은 아라비아로부터 근원을 두고 중국 본토의 이슬람교 교육제도를 가지게 되었으며 중국 이슬람교의 발전에 매우 깊은 사상과 문화 발전의 기초를 정립하였다.

8. 한문 역저와 청초의 4대가

이슬람교 한문 번역 저술의 출현은 명말에 비롯되었다. 한문 번역 저술을 이용하여 이슬람교를 본토화하는 방면에 청나라 초기의 왕대여王岱輿 · 마주馬注 · 유지劉智 · 마덕신馬德新 등 4대가[19]는 가장 이름이 있고 공헌한 것도 가장 많다.

왕대여는 1642년(숭정 15) 한문 이슬람교 저작인 『정교진전政教眞詮』을 발행하였으며, 그중에서 진일眞一 · 수일數一 · 체일體一의 사상 체계를 제기하였다. 마주는 『청진지남淸眞指南』 10여 만 언을 편찬하였는데 조화 · 수신 · 후세後世 등의 이슬람교 교의를 서술하였다. 유지는 『천방전례天方典禮』를 지었는데 이슬람교의 원류와 이슬람교의 염念 · 예禮 · 재齋 · 과

19 王岱輿(대략 1584–1670)는 이름은 涯인데 자로 사용했다. 별호는 眞回老人이며 금릉 사람이다. 馬注(1640–1711)의 자는 文炳으로 운남성 通西 사람이다. 劉智(대략 1655–1745)는 자는 介廉이고 만년에 호를 一齋라 하였으며 강소성 上元縣 사람이다. 馬德新(1794–1874)의 자는 復初로 운남성 大理 사람이다.

課 · 조朝의 5공功과 부부 · 부자 · 군신 · 형제 · 붕우 간 강상윤리와 거처 · 재화 · 관복 · 음식 · 혼인과 상장례 등의 예의를 상세히 서술하였다. 또한 『천방성리도해天方性理圖解』를 지었는데 유가 성리학을 참조하여 이슬람교 사상을 해설하고 독특한 '천방성리학설天方性理學說'을 창조하였다. 마덕신은 회족민의 봉기에 참가하였다가 희생하였기 때문에 그가 지은 『사전회요四典會要』는 이슬람교 후세부생後世復生 관념상에서 천발한 것이 더욱 많다. 중국의 이슬람교 학자는 본토의 사상 전통을 결합하여 이슬람교 사상을 열어 해석하고 한 방면으로 이것을 빌려 이슬람교의 본토화를 실현하면서 다른 한 방면으로 중국 이슬람교 학자의 창조성이 있는 사상 성과를 중국 고유의 전통 가운데 모아서 중국 전통종교와 문화와 다원적으로 서로 보조하는 국면을 형성하였다.

중화문명사의 각도에서 보면 명청 시기는 중국 이슬람교의 발전이 종교사상 외에도 또한 이슬람 문화가 천문역법, 도자기, 건축 등의 문화 방면에 걸출한 공헌이 있었음을 보아야 한다. 원대 이래로 이슬람교도는 천문역법상에서 당시 최고 수준에 도달해 있었으며, 원대에 이슬람교도가 처음 만든 회회력回回曆은 명대에까지 줄곧 사용되었다. 명초 태조 황제는 여러 번에 걸쳐 이슬람교도를 징용해 사천감司天監 직임을 맡겼으며, 아울러 그들이 대대로 세습할 수 있도록 허용하였다. 이슬람교가 명대의 도자기에 공헌한 것은 성화成化 연간 '회청回靑'이 운남에서 중원으로 전해지면서 시작되었고, 정덕正德 · 가정 시기에 매우 높은 품질의 '회청' 자기를 생산하였는데 명대 자기 중의 이름 있고 귀한 품종이 되어 지금에 이르기까지 진품으로 전해진다.[20] 명대 초 태조 황제가 칙령으로 남경에 청진사淸眞寺를 세우도록 하면서부터 이 이후로 청진사 건축은 울연히 풍조를 이루었고 전국 각지에 모두 건축하게 되었다. 명대에 세운 청진사는

20 傅統先, 『中國回教史』 제5장 「明代의 回教」, 寧夏人民出版社, 2000년 참조.

그림 8-6 산서성 서안 화각거리의 청진사淸眞寺 전경. 8세기에 세워졌다. 그러나 그 구조는 주로 홍무제 때의 것이다. 명 왕조.

대체로 그곳에 사는 한족漢族의 건축양식을 채용하였는데 서안의 화각華覺거리의 청진사(그림 8-6) 같은 것은 곧 중국의 궁전건축을 고쳐서 이루어놓은 것 같다. 이런 청진사들은 이슬람교의 중요 특징을 모두 간직하고 있는데, 예를 들면 이슬람교 특유의 팔각형 건축인 성심루省心樓(이슬람교 건축에서 통칭 밀나루密那樓라 한다.), 예배전 중앙 벽의 감실을 서방을 가리키게 하여 교도들로 하여금 메카 방향으로 예배하게 한 것 등이다. 청진사의 장식은 기하학적 무늬와 식물의 덩굴무늬·문자 등을 많이 사용하고 있고, 동물을 도안한 무늬는 사용을 금하였다.[21] 이슬람교 건축은 그 독특한 건축미로 중국 건축사에 새로운 광채를 더해 주었다.

총체적으로 보면 전통종교의 명대 중엽 이후의 발전은 성숙과 완선完善

21 『中國古代建築簡史』, 『中國建築簡史』 제1책, 311-312쪽 참조.

을 주요 특징으로 삼는다. 각종 전통종교는 종교의 제도와 경전상에서 모두 대량의 건설성 사업을 진행하였다. 종교의 교의 또한 모두 시대의 필요에 적응하면서 조정되어 완선으로 나아갔다. 각종의 전통종교는 모두 온정한 성숙기에 접어들었다. 불교 · 도교 · 이슬람교 모두 정통 유가사상 및 상호간의 관계에 적극적으로 협조하였고, 따라서 유교 · 도교 · 불교 · 이슬람교 4교가 조화롭게 회통하는 종교 발전의 큰 국면을 형성하였다. 이것은 이후 종교의 다원화 발전의 기초가 되었고, 가히 중화문명의 위대한 성취라 말할 수 있다. 다른 한편 명대 중엽 이후의 종교와 사회와의 연계는 더욱 긴밀하였으며 종교는 문화양식에 끼치는 영향이 더욱 많았고 고위층 사대부 생활과 저층 민중의 생활에 영향을 끼쳤다. 따라서 종교의 초월정신과 세속의 문화적 이상, 생활추구와 서로 결합하여 종교의 색채를 광범위한 사회영역 가운데 침투하여 감염되도록 하였다.

제3절

민간종교와 민간신앙

1. 민간종교와 사회

문명사의 각도에서 보면 민간종교는 그것이 놓인 넓은 의미의 종교생활과 사회생활을 포괄하여 그 의미를 다루어야 한다. 민간종교는 줄곧 불교·도교 등의 전통종교와 더불어 동반해서 생존하는 관계를 유지하였다. 명청 시대에 각종 민간종교는 신속하고 맹렬하게 발전하였으며, 그 원인을 궁구하면 종교와 사회의 양대 방면에 요인이 있다.

종교의 방면에서 말하면 전통종교의 발전은 한 가닥의 상행 노선을 따라가는 것이다. 전통종교는 모두 정치와 문화적 상층과의 결합을 기도하였다. 첫 번째는 황권 통치와 서로 결합하는 것인데, 예를 들면 명대 초기는 불교와 도교를 막론하고 모두 황권에 의지한 시기였다. 두 번째는 사대부·문인과 결합하여 담불논도談佛論道하는 것이 하나의 문화상의 풍요로운 일이 된 것이다. 이러한 것은 모두 전통종교와 하층 민중생활 사이에 점진적인 괴리가 생기게 하여 전통종교는 이미 하층 민중의 수요를 크게 만족시킬 수 없게 되었다. 일반적으로 말해 하층 민중문화의 수준은 낮아지고 전통종교의 교의는 발전되어 특히 심오하고 복잡해졌으나 높은 문화적 기초가 없었고 그 종지를 장악하기가 매우 어려웠다. 그리하여 전통종교는 극소수의 하층민중에게만 종교교육을 펼칠 수 있었다. 이 때문에 많은 하층의 민중들은 그들에 맞춰 보조를 높일 수 없었다. 하층민중들의 종교적 필요는 또한 기본적인 종교 신앙과 종교적 정감을 위주로 이끄는 차원에 속해 있어, 다만 우상숭배와 무속신앙 등 저급의 종교 형식을 통해서 재앙을 물리치고 질병을 제거하기를 바라며 생활 속에서의 정신적 필요를 만족하는 것이었다. 그러나 전통종교의 발전은 이성화할수록, 혹자들은 철리화哲理化라 하는데 종교 가운데 남아 있는 얼마간의 원시성이 점차 배제되어 갔다. 전통종교가 그 발전의 정점으로부터 쇠락의 길로 가면서, 하층민중의 필요에 얼마간 영합하여 특별한 형세상의 이로움을 얻는 것을 표현하고 아울러 민간종교 확산이 윤활유 역할을 하였는데 이렇게 변한 물결이 명청 시대에 또한 민간종교의 큰 발전을 진행시켰다.

사회적 방면에서 말하면 명청 시기 사회의 양극화가 심해졌는데 사회의 분공分工과 사회생활 또한 다양화되면 될수록 이러한 것이 민간종교의 발전을 확대하고 촉진하는 원인이 되었다. 각종 민간종교는 비록 모두 불교·도교 또는 기타 종교에서 내원한 것이지만 동시에 그것들은 모두 특정한 사회조건과 상관을 가지는 것이었다. 사회의 양극화로 말미암아 농민들은 가난으로 고통을 받았으며 특히 유민이 되어 커다란 대오를 형성하여 민간종교의 흥기와 전파에 사회적 기초를 제공하였다. 민간종교의 종지 가운데에는 오로지 빈곤에 허덕이는 대중들에게 맞는 내용이 아주 많았으며 항상 의료를 실시하고 약을 보내 궁핍한 사람들을 구제하였는데, 이런 선한 일은 민간종교로 하여금 인심을 쉽게 얻을 수 있게 하고 광대한 신앙 대중을 흡인케 하였다.(그림 8-7) 표면적으로 말하면 민간종교는 모두 중생을 널리 제도하는 것이었으나 그것이 점차 조직을 형성하고 인원을 구성해 가는 면을 보면 또한 모종의 사회계층·단체·행업·대가족 등과 결합하여 그에 따라 민간종교와 민간사회가 서로 섞인 일종의 특수한 형태를 구성하여 갔다. 이렇게 민간종교와 민간사회가 결합하여

그림 8-7 부의 신과 다른 신들의 모습. 목판화. 후기 청 왕조.

민간의 특수한 사회조직 원칙과 도덕원칙 곧 법률원칙을 조성하였는데, 이 때문에 민간종교가 명청 시기에 하나의 새로운 조직 구성의 부분이 되었다고 말할 수 있다. 민간종교의 발전과정 중에서 또한 매우 다문화적인 산물을 형성하였는데, 가령 오화팔문五花八門 같은 각양각색의 묘당과 내용적으로 어지럽고 잡다한 보권寶卷(신흥종교 등에서 사용된 교리·수행담 등)들이 점차 역사적인 풍진들을 씻어낸 뒤에 현재는 중화문명의 귀중한 유산이 되었다.

2. 나교羅敎

명대 중엽에 민간종교의 발전은 새로운 시대로 진입하였는데 송대 이래의 백련교白蓮敎가 발전한 것 외에도 나교羅敎·황천교黃天敎·삼일교三一敎·대승교·홍양교弘陽敎·원돈교圓頓敎 등 수십의 민간종교 교파가 솟아나듯 출현하였다. 이러한 민간종교가 생기자 곧 민간 사회에 넓게 뿌리를 내리고 아울러 광범위하게 전파되었다.[22]

명대 중엽에 일어난 나교는 명청 시기에 가장 영향을 많이 끼친 민간종교 교파였다. 나교의 창시자는 나몽홍羅夢鴻으로 산동성 내주萊州의 즉묵현卽墨縣이 그의 원적지이며 어려서 부모를 잃고 성년이 된 뒤에는 북직례北直隸 밀운위密雲衛의 수졸戍卒이 되었다. 나몽홍의 생활은 줄곧 극도의 어려운 지경에 빠졌으나 그는 무지몽매하게 일생을 보내고 싶지 않았다. 비록 어떠한 정규교육도 받지 않았지만 타고난 총명함이 있었으며, 나고 죽는 대사를 깊이 명상하였다. 그의 명상 가운데 점차 종교적 체험을 생산하였는데 신기한 종교 체험의 거대한 흡인력은 나몽홍을 곧바

22 明淸時期 민간종교의 발전사에 관해서는 馬西沙·韓秉方, 『中國民間宗敎史』, 上海人民出版社, 1992년을 참고할 수 있다.

로 앞으로 나아가게 하여 세속적 생활을 버리는 것을 애석해 하지 않았으며 13년의 깊은 수행을 통해 마침내 1482년(성화成化 18) "진리를 깨달아 완성하였다.(悟道成眞)" 나교는 이렇게 하여 창립한 것이다. 나교의 장점은 그것이 가장 낮은 계층의 어려운 생활 중에서 탄생된 점에 있다. 종교 체험은 모두 고난 중에서 나온 것으로 똑같은 신세로 어려움에 처한 하층 민중 속에서 공명을 일으켰다.

명청의 민간종교 가운데 광범위하게 유전된 '진공가향眞空家鄕'·'무생노모無生老母' 여덟 자 진언眞言은 곧 나몽홍이 서술한 나교 경전 '오부육책五部六冊' 가운데서 가장 일찍 출현해 이루어진 것이다. 나몽홍은 종교의 피안세계를 일러 '가향'이라 하고 창조된 세계의 본원을 '노모'라 하였다. 이러한 비유 설법은 종교를 넘어서 '가향'에 회귀하게 하고 '노모'에 의존토록 하였는데, 그에 따라 심오한 종교 감정과 사람이 항상 고향을 생각하는 감정을 결합하고 모정과 하나로 결합하기에 이르렀다. 나교 이후에 '진공가향'과 '무생노모'는 이 시기 민간 교파의 공통의 신앙이 되었다. '무생노모'는 명청 시기 보권寶卷 문학 가운데서 신화적인 인물로 연역되어 최고의 여신이 되었다.

3. 샤머니즘과 민간종교

민간신앙은 일종의 특수한 종교 현상으로 그 기원은 먼 옛날부터 행해진 촌락 사당의 제사 전통으로 거슬러 올라가는데, 그 사이에 조상과 사직·귀신·인물·자연 등 각 방면에 대한 숭배를 포함하며 복잡한 다신 숭배와 아울러 민간의 생활 습속과 긴밀하게 연관되어 있었다. 불교와 도교 두 종교가 출현한 뒤로 민간신앙은 커다란 영향을 받았는데, 특히 송·원·명·청 시기 민간종교의 제 교파가 일어난 뒤 민간신앙과 종교는 종종 하나로 얽혀 나누기 어렵게 되었다. 엄격한 종교적 의의에서 볼 때 민간신앙은 명확한 창시자가 없으며, 고유한 교의나 규율·교단 그리고 종교 의궤 등이 없고, 또한 하나의 사회적 실체를 형성하지 못하였다. 이 때문에 그것을 종교라 말할 수 없는 것이다. 민간신앙은 민중생활 가운데서 체현된 일종의 종교의식을 띤 사회문화인 것이다.

예부터 중국은 제사의 전통이 있었고 촌락마다 모두 봄가을에 두 번 융숭하고 대대적인 제사의 예를 거행하였다. 사社의 표지는 처음에는 한 묶음의 풀단을 세워서 윗면에 피를 발랐는데 뒤에 나무를 세우는 것으로 바뀌었으며 다시 한 그루 살아 있는 나무로 바뀌어 아래쪽에 흙으로 제단을 조성하였다. 제사를 지낼 때 통상 사람들은 우순풍조雨順風調·오곡풍등五谷豊登 등을 빌었으며 제사의 모임에서 가무를 거행했다. 또한 음주 향연과 각종의 우승을 다투는 경기가 있었다. 제사는 줄곧 중국 민간에서 가장 성행한 신앙 활동이었다.

제사활동 가운데 모두 무격巫覡의 활동이 있었는데 당송 이래 무격은 마을 제사 중의 활동이 드러나면 드러날수록 그들은 많은 귀신 신앙을 가지고 제사활동을 하였다. 어떤 귀신 신앙은 고대의 범신 숭배에 기원한 것이 있고, 어떤 것은 불·도 두 종교로부터 나온 것이며, 혹은 신화전설 역사 고사 중에서 인용해 온 것으로 당·송·원 각 시대의 끊임없는 변하를 거쳐 예스럽고 노숙한 제사례에서 독립하여 민간의 여러 신의 한 세트의 계보로 발전하였다. 민간신앙은 매우 강한 공리성을 갖고 있었는데 민간의 제신은 모두 제각기 맡은 직무가 있어 특정한 사회적 기능을 갖추고 있었다. 어떤 신은 사람들의 생활을 전문적으로 보호하는 기능이 있었고 어떤 신은 생과 사의 두 세계에 출몰하는 것이 있고 또한 어떤 신은 지방과 국가를 보호하는 기능이 있었다.

명청 시기의 민간신앙 가운데 성황城隍·관제關帝·벽하원군碧霞元君·마조媽祖 등의 영향이 가장 컸다.

성황신앙은 대략 남북조 시기에 시작되었는데 『북제서北齊書』「모용엄

전慕容儼傳」에 "모용엄慕容儼이 영성郢城을 진수鎭守하고 항상 성중의 성황신사에 이르러 기도했다.(慕容儼鎭守郢城, 常到城中的城隍神祠祈禱.)"는 기록이 있다. 수당 때 오월吳越 일대에 유행하였는데 송대에 이르면 이미 천하에 두루 전했으며 매 주현에 모두 성황묘를 갖추었다. 조정에서 여러 번 성황을 칙령으로 봉하였고 성황에 제사하는 것을 국가의 사전祀典에 넣었다. 명초에 태조 황제는 특별히 성황에 제사하는 예제를 완비하였으며 그는 특별히 성황신앙이 지방정치에 미치는 작용을 중시하여 북경에는 우두머리 성황을 설치하고 다시 지방 행정의 편제에 따라 어떤 부의 성황·어떤 주의 성황·어떤 현의 성황을 나누어 설치하였다. 아울러 급별로 관부아문의 규모에 상응하는 성황묘를 건조하였다. 태조는 명확하게 아래와 같이 말했다.

> 짐이 경사에 성황을 설립하여 각 부·주·현의 신을 통솔하는 것은 백성들의 선악을 감찰하고 화와 복을 줄 적에 유명(사람과 귀신)으로 하여금 모두 요행을 면하지 못하도록 하려는 것이다.(朕設京師城隍, 俾統各府州縣之神, 以鑑察民之善惡而禍福之, 俾幽明舉不得幸免.)[23]

전설에 성황은 모두 죽은 사람 중의 바른 사람과 정직한 신하를 맡는다고 하며 그들은 양간陽間의 관원과 서로 짝하여 함께 지방을 다스린다고 한다. 관부의 각급 관원은 부임하면 먼저 성황묘에 절하고 제를 지내야 하며 성황신에 대해 충군애민을 맹세하고 이렇게 하여 무거운 신도神道의 역량을 빌려 오는 것이다. 이것은 신도를 이용하여 정치적 복무를 삼는 전형적인 예이다. 민간신앙의 각도에서 말하면 성황은 한 방면으로 백성을 보호하는데, 백성들은 날씨가 맑거나 비가 오는 것, 홍수로 인한 피

23 '十通', 『續文獻通考·群祀』 3, 浙江古籍出版社, 2000년.

해 · 가뭄 · 질병 · 과거시험 등을 모두 성황신에게 빌어 구했다. 성황의 또 하나의 중요한 기능은 명부의 장부를 관장하는 것이다. 그는 생과 사의 두 세계가 서로 만나는 지점에 처해 있으면서 사람이 죽은 뒤에 먼저 성황의 어떤 지점에 도착해 조회를 받고 그런 뒤에 비로소 명부冥府의 세계에 들어설 수 있는 것이다. 향촌에 두루 있는 토지사당은 또한 성황묘와 서로 같은 기능을 가지고 있으며 이미 중생을 보호하고 또 명부의 세계를 관장한다. 토지신은 예부터 오래된 사신社神에 근원을 두고 있으며 본래 성황과 더불어 나란한 열에 있었다. 진한 때에 일시적으로 성행하였으나 송대 이후는 도시의 광범위한 흥기로 말미암아 성황신에 제사를 지내는 것이 주류가 되었으며 토지신은 변하여 곧 성황신의 아래 예속되었고 다만, 향촌에서 제사를 지냈다.

삼국 시기에 촉나라 대장 관우關羽는 뒤에 점차 사람에서 신으로 변하여 전국 상하층의 사람들에게 관성제군關聖帝君으로 숭배되었는데 오랫동안 신이 되는 과정을 거쳤다. 관우의 사당은 형주에서 일어났는데 다른 설이 있지만 관우 부자가 운명했던 당양當陽 옥천사玉泉寺에 있는 것이 가장 이른 시기에 사람들이 관우를 받든 사당이다. 뒤에 와서 관우의 신령은 지자 대사智者大師를 만났는데 지자 대사는 그를 제도하여 불교 사원의 가람신이 되게 하면서 각지의 절과 사당에 모두 제를 지내는 사당이 있게 되었다. 북송 시기 국가가 외족의 침입에 직면하여 국난을 겪을 때 관우의 충의忠義 · 용무勇武 정신이 중시되었고 관우는 또 이 때문에 한 번 더 신격으로 제고되었으며, 송 휘종 때 충혜공忠惠公으로 봉해졌고 후에 또 무안왕武安王 · 영제왕英濟王이 추가로 봉해졌다. 이후 원 · 명 · 청 시대를 거치며 추가로 봉해졌으며 최종적으로 '충의신무관성대제忠義神武關聖大帝'가 되어 국가를 보호하는 최고의 신령한 무신이 되었다. 관우는 또한 상으로 조성되어 넓은 뜻의 재신財神이 되었다. 북송의 정일파 도사는 관공이 치우蚩尤와 싸우는 고사를 편집하여 만들었다. 전하는 바에 따르면 관우의 가향은 하동河東·해주解州 가까운 중원의 경제 보고인 염지鹽池인데, 상부祥符 7년 염지에 물이 줄자 염업에 재해가 나타났다. 다른 설에 따르면 치우가 난을 일으킨 것이며 관우가 드디어 치우와 5일 동안 크게 싸워 치우를 격파하여 물리치고 염지에서 다시 새롭게 소금을 나오게 하였다고 한다. 이로 말미암아 관우는 경제의 보호신이 되었다. 명대의 북경에 이미 관우를 높여 호국 무신武神을 삼은 백마白馬사당을 두었으며 또 그를 높여 도교 재신으로 삼은 월성月城사당을 두었다. 이후 관우는 점차 세간의 일체의 길상과 화복을 관장할 수 있는 대신이 되었다. 명대가 시작되면서 매년 5월 13일 국가와 민간은 모두 성대한 제사를 거행해야 했다. 관리·무부·승니·도사·부녀아동 모두가 관우를 공봉하였다. 송원 이래의 희곡소설의 영향이 더해져 관우신앙은 날로 성행하여 전국에 두루 미쳤고, "남쪽 끝의 영표嶺表와 북쪽 끝 한원寒垣에서 모든 부녀자와 아동들이 그 위엄과 신령함에 떨지 않는 자가 없었다. 향을 태우는 일이 성행하여 하늘 땅과 같이 썩지 않을 것이다.(南極嶺表, 北極寒垣, 凡婦女兒童, 無有不震其威靈者. 香火之盛, 將與天地同不朽.)"[24]라고 하였다.

벽하원군碧霞元君은 또 태산낭랑泰山娘娘이라 일컫는데 그의 내력은 설이 분분하다. 어떤 설에서는 태산의 여자이고, 어떤 설에서는 전설 중의 황제黃帝 때의 옥녀라 하며, 어떤 설에서는 한나라 때 민간의 여인 석옥엽石玉葉이 태산에서 연단鍊丹을 닦아 신선이 된 것이라 하였다. 『문헌통고文獻通考』의 「교사고郊社考」에 따르면 태산의 태평정상에 옥녀지玉女池가 있는데 송 진종眞宗이 태산에 봉선封禪할 때 못 가운데서 둘로 끊어진 옥녀상을 얻었다. 이에 사람에게 다시 새로운 옥녀상을 조각하게 하였고 묘비석으로 감실을 만들어 옛 자리에 봉안하였으며 아울러 왕흠약王欽若으로 하여금 치제토록 하고 송 진종이 그를 위해 기문記文을 지었다.[25] 명

24 趙翼, 『陔餘叢考』 권35, 中華書局, 1963년.

조의 성화 때 송나라 때 세운 소진사昭眞祠를 확장하여 궁을 만들었는데, 홍치 연간에는 다시 영응궁靈應宮이라 일렀고 가정 연간에 다시 벽하궁碧霞宮이라고 이름을 지었다. 벽하원군 신앙은 이로 말미암아 점차 북방 지구에 전파되었다. 도교의 설법에 따르면 벽하원군은 옥황상제의 명을 받아 태산의 천장天將과 신병神兵을 관할하여 거느리고 인간계의 일체 선악 생사의 일을 살펴볼 수 있으며 중생을 널리 돕는 대신이다. 민간에서는 더욱 이 여신을 중시하였으니 부녀들에게 아들을 많이 낳을 수 있게 하였고, 또한 아동을 보호하였다. 그래서 부녀들의 그녀에 대한 신앙은 더욱 경건하고 정성이 들어 있다. 태산의 벽하원군 사당은 산 정상에서 남쪽을 향해 있는데 송대에 창건하여 명청 시대에 똑같이 증수하였다. 전실 안의 한가운데 벽하원군 동상을 봉안하였는데 명대에 주조된 것이다. 북경의 벽하원군 신앙이 가장 성하여 경성 안팎에 10여 개의 벽하원군 사당을 세웠는데, 영안문 밖의 벽하원군 사당은 명말에 건립한 것으로 '남정南頂'이라 일컫고, 동직문 밖의 벽하원군 사당은 '동정東頂'이라 일컫는다. 남전창藍靛廠의 벽하원군 사당은 '서정西頂'이라 일컫고, 안정문 밖의 벽하원군 사당은 '북정北頂'이라 일컫는다. 우안문 밖 초교草橋의 벽하원군 사당은 '중정中頂'이라 일컫고, 묘봉산妙峯山의 벽하원군 사당은 가장 유명한데 '금정金頂'이라 일컫는다. 묘봉산의 벽하원군 사당은 매년 봄날 4월 초하루에서 15일까지, 가을에는 7월 15일부터 8월 1일까지 두 번의 향불모임을 거행하였는데 이것은 명대부터는 줄곧 행해졌고 북경의 가장 유명한 민간 고묘회古廟會이다.

마조媽祖는 중국 동남연해에서 받드는 보호신이다. 천비天妃 · 천후天后 · 천비랑랑天妃娘娘 · 천상성모天上聖母 등으로 일컫는다. 민간의 신들과 마찬가지로 마조의 출신은 복잡하다.

---

25 '十通', 『文獻通考 · 郊祀考』 23 참조.

혹 천비는 복건성 보전현莆田縣 도순검인 임원林願의 딸이라 일컫고, 혹은 절강성 온주의 방사인 임영소의 딸이라 일컬으며, 혹은 민(복건성) 중부의 채씨의 딸이라 하는데 그 출생은 혹 당 현종 때라 하기도 하고, 혹은 오대 시기라 하기도 하며, 혹은 송 태조 때나 혹은 송 휘종 때라 하기도 한다. 그 지역으로 보면 복건·절강 두 성으로 사이가 서로 떨어진 곳이고, 그 때로 보아도 당에서 송에 이르는 시기로 수백 년이 떨어져 있다.(或稱天妃爲福建莆田縣, 都巡檢林願女, 或稱浙江溫州方士林靈素女, 或稱閩中蔡氏女, 其生或稱在唐玄宗朝, 或稱在五代間, 或稱在宋太祖時, 或稱在宋徽宗朝. 其地福建·浙江相隔兩省, 其時自唐迄宋, 相距數百年.)[26]

그러나 후세에 편집되어 만들어진 출생의 정설은, 마조는 보전현 임씨의 딸이며 이름은 묵랑默娘으로 960년(송 태조 건륭 원년)에 태어나 987년(송 태종 옹희 4)에 죽었으며 겨우 28년을 살았다. 마조의 신으로서의 주요 행적은 해상에서 어려움을 당한 배나 뱃사람을 구조하는 일이다. 1123년(송 선화 5) 급사중給事中 노윤적路允迪이 여덟 척의 배를 거느리고 고려高麗로 사신을 가다가 풍랑을 만나 일곱 척의 배가 침몰하였고 노윤적의 배만 남았는데 배의 돛대 위에 마조가 강림하여 비로소 화를 면하였다. 사후에 조정에 알려지게 되었고 이에 순제묘順濟廟를 세워 마조를 공봉하였다. 이후에 마조는 해난 구조와 해구 방어 등의 일에서 끊이지 않고 영험을 드러냈고 이 때문에 끊임없이 칙령으로 봉함을 받아 1156년(소흥 26) '영혜부인靈惠夫人'을 받은 것을 시작으로 점차 등급이 올라 비妃와 천비天妃가 되었다. 명대에 정화鄭和가 7차에 걸쳐 서양 원정을 하였는데 항해 전에 모두 마조에 제를 지내고 순조롭게 항해를 마치고 돌아온 뒤에 드디어 조정에서 칙령으로 마조를 '호국비민묘령소응홍인보제천비護國庇民妙

26 黃斐默, 『集說詮眞』, 『中國民間信仰資料彙編』, 臺灣學生書局, 1989년.

靈昭應弘仁普濟天妃'라 봉하였다. 청대의 마조신앙은 더욱 성했다. 강희제 때 대만을 통일하였기 때문에 마조신앙에 대해 더욱 중시했는데, 1680년(강희 19) '복건마조福建媽祖'를 추가로 봉하여 '호국비민묘령소응홍인보제천비'라 하면서, "군사가 대만을 정벌하는데 바닷물에서 신이 솟아 올라와 군사를 건네고 드디어 하문을 이겼다. 대만을 평정하니 또한 신령하고 기이한 일이 나타났다.(師征臺灣, 神湧潮以濟師, 遂克廈門. 及平臺灣, 亦顯靈異.)"[27]라고 하였다. 대만 통일 뒤에 해협 양안에 마조 사당을 널리 세웠는데 통계에 의하면 1683년(강희 22) 이후에 대만에 222개의 마조 사당을 새로 세웠다고 하니 그 흥성을 알 수 있다. 매년 3월 23일은 마조신의 탄신일로 복건 보전의 마조 사당과 대만의 북항 조천궁 등의 마조 사당에서는 모두 마조에 제사를 거행하고 마조상을 따라 길을 걷는 행사를 하는데, 신도 수가 많고 향화의 왕성함이 지금까지도 여전히 행해진다.

4. 직업의 신

명청 시기에 민간의 신 가운데 행업신行業神(직업을 주관하는 신) 숭배가 가장 왕성했다. 당시 360가지 행업에 모두 숭배하는 습속이 있어 숭배하는 신으로 진무·관제·재신 등처럼 유행하던 대신大神이 있었고,(그림 8-8) 또한 작은 신이 있었는데 행업과 유관한 신들뿐이었다. 행업신의 신묘는 종종 업종에 따라 혹 생산된 장소에서 세워졌고, 어떤 것은 행업의 회관, 또는 집에서 신을 제사하는 곳에 세워졌다. 가장 유명한 행업신은 노반魯班인데 명초에 시작하여 목공·와공·석수장이 등이 모두 노반을 받들었고, 후에 나무 조각하는 일, 제재업, 쇠와 나무로 수레바퀴와 보를 만드는 일, 탑붕업搭棚業(천막을 치는 업), 종이장식업 등에서 모두 노반을

27 '十通', 『淸朝文獻通考·群祀考』 2.

그림 8-8 두 명의 수행원과 함께 있는 도교의 신 진무眞武의 상. 이 의인화된 신은 북방의 상징인 현무(거북이와 뱀이 서로 휘감고 있는)로부터 기인되어 북송 왕조에서 만들어졌다. 그러나 명 왕조 때에 특별한 인기를 누렸다.

신봉하였다. 도자기 산업이 흥성함에 따라 도자기 산업과 유관한 신이 또한 많이 나타났다. 예를 들면 많은 요신묘窯神廟에서 모두 순舜 · 노자 · 뇌공雷公 3위를 주신으로 받드는 신앙이 있고, 또한 산신 · 토지 · 우왕牛王 · 마왕馬王 4개 소신이 있다. 명대 경덕진景德鎭에서는 사주묘師主廟 · 풍화선묘風火仙廟를 받들었다. 사주묘의 신주는 진조晉朝의 조개趙慨인데 선비仙秘(신선과 비결, 곧 신선사상이나 도교적 비결)에 정통하고, 법술로 생령을 구제하는 등 신이한 사적이 많다. 명대 초에 어기창御器廠을 두고 그를 도자기 일을 돕는 신으로 삼아 제사를 지냈다. 풍화선묘의 신주인 동빈童賓은 만력 시기의 요공窯工으로 도자기 가마에 몸을 던져 신기한 자기를 만들어 냈기 때문에 요공들이 사당을 만들어 제사를 지냈다. 명청 시기에 소주와 항주의 명주 산업이 발달하면서 그 가내수공업자들은 기신機神(베틀신)을 받들었다. 소주와 항주 일대에서 받든 기신은 일반적으로 전설에 황제黃帝 시절 의복을 발명했던 백여伯余이나, 또한 당나라 때 사람 저수량褚遂良의 후예인 저재褚載도 있다. 전설에 따르면 저재는 전당錢塘에 옮겨 살았는데 마을에서 실을 잣고 비단을 짜는 방법을 가르쳐 주었으며 뒷날의 항주를 세상에서 방직업의 갑이 되게 하였다. 송강·태창 일대는 면방직업이 발달하여 "송강에서 나는 베로 만든 옷으로 온 세상을 입힌다.(松郡之布, 衣被天下.)"라고 할 정도였다. 이것은 먼저 원대에 직면법織棉法을 발명한 황도파黃道波에게서 힘을 얻었으니, 황도파는 또한 이치상 당연히 면방직업에서 받들어졌고, 도처에 모두 황도파 사당이 있게 되었다. 명대 가정 시기에 상해에서 고유顧儒·고수顧秀 형제가 고수顧綉를 발명하였는데 이 이후로 소주에 흘러 전해졌고 소주와 상해의 자수산업 또한 사당을 세우고 고씨 형제를 자수산업의 조사로 받들었다. 염직染織산업과 안료顔料 산업에서 받드는 신은 매梅·갈葛 2선仙으로 매梅는 서한 말기의 매복梅福이고 갈葛은 진대의 갈홍葛洪이다. 두 사람은 저명한 연단가煉丹家인데 또한 고대에 안료가 연단에서 나온 것이라고 여겼기 때문에 그들 두 사람을 가져다가 조사로 삼은 것이다. 명초의 이원업梨園業에서 받든 이원신梨園神에는 이랑신二郎神과 노랑신老郎神이 있다. 명대 이원梨園에서 받든 청원 조사淸源祖師는 말에 따르면 바로 서천관구西川灌口의 '이랑신'이다. 청대 이후의 이원에서는 노랑신을 받드는 경우가 많았다. 곧 이원의 창시자는 당 현종玄宗인 이융기李隆基이다. 이러한 습속은 매우 광대하게 유전되었다. 북경의 이원업은 또한 희신喜神을 숭배한다. 이원의 동인들은 늘 묘봉산妙峯山 낭랑사당의 희신전에 올라가 모임을 가졌다.

중화문명사에서 종교는 국가정교 · 전통종교 · 민간종교 · 민간신앙으로 구성되어 위로부터 아래까지 완전하게 정비된 체계였다. 민간신앙은 저층의 위치에 있었으나 오히려 민중생활을 결합시키는 데 가장 긴요하였고 또한 신앙자가 가장 많았다. 민간신앙은 비록 적지 않은 미신적 요소를 포함하고 있지만 정규 종교신앙과 나란히 신봉되었다. 그것은 더 자유로웠고 생동적이었으며 교묘하게 생활의 각 방면과 결합되어 있어 작게는 살아가는 일터와 지방에 이르렀고 크게는 국가 민족에 이르렀다. 민간신앙은 종종 사람과 사람이 서로 가슴을 터놓을 수 있었으며 사람의 무리와 모임의 무리 사이에서 서로 융합된 무형의 응집력이었다.

제9장

문예창작의 새로운 흐름

명나라 중엽 이전에 문학예술의 주요 형식은 기본적으로 이미 정형화 되었다. 형식상의 고古와 금今, 풍격(미학)상의 아雅와 속俗, 내용상의 정情과 이理, 이렇게 세 가지의 모순은 새로운 역사적 조건 아래 얻어진 새로운 내용과 함께 서로 대립하고 보충해 가며 명나라 중엽 이후 문예발전의 내적 동력을 형성하였다. 명나라 중엽 이후의 문예가들이 창조한 예술 세계는 매우 말하기 어려운 것으로 전인들이 전혀 밟아 보지 못한 영역에 있다. 그러나 무수히 많은 창작 가운데에는 분명하게 드러나는 두 가지 흐름이 있었다. 하나는 저잣거리를 중심으로 한 '세정世情'을 드러내어 이전에 비해 큰 발전이 있음을 보여 주는 것, 다른 하나는 지식 계층을 중심으로 한 '성정性情'[1] 세계의 토로에 특화된 것이다. 앞의 것은 주로 세속사회의 문화에 대한 갈망을 만족시키고, 뒤의 것은 주로 문인(지식인) 자신의 정신상의 요구에서 근원한 것이다. 이 두 가지는 서로 무관한 것처럼 보이지만 실제로는 오히려 서로 영향을 주었다. 개성 해방의 사상이 강렬하게 드러났을 때, 생생한 현실사회와 어떻게 마주하는지부터 개인이 어떠한 사회적 책임을 감당하게 되는지가 곧 문학예술가의 눈앞에 늘어서 있는 새로운 과제가 되었다. 그리고 이 새로운 과제에 대한 사색과 탐구는 또한 필연적으로 이 시기 문예발전 가운데 가장 주목해야 할 부분이자, 동시에 이 때문에 구성된 결과물들은 중화문명사에서 특수한 위상을 차지하고 있다.

1 '性情'은 중국 고대 철학 그리고 문학에서 상용하던 단어로 함의하는 바가 일정하지 않다. 전통 유학의 '尊性抑情'과는 같지 않으며, 명대 이후의 시인들은 이 단어를 종종 사람의 자연스러운 감정을 더 중요하게 생각하는 의미로 사용하였다. 그래서 어떤 사람은 '情性'(예를 들면 李贄)으로, 혹은 '情' 한 글자만 사용(예를 들면 湯顯祖)하기도 하였으며, 이와 관련하여 '性靈'이 쓰이는 경우도 있다.(예를 들면 屠隆, 袁宏道 그리고 청대의 袁枚 등) 이를 겸해서 쓰는 경우 역시 적지 않다. 이들 사이에 강조한 면이나 요점은 비록 같지 않을 수 있지만 기본적인 사고의 맥락과 핵심적 지향은 대체로 일치했으니, 즉 주로 "시인이 창작을 할 때의 진실한 정감이며 한 점의 靈犀(마음이 통함)"를 가리킨다.(袁行霈, 『中國文學概論』, 高等敎育出版社, 1989년, 137쪽)

제1절

통속문학의 발흥과 변주

1. 존정尊情 · 숭속崇俗 · 상진尙眞 · 구취求趣

명대 중엽 이후의 통속문학은 송원 대 통속문학의 기초 위에서 커다란 발전이 있었으며, '아雅'와 '속俗'의 문화대립이 전례 없이 첨예하게 나타났다. 본래, '아雅'와 '속俗'의 구분은 중화문명사에서 완전히 새로운 명제는 아니었다. 그러나 이들은 명대 중엽 이후에 의심할 바 없이 새로운 특징을 가지게 된다. 통속문학은 날로 흥성하는 상품경제에 의탁하였으며, 아울러 이 때문에 형성된 새로운 사회 관념은 빠른 속도로 사회 전체에 광범위하게 전파되었다. 그 영향의 거대함은 정통 사회를 유지하려는 여론과 각계의 정부로 하여금 모두 위기에 빠지게 하였고, 결국 이들은 그것을 금지하고 없애 버리는 것을 바라게 되었다.[2] 이들이 조준한 것은 당연히 이러한 새롭고도 활발한 문예양식 그 자체가 아니었으며, 실제적으로 이들은 또한 종종 이러한 문예양식의 향유자가 되기도 하였다. 이들이 걱정한 것은 바로 이러한 문예양식과 함께 출현하는 비정통적인 사상의식으로, 결론적으로 간단하게 짚자면 이른바 "음탕하고 도둑질하는 것을

2 王利器 編, 『元明淸三代禁毁小說戱曲史料』, 上海古籍出版社, 1981년 참조.

가르친다.(誨淫誨盜)"라는 것이었다. 이러한 각도에서 말하자면, 바로 역사상 겪어본 일이 없는 첨예한 사상의 충돌이 '아雅'와 '속俗'의 문화대립을 통해 이전의 어떤 시기보다도 더욱 뚜렷하게 두드러져 나타나게 되었으며, 결과적으로 이 시기 문예발전의 주요한 하나의 주제가 된 것이다.

이것은 당연히 발전 과정 중의 하나이다. 송원宋元 시기의 왕성한 발전 이후에, 소설과 희곡은 대표적인 통속문학이 되어 일찍이 '아문화雅文化'에 한 발짝 더 가까이 가게 되었다. 『비파기琵琶記』 등의 작품은 곧 "풍화체風化體와는 상관없이 공허할망정 좋아하는 것에 마음을 맡기는 것(不關風化體, 縱好也枉然)"을 표방했다. 『삼국연의三國演義』·『수호전水滸傳』의 인물 형상과 사상 관념도 이 작품들의 전신인 『삼국지평화三國志平話』·『선화유사宣和遺事』 속의 '수호水滸' 고사를 더욱 유교화한 것이다. 그러나 이것은 단지 발전 중의 일시적인 굴곡이었다. 명대 중엽의 사회가 중대한 변혁의 때를 맞이하면서 통속문예는 또 하나의 번영 시기를 맞이했으며, 게다가 앞에서 상술한 것처럼 아문화雅文化를 향해 근접해 갈 수 있게 되어, 예술적 수준에서 더욱 성숙한 형태로 표현되고 사회 전반에 더욱 커다란 영향을 미치게 되었다.

명대 중엽에 처음 출현한 '속문화俗文化의 뜨거운 흐름'은 전면적이었다. 각종 통속문화 방면의 출판물들이 매우 많았고, 경제상업 활동과 밀접한 관련이 있는 지리서부터 백과전서 성격의 통속적 유서類書(사전류)에 이르기까지 사회 다양한 계층의 문화적 욕구에 적응하였다. 상품경제의 발전과 속문화의 번영은 자연스럽게 문인의 창작에도 배어들었다. 당시 작가가 된 상인들이 지은 수서壽序·전기傳記·묘지墓志 따위의 문장은 매우 자주 볼 수 있었고, 게다가 강절江浙 지역의 수많은 저명한 작가들은 모두 상인 집안 출신이었다.[3] 소설과 희곡의 창작에 이르면 그 상업

3 陳建華, 『中國江浙地區十四至十七世紀社會意識與文學』, 學林出版社, 1992년, 334-335

성이 더욱 분명하게 드러난다. 소설을 출판하는 것은 본래 일종의 이익을 도모하는 상업 활동으로, 서상書商은 날이 갈수록 소설 창작에서 소홀히 할 수 없는 요소가 되어 갔다. 적지 않은 소설이 사실 바로 서상 자신이 엮은 창작이었다. 희곡 분야도 이와 같아서, "인가에서 희곡 한 편을 만들면 10여 금이 들지만, 여러 배우들은 오히려 한스럽게 여기고 적은 것을 싫어한다.(人家做劇一本, 費至十餘金, 而諸優猶恨嫌少.)"[4]고 하였다. 이와 같은 배경 아래 점차적으로 일련의 새로운 심미적 기준과 예술 취미가 형성되었으며 존정尊情 · 숭속崇俗 · 상진尚眞 · 구취求趣가 많은 문학가들의 공통된 인식이 되었다.

존정 · 숭속 · 상진 · 구취의 창작 동기는 결코 전통적인 정치교화적 이론의 선면적인 퇴각을 의미하는 것은 아니며, 오히려 정情 · 속俗 · 진眞 · 취趣가 정통적 도덕관념에 침투하지 않은 곳이 없다고 말할 수 있다. 가장 두드러지게 나타난 표현은 바로 도덕적 · 권선징악적 사상이 소설 창작 중 빠지는 데가 없는 깃발 혹은 현수막이 된 것이니, '음서淫書'인 『금병매金瓶梅』까지도 소위 '곡종주아曲終奏雅(해피엔딩)'의 평을 받게 되었다. 이것은 사회가 통속문학에 대해 용인한 최저선으로, 또한 통속문학 창작의 일종의 규범을 형성했다. 그래서 적어도 작품의 결말 부분에서 우리들은 통상적으로 정통사상과 비정통적인 사상의 기묘한 결합을 볼 수 있게 되었다. 어떤 사람은 심지어 이렇게 말했다.

> 옛날에는 유 · 불 · 도의 3교가 있었고, 명나라 때부터는 또 하나의 종교가 생겼으니 바로 '소설'이다. 소설연의란 책은 일찍이 스스로 가르침이라 한 적이 없다. 사대부 · 농 · 공 · 상을 불문하고 이것 듣기를 좋아하고,

---

쪽 참조.

4 徐樹丕, 「吳優」, 『識小錄』 권4, 『筆記小說大觀』 40편 제3책, 台北, 新興書局, 1986년.

아동·부녀자와 같이 글을 모르는 자들 또한 모두 들어서 본 것처럼 여기니, 이는 그 가르침이 유·불·도와 비교해 더욱 광대하다.(古有儒釋道三教, 自明以來, 又多一教, 曰小說. 小說演義之書, 未嘗自以爲教也. 士大夫·農·工·商賈, 無不習聞之, 以至兒童·婦女不識字者, 亦皆聞而如見之, 是其教較之, 儒釋道而更廣也.)[5]

비록 이것은 비판적인 각도에서 말한 것이지만, 소설이 일종의 새로운 의식 형태가 되어 그 문화작용이 유·불·도와 함께 거론되었으며 민중에게 끼친 영향이 광대했음을 비유한 것이다. 곧 명대 중후기에 원굉도袁宏道 등이 소설을 유교의 경서經書의 위치로 추켜세운 것과 방법은 다르나 결론은 같다.

2. 『서유기』의 문화적 내용

중요한 것은 우리가 이렇게 소설에서 형상화된 세계에서 생동하는 시대의 변화를 움켜쥘 수 있다는 것이다. 예를 들어 『서유기西遊記』[6]는 종교를 소재로 한 소설로 형상 구성의 방식에서 사람들에게 황당무계한 느낌을 준다. 그러나 실제적으로 이 작품은 분명한 세속화 경향을 갖추고 있다. 만약 이러한 경향이 보통의 세정소설에서 나타났다면 그다지 주목을 받지 못했을 것이다. 그러나 이와 같은 '신마소설神魔小說'에서는 이러한 작품이 오직 명대 중엽 이후 사상 해방의 시기에 출현했음에 주목하게 된다.(그림 9-1) 이전의 소설과 비교해 보면, 『서유기』는 더욱 자각적으로 인

5 錢大昕, 「正俗」, 『潛研堂文集』 권17, 上海商務印書館, 1936년, 250쪽.

6 지금 현존하는 것으로, 1592년(만력 20) 世德堂刊本이 가장 이른 시기의 百回本 『西遊記』인데, "華陽洞天主人校"라고 서명되어 있다. 일반적으로 작자는 吳承恩이라고 알려져 있으나 달리 보는 시각도 존재한다.

그림 9-1 많은 사람들이 이 작품의 최초 인쇄로 생각하는, 남경출판사본 『서유기』의 1592년판 삽화. 목판인쇄. 이 그림은 명 왕조 만력제 치세의 여러 인물들을 보여 준다.

물을 플롯의 중심으로 삼고 있음을 알 수 있다. 작자는 환상적 형식을 빌려, 유구한 역사를 지닌 어떤 민족이 지난하고 굴곡진 과정에서 선명하게 드러내는 정신적 풍모를 묘사하였다. 이에 더해 높이 생동하는 사상이 창조해 낸 허구와 실상이 공존하는 예술세계는, 이러한 소설로 하여금 시공의 한계를 초월하여 다른 시대, 다른 연령, 심지어는 다른 민족 독자들의 사랑까지 얻을 수 있게 하였다.

3. 『금병매』와 '삼언이박'에 보이는 세태인정

이렇게 시정사회를 묘사한 작품에 이르면 더욱 농후한 시민의식이 표출된다. 『금병매』[7]의 출현은 바로 분명한 하나의 사례이다. 이 소설은 『수호전』의 번잡한 영웅 전기에서 오직 하나의 상인 가정의 이야기를 풀어 내었는데 중국 문학사상 이것은 전에 없던 창조물이다. 세태인정에 대한 묘사로는 특히 서문경西門慶이라는 한 상인의 복잡한 성격에 대한 묘사와 그의 여러 처첩 사이의 모순에 대한 표현이 있다. 전체적으로 생동감이 넘쳐 소설사가 영웅·신마에서 보통사람으로 전향하는 데 한 줄기 길을 열었다. 만력 연간 사조제謝肇淛는 가장 먼저 『금병매』에 대해 전면적으로 평가를 한 사람이다. 그는 이 책을 이렇게 칭찬하였다.

> 그 가운데 지방과 조정에서의 정무, 관사官私의 접촉, 규방여인의 버릇없는 말, 시정의 외설스러운 이야기, 세력가와 결탁하고 이익에 영합하는 세태, 앞에서는 마음을 쓰는 듯하면서도 등뒤에서는 비웃는 형국, 음란한 약속, 술자리나 잠자리의 밀어, 거간꾼들의 술수와 잔꾀, 미인들이

7 지금 현존하는 것으로, 萬曆序刻本 『金瓶梅詞話』 및 崇禎年間에 간행된 『繡像金瓶梅』 두 종류가 비교적 이른 시기의 대표적 판본이다.

아름다움을 다투는 것, 빈객을 아첨하는 태도로 맞이하고 허물없이 구는 것, 아랫사람들의 욕설과 험한 말투 등을 다룬 이야기의 지극한 경계와 형상이 놀랍고 마음을 유쾌하게 한다.(其中朝野之政務, 官私之晋接, 閨闥之媟語, 市里之猥談, 與夫勢交利合之態, 心輸背笑之局, 桑中濮上之期, 尊壘枕席之語, 駔驓之機械意智, 粉黛之自媚爭妍, 狎客之從諛逢迎, 奴佁之稽脣淬語, 窮極境象, 駴意快心.)[8]

이것은 이른바 '세정'이란 것에 대한 본격적인 개괄이며 또한 세정에 대한 관심이 이미 보편적인 사회적 심미 취향이 되었음을 반영한 것이다.

'삼언이박三言二拍'[9] 중에서 우리는 또 매우 많은 보통 시민들의 형상을 볼 수 있다. 그들은 진정한 문학작품의 주인공이 되었다. 예를 들어 『유세명언喩世明言』 가운데 「장흥가중회진주채蔣興哥重會珍珠衫」는 매우 세밀하게 상인 장흥가와 그의 처 왕삼교王三巧, 그리고 다른 상인 부부의 복잡한 감정과 갈등을 묘사하고 있다. 작가는 정통관념에 의해 배척당하는 정욕을 동정적인 태도로 묘사하고 있다. 『박안경기拍案驚奇』 중의 「전운한우교동정홍轉運漢遇巧洞庭紅」은 한 상인이 해외 무역 중에 요행히 부를 쌓게 되는 기이한 경험을 무척 흥미롭게 서술하였다. 만약 이전의 문학작품과 서로 비교해 본다면 우리는 상인의 지위가 상승했음을 더욱 구체적으로 느낄 수 있다. 『성세항언醒世恒言』의 「매유랑독점화괴賣油郎獨占花魁」에서는 한 소상인이 갑자기 '꽃요괴 낭자(花魁娘子)'의 마음을 얻게 되는데, 이전의 애정작품에서는 상인은 모두 비속한 악역으로 등장했을 뿐이었다. 『이각박안경기二刻拍案驚奇』의 「첩거기정객득조疊居奇程客得助」에서는 아

8 「金瓶梅跋」, 『小草齋文集』 권24, 『四庫存目叢書』 影印, 明天啓刻本, 齊魯書舍, 1997년.

9 馮夢龍이 편찬한 '三言'인 『喩世明言』은 1624년, 『警世通言』은 1624년, 『醒世恒言』은 1629년에 처음 간행되었다. 凌濛初가 저술한 '二拍'인 『拍案驚奇』는 1628년, 『二刻拍案驚奇』는 1632년에 처음 간행되었다.

름답고 다정한 바다의 신이 갑자기 상인의 침실에 나타나는데, 이전의 소설에서 이런 종류의 선녀는 오직 순박한 농민이나 서생에게만 호의를 보였었다. 가장 주목할 만한 것은, '삼언이박'의 소재와 묘사가 비록 여전히 이른 시기의 화본소설話本小說에서 중시하던 줄거리의 기이한 곡절이라는 특징을 유지하고 있기는 하지만, 또한 '평범함' 가운데 보이는 '진기함'[10]을 강조하며 현실생활에 대한 더욱 객관적 태도를 드러내고 있다는 점이다.

4. 고금 세계의 큰 소부笑府

명대 중후기에 있던 또 한 종류의 문학현상은 특별히 주목할 가치가 있으니, 그것은 바로 소화문학笑話文學의 발전이다. 우리들은 지금 중국 고대 소화집笑話集이 주로 이 시기에 출현했음을 볼 수 있다. 이 시기 전의 소화집은 이 무렵에 새롭게 편찬되어 널리 유행하였으며, 이후의 소화집 또한 이 시기 소화의 영향을 적지 않게 받았다. 이 시기 전의 해학은 '희이불학戲而不謔' 관념의 지배 아래 있었으며, 종종 문인의 '아취雅趣'를 표현하였다. 그러나 명대 중후기에는 그렇지 않았으니, 허다한 문인들의 '선학善謔(해학을 잘하는 것)'은 그들의 '자유분방함(疏狂)'의 정신 상태와 함께 연관되었으며, 시정사회의 방종함 또한 소화의 발전에 힘을 보탰다. 비록 당시 전해지던 소화 가운데 적지 않은 작품의 격조가 높지 않지만 상당히 많은 소화의 내용은 심각하며 의미심장하다. 더욱 중요한 것은 소화에서 웃음을 취하는 범위가 넓어지면서, 자주 정통관념의 속박을 벗어나고 있다는 점이다. 서위徐渭(1521-1593)는 『동방삭절도도찬東方朔竊桃圖

10 笑花主人, 「今古奇觀序」, 『今古奇觀』, 『古本小說集成』 影印上海圖書館藏本, 上海古籍出版社.

贊』에서 "안 되는 것이 없으니 도는 희학에 있다.(無所不可, 道在戲謔.)"[11]는 명제를 제시하여 마음에 따라 기분이 좋아지며, 일체의 사상을 흘겨보는 작풍을 표현하였다. 만명晩明 시기 문인들의 말에 따르면, 해학은 주로 신이하고 장엄한 것에 대한 일종의 해소로, 이른바 "웃음으로 썩은 곳을 치료할 수 있다.(笑能療腐)"는 것이며, "눈구멍이 작은 사람은 내가 웃겨서 크게 만들 것이요, 마음구멍이 막힌 사람은 내가 웃겨서 트이게 만들리라.(眼孔小者, 吾將笑之使大, 心孔塞者, 吾將笑之使達.)[12]라는 것이다. 때문에 그들은 세계를 하나의 커다란 '소부笑府'로 보았으니, 풍몽룡馮夢龍(1574-1646)의 『광소부서廣笑府序』에 있는 말을 인용하면 바로 다음과 같다.

> 요와 순, 그대들은 천자의 자리를 선양하였지. 저 탕왕과 무왕이 천자의 자리를 빼앗은 것 우스워라. 그는 곁에 사람이 없는 것처럼 말하며, 이 뜻을 자세히 살펴 간파했다고 하나, 사거리의 소상인에 불과할 뿐이네. 용봉과 비간, 이윤과 여상은 또 어떠한가? 소부와 허부, 백이와 숙제는 또 어떠한가? 이같이 주저리주저리 하는 말들, 나 또한 거기서 공부하고 웃노라. 이노담의 5천 언 도덕경이 우스워라. 석가불의 5천 권 문자 우스워라. 말라 버린 저 도사들 운라를 치고, 화상들은 목어를 치며 궁한 삶을 희롱하네. 어떠했는가, 청우(도가)의 도리와 백우(불가)의 자미. 괴이한 건 저 기름기 절은 오랑캐 달마 노인, 저 간시궐(마른 똥막대기: 선불교의 화두 중 하나)의 찌꺼기를 씹고 씹으며, 씻고 씻노라. 또한 저 공자 노인 우습구나. 어떠했는가, 풀풀 날리고 달달거리는 도학 문장. 환하게 사람을 조금 살렸는가, 모두 죽음을 희롱할 뿐. 또한 장도릉과 허정양이 우스워라. 대낮에 하늘에 오를 뿐, 구제한 게 무언가? 이렇게 정밀하지

11 『徐渭集』 제2책, 中華書局, 1981년, 582쪽.

12 韻社第五人, 「題古今笑」, 『古今笑』, 河北人民出版社, 1985년.

못할 따름이니, 낮은 곳에 이르러 고통을 주는 귀신을 걸러낼 뿐.(堯與舜, 倆讓天子. 我笑那湯與武, 倆奪天子. 他道是沒有個旁人兒, 覷覷破了這意思兒, 也不過是個十字街頭小經紀. 還有什麼龍逢·比幹·伊和呂, 也有什麼巢父·許由·夷與齊, 只這般唧唧噥噥的, 我也那里工夫笑着倆. 我笑那李老聃五千言的『道德』, 我笑那釋迦佛五千卷的文字, 幹惹得那些道士們去打雲鑼, 和尚們去打木魚, 弄兒窮活計. 那曾有什麼青牛的道理, 白牛的滋味, 怪的又惹出那達磨老臊胡來, 把這些乾屎橛的渣兒, 嚼了又嚼, 洗了又洗. 又笑那孔子的老頭兒, 倆絮絮叨叨說什麼道學文章, 也乎白地把好些活人都弄死. 又笑那張道陵·許旌陽, 倆便白日昇天也成何濟, 只這些未了精精兒, 到底來也, 只是一淘冤苦的鬼.)[13]

여기에서는 신이한 것들이 모두 웃음거리가 되었다. 이러한 이전에 없던 방자함은 과거의 고고하게 위에 있던 우상들에게 충격을 주었을 뿐 아니라 종교적 계율들을 와해시켰다.

5. 소설가의 한유寒儒의식과 재자才子의식

명말청초, 소설계에서 가장 두드러진 변화는 역시 소설가의 신분 변화였다. 이전의 소설가는 대부분 민간의 설서인說書人과 상호 결합한 하층의 문인이거나 혹은 민간의 설서인이었다. 그러나 소설 창작이 흥성함에 따라 소설가는, 대부분 여전히 뜻을 얻지 못한 문인이기는 했지만 그들이 가진 문인으로서의 역할에 대한 의식은 때때로 소설가로서의 의식을 가렸다. 때문에 그들은 작품 안에서 매우 선명한 '한유寒儒(한미한 선비)'의식과 '재자才子'의식을 표현했다. 이것은 그들로 하여금 사회문화와 결합

13 『中國歷代笑話集成』 제1책, 時代文藝出版社, 1996년, 542쪽에 근거한다.

하며 실제적으로 높지도 않고 낮지도 않은 당황스러운 위치를 점하게 하였다. 한유의 신분은 그들로 하여금 상층에 대해서 일종의 비판적 태도를 채취하게 하였고 동시에 또 일종의 상층에 속하고자 하는 희망을 면할 수 없게도 하여서, 그들의 비판은 주로 사회의 불공평함에 대한 불만의 발산이었다. 재자의식은 이른바 '우부우부愚夫愚婦'라고 불리는 하층에 대해 경멸을 지닌 태도로, 이러한 경멸과 유자라는 신분이 서로 결합하여 자연스럽게 그들은 교훈을 주는 어조의 서사를 더욱 쉽게 할 수 있었다. '한유'라는 정체성과 '재자'의 마음상태가 섞였기 때문에 그들은 상층, 하층에 대해서 모두 가깝기도 하고 멀기도 한 감각이 있었다. 이로부터 이 시기 소설은 아雅와 속俗이 대립 · 교융하며 별도의 면모를 형성하게 되었고, 문인정신과 세속의 재체載體의 모순이 형성되었다.[14] 비록 그들은 여전히 자신의 작품이 "모든 세정世情에 쓰여 온 것을 편집한 것으로 하나하나 핍진하다.(是編皆從世情上寫來, 件件逼眞.)"[15]라고 강조하였지만, 한 사람의 '쾌심快心'을 만족시키기 위해, 작품의 줄거리 구성 · 인물 조형에 모두 주관적 색채가 더욱 두드러지게 되었다.

만약 명대 중후기의 문단에 '정情'과 '이理'의 충돌이 강렬하게 드러나고, '정과 이'의 경향이 매우 선명하게 드러났다고 한다면, 이 사상 관념은 청대에 하나의 전환을 발생시켰다. 표면상으로는 청초의 소설, 희곡은 여전히 '정'을 선양하고 있었지만 그 함의에는 이미 어느 정도의 변화가 있었다. "정에서 발하여, 예에서 그친다.(發乎情, 止乎禮.)"라는 기본 관념에는 비록 '정'에 일정한 공간을 남겨 주고 있었지만 '예'의 제약 아래에서 '정'은 결국 정통으로 돌아오게 되었다. 이러한 점은 당시에 십분 유행하던 재자가인 소설 중에 가장 잘 표현되어 있다. 이어李漁(1611–1679?)

14 劉勇强, 「文人精神的世俗載體–淸初短篇白話小說的新發展」, 『文學遺産』, 1988년, 제6기 참조.

15 天花藏主人, 「快心編 · 凡例」, 『古本小說集成』影印課花書屋本, 上海古籍出版社.

의 일련의 소설과 희곡들은 그 작품들을 대표한다고 할 수 있다.『신난교愼鸞交』전기에서, 한 사람의 풍류 도학자의 전형으로 조형된 화수실華秀實은 등장하며 이렇게 자신에 대해 밝힌다.

> 소생은 겉으로는 풍류와 같으나, 마음은 지중할 뿐이다. 호색할 줄 알지만 상간 같은 음색은 좋아하지 않으며, 또한 정을 이해하나 남의 정을 훔치지는 않는다. 세상에는 재주가 있는 이와 덕이 있는 이 두 종류로 뚜렷하게 나뉜다. 풍류를 숭상하는 자는 애써 도학을 물리치고, 도학을 으뜸으로 삼는 사람은 풍류를 지독히 미워한다. 내가 볼 때, 명교(유교) 중에 즐거운 곳이 없지 않고 한가로운 정 가운데 천기가 모두 있으니 결국은 도학과 풍류를 합쳐 하나로 한다면 비로소 학사문인이 될 수 있을 것이다.(小生外似風流, 心偏持重. 也知好色, 但不好桑間之色 · 亦解鍾情, 却不鍾偷外之情. 我看世上有才有德之人, 判然分作兩種. 崇尙風流者, 力排道學, 宗道學者, 酷詆風流. 據我看來, 名敎之中, 不無樂地, 閑情之內也盡有天機, 畢竟要使道學, 風流合而爲一, 方才算得個學士文人.)[16]

그의 대표적인 소설로는『십이루十二樓』중의『합영루合影樓』등이 있는데 또한 이러한 관념의 복사판이다.

6. 꽃의 요정과 여우 화신의 정신세계:『요재지이』

그러나 명청 시기의 소설은 문학사文學史상 하나의 과정일 뿐이다. 김성탄金聖嘆 · 모종강毛宗岡 · 장죽파張竹坡 등은 소설에 대해 열심히 비평을 하였고, 소설 창작에 대한 의식과 소설이 사회의 주목을 받는 정도에

16『李漁全集』권5, 浙江古籍出版社, 1992년, 424쪽.

커다란 향상이 있었다. 이후에 소설 창작에는 매우 빠르게 하나의 큰 산이 출현했다. 위진남북조의 지괴志怪 · 지인志人 소설과 당대의 전기傳奇 소설 이후 문언소설은 오랫동안 사람들을 놀라게 할 만한 작품이 부족했는데, 『요재지이聊齋志異』의 출판은 특별히 중요하다. 이 책의 작자인 포송령蒲松齡(1640-1715)의 생활 방식과 사상 관념은 앞서 언급한 '재자才子'와는 같지 않다. 그는 중국 문화계의 또 다른 부류의 사람을 대표하는데 바로 향촌 지식분자이다. 이런 종류의 사람이 문명사에서 위치할 때 사람들의 주목을 받는 경우는 매우 적으며, 그들 중 상당수의 사람들은 종종 '삼가촌선생三家村先生'이라는 비웃음을 당한다. 객관적으로 말하자면, 그들의 문화 창조력은 전체에서 그다지 특출하거나 주목을 끌지는 못하며 기층문화의 전파자 역할을 더 많이 충당한다. 그러나 설령 이른바 "예를 잃었으면 초야에서 찾아내야 한다.(禮失求諸野)"는 각도에서 그들의 공헌을 높이 보지 않더라도, 우리는 또한 그들이 문화 전체에서 특수한 위치와 작용이 있다는 것을 부인할 수는 없으며 이러한 위치와 작용은 최종적으로 문화의 유효성을 실현시키는 데 쓰인다. 포송령은 바로 이러한 한 사람의 탁월한 향촌 지식분자였다. 그는 또한 불우한 울분을 품고 있었으나 이러한 울분은 조금도 쓸모없는 자기만족으로 변하지 않고 대중을 향한 보급 및 문화지식의 열정으로 전환되었다.[17] 소설 창작에서는 넘쳐흐르는 재기가 때로는 일종의 유머로, 때로는 일종의 이상이 되어서 그의 압박에 대한 반항, 생활을 음미하는 심미 태도와 능력이 되었다. 단순한 생활 경험이 조성한 좁은 시야는 결국 그가 현실에 대한 정밀하고 세밀한 묘사를 환상세계에 대한 핍진한 표현으로 보충하도록 했다. 때문에 우리들은 저 아름답고 지혜로운 꽃 요괴, 여우정령과 진실하고 맑은 서생을

17 蒲松齡이 편찬한, 농민을 대상으로 한 허다한 통속서적으로 예를 들어 『日用俗字』, 『藥崇書』, 『農桑經』 등이 있다.

볼 수 있는 것이다. 그들을 통해 작자는 깊은 문화 전통을 응집하였고 또한 영원한 인생의 이상을 은밀하게 표현하였다. 『공손구낭公孫九娘』에서 전란 이후의 혼령이 갈구하는 행복에 대한 소망이 생동감 있게 표현되는 때, 『영녕嬰寧』에서 여우녀가 인간세상에서 그의 천진난만한 미소를 잃고 한을 남길 때, 독자는 이 황당한 소설이 가진 사상적 깊이와 예술적 매력을 강렬하게 느낄 수 있을 것이다.

7. 문인의 운명의 반성: 『유림외사』

『유림외사儒林外史』는, 문인이 쓴 문인의 소설로, 이 작품의 사상적 깊이는 이전의 어떠한 통속소설과도 다르다. 이 작품에는 책 전체를 관통하는 주인공이 없다. 전기성傳奇性과 희극적인 묘사는 현실성과 성격묘사적인 표현에 그 자리를 양보했다. 명청 장편소설 중 우리들이 그 창작 과정과 심리를 가장 분명하게 알 수 있는 작가인 오경재吳敬梓(1701-1754)는 자신의 경험과 감정을 소설 창작 중에 녹여냈으며 옛 시대 문인의 숭고한 혹은 비천한, 초탈한 혹은 어찌할 바 모르는 영혼을 냉정하게 해부하였다. 그럼으로써 이러한 문인의 문화와 더 나아가 모든 사회를 배양하는 것에 대해 깊은 분석과 비판을 하였다. 이러한 분석과 비판의 심각성은 청대 사람들로 하여금 "『유림외사』를 읽지 마라. 읽고 나면 결국 평소 살아가며 겪는 일들이 『유림외사』와 조금도 다를 바 없음을 깨닫게 된다.(慎勿讀『儒林外史』, 讀竟乃覺日用酬酌之間, 無往而非『儒林外史』.)"라는 감탄을 하게 했다.[18]

18 臥閑草堂本 『儒林外史』 제3회 評語, 『古本小說集成』 影印本, 上海古籍出版社.

8. 무협소설의 원류

오경재와 같은 이러한 소설가가 역사와 현실 문화에 대해 사색에 빠져 있을 때, 다른 한쪽에서는 더욱 오락성이 짙은 소설도 동시에 유행하기 시작했으니, 이것이 바로 무협소설이다. 만약 무협소설의 원류를 추적해 보고자 한다면, 적어도 한위육조漢魏六朝 때의 관련 소설부터 헤아리기 시작해야 할 것이다.[19] 이후에 역대로 끊임없이 이어져 오다가 청대에 와서 하나의 높은 봉우리를 형성하였다. 사회의 어두움, 법제도의 모호함은 물론 무협소설이 흥성하는 원인 중 하나였다. 그러나 이 원인은 역대로 매번 있었기 때문에 이 시기에 무협소설이 융성하게 된 유일한 원인이라고 할 수는 없다. 노신魯迅은 『중국소설사략中國小說史略』에서 "청대의 이 협의소설俠義小說은 송대 사람의 화본소설의 정맥을 이어받았으며, 평민문학의 700여 년이 다시 부흥한 것이다.(是俠義小說之在淸, 正接宋人話本正脈, 固平民文學之七百餘年而再興者也.)"[20]라고 말했다. 이것은 매우 정확한 논평으로 이 언급은 우리가 무협소설의 발흥에 대해 시민문학의 '정맥正脈'에서부터라고 이해하는 점을 시사하고 있다. 이른바 '정맥'이라는 것은, 하나는 노신이 말했던 '시정 하층민의 마음을 그려낸 것'이며, 다른 하나는 이런 종류 작품의 오락성이다. 두 가지를 비교하자면 역시 후자가 좀 더 중요하다. 다시 말하면, 무협소설의 공식화된 묘사는 보통시민이 정의를 위하고 협俠을 행하는 것, 복수를 하는 것에 대한 동경을 표현했을 뿐 아니라 이들의 대체할 수 없는 일종의 심심풀이가 되는 것이다.

19 劉蔭柏, 『中國武俠小說史』, 花山文藝出版社, 1992년 참조.

20 『中國小說史略』, 人民文學出版社, 1975년, 250쪽.

9. 화부花部와 아부雅部

소설이 힘차게 발전하는 동시에 희곡 또한 발전을 멈추지 않아 높은 파도가 잇따라 일어났다. 소설 창작과 대략 같지 않은 것은, 희곡은 한쪽에서는 끊임없이 민간의 양분을 흡수하면서 또 다른 한쪽에서 매우 많은 저명한 문인들이 희곡 창작에 참여했다는 것이다. 후자의 사실은 원대 희곡 작가의 상황과 완전히 다르며, 또한 동시대의 소설가들은 해내지 못한 것이었다. 명대에, 매우 많은 관료사대부들은 작곡과 작사로 풍아風雅를 일으켰다. 심덕부沈德符는 다음과 같이 말했다.

> 근래에 사대부는 태평성대의 즐거움을 누리며 그 총명함을 취미에 의탁하고 있다. 오중吳中의 관리들은 음률에 뜻을 두었으니 예컨대 태창太倉 공부의 장신張新, 오강吳江 이부의 심개沈璿, 무석無錫의 진사 오징吳澄은 모두 작곡을 할 때마다 넓게 앉아 기녀에게 명하면, 노련한 배우, 실력 좋은 명창이 모두 갑자기 어찌할 바를 모르니 진실로 강동의 공근公瑾(즉 주유)보다 덜하지 않다.(近年士大夫享太平之樂, 以其聰明寄之剩技. 吳中縉紳留意音律, 如太倉張工部新, 吳江沈吏部璿, 無錫吳進士澄, 俱工度曲, 每廣座命技, 卽老優名倡俱皇遽失措, 眞不減江東公瑾.)[21]

21 沈德符, 『萬曆野獲編』 권24, 中華書局, 1959년, 627쪽. 이외에, 명대의 진사급제와 관직 생활에 들어간 희곡가들로는 陳沂, 李開先, 胡汝嘉, 秦雷鳴, 謝讜, 王道昆, 王世貞, 張四維, 顧大典, 沈璟, 陳與郊, 屠隆, 龍膺, 鄭之光, 湯顯祖, 謝廷諒, 王衡, 施鳳來, 阮大鋮, 魏浣初, 葉憲祖, 范文若, 吳炳, 黃周星, 來集之 등이 있었다. 청대에도 여전히 적지 않은 진사 희곡가가 있었는데, 예를 들어 蔣士銓 등이다. 이들 희곡가보다 비록 공명은 없지만 비슷한 부류의 저명한 문인으로 徐渭 등이 있다. 陳大康의 『明代小說史』(上海文藝出版社, 2000년)에서 일찍이 명대의 관원·名士와 통속소설의 관계에 대해 예를 들어 말하며 중요시할 가치가 있다고 확신했다. 다만 결론적으로 말하자면, 그들이 보급한 작품은 주로 『三國演義』, 『水滸傳』, 『金瓶梅』 등의 몇 가지였으며 관원 사대부들이 희곡에 깊이 있고 광범위하게 참여했던 것과는 역시 분명한 차이를 보인다.

이러한 점 때문에 희곡 창작은 더 많은 아문화雅文化의 영향을 받게 되었다. 곤곡昆曲은 이후에 사대성강四大聲腔[22] 중 독특한 문학으로, 문인 극작가의 창작과 밀접하여 나눌 수 없다. 양진어梁辰魚의 『완사기浣紗記』를 시작으로 명대 만력 연간에서 청대 중엽에 이르기까지 곤곡의 유행은 흥성해졌다. 이것은 고아한 예술풍격으로 전통희곡의 서정성의 극치를 발휘하였다.

탕현조湯顯祖(1550–1616)의 『모란정牧丹亭』은 지금까지도 널리 사랑받는 전기傳奇 중의 하나이다. 이 극 줄거리의 기이함은 사람들의 극찬을 받는 정도에 이른다. 작자는 『모란정제사牧丹亭題詞』[23]에서, "정情은 일어난 곳을 모른 채 한결같이 깊어져, 산 자는 죽게 하고 죽은 자는 살게 한다. 산 자는 죽은 자와 함께할 수 없고 죽은 자는 다시 살아날 수 없으니 모두 지극히 비정하다.(情不知所起, 一往而深, 生者可以死, 死可以生. 生而不可與死, 死而不可不生者, 皆非情之至也.)"라고 하였다. 작자는 바로 황탄한 줄거리를 통해 사람의 아름답고 좋은 감정을 발양하는 것에 뜻을 두었다. 그는 '정情'과 '이理'의 관계에 있어 송명 이학자들이 이로 정을 제어하는 것에 반대하였는데, 태주학파泰州學派와 비교했을 때 그가 더욱 급진적이고 철저했다.[24]

강조할 필요가 있는 점은, 희곡의 진정한 생명력은 여전히 민간에, 무대 위에 있었다는 것이다. 희곡이 공연될 때 접하는 사람의 신분과 소양이 각각 달랐기 때문에, 흥미로운 관람을 위해서는 세속에 영합하는 것을 피할 수 없었다. 실제로, 민간 연극은 항상 희곡의 가장 중요한 구성 성분의 하나였다.[25] 명말청초에 직업 극단은 날로 번창했다. 이러한 극단의

22 明代戲曲의 四大聲腔은 余桃腔, 海鹽腔, 弋陽腔, 昆山腔이다.

23 『湯顯祖詩文集』 하책, 上海古籍出版社, 1982년, 1,093쪽.

24 樓宇烈, 「湯顯祖哲學史想初探」은 『湯顯祖研究論文集』, 中國戲劇出版社, 1984년에 실려 있다.

희곡 공연은 극 선택과 무대공연을 포함하여 더욱 상품성 · 기술성 · 오락성 등 대중 심미문화의 기본 특징이 두드러지게 되었다.[26] 이러한 기초 위에서 형성된 '화부花部'와 '아부雅部'의 싸움은 아속雅俗의 대립과 융화에 새로운 내용을 주입하였다. 이른바 '아부'는 곤곡만을 지칭하였고 '화부'는 곤곡을 제외한 각종의 성강聲腔을 지칭했다. 노전盧前은 일찍이 이들의 차이를 다음과 같이 개괄하였다.

> 곤희라는 것은 곡 중의 극劇(戲)이다. 화부는 극 중의 곡이다. 곡 중의 극은 곡을 위주로 한다. 극 중의 곡은 극을 위주로 한다. 곡을 위주로 하는 것은 그 문사가 사대부의 입에 맞고, 극을 위주로 한 것은 본래 문학의 일과는 관계가 없고 그림을 새겨 묘사하고 장면에 기술을 다할 뿐이나, 부녀자와 나부를 감동시키는 것은 책상머리의 문장이 따를 수 없다.(昆戲者, 曲中之戲. 花部者, 戲中之曲. 曲中戲者, 以曲爲主. 戲中曲者, 以戲爲主. 以曲爲主者, 其文詞合於士夫之口. 以戲爲主者, 本無與於文學之事, 惟在能刻畫描摹, 技盡於場上, 然其感動婦孺, 不與案頭文章相侔也.)[27]

표현 형식의 전아함과 통속적인 차이를 제외하고, 더 주목해야 할 것은 풍부하고 다채로운 지방문화가 그 생동과 활발함으로 희곡 발전의 동력이 되었다는 것이다. 청대의 박학한 대사大師인 초순焦循은 『화부농담花部農譚』에서 적극적으로 '화부'를 칭찬하였다. 그는 특히 유년 시기에 어른들을 따라 두 편의 희곡을 본 일을 언급한다. 첫 번째 공연은 곤곡전기극昆曲傳奇劇으로 "관중이 이것을 보면 막연해진다.(觀者視之漠然)"고 하였고, 두 번째 공연은 화부극으로 관중은 "크게 기뻐하지 않는 이가 없었

25 田仲一成, 『中國的宗族與戲劇』, 上海古籍出版社, 1994년 참조.
26 郭英德, 『明清傳奇史』, 江蘇古籍出版社, 1999년, 497쪽 참조.
27 盧前, 『明清戲曲史』 제7장, 上海商務印書館, 1935년.

으며(無不大快)" 심지어 "돌아와서 말하는데 열흘 동안에도 그치지 않았다.(歸來稱說, 浹旬未已.)"고 하였다. '화부'에 대해서 이미 관중들 사이에 광대한 시장을 얻었다고 표명한 것이다. 이러한 거대한 감염력 때문에 청 조정은 백방으로 금지하였으나 억제할 방법이 없었다.[28] 4대 휘반徽班(휘곡을 공연하는 극단)이 서울(북경)로 들어오면서 결과적으로 이후에 국가 연극이라는 칭송을 받는 경극京劇이 기초를 다지게 된다. 경극의 출현은 중국 희곡사상 중대한 사건이며, 이것은 '화아花雅 전쟁'의 결과를 표시하니 화부는 결정적인 승리를 얻는다. 조정과 민간이 모두 존재하며, 각 지역이 섞인 북경의 문화는 경극이 궁정 취미와 민간의 정신, 남방의 풍정과 북방의 음률을 융합하여 고대 희곡예술의 눈부신 결과물을 이루었다. 그러나 원대의 잡극雜劇과 청대의 전기傳奇를 비교할 때, 경극의 성취는 주로 공연예술의 방면에서 비슷했다. 극 창작에 대해 말하면 경극에서는 관한경關漢卿 · 탕현조湯顯祖와 같은 능력 있는 극작가들이 나타난 적이 없으며, 대부분의 작품은 곤곡 대본을 고쳐 쓴 것이다.

중화문명사에서 희곡의 의의는 단지 이것이 민중들이 즐겨 듣고 보던 예술활동이라는 것에 그치지 않는다. 실제로 희곡은 역사를 보여 주고, 문화를 전승하며 나아가 중국 민간의 기본적 가치 관념과 도덕 표준을 형성하는 면에서 또한 대단히 중요한 역할을 발휘한다. 이와 비슷하게 명청 시기에 일시적으로 흥성한 탄사彈詞 등 많은 '설창문학說唱文學'은 즐거운 방식으로 가르침을 주는 예술 형식으로, 단지 이 작품들이 많이 산실되었기 때문에 현재까지 충분한 관심과 연구가 없었다.

28 廖奔 · 劉彦君, 『中國戲曲發展史』 권4 제5장 제2절, 山西教育出版社, 2000년 참조.

10. 소설의 혁명

비록 소설, 희곡 등 예술 형식이 명청 사회의 광범위한 대중에 기초했지만 사회의 변혁은 여전히 이 작품들의 발전에 새로운 요구를 제출하였다. 1904년『20세기대무대』가 창간되었는데 유아자柳亞子는「발간사」에서 정식으로 '희극 개량'의 깃발을 내걸었다. 이는 당시 다른 방면의 개혁과 서로 호응하여 그 의의가 당연하게도 희곡의 변혁에만 있지 않았으며 전통문예가 새로운 세기로 나아가는 서막을 열게 된다. 그런데 가장 두드러진 변화는 역시나 소설에서 왔던 것으로 보인다. 소설계의 혁명은 이처럼 맹렬하게 도래하여 사람들이 이 문체에 가졌던 경시를 완전히 바꾸는 데까지 이르렀다. 양계초梁啓超·엄복嚴復 등은 소설에 대한 관념을 개혁한 행동가이다. 최초에, 이들은 소설을 대중에게 초보적인 교육을 진행하기 위한 수단의 하나로 보았다. 서방의 민주사상, 특히 일본의 유신維新 성공에 영향을 받게 되면서 이들은 소설을 '국민의 혼'을 체현한 것으로 보게 되었고 '소설이 문학의 정수'라고 생각하며,[29] 이를 토대로 이들은 전 사회에 대한 명청 소설의 거대한 영향력을 자세히 살펴보았다. 이들은 고대소설을 "우리 중국의 여러 다스림이 부패하게 된 근원(吾中國群治腐敗之總根源)"[30]이라고 보았기 때문에 사회 개량은 응당 소설부터 시작해야 한다고 여기고 소설 창작을 사회를 개량하는 가장 효과적인 방식이라 생각했다. 이로 인해 소설 창작에 또 한 번의 번영이 추동되었다.『중국통속소설총목제요中國通俗小說總目提要』에 수록된 것에 따르면 1840년(도광 20)부터 1900년(광서 26)까지 60년간 출판된 소설은 모두 133부로, 평균 1년에 2.2부가 출판되었다. 그런데 1901년(광서 27)부터 1911년(선통 3)까지

29 이 언급은 梁啓超의「論小說與群治之關係」(『新小說』1호, 1902년)에 보인다. 狄葆賢의「論文學上小說之位置」(『新小說』7호, 1930년)에서도 유사한 논조가 보인다.

30 梁啓超,「論小說與群治之關係」.

10년간 생산된 통속 백화소설은 529부로 1년에 평균적으로 48부가 생산되었다. 특별히 주목할 것은 한 무더기의 소설과 현실 정치가 밀접한 관계가 있다는 것이다. 즉 중국 소설은, 더 나아가 중국 문학은 이렇게 전면적이고 직접적으로 현실사회에 개입한 적이 없으며 '아'와 '속'의 경계 역시 무너졌다고 말할 수 있다. 늘 억압받던 미천한 문체가 갑자기 변두리에서 중심으로 뛰어올라 모든 사회가 주목하는 초점이 된 것이다. 소설은 또한 전통적 오락문화와 권선징악의 의식을 초월해서 사회를 개량하는 도구로서의 역할을 충당하게 되었다.

제2절

독서성령獨抒性靈과 부도창상賦到滄桑

1. 복고와 혁신: 문학 관념의 변화

명대 중엽 이후 통속문학의 빠른 흥성과 변주는 문학 예술가들의 창작 열정을 강렬하게 자극했고, 그들이 가진 자신의 창작에 대한 변혁의 욕망을 끌어냈다. 이러한 변혁에 대한 욕망의 심층적 의의는 중국인의 정신세계가 지각할수록 주시를 받았다는 것에 있다. 평화로운 시기에, 이것은 일종의 흔들리고 불안한 정서, 혹은 현상에 대한—꼭 정치 의의意義상에만 있는 것이 아니라, 혹 일상생활에서도— 강렬한 불만, 혹은 감성 추구에서 구하는 욕망의 해방구를 표현하였다. 그러나 국가가 혼란할 때는, 나와 사회의 모순이 이전의 어떤 시기와 비교하더라도 더욱 강하게 두드러져 드러났다.

이보다 오래지 않은 전에 대해 말하자면, 전후칠자前後七子가 강하게 "문장은 진한 시대의 것을 기필하고, 시는 성당 시대의 것을 기필한다.(文必秦漢, 詩必盛唐.)"는 복고를 제창하며 시문 창작을 진퇴양난의 진흙탕 속에 끌어들여 명대 중후기에 시문 혁신의 주장은 날로 거세졌다. 복고주의를 창도한 문인들 또한 '진정한 시는 민간에 있다'는 것을 의식했고, 이것은 날로 광범위한 공론이 되어 갔다.[31] 그리고 '정情'의 문제 또한 날이 갈

수록 관심의 대상이 되었다. 서위徐渭는 당시의 시가 창작에 대해 다음과 같은 비평을 하였다.

> 옛사람의 시는 정에 근본을 두었으나 정 그 자체를 위해 두지는 않았다. 이 때문에 시는 있으나 시인은 없다. 후세에 이르면 시인이 나타나는데, 시를 얻는 안목이 그것에 충분히 부응할 수 없는 것이 많고, 시의 격 또한 품격이 좋다고 할 수 없는 것이 많다. 그런데, 시에 비슷하다 하는 것도 모두 정이 없고 정을 두어서 지었을 따름이다. …… 이와 같은 점을 알게 되면 시로서 신실한 것은 없으니 이것을 일러서 시인은 있으되 시가 없다고 하는 것이다.(古人之詩本乎情, 非設以爲之者也, 是以有詩而無詩人. 迨於後世, 則有詩人矣, 乞詩之目多至不可勝應, 而詩之格亦多至不可勝品, 然其於詩類, 皆本無是情, 而設情以爲之. …… 審如是, 則詩之實亡矣, 是之謂有詩人而無詩.)[32]

이후, '정'에 대한 제창은 명대 후기 시문 이론에서 가장 두드러지는 현상이 되었다. 예를 들면 탕현조는 "세상은 정으로 요약되며 정은 시가를 낳는다.(世總爲情, 情生詩歌.)"[33]고 말하였고, 풍몽룡은 "나는 정교情敎를 세워 여러 중생들을 깨우치겠다.(我欲立情教, 教海諸衆生.)"[34]라고 하였다. 이러한 언급을 보면, 당시의 소설, 희곡과 함께 '정'에 대한 관념상의 확

---

31 李夢陽은 「詩集自序」(『空同集』)에서 벗 王叔武가 제출한 "참 시는 민간에 있다."라는 관점에 매우 상찬하고 있다. 李開先 또한 "참 시는 민간에 있다."를 분명하게 말한 적이 있는데『李開先集』「市井艶詞序」(中華書局, 1959년, 321쪽)에 보인다. 이 외에 徐渭·馮夢龍 등이 모두 民歌에 대한 추숭을 더했다. 다만 이들 사이에는 차이가 있는데, 풍몽룡의 관점은 보다 비판성을 띠고 있다.

32 『徐文長三集』 권19, 「肖甫詩序」, 『徐渭集』, 中華書局, 1983년, 534쪽.

33 「耳伯麻姑遊詩序」, 『湯顯祖詩文集』 권31, 上海古籍出版社, 1982년, 1,050쪽.

34 馮夢龍, 「情史序」, 『情史』, 春風文藝出版社, 1986년.

장이 길은 달라도 같은 결론에 이른 것이라 할 수 있다.

2. 서위徐渭: 심령의 몸부림

창작 방면에서 이 시기의 시문은 주체의식에 더욱 강렬한 관심을 표현하고 있다. 위에서 서술한 것처럼 문인들이 마주한 곤경은 정치적 측면뿐 아니라 일상생활에서도 그들의 마음을 초췌하게 만들 수 있는 동일한 충격이 있었지만, 자료의 유실로 인해 우리는 종종 그들이 놓였던 이러한 상태에서의 정신세계를 알 방법이 없다. 서위는 드문 특별 사례이다. 그는 당연히 문인들이 늘 가지고 있던 "영웅이 길을 잃고 의탁할 곳도 없는 슬픔(英雄失路托足無門之悲)"이 있었지만 그의 사상에는 더 많은 개성화의 요소가 포함되어 있었다. 그는「자위묘지명自爲墓志銘」에서 이렇게 서술하였다.

> 산음 출신의 나는 젊어서부터 고문사를 사모할 줄 알았고 장성해서는 더욱 힘썼다. 한편 도교를 사모한 적이 있고, 장사공에게 가서 그로부터 왕양명의 종학을 강구하였다. 도는 선과 같은 유라 생각하고 또 가서 선문의 문을 두드렸다. 그것을 오래도록 하고 나니 사람들이 조금 나를 허여하였는데 그러나 문과 도에 대해서 마침내 얻은 것이 없었다. 나는 지위가 낮은데도 남들에게 나태하고 솔직하게 군다. 그래서 고귀한 이들과 만날 때 오만한 것처럼 보일까 염려한다. 그리고 무리들과 처하며 무례하게 굴고 희롱하듯 하면서도 욕먹는 짓이라 여기지 않는다. 사람들은 나의 이런 점을 병폐로 여긴다. 나의 오만함과 무례함 또한 남들로부터 그 정상을 얻지 못한 것이다.(山陰徐渭子, 少知慕古文辭, 及長益力. 旣而有慕於道, 往從長沙公究王氏宗. 謂道類禪, 又去扣于禪. 久之, 人稍許之, 然文與道終兩無得也. 賤而懶且直, 故憚貴交似傲, 與衆處不浼袒裼似玩, 人多病之, 然傲與玩, 亦終兩不得其情也.)

이어서 그는 평생 학문을 구하고 과거에 응시해도 합격하지 못했던 경험을 회고하며 "다른 이들은 다투어 웃었지만 나는 동요하지 않았다.(人且爭笑之, 而己不爲動.)"라고 하였고, 어느 날 아침 호종헌胡宗憲이 막부를 초치할 때도 "다른 이들은 영광을 다투며 편안하고자 하였지만 나는 매우 위태롭다 여겼다.(人爭榮而安之, 而己深以爲危.)"라고 하였다.

> 이에 이르러 갑자기 스스로 죽음을 찾았다. 사람들은 이르기를, 서위는 문사로 지조가 결백하여 죽어도 꺼릴 일이 없다고 했다. 모르겠지만 옛날의 문사 중에는 막부에 들어와 지조를 깨끗하게 하여 죽은 자가 많았다. 이에 곧 서위가 스스로 죽은 것이니 어느 누가 사람들과 더불어 그를 죽였겠는가! 서위는 사람됨이 의와 관련이 없는 것을 헤아릴 때는, 문득 방종하게 굴어서 유교의 윤리에도 묶이지 않았다. 한번이라도 의가 아닌 것을 겪게 되면 치욕을 물리치고, 청렴함이 더러워져 절개를 지키지 못한다면 비록 머리를 자른다 해도 의로움을 빼앗을 수가 없었다. 그러므로 그가 죽음을 찾았을 때 가까운 이들도 그를 제압하지 못하였고, 벗들도 말리지 못하였다.(至是, 忽自覓死. 人謂渭文士, 且操潔, 可無死. 不知古文士經入幕操潔而死者衆矣. 乃渭則自死, 孰與人死之! 渭爲人度于義無所關時, 輒縱疏不爲儒縛. 一涉義所否, 干耻詬, 介穢廉, 雖斷頭不可奪. 故其死也, 親莫制, 友莫解焉.)[35]

여기서 우리는 서위의 죽음이 실제로 그의 일생이 모두 다른 사람의 이해를 받지 못한 괴로운 관계와 관련되어 있음을 볼 수 있다. 그의 시·문·서·화·희곡의 창작에는 사회에 대한 그의 독특한 감수성이 표현되지 않은 것이 없다. 일례로, 그가 지은 황당한 희극 중 하나인 『가대소歌

35 『徐渭集』 제2책, 中華書局, 1981년, 638쪽.

代嘯』를 보면, 극의 줄거리가 "동과를 따고 조롱박을 내준다.(罷了冬瓜拿瓠子出氣)", "장모의 이가 아픈데 사위 발뒤꿈치에 뜸을 뜬다.(丈母牙疼灸女婿腳跟)", "장씨의 갓이 이씨의 머리 위에 있다.(張冠李戴)", "허주의 관리가 불을 지르자 백성들이 등불 켜는 것을 금지한다.(只許州官放火, 不許百姓點燈.)"의 4개 성어에 근거해 부연하여 완성한 것이다. 해학과 웃음 중에 세태인정에 대한 풍자가 들어 있다.[36] 그의 『광고사狂鼓史』는 한 편의 서정극이다. 전체 줄거리는 매우 간단한데, 시작부터 끝까지 조조曹操를 비판하는 것으로 완전한 균형을 이루고 있다. 극중의 격앙된 비분과 강렬하고 고집스런 기운은 둑을 터뜨린 물살처럼 세차게 아래로 흐르는데, 바로 서위의 마음속 고달픔이 모여 흘러온 것이다. 서위의 이렇게 우뚝하고 남다른 행위를 닮은 문인은 명 중후기에 결코 적지 않았다.

3. 『동심설』

이지李贄(1527-1602)는 자유분방하고 괴이하며, 거만하고 오만방자한 성격으로 서위와 비교했을 때 더하면 더했지 못하지 않은 것으로 특정된다. 다른 점은, 서위는 주로 자신의 창작물을 통해 마음의 불만을 토로했다면, 이지는 이러한 격정을 사상 탐색의 동력으로 삼았다는 것이다. 아마도 넘쳐흐르는 격정이 그의 사상 탐색을 보다 높은 이론의 측면으로 오르지 못하게 했을지 모른다. 그러나 이러한 점 때문에 그의 사상은 생동감 넘치는 감염력으로 한 시대의 사유에 자극을 주었다. 『동심설童心說』이라는 제목의 문장에서 이지는 "무릇 동심은 매우 순진한, 가장 최초의 본심이다. 만약 동심을 잃는다면 곧 진심을 잃는 것이요, 진심을 잃는다면

36 이 작품이 서위의 창작인지 아닌지에 대해서는 확실치 않으며 두 가지 입장이 모두 존재한다.

곧 진인眞人을 잃는 것이다.(夫童心者, 絕假純眞, 最初一念之本心也. 若失却童心, 便失却眞心, 失却眞心, 便失却眞人.)"라고 강조했다. 비록 '동심'이라는 말이 노자의 영아론嬰兒論과 상통하는 부분이 있지만, 이지가 매우 선명하게 동심을 잃는 것과 '도리문견道理聞見'을 연결했기 때문에 그 특정 시대의 의의가 내걸린 것처럼 확연하다. 그는 이렇게 말했다.

> 진실로 동심을 언제나 있도록 한다면, 도리가 행하지 않고 문견이 서지 않을 것이다. (그리고) 어느 시대에 (지어도) 문장이 아닌 것이 없을 것이고, 어떤 사람이 (지어도) 문장이 아닌 것이 없을 것이다. (그렇다면) 시는 어찌 옛 시대의 것만 뽑고, 문은 어찌 선진시대의 것만을 취할 것인가? 시대를 내려와서 육조시대의 시와 문이 되었고, 변하여 (당대의) 근체시가 되었으며, 또 변하여 (당대의) 전기가 되었고, 변하여 원본(院本: 금원金元 시기 기원妓院에서 공연용으로 사용한 희곡 각본)이 되었고, 잡극이 되었으며, 『서상기』가 되었고 『수호전』이 되었으며, 지금의 과거시험 공부의 모범이 되었으니, 모두 고금의 지극한 문장은 시세의 선후에 따라서 논할 수 없는 것이다.(苟童心常存, 則道理不行, 聞見不立, 無時不文, 無人不文, 無一樣創制體格文字而非文者. 詩何必古選, 文何必先秦. 降而爲六朝, 變而爲近體, 又變而爲傳奇, 變而爲院本, 爲雜劇, 爲『西廂記』, 爲『水滸傳』, 爲今之擧子業, 皆古今至文, 不可得而時勢先後論也.)[37]

이것은 일종의 매우 통달한 문학관이다. 이지를 사사한 원굉도袁宏道(1568-1610)는 그의 이러한 사상을 계승했다. 그러나 그의 언어는 보다 감성적이다. 그는 『서진정보회심집敍陳正甫會心集』에서 "세상 사람들이 얻기 어려운 것은 오직 취趣이다.(世人所難得者惟趣)"라고 말하였다. 이 '취

37 『焚書 · 續焚書』, 中華書局, 1975년, 98쪽.

趣'의 상실은 '문견지식聞見知識'의 결과로 이른바 "이치가 들어갈수록 깊어지지만 그 취와의 거리는 더욱 멀어지게 된다.(入理愈深, 然其去趣愈遠矣.)"[38]는 것이다. 그래서 그들은 결국 자신의 창작을 보호하고 동심과 진취眞趣라는 것을 확장하기 위해 힘써 노력하게 된다. 원굉도는 문장은 참신함이며, 정해진 격식은 없다고 주장했다. "대체로 오직 마음을 풀어낼 뿐 형식에 얽매이지 않으며 자신의 가슴속에서 흘러나온 것이 아니면 붓을 들지 않았다.(大都獨抒性靈, 不拘格套, 非從自己胸臆流出, 不肯下筆.)"[39]

4. 소품문의 세계

이 시기 문인들의 사상과 정취를 가장 잘 반영한 것은 소품문小品文이었다. '문류文類' 중 하나로 소품문은 허다한 구체적 문체를 포괄했으니, 서序 · 발跋 · 기記 · 척독尺牘 등이 모두 '소품小品'이 된다. 비록 중국 역사상에서 소품문의 창작 연원이 이미 오래되었다고 말할 수 있으나 명대 후기의 소품문은 특히 두드러지는 위치를 점하고 있다. 이것은 첫째, 수량적 측면에서 명말의 소품이 특별히 많고 저명한 문인들 대부분이 이 방면의 창작을 했으며, 둘째, 더 중요한 것은 명말 소품문은 전과 다른 일종의 사상 경향과 예술 풍격을 표현했기 때문이다. 예를 들어, 원굉도의 『서호일西湖一』에는 이렇게 서술되어 있다.

무림문에서 서쪽으로 보숙탑이 층층 언덕에 우뚝 솟아 있음을 바라보면 마음은 벌써 호숫가로 날아간다. 정오의 시각에 소경에 들어가서 차를 마시고서 작은 배를 저어서 호수로 들어간다. 산 빛은 항아와 같고 꽃은

38 『袁宏道集箋校』 상책, 上海古籍出版社, 1981년, 463쪽.
39 「敍小修詩」, 『袁宏道集箋校』 권4, 上海古籍出版社, 1981년, 187쪽.

빰처럼 빛나며 따스한 바람은 술기운과 같고 물결은 비단 같은데 겨우 머리를 한번 들면 눈에 익고 정신이 취해 있음도 모른다. 이때 한마디 하여 묘사라도 하고 싶지만 할 수가 없으니 대략 동아왕 조식이 꿈속에서 처음으로 물의 신인 낙신洛神을 만난 때와 같을 것이다.(從武林門而西, 望保叔塔, 突兀層崖中, 則已心飛湖上也. 午刻入昭慶, 茶畢, 卽棹小舟入湖. 山色如娥, 花光如頰, 溫風如酒, 波紋如綾, 才一擧頭, 已不覺目酣神醉. 此時欲下一語描寫不得, 大約如東阿王夢中初遇洛神時也.)[40]

작자는 색色 · 태態 · 정情 등의 방면에서 여성적 단어를 형용해서 물빛과 산색의 수려함을 표현하여 자연에 대한 애정을 드러냈다. 이것은 작자의 생활 태도와 상통한다. 사실상, 명대 중엽에 매우 많은 문인들은 소품문에서 자연을 관료사회와 세속사회에 대비하였다. 비록 이러한 대비를 그들이 시작한 것은 아니지만 대비 가운데 흐르는 것은 초월적 탈속에 대한 추구는 아니었다. 생활에 대한, 심지어는 욕망에 대한 일종의 새로운 발견과 경험은 그들의 은거벽을 일반적인 산수에 대한 의탁과 같지 않게 하였다. 원굉도는 또 다른 유기遊記 「개선사지황암사관폭기開先寺至黃巖寺觀瀑記」에서 이렇게 말했다.

반쯤 이르니 힘쓰는 일이 고통스러워져 유람객도 모두들 어둡게 수심에 떨어진다. 한 나그네가 어지러워하며 돌아간다고 하기에, 내가 "몸을 사랑하고 목숨을 애석하게 여겨 어찌 산을 유람하겠는가? 또한 침상에서 죽는 것보다는 한 조각 차가운 돌 위에서 죽는 것이 나을 것이네."라고 하였다.(旣至半, 力皆憊, 遊者皆昏昏愁墮. 一客眩思返, 余曰, "戀軀惜命, 何用遊山? 且而與其死于床第, 何若死于一片冷石也.")[41]

---

40 『袁宏道集箋校』 상책, 上海古籍出版社, 1981년, 422쪽.

바로 이렇게 삶과 죽음을 투입하는 것으로 대자연은 그들의 생명을 체현한 것이지, 단순히 관료세계 또는 세속과 대립시켜서 그들의 삶이 도드라지는 것은 아니다. 명말 선비들이 더 이상 도덕으로 선을 완전하게 하는 것을 중요한 이성 추구로 삼지 않고, 심지어는 대담하게 유가 경전의 도통을 준수하지 않는 생활방식을 하나의 이상으로 삼았을 때—예를 들어, 원굉도가 '쾌활론快活論'[42]에 대해 말하던—그들은 개인의 '성정'과 '세정' 사이에 하나의 등호를 그렸다. 자연생명의 극한의 경고를 제외하면 그들로 하여금 이러한 선택을 포기할 수 있게 하는 것은 없었다.

5. 성령의 세계: 원굉도부터 원매까지

이러한 각도에서 보면 우리들은 그들이 강조했던 '성령性靈'에 대해 더욱 깊이 이해할 수 있다. 이른바 '성령'이라는 것은 부분으로 상세히 분석할 수 있지만 그 핵심은 태생적인 자유의지와 진실한 감정이다. 청대의 원매袁枚(1716-1797)는, 깊은 그 안에는 삼매三昧가 있다고 말하였으며, 때문에 특별히 그는 문학의 개성을 중시하여 "시는 사람의 성정이다.(詩者, 人之性情也.)",[43] "시를 지을 때 '스스로(我)'가 없어서는 안 된다.(作詩不可無我)"[44]라고 하였다. 이를 바탕으로 그는 "삼백 편(『시』)부터 지금까지 무릇 시를 전하는 것은 모두 성령에 따른 것이지 쌓아둔 것과는 상관이 없다.(自三百編至今日, 凡詩之傳者, 都是因于性靈, 不關堆垛.)"[45]고 분명하게 주장하였다. 여기에서 원매는 '성령'이 문학 창작에서 대체할 수 없는 역

---

41 『袁宏道集箋校』 하책, 上海古籍出版社, 1981년, 1,145쪽.
42 『袁宏道集校箋』 권5, 「龔惟長先生」에서 자유로운 情欲 중 다섯 번째의 '快活'을 참조.
43 袁枚, 「隨園詩話」, 『隨園詩話補遺』 권1, 人民文學出版社, 1982년, 565쪽.
44 『隨園詩話』 권7, 216쪽.
45 『隨園詩話』 권5, 146쪽.

사적 지위에 있음을 충분히 밝히고, 이것은 전통적인 "시는 뜻을 말하는 것이다.(詩言志)"라는 관념과는 분명한 구별이 있으며 육기陸機 이래로의 "시는 정으로 인해 지어진다.(詩緣情)"는 학설과도 다르다고 하였다. 가장 중요한 것은 원굉도든 원매든, 그들이 성령을 강조하면서 단지 정면으로 제창한 것만은 아니었다는 점이다. 그들의 성령에 대한 관점은 뚜렷한 겨냥점을 지니고 있었던 것이다. 그것은 인생관으로 말하자면 개성 해방이요, 문학관으로 말하자면 바로 복고주의에 대한 반박이다. 문제는 이러한 화법이 심각한지 아닌지 꼭 들어맞는지 아닌지에 있는 것이 아니며, 문학가들의 개성에 대한 중시가 이미 이렇게 강렬한 정도로 나타났다는 것에 있다. 이것은 전통적 정치교화 이론과 여기에 기인해 형성된 새로운 시학 이상에 충격을 주었을 뿐 아니라 유가사상의 지배를 받은 이상적 인격과 가치 관념에 충격을 주었다. 오사운동五四運動 시기 일련의 문학가들의 공안파公安派와 성령설性靈說에 대한 감탄과 긍정은 바로 이러한 사상에 근원한 것이다.

6. 시사詩詞에 대한 우환과 역사의 흥망

그러나 성령설은 또한 태생적인 약점이 있었으니, 바로 사람은 누구나 특정한 사회 안에서 생활하며 문인 역시 자아의 정신세계에만 빠져 있을 수 없다는 것이었다. 명과 청이 교체된 갑신년(1644) 변란은 문인들에게 전에 없던 큰 충격을 안겨 주었다. 이 때문에 명청 교체기의 문단은, 명말 문단의 개성에 대한 확장으로부터 시대에 대한 걱정과 역사 흥망에 대한 반성으로 빠르게 전향하였다. 명대 중엽 이후부터의 '독서성령獨抒性靈(성령만을 펼친다.)'의 시가라는 한 방향을 읽어 오다가 우리는 갑자기 고통과 분개가 가득 찬 넓은 바다로 빠지게 된다. 이와 같은 시작詩作으로 인해 의식적으로 역대 문인들의 시대 변천에 대한 서술을 참고하는데, 특히 시대를 느끼고 세상을 걱정하는 두보杜甫의 시풍을 참고하게 된다. 또한 여러 차례 역대 왕조들의 교체에 대해 언급하는데, 특히 송의 멸망에 대한 사실을 언급한다. 그래서 이 시기의 시는 내용적 측면이나 형식적 측면을 막론하고 사람들에게 일종의 중압감을 준다. 왕조 흥망의 비애에서 역사 흥망의 감정을 매우 쉽게 발견할 수 있다. 예를 들어 진침陳忱(1613–?)의 「탄연嘆燕」에서는 유우석劉禹錫의 「조의항烏衣巷」의 시의를 다시 사용하였다.

봄날 숲속에 드니 옛 시절 흥이 일고,	春歸林木古興嗟,
얕은 모래사장에 서 보니 석양에 제비들 지저귄다.	燕語斜陽立淺沙.
옛날의 왕도王導와 사안謝安를 말하지 말라,	休說舊時王與謝,
일반 백성들 또한 집이 없다네.	尋常百姓亦無家.

또한 진공윤陳恭尹(1631–1700)의 「애문알삼충사崖門謁三忠祠」에서는

산 나무에 우수수 바람이 다시 일고,	山木蕭蕭風更吹,
양 언덕 사이 물결은 지금도 서글프네.	兩崖波浪至今悲.
일성제를 바라보니 황폐한 궁전에서 울어대는데,	一聲望帝啼荒殿,
십년토록 근심하는 이 옛 사당을 참배한다.	十載愁人拜古祠.
바닷물에 문이 있어 위와 아래가 나뉘고,	海水有門分上下,
강산에 땅이 없이 중화에 한정되네.	江山無地限中華.
배를 멈추고 나 또한 간난의 날을 살며,	停舟我亦艱難日,
외람되게도 푸른 이끼 속의 옛 비를 읽는다.	畏向蒼苔讀舊碑.

라고 하였다. 송나라 말에 원에 항거한 명신의 사적을 펼쳐 내어 역사적 비통함이 충만하다. 굴대균屈大均(1630–1696)은 「과석풍주애산조영복릉過石風州崖山弔永福陵」에서 또한 약속이나 한 듯이 똑같이 송나라가 망한

전고를 사용했다.

만고의 유민들 예서 한이 길어지고, 萬古遺民此恨長,
중국은 변방에 담이 될 만한 땅도 없어라. 中華無地作邊墻.
안타깝게도 한 시대의 임금과 신하의 뼈다귀, 可憐一代君臣骨,
누런 사막이나 하얀 바다에도 있지 않네. 不在黃沙卽白洋.

오래지 않은 전의 문인에 대해 그리고 시가 창작에 부족한 내재적 감정과 초조에 대해 더욱 극단적이었던 원굉도는 시에 풍자를 가하였다.

두보가 시로 이름을 얻은 뒤부터, 自從老杜得詩名,
우군애국은 아이 놀이가 되어 버렸군. 憂君愛國成兒戲.

그러면서 자신의 "시에는 한 자의 우민憂民이 없다.(詩中無一憂民字)"는 것을 소리 높여 주장하였다.(「현령궁집제공이성시산림위운顯靈宮集諸公以城市山林爲韻」) 청대 초기의 시단은 눈 깜박할 사이에 시대를 느끼고 세상을 걱정하는 정서로 가득하게 되어, 당시 그리고 후세의 독자들을 뒤흔들었다. 예를 들어, 귀장歸莊(1613-1673)의 「관전가수획觀田家收獲」에서는 다음과 같이 노래했다.

벼 향기 속 조가 익는 가을 하늘 해가 저무는데, 稻香秫熟暮秋天,
논밭길은 종횡으로 만 무 땅을 이었다. 阡陌縱橫萬畝連.
다섯 수레 양곡을 여진국에 보내나니, 五載輸粮女眞國,
하늘은 온전한데 내가 뜻을 둘 밭만이 없네. 天全我志獨無田.

이는 국가·민족에 대한 열렬한 관심이 충만한 시가로, 기개가 숭고

하고, 사람을 깊이 감동시켰기에 이보다 조금 후대의 평론가 조익趙翼(1727-1814)은 「제원유산집題元遺山集」에서 다음과 같은 명구를 남겼다.

국가가 불행하면 시인은 행복하니,	國家不幸詩家幸,
문장은 상전벽해를 이루고 시구가 더욱 공교해졌다.	賦到滄桑句更工.

일련의 유민遺民에 대해 말하자면, 사실 시를 통해 '역사'를 쓴다는 의식이 있었다. 굴대균은 다음과 같이 말했다.

> 사군자가 난세에 태어나 역사를 쓰는 데 뜻을 두었다면, 마땅히 없어진 것을 먼저 기록하고 남아 있는 것 기록하는 일을 뒤로 해야 한다. 춘추春秋 필법으로 기록할 수 없는 처지라면 마땅히 시로써 기록해야 한다.(士君子生當亂世, 有志纂修, 當先紀亡而後紀存. 不能以春秋紀之, 當以詩紀之.)[46]

청대 초기에 시작된 시사詩詞 창작의 중흥은 시학의 발전 또한 함께 추동시켰으며, 중국 고대 시가의 특징에 대한 전면적인 이론상의 종합과 분석을 이룰 수 있게 되었다.[47] 신운설神韻說 · 성령설性靈說 · 격조설格調說 · 기리설肌理說 등 시학 주장의 유행에서 우리들은 청대 사람들의 시가문체 의식에 대한 새로운 자각을 볼 수 있으며, 청대 문화 발전이 집대성되는 추세를 느낄 수 있다.

---

46 「東莞詩集序」, 『翁山文鈔』 권1, 『屈大均全集』, 人民文學出版社, 1996년, 제3책, 279쪽.
47 淸代詩學 유파의 면모를 대략적으로 말하자면, '神韻' · '性靈' · '肌理' · '格調'의 여러 학설이라 할 수 있다. 이외에 葉燮의 『原詩』 등 또한 시학사상의 중요 저작이다. 청대 시학의 발전 및 성취와 관련해서는 張健의 『淸代詩學硏究』, 北京大學出版社, 1999년 참조.

7. 시사의 중흥과 시학의 발전

만약 시가는 용량에 결국 제한이 있는 것이라고 한다면, 소설과 희곡에서 우리는 시대의 비극에 대한 더욱 전면적인 표현을 볼 수 있다. 희곡을 가지고 이야기하면, 관한경關漢卿(원대 희곡 작가, 생몰연대 미상) 이후에, 사회 모순에 대한 관심은 점차 희곡 무대에서 희미해졌다. '전기십부구상사傳奇十部九相思'는 일찍이 희곡을 주요 심심풀이 오락거리가 되도록 하였으며, 명말청초 사회의 거대한 변화는 극작가의 사회에 대한 책임감을 다시금 환기했다. 제재상으로 보면, 두 가지의 표현 형식이 있다. 하나는 역사를 빌려 기탁한 것이고, 다른 하나는 직접 시사時事에 대해 서술한 것이다. 앞의 것은 이옥李玉(약 1610-1671 후)의 『천충록千忠祿』과 홍승洪昇(1645-1704)의 『장생전長生殿』 같은 것이다. 당시 사회에서 유전된 것으로 이른바 "집집마다 거둬들이고 집집마다 방비하지 않았다.(家家收拾起, 戶戶不提防)"라고 한 것은 즉 이 두 편의 극에서 흥망에 대한 느낌을 드러낸 두 곡曲을 구분해서 가리킨 것이다. 그러나 시사적 제재의 작품은 명청 교체기에 당시 문학 창작의 핫이슈를 형성했다. 거의 모든 중요한 현실정치 투쟁에는 상응한 작품에 표현을 더했는데, 중국 고대 작가들은 이렇게 빠르게 창작 중에 현실정치에 대한 반응을 낸 적이 없었다. 비록 이러한 종류의 작품 대부분이 사상적으로는 정통으로 돌아가며, 예술적으로는 비교적 거칠지만 작품들은 현실에 대한 작가의 관심을 충분히 표현하고 있다. 특별히 일련의 작가들은 시사에 대한 걱정을 역사에 대한 반성으로 바꾸어 작품의 사상적 주제의 향상이 있었다. 예를 들어 공상임孔尚任(1648-1718)의 『도화선桃花扇』은 직접적으로 남명왕조南明王朝의 이야기를 취재한 시사류時事類 희곡의 대표작이다. 작자의 창작 의도는 십분 명확하여 남명南明의 흥망을 통해 역사적 교훈을 얻고자 하였다. 실제로, 작품의 의의는 이미 한 왕조 한 시대의 쇠망을 초월하여 그 가운데서 관중들은 일련의 사회 발전의 규율을 깨달을 수 있게 된다. 극 중에서는 늙은 예인 소곤생蘇昆生의 입을 통해 이렇게 노래한다.

일찍이 금릉 옥전에서 까치가 울던 새벽,	俺曾見金陵玉殿鶯啼曉,
진회의 물가 누정에 일찍 꽃이 피었을 때,	秦淮水謝花開早,
뉘 알았으리, 얼음 이리 쉬 녹을 줄을.	誰知道容亦氷消.
눈에 들어오는 건 그가 주루에서 일어나고,	眼看他起朱樓,
그가 빈객에게 잔치를 벌이는	眼看他宴賓客,
그의 탑상이로다.	眼看他樓塌了.
저 푸른 이끼 기와에 싸여 더욱 푸른데,	這靑苔碧瓦堆,
졸다가 풍류 소리에 깨고 나니,	俺曾睡風流覺,
50년의 흥망사가 눈에 가늑 늘어오는데,	將五十年興亡看飽,
저 오의항도 왕씨 성은 아니거니와,	那烏衣巷不姓王,
막수호에는 밤이면 귀신이 울고,	莫愁湖鬼夜哭,
봉황대에는 올빼미가 서려 있네.	鳳凰臺棲梟鳥.
황폐한 산은 가장 참되거니와,	殘山夢最眞,
옛 경계는 잊혀버리나니,	舊境罷亂掉,
이 땅이 변한 것이 믿기지 않노라.	不信這輿圖換稿.
애잔한 강남곡 한 곡조를 부르자니,	諍一套哀江南,
슬픔에 겨운 노랫소리 잦아드누나.	放悲聲唱到老.[48]

이러한 고국의 흥망에 대한 감탄은 비록 고시古詩에 자주 보이는 흔한 것이지만 작자가 이와 함께 이른바 '말세의 구원이 되자'는 창작 방향을 함께 연결할 때에 작품은 더욱 비장하고 엄숙한 의미를 갖추게 된다.

48 『桃花扇』, 人民文學出版社, 1982년, 260쪽.

8. 검 한 자루와 퉁소 한 자루: 쇠퇴하는 시단

사회 혼란이 결국 조용해진 후에는, "만 필의 말 중 한 마리도 울지 않는(萬馬齊喑)" 침묵이 이어진다. 공자진龔自珍(1792-1841)의 출현은 이러한 침묵을 타파하였으니 적어도 시가 창작에 있어서, 그는 고전시가의 정신을 종합하였으며 또한 새로운 사상을 선도하였다. 21세 때, 그는 「상월湘月」의 가사 중에서 일찍이 자신은 "원망이 떠나면 퉁소를 불고, 광증이 오면 검을 이야기했다.(怨去吹簫, 狂來說劍.)"고 말하였다. 이 검 한 자루 퉁소 한 자루는 그의 심리와 개성을 대표한다고 말할 수 있다. 그는 일생 동안 자주 이 의상意象을 사용하여 자신의 인생에서 추구하는 것과 마음의 여정을 표현하였다. 예를 들어 「우천심일수又忏心一首」에서는 이렇게 표현했다.

이디시 내려오니 높이 솟는 물결에 검을 씻어야지,	來何洶涌須揮劍,
흘러가 버려 묶어 둘 수 없다면 퉁소라도 불 수 있으리라.	去尙纏綿可付簫.

또한 「추노아령醜奴兒令」에서는,

십오 년간의 일을 생각해 보노라니,	沉思十五年中事,
마음대로 재주를 부리고	才也縱橫,
마음대로 눈물을 뿌렸으나	淚也縱橫,
검의 이름 퉁소의 마음 둘 다 저버렸네!	雙負簫心與劍名.

등이라 하였다. 48세 때, 공자진은 관직을 버리고 남쪽으로 돌아가던 중에 「기해잡시己亥雜詩」에서 이렇게 적었다.

젊은 날 검을 쓰고 퉁소를 불었으나, 少年擊劍更吹簫,
검기와 퉁소의 마음 하나같이 사라졌네. 劍氣簫心一例消.
누가 분간할까, 푸르고 싸늘한 뱃전 뒤로, 誰分蒼涼歸棹后,
만천의 기쁨과 슬픔이 오늘 아침에 모이는 것을. 萬千哀樂集今朝.

시에서 그는 여전히 검을 휘두르고 퉁소를 부는 것으로 소년시대의 협俠을 좇는 호탕한 기운과 번민하는 마음을 상징하여 감정을 억눌렀다. 사실, 이러한 검기劍氣·소심簫心은 '협골유정俠骨柔情'한 삶의 태도를 대표하는 것으로, '명신名臣', '명사名士'가 인생에서 추구하는 것을 얻음을 대표하는 것과 더불어 공자진만의 독특한 성격 특징은 아니다. 하지만 그는 전통문화의 다양한 성분에 영향을 받아 배양된 것들을 받아들여, 두 가지 대립하는 것의 통일된 정신을 요구했다.[49] 바꾸어 말하면, 그것들은 또한 고대 문인들이 보편적으로 갖추고 있던 문화심리가 굴절된 것이다. 중국 고대 시가 중에 '검'은 자주 강개하고 격앙된, 나라를 위한 영웅심리로 상징되었다. 굴원屈原의 「국상國殤」에서

장검을 허리에 차고 진궁을 끼었으나, 帶長劍兮挾秦弓,
머리와 몸이 분리되었는데도 마음은 뭐라 하지 않네. 首身離兮心不懲.

라고 한 것이나, 이백李白의 「증장상호贈張相鎬」에서

검을 어루만지는 밤 시를 읊자니, 撫劍夜吟嘯,
웅심은 하루에도 천 리를 가누나. 雄心日千里.

---

49 呂凡, 『龔自珍詩藝發微』 제4장 제4절, 山東大學出版社, 1996년 참조.

라고 한 것을 예로 들 수 있다. 그리고 '퉁소(簫)'는 문인의 불평한 울음소리(不平之鳴)를 대표하는 것으로 종종 개인의 울울하고 뜻을 얻지 못한 것에 대한 정회를 표현하는 데 사용되어 왔다. 두보의 「성서피범주城西陂泛舟」에서 "젓대 소리 퉁소 소리 먼 하늘에 슬프다.(橫笛短簫悲遠天)"라고 한 예가 있다. 공자진에 대해서 말하자면, 그는 한쪽에서는 천하의 일을 자신의 일로 삼아 국정을 논하고 민생을 살폈으며, 다른 한쪽에서는 공空을 말하며 풍회風懷와 선열禪悅을 즐거움으로 삼았다. 이 두 가지 정신 상태는 본래 전통 문인들에게 보편적으로 존재하던 것이나, 공자진은 더욱 선명하게 표현했을 뿐 아니라 의식적으로 이들을 융합하여 한 종류의 강하기도 하고 부드럽기도 한 강함과 부드러움이 서로 조화를 이루는 시적 미학을 이루고자 하였다. 더욱 중요한 것은 공자진의 '검 한 자루 퉁소 한 자루'가 시대적 특징을 가지고 있다는 것이다. 예를 들어 시대의 폐단에 직면했을 때 그가 힘써 개혁을 주장한 것은 이른바 '검기'로, 결코 공업을 세우려는 개인적 지향일 따름이 아니라 국가의 명운과 긴밀한 관계가 있는 숭고한 책임감인 것이다. 마찬가지로 이른바 '소심簫心'은 단지 개인의 불우한 감정이 아니라 사회의 어두운 면을 앞에 둔 부득이함인 것이다. 그러므로 그가 인재를 얻기 어려움에 대해 분개한 것이다.

> 기운은 서북에 차가운데 누구의 검인고, 氣寒西北何人劍,
> 소리는 동남에 가득한데 몇 곳에서 퉁소를 불었던가! 聲滿東南幾處簫.
> —「추심삼수秋心三首」

이렇게 확대된 시구 안에서 포함된 것은 전 국가와 민족에 대한 걱정이었다. '독서성령獨抒性靈(성령만을 펼친다.)'과 '부도창상賦到滄桑(부는 상전벽해에 이른다.)'은 공자진의 붓 아래서 완미한 결론을 얻었다. 또한 바로 이러한 의미에서 그는 고대 시가의 빛나는 최후의 한 사람이 된다.

하지만, 이것이 공자진이 중요한 이유의 전부는 아니다. 그는 사상적으로 유행과 달랐기 때문에 사람들은 그를 개혁사상의 제창자로 보았다. 양계초梁啓超는 『청대학술개론清代學術概論』에서 그에 대해 "청말 사상의 해방에 있어 공자진은 확실히 공이 있다. 광서 연간의 이른바 신학자들은 모두 공씨를 숭배하는 한 시기를 보냈다. 처음 『정암문집定庵文集』을 읽으면 마치 감전이 된 듯하였다.(晩淸思想之解放, 自珍確與有功焉. 光緒間所謂新學家者, 大率人人皆經過崇拜龔氏之一時期, 初讀『定庵文集』, 若受電然.)"[50]라고 말했다. 그러나 중국 사회의 거대한 변혁이 발생함에 따라 문학에 일어난 혁명을 포함하면, 아마 대부분이 공자진의 사상을 초월했을 것이다.

50 梁啓超, 『清代學術概論』, 上海古籍出版社, 1998년, 75쪽.

제3절

판화 세계와 한묵단청

1. 서화의 세계

예부터 시 · 서 · 화는 서로 통하는 관념이 있다. 명대 중엽 이후 문학과 서화의 관계는 이전에 비해 더욱 밀접해졌다. 도망령陶望齡의 『서문장전徐文長傳』에 의하면 서위는 일찍이 자신의 창작에 대해, "나의 글씨는 제일이요, 시는 두 번째이며, 문장은 세 번째, 그림이 그 다음이다.(吾書第一, 詩二, 文二, 畫四.)"라고 평가했다고 한다. 그의 창작이념에서 시문서화詩文書畫는 함께 논할 수 있는 것으로 모두 그의 정신세계의 체현인 것이다. 허다한 명청 문인들 역시 시문서화를 두루 잘하였다. 이뿐 아니라 그들은 창작을 할 때에 시서화를 서로 배합하는 형식을 사용하였는데 서로 다른 예술 형식이 어울려 아름다운 운치를 더해 더욱 훌륭해졌다. 본래 중국 고대 화가의 그림은 일찍이 화폭의 공백에 시를 지어 그림의 뜻을 두드러지게 하거나 공간의 빽빽함과 성김이 균형을 이루게 하는 전통이 있었다. 그런데 명대 중엽 이후에 서화예술가들이 이것을 더욱 정밀히 하였다. 예를 들어 명대의 문징명文徵明(1470-1559)은 그림을 그리는 것과 시를 쓰는 것을 늘 하나로 하여 시 · 서 · 화의 아름다움을 겸비하도록 하였다. 사람들은 그의 그림을 감상하는 동시에 그의 시와 시를 쓴 서법을 감상하였다.[51] 청대 석도石濤(1641-1707)의 「황모란도축黃牧丹圖軸」은 심지어 5분의 3의 편폭이 제시題詩이자 발문跋文이고, 그의 「회양결추지도淮揚潔秋之圖」 역시 회양회고淮揚懷古의 장시 한 편을 제題하였다. 시가 회화에서 매우 중요한 위치를 점하고 있음을 볼 수 있다. 정판교鄭板橋(1693-1765)는 대량의 묵죽도墨竹圖를 남겼는데 이 대나무들은 비록 천태만상의 다양한 모습을 하고 있지만 결과적으로는 추상적 예술부호이다. 다만 화면에서 감상하는 것과 동시에 정판교의 제시를 읊어야 감상자들은 비로소 그 사이에서 나오는 다른 의취를 더 잘 느낄 수 있을 것이다.

청산을 굳게 물고 놓지 않는 소나무,	咬定青山不放松,
언덕의 바위 뚫고 뿌리 내려 있거니와,	立根原在破岩中.
천만 번 갈고 쳐도 쉬이 꺾지 못하기에,	千磨萬擊還堅韌,
동서남북 바람결에 너를 놓아두었구나!	任爾東西南北風.

여기에서는 소나무로 굳건하고 변하지 않는 품성을 비유한 것이다.

많지 않은 댓잎마저 온 산에서 사라지니,	無多竹葉沒多山,
이 사이로 맑은 바람 절로 불어 오누나.	自有清風在此間.
내년 봄에 죽순 되어 새로 뚫고 올라오면,	好待來年新筍發,
구름 덮인 푸른 만에 청록 숲이 가득하리.	滿林青綠翠雲灣.

여기에서는 일종의 기대를 표현하였다.

51 劉綱紀, 『文徵明』, 吉林美術出版社, 1996년, 171쪽.

관아 서재에 누워서 싸륵싸륵 댓잎소리 듣노라니,	衙齋臥聽蕭蕭竹,
그 소리 민간의 고통소리 같구나.	疑是民間疾苦聲.
우리 고을의 좀스러운 아전들이	些小吾曹州縣吏,
한 가지 한 잎마다 온통 맘에 걸리노라.	一枝一葉總關情.[52]

이것은 화제畵題를 빌려 자신의 의견을 새롭게 표현한 것으로, 백성들의 질고에 관심을 가졌던 화가의 사상과 감정을 기탁하였다. 이러한 것들은 하나뿐이 아니라 매우 많은데, 모두 시화일체詩畵一體의 창작 특징을 표현하고 있다. 또한 이러한 점 때문에 서화의 영역에서 우리들은 명대 중엽 이후의 문학과 유사한 변화를 똑같이 느낄 수 있게 된다. 당연히 이러한 변화에서 시화일체뿐 아니라 더 중요한 것은, 한쪽에서 회화가 소설, 희곡 등과의 관계를 통해 세속 문화와 같은 대중화, 심지어는 상업화의 특징을 드러내고 있다는 점이다. 다른 방면에서는 서화가들이 또한 예술 창작 중에 끊임없이 개성화와 문인정신의 표현을 추구하였다.

2. 판화의 세계

앞의 1절에서 우리는 소설과 희곡의 번영 그리고 소설 희곡과 함께 생성된 판화의 흥성에 대해 언급하였다. 소설 희곡에 삽화가 더해진 것은 명대 중기 이전에 이미 출현하였는데, 『전상평화오종全相平話五種』은 윗부분은 그림, 아랫부분은 글로, 처음과 끝이 연결되어 총 228폭의 그림이 있는데 만듦새가 소박하며, 명대 중후기 건안파建安派의 위는 그림 아래는 글 형식인 소설의 출판에 표본을 제공하였다. 명대 홍치弘治 무오년에

52 이상의 인용은 鄭燮의 『鄭板橋集』, 上海古籍出版社, 1979년, 168 · 206 · 156쪽에서 하였다. 이 문집에는 鄭板橋의 '題畵竹' 70여 則이 수록되어 있다.

금태악가金台岳家에서 간행된 『신간대자괴본전상참증기묘주석서상기新刊大字魁本全相參增奇妙注釋西廂記』의 그림은 273폭에 달한다. 즉 『서상기西廂記』의 원문은 포기하게 되고 그림에 근거해 이야기의 줄거리를 알 수 있다. 명대 중후기에는 소설 희곡에 대량의 삽화가 들어가는 것이 더욱 보편화되었다. 회마다 단段마다 삽화가 붙어서 글에 의지해서 연상하게 되고 그림과 글은 더욱 풍부해져 소설 희곡 안의 인물과 줄거리를 드러내며 생동적 기운이 더욱 풍부하게 한다. 비교해 보면 전통적 산수화에 표현된 의취와 주제와는 판이하게 다르다. 예를 들어 『신각비평수상금병매新刻批評繡像金瓶梅』에 있는 그림 100엽葉 200폭은 명말 휘파徽派 판화의 대표작이다.[53] 『금병매』는 등장인물이 매우 많고, 줄거리가 복잡하여 그림을 그리는 사람은 몸과 마음을 다하여 원작에서 묘사한 시정과 권문세가의 가정생활 장면을 있는 그대로 묘사하는 수법으로 일일이 그림에 포착하였는데 세밀하고 번잡하며 변화가 풍부하다. 주목할 점은 소설 희곡의 판화는 완전히 원작에 의지하지 않고 실제로는 문학작품에 대해 진행한 일종의 재창조라는 점이다.

판화는 기술의 성숙과 영향의 확대 때문에[54] 일부 기예가 뛰어난 전문 각공은 저명한 화가와 힘을 모아 합작하기 시작했다. 진홍수陳洪綬 · 왕지형王之衡 · 정천리鄭千里 등 걸출한 화가들은 모두 고품질의 그림 원고 조판을 제작한 적이 있다. 이와 동시에 항남주項南洲 · 유소명劉素明 · 유용전

53 명대 중후기 판화는 각 지역의 풍격이 서로 다르다. 학계에서는 일반적으로 建陽 · 金陵 · 徽州 · 蘇州 · 杭州 · 吳興 등의 파로 나눈다. 馮鵬生의 『中國木板水印概說』(北京大學出版社, 1999년)과 周心慧의 『中國古代板刻版畵史論集』(學苑出版社, 1998년) 등의 책을 참고할 것.

54 명대 후기의 短版과 拱花術의 발전은 중국 雕印術이 새로운 경지에 이르도록 하였다. 그중 단판은 지금 사람들이 말하는 목판 투색인쇄로, 이것은 인쇄사상의 중요한 대도약이다. 명말에 『十竹齋書畵譜』 · 『十竹齋箋譜』 등의 책을 만들면서 雕印 기술을 한데 모아 명말 채색투인의 예술 성취를 충분히 보여 주었으니 판화사 · 인쇄사상의 금자탑이라 칭할 수 있다. 앞에서 거론한 『中國木版水印概說』, 52쪽을 참고할 것.

劉龍田 등 유수의 각공이 탄생하였다. 이 두 분야 사람들의 정성스러운 합작은 중국 예술의 아속雅俗 융합에 일종의 새로운 형식을 제공했으며 중국 역사상 판화 전성기의 출현을 직접적으로 촉진시키고, 후세까지 전해지는 아름다운 작품을 배양하였다. 예를 들어 진홍수陳洪綬(1598-1652)가 그림을 그리고, 휘주 황씨徽州黃氏가 목각한 '박고엽자博古葉子', '수호엽자水滸葉子'[55] 및 『이소離騷』의 삽화는 항상 사람들의 이야깃거리가 되었으며, 그중 어떤 작품은 더욱 높은 경지의 예술 수준에 도달했다. 문인화가들이 산수화조山水花鳥를 그리는 것을 좋아하고 인물을 그리는 경우는 적은 환경에서, 이렇게 인물을 중심으로 하는 판화는 매우 진귀하다. 예를 들어 그가 저작한 『서상기』의 「규간窺簡」(규간도窺簡圖)은 희곡의 정경이 화면으로 전환되게 하는 때에 대담한 발휘를 하였다. 그는 그림에서 보구사普救寺에 있을 수 없는 4짝 병풍을 안배하고, 앵앵鶯鶯이 장생張生의 서신을 몰래 읽는 것과 홍랑紅娘이 앵앵의 표정을 훔쳐보는 것으로 장식성이 매우 강한 환경을 조성하였다. 그리고 병풍에는 네 폭의 춘하추동 화조화를 그려 두어 전통문화의 신운神韻 방식을 매우 풍부하게 하여 최 앵앵과 장생의 애정이 성장하는 과정을 함축하여 상징하였다. 이렇게 풍부한 내용은 작자의 독특한 예술적 창의성을 드러낸다. 본래 판화는 소설 희곡의 내용을 광범위하게 표현하여 그 제재와 예술 형식이 대대적으로 세속화되도록 하였다. 그러나 판화 창작에 대한 사대부의 대량 개입은 또한 판화가 구도, 붓을 쓰는 것, 의경意境상에서 문인회화의 예술 정취에 기대도록 했다. '하리파인下里巴人(시골 사람)'의 민간예술은 날로 전문화되어 문인들이 책상에 앉아 맑게 감상하는 독립적인 예술이 되었다.[56] 숭정 연간 『신전전상통속연의수양제염사新鐫全像通俗演義隋煬帝艷史』의 「범

55 이른바 '葉子'는 민간의 일종의 酒令牌子로, 송나라 宣和 연간에 시작되어 명말에 꽤 유행하였다.

56 周心慧, 『中國古代板刻版畵史論集』, 學苑出版社, 1998년, 57쪽.

례凡例」에는 다음과 같이 쓰여 있다.

> 이 편은 특별히 명필묘수의 문장과 생생한 그림 중에 기묘하게 표현한 것을 구해 놓은 것이다. 두루마리를 펼치자 기이한 정감과 고운 자태가 발발하게 살아 있는 것 같아서 고개지나 오도자를 대면한 것 같을 뿐 아니라, 아마도 시인의 시를 안상머리에서 감상하는 것으로 미칠 수 있는 것이 아니다!(玆編特懇名筆妙手, 傳神阿堵, 曲盡奇妙. 展卷而奇情艷態, 勃勃如生, 不啻顧虎頭. 吳道子之對面, 豈非詞家韻事, 案頭珍賞哉!)

당연히, 근본적으로 말하면 이 판화의 운용은 시민의 감상과 취미에 영합하여 이것으로 경쟁에서 한 자리를 차지하려는 것이었다. 하지만 판화는 가장 대중성을 갖추고 있지만 연화年畵(설날 실내에 붙이는 그림)이기도 했다. 목각연화의 역사는 비록 최소한 송대까지 거슬러 올라갈 수 있지만 명대 중엽 전후에 이르러서야 발전하기 시작하여 일종의 독립적인 예술 형식이 되었고, 청대 중엽에는 높은 경지에 도달했다. 북방은 양유청楊柳青을 중심으로, 남방은 소주 도화오桃花塢를 중심으로 각지에서 고르게 생산되었다. 연화의 내용은 풍부하고 다채로웠으며 생활의 기운이 충만한 예술이 대중을 향해 달려가는 생동감을 체현한 것이었으며, 명대 중엽 이후 예술 발전의 큰물결과도 일치하는 것이었다.

이와 상응하는 것은 명청 문인서화의 발전이다. 명대의 문인은 대부분 서화에 통달하거나 겸하여 뛰어났다. 그들은 서화는 사람의 지혜 기술의 가장 높은 체현이라고 생각하여 "사람의 기교가 그림에 이르러 지극해지니 천지의 기술을 빼앗고 조화의 묘미를 발설한 것이라 할 수 있다.(人之技巧, 至于畵而極, 可謂奪天地之工, 泄造化之妙.)"라거나 "무릇 백 가지 기술 중 서예가 으뜸(凡百技藝, 書上矣)"[57]이라고 하였다. 그 열중한 정도를 청대의 사람 전영錢泳은, "명의 사대부들은 황제에게 직언을 하다가 혹형을 받지 않으면, 서화의 명가로 이름을 알렸으니 이 또한 한 시기의 습속이다.(大約明之士大夫, 不以直聲廷杖, 則以書畵名家, 此亦一時習氣也.)[58]라고 지적한 바 있다. 이로 인해, 한쪽에서는 회화에서 장족의 발전을 얻었다. 이것은 당시에 유행하던 판화와 완전히 다른 예술 세계였다. 서위徐渭는 간필簡筆로 대상의 내용을 간략히 표현하는 화법으로 하나하나마다 개성이 충만한 세계를 창조하였다. 그의 명화『잡화도雜花圖』는 시공간적 한계를 타파하여 사시四時의 아름다움을 하나의 그림에 모았으니, 풍만한 모란·고아한 상국霜菊·고결한 한매寒梅 등 강렬한 표현성이 넘쳐흐르지 않는 것이 없다.『묵포도도墨葡萄圖』는 포도 한 가지가 수묵화로 그려져 있는데, 잎은 가지에 얽매이지 않고, 줄기는 주름을 칠하지 않고(皴擦) 고르게 수묵으로 점점이 물들였으니 닮게 그리는 것을 구하지 않았다. 그림에는 또 서위의 제시題詩가 있다.

반 생애 닉백하여 벌써 노인 되었는데,	半生落魄已成翁,
서재에 홀로 서서 저녁 바람에 휘파람을 분다.	獨立書齋嘯晩風.
붓 끝에 맑은 구슬 팔 곳이 없어서,	筆底明珠無處賣,
들녘의 능나무에 한가로이 던지노라.	閑抛閑擲野藤中.[59]

한 가지의 보통의 포도가 재능이 있으면서도 기회를 만나지 못한 선비의 정신을 묘사한 것이다. 다른 방면으로, 서법 또한 전례 없는 번영의 국면에 도달하였다.[60] 서위·왕탁王鐸·부산傅山·주탑朱耷·예원로倪元璐·

57 謝肇淛,『五雜俎』권7, 上海書店, 2001년, 140쪽.

58 錢泳,『履園叢話』권10, 中華書局, 1979년, 263쪽.

59『徐渭集』제2책, 中華書局, 1981년, 401쪽.

60 朱仁夫,『中國古代書法史』에서는 이 시기에 대해 "서법대가가 역사상의 그 어떤 시기보다 많았으며 서법풍격의 유파 역시 역사상 어떤 시기보다 풍부했고 서체도 완비되었다. 帖學·碑學도 역사상 어떤 시기보다 왕성했다."고 칭했다. 北京大學出版社,

황도주黃道周 등의 사람은 세상을 분노하고 미워하며 필묵으로 방랑하였는데, 서법을 창작하는 중에 방일하고 얽매이지 않는 생명력을 표출하여 예술 개성의 극치를 발휘하였다.

3. 동기창의 남북종론

명대 중후기 회화예술의 발전은 문학의 발전과 비슷한 배경을 가지고 있다. 수공업의 발달, 성시城市 경제의 번영에 따라 소주蘇州는 전국에서 비교적 부유한 대도시가 되었다. 화단 역시 상당히 활발해져서 문징명·심주沈周·구영仇英·당인唐寅의 4대가가 대표가 되는 오파吳派가 출현했다. 모인 학자들이 매우 많았는데 『오문화사吳門畫史』의 통계에 따르면 800명이 넘었다고 하니 명청 양대를 통틀어 가장 거대한 화파畫派가 된다. 막시룡莫是龍, 동기창董其昌, 진계유陳繼儒 등이 실제적으로 모두 이 파의 계승자이다. 주목할 만한 것은 동기창(1555-1636) 등이 제출한 '남북종론南北宗論'이다. 이른바 '남북종론'은 대략 당대에서 시작된, 산수화가 남북으로 종宗이 나뉜 것으로, 남종의 창시자는 왕유王維, 북종의 창시자는 이사훈李思訓이다. 두 파를 구별하는 주요한 지점은 풍격으로, 남종은 문인화, 북종은 행가화行家畫(전문 화가)이다. 이와 같은 논점은 비록 회화의 사실史實에 완전히 부합하지는 않지만 중국 산수화파를 탐구하는 데 또한 얼마간 참고할 가치가 있다.[61] 본질적으로 말하면, 남북종론은 일종의 문인화 사조의 반영이다. 소식蘇軾이 일찌감치 '사인화士人畫'의 논의

1992년, 449쪽.

61 동기창의 남북종론에 대해서는 논의가 많은데 부정적인 쪽이 비교적 많다. 예를 들어 童書業, 「中國山水畫南北分種論辨僞」(『童書業美術論集』, 上海古籍出版社, 1989년 참조) 등이 있다. 다만 이에 대한 비판 외에 약간의 긍정을 더한 것으로 葛路의 『中國古代繪畫理論發展史』 제6장(上海人民美術出版社, 1982년) 등이 있다.

를 제출했으나 그에 담긴 함의가 충분히 체현된 것은 오히려 원대의 회화에 있었으며 이론과 실천이 하나로 상통하여 문인화에 대해 전면적 함의와 성숙한 인식 및 결론에 높이 도달한 것은 바로 동기창이 쉽게 홀대할 수 없는 공헌을 가지고 있다.[62] 동기창은 '선비의 기운(士氣)'을 회화에 융합해야 한다는 주장을 뚜렷이 제출하였다. 이뿐 아니라 그는 창작 중에 이러한 주장을 관철하였으니 그의 『주금당도晝錦堂圖』는, 화면 위에 푸른 산이 길게 이어지고 하늘은 맑고 물은 깨끗하며 나무의 색은 검푸르고 집은 한가롭고 고요하니 의경이 적막하다. 그 위에 작자가 스스로 적었다.

> 송나라 사람의 「온공독락원도」가 있는데 구실보仇實甫의 모본이 있다. 대개 원계를 그리고 누대를 그린 것에 곽서선 · 조백구의 뜻이 없으니 내가 익힐 바가 아니니다. 이에 동북원 · 황자구는 「주금당도」를 법 받아 그리는 것으로 그 큰 아름다움을 진술함으로 감당하고자 한다.(宋人有「溫公獨樂園圖」, 仇實甫有摹本, 蓋畵院界畵樓臺, 不有郭恕先, 趙伯駒之意, 非余所習. 玆以董北苑, 黃子久法寫「晝錦堂圖」, 欲以眞率當其鉅麗耳.)[63]

이른바 '진솔'이라는 것은 바로 '선비의 기운'에 대한 그의 이해이다. 그래서 남종산수문화에 대한 잠재된 추숭에는 문인의 개성 정신이 부각되었다. 이러한 개성 정신은 다만 일종의 유파로서 공통적으로 표현된 것에 불과했다. 그래서 오려보伍蠡甫는 "동씨의 '이종二宗' 논의는 문호門戶를 표방한 것이다."[64]라고 지적하였다. 문인화는 사의寫意 · 전신傳神을 주로 했기 때문에 화원화畵院畵의 형사形似 · 정공精工을 위주로 하는 것과 분명한 차이가 있다. 문인화는 개성 해방의 사조에 더욱 적합하다. 만약 명

62 樊波, 『董其昌』, 吉林美術出版社, 1996년, 230쪽 참조.
63 樊波, 『董其昌』 附錄 『董其昌畵論輯要』, 吉林美術出版社, 1996년, 429쪽에 의거하였다.
64 伍蠡甫, 『中國畵論硏究』, 北京大學出版社, 1983년, 154쪽.

대 후기의 사회문화 배경 아래서 보면 동기창의 예술사상은 이지·원굉도 등의 사람과 서로 일치하는 점이 있다.[65]

4. 문인화의 사왕四王

회화는 명청 교체기에 이르러 문인화가 화단의 일체의 것들을 거의 압도하였다. 비록 문인화가 전통 회화를 기초로 하지만 전통적 태도에 대해서는 오히려 모방과 창신의 구별이 있었다. 대략 구분하면 양대 유파가 있다. 한 파는 '사왕四王'—왕시민王時敏·왕휘王翬·왕감王鑒·왕원기王原祁—을 대표로 오력吳歷·운수평惲壽平 등을 더해 '청육가淸六家'라고 불렀다. 그들은 서로 이어 화원의 영수가 되었으며 화풍은 정치하고 따뜻한 것을 숭상하였다. 고인을 따라하는 것을 추구하였는데, 그 본질을 말하자면 또한 문인화의 모식과는 대립되었다. 실제적으로 이 또한 동기창에서부터 시작된 전통이다.[66] 예를 들어, 왕원기王原祁(1642-1715)는 그의 「녹태제화고麓台題畵稿」에서 "화법과 시문은 상통하니 반드시 서권기書卷氣가 있은 후에야 그림을 말할 수 있다.(畵法與詩文相通, 必有書卷氣, 而后可以言畵.)"고 강조하였다. 그런데 발전의 진행 중에는 도리어 청대 궁정 산수화의 유행 양식의 발전이 이루어졌다. 왕휘王翬(1632-1717)가 주관하여 제작한 「강희남순도康熙南巡圖」는 하나의 대표이다. 이것은 8년 동안 제작한 12권의 거질로, 화면은 북경 영정문永定門에서 시작하여 소흥紹興

---

65 香港, 『中華國學』 제1기(1989년, 6월)에 실린 張少康의 「董其昌的文藝美學思想」을 참조.

66 童書業은 董其昌·四王 등이 말한 '師古'는 '托古改制'에 불과하며, 그들의 그림 중에 古法은 실제로 적고도 적다고 인식했다.(『童書業美術論集』, 上海古籍出版社, 1989년, 739쪽에 나온다.) 陳履生은 「王石谷的"模倣"辨」(『淸初四王畵派硏究論文集』, 上海書畵出版社, 1993년에 실려 있다.)에서 통계학적 방법을 사용하여 王石谷이 모방했던 전대의 화가와 작품의 진행 계통 통계를 통해 그의 모방은 일종의 예술창조 방법에 도달했음을 밝혀냈다.

대우묘大禹廟에 이르고 다시 금릉을 거쳐 경성으로 돌아온다. 연도와 성과 시골의 풍광·사회생활·산천의 경치 및 강희제의 남쪽 순행의 성황이 빠짐없이 붓 아래 담겼으니 곧 '성세盛世'의 반영이자 궁정화의 전형이다.

5. 주탑과 석도

다른 한 파는 즉 청초의 주탑朱耷(1626-1705)·석도 등의 사람과 청나라 중기의 양주揚州 화가를 대표로 한다. 그들은 청초의 감고監古 기풍에서 벗어나 옛 화풍을 답습하는 영향을 받지 않았다. 창신創新에 대담하였고 더욱 개성을 갖추었다. 앞에서 서술한 것처럼, 남북종론의 제출에는 문인이 표방하는 성질이 있었고, 이론상으로 완전무결한 것은 아니었다. 주탑과 석도 등의 사람들이 더욱 선명한 개성을 내보일 때에 이러한 이론도 그것의 역사적 사명을 완성했다. 주탑은 「제석도소죽유난도題石濤疏竹幽蘭圖」에서 석도가 남북종에서 "스스로 일가를 이루었다.(自成一家)"고 칭찬하였다. 석도 본인도, "지금 남북종을 묻는데, 나의 종인가? 나를 따르는 것인가? 동시에 배를 움켜쥐고 웃으며, 나는 나의 법을 쓰겠다.(今問南北宗, 我宗耶, 宗我耶? 一時捧腹曰, 我自用我法.)"[67]라고 말했다. 그들은 산수화조를 사의寫意로 그리며 모방을 일삼지 않고 법을 이루는 것에 얽매이지 않아 구도가 대담하고 필묵이 호방하였는데, 신세에 대한 감정과 억눌린 기운을 표출하는 것을 중요시하여 개성적 색채가 더욱 풍부했다.

정판교의 시에 다음 구절이 있다.

> 가로지른 물결 천과 천의 화폭을 세웠다가 지우고, 橫涂竪抹千千幅,

---

67 石濤, 『大滌子題畵詩跋』 권1, 李萬才, 『石濤』 附錄 5, 吉林美術出版社, 1996년, 234쪽.

그림 9-2 「물고기와 오리」. 1689년 주탑(1626-1705) 작품. 청 왕조.

먹물 점은 거의 없는데 눈물 점은 많아라. 墨點無多淚点多.[68]

주탑은 살면서 명청 교체기를 만나 나라가 무너지고 집안이 망하는 때에 작품을 만들 수 없어 깊은 부끄러움과 고통을 느꼈다. 그는 수묵을 잘하여 흥이 넘치는 화조화와 산수화로 유명하였는데, 간략하고 과장하는 필법을 운용하여 억눌린 심사를 표현했다.(그림 9-2) 이 때문에 그의 붓 아래의 물고기 · 새 · 고양이의 형태는 괴이하여 눈은 때로 방형으로 완성되고 눈동자는 까맣고 큰 점이며 종종 정수리는 눈가 상단에 가까이 있었으니, 현실과 닮지 않은 것에 대해 한 번 다시 보는 표정을 통해 그의 마음의 고독과 애달픔, 오만과 분노를 굴절하여 표현하였다.

석도는 이론과 실천에서 모두 강렬한 창신의식을 표현했다. 그의 『수진기봉타초고搜盡奇峰打草稿』는 장권長卷의 형식을 통해 걸음을 옮기면 경물이 바뀌는 수법을 운용, 드넓은 산천을 제시하여 사람으로 하여금 평중

68 鄭板橋, 「題屈翁山詩札石濤 · 石溪 · 八大山人山水小幅并白丁墨蘭共一卷」, 『鄭板橋集』, 107쪽.

견기平中見奇(평소에 보던 사물들을 기이하게 표현하는 방법)와 지척천리咫尺千里의 느낌을 갖도록 하니 이것은 그의 창작사상이 선명하게 반영된 것이다. 그는 『화어록畫語錄』에서 일찍이 그 창작활동을 두 가지 단계로 나누었다. 첫 번째는 "내 안에서 산천이 허물을 벗기(山川脫胎于予)"의 단계이며, 두 번째는 "산천에서 내가 허물을 벗기(予脫胎于山川)"의 단계이다. 그가 산수에 마음을 의탁하는 것은 자연에서 자아를 찾는 것이며, 또한 자아로 하여금 산천에 돌아가도록 하는 것이다. 그는 매우 감격하며, "옛사람이 법을 세우기 전에는 옛사람의 법이 어떤 법인지 모르는가? 옛사람이 이미 법을 세운 후에는 곧 지금 사람들이 낸 옛 법을 받아들이지 않으니 천백 년 후에는 마침내 지금 사람들은 땅에서 조금도 나오지 못한 것이 될 것이다.(古人未立法之先, 不知古人法何法. 古人旣立法之後, 便不容今人出古法, 千百年來, 遂使今人不能出一頭地也.)"[69]라고 하였다. 이를 기초로 그는 대담하게 다음과 같이 선포했다.

> 내가 나를 위하는 것은 스스로 내가 존재하는 것이다. 옛날의 수염과 눈썹은 나의 얼굴과 눈가에 날 수가 없고, 옛날의 폐부는 나의 복장 안으로 들어올 수 있다. 나는 스스로 니의 폐부를 떨쳐내고, 나의 수염과 눈썹을 게시한다. 때로 모가의 것에 저촉되는 것이 있으면, 이는 모가가 곧 나에게 취한 것이지 내가 일부러 모가에게서 취한 것은 아니다.(我之爲我, 自有我在, 古之須眉不能生在我之面目, 古之肺腑不能安入我之腹腸. 我自發我之肺腑, 揭我之須眉. 縱有時觸著某家, 是某家就我也, 非我故爲某家也.)[70]

이러한 관점은 만약 명대 중후기 문인사상이 해방되는 시대에서 놓고

69 石濤, 『大滌子題畫詩跋』 권1, 240쪽.
70 石濤, 「石濤畫語錄變化章第三」, 李萬才, 『石濤』 부록 3, 183쪽.

본다면 그다지 눈에 들어오지 않는다. 그러나 청대 초 학술사상계가 이미 전향된 시기에 놓고 본다면 충분히 진귀하다.

조금 뒤의 정판교는 정신적으로 석도 등의 사람과 서로 통한다고 할 수 있다. 그는 난초·대나무·바위를 그리는 것을 가장 좋아했는데 그의 말을 빌리자면, "사계절에 시들지 않는 난초, 긴 봄 백 마디의 대나무, 만고토록 패퇴하지 않는 돌, 천추토록 변하지 않는 사람(四時不謝之蘭, 百節長春之竹, 萬古不敗之石, 千秋不變之人.)"이 이른바 '사미四美'로,[71] 사람의 아름다움은 종종 난·대나무·돌에 기탁된다. 예를 들어 그의 「죽석도竹石圖」는 화면은 간결하고 3-5가지의 죽간竹竿이 메마른 돌 한 덩이에 의지해 있는데, 그 자태가 굳세고 시원스러우며 생기가 충만하고 늙은 대나무와 어린 대나무가 먹빛에 농담이 있어 층차가 분명하다. 그는 제관題款을 늘 화폭의 공백에 쓰는 관례에 반발하여 왼쪽 하단의 대나무와 돌의 빈틈 사이에 높낮이가 다르게 긴 발문을 휘갈겨 썼다. 그것은 다음과 같다.

> 대나무를 그리는 법은, 형태를 완성하는 것에 얽매이는 것을 귀하게 여기지 않는다. 요체는 마음을 모아 신을 얻는 데 있으니 …… 대개 대나무의 체體는 마르고 굳세어 고고하고, 가지마다 눈에 굴복하지 않고, 마디마다 하늘을 찌르니 사군자의 호걸스러운 기운과 비슷하여 속세에 비굴해지지 않는 것에 있다.(畵竹之法, 不貴拘泥成局, 要在會心人深神 …… 蓋竹之體, 瘦勁孤高, 枝枝傲雪, 節節干霄, 有似士君子豪氣凌雲, 不爲俗屈.)[72]

그는 「의진객저복문제儀眞客邸復文弟」의 편지에서, "본래 묵죽을 그리는 것은 유인운사들이 애오라지 성정을 펼쳐 쓰고자 하는 것이다.(本來畵墨

71 周積寅, 『鄭板橋』 부록 4, 『鄭板橋題畵錄』, 吉林美術出版社, 1996년.
72 『鄭板橋集』, 上海古籍出版社, 1982년, 224쪽.

竹, 幽人韻士, 聊以抒寫性情.)"라고 하였다. 그의 붓 아래 난 · 대나무 · 돌 등은 또한 그의 정신의 상징이 되었다. 그러므로 그는 '분재난화盆栽蘭花'를 그리는 것을 다시 반대하고 "이것(난화)은 본디 산에 있는 것(此畫本是山中物)"이라고 하였으나 실상은 그의 자유의지를 표현한 것이었다. 정판교의 지취와 가까운 사람들로 '양주팔괴揚州八怪'[73]의 금농金農 · 황신黃愼 등을 꼽는다. 이들은 흐름을 좇고 유행을 따르지 않는 동일한 정신 기질을 표현하였다. 다만 당시의 회화계에는 옛것을 모방하는 기풍이 만연해서 이와 같이 탁월한 화가들을 '괴상하다(怪)'고 여겼다.

비록 회화사상과 풍경에서 명 중엽부터의 화가들이 다른 것을 추구하였으나 한 가지 공통적인 것은 그들이 모두 회화가 더더욱 보급되도록 하는 일에 참여했다는 사실이다. 이들 중 청대의 심인백沈因伯이 주관하여 간행한 『개자원화전芥子園畫傳』은 한 번 언급할 가치가 있으니, 이것은 판화사상 중요한 의의를 지닐 뿐 아니라 회화예술의 새로운 발전을 반영하였다. 이 책은 부문별로 나누어 갖가지 물상이 그림이 되는 형식을 망라하였는데 모두 4집으로 매 집의 첫머리에는 화법 해설, 뒷부분에는 각파 명가의 도식이 부록되어 있어 후학이 참고하고 모방하기에 매우 편리하다. 실제로 이 책은 '사왕四王'의 후인이 학습과정을 총정리한 학습 비결이자 터득 내용이다. 이 책은 교과서 탄생의 하나의 표준이 되었으니, 중국화 보급에 현실 가능성이 있음을 말해 주는 표지이자, 중국화가 대중과 세속을 향하기 시작했음을 알리는 표지이기도 하다.[74] 본래 옛것과 우아함을 숭상했던 '사왕'의 유파는 대중화의 선도가 되었고 이 사실에는 긍정

73 揚州八怪, 혹은 揚州畫派라고 칭하며 청대 건륭 연간에 양주에서 활발히 활동하던 일련의 화가들을 지칭한다. 구체적인 인원수는 기록마다 많고 적음이 일치하지 않는다. 혹은 그들의 화풍이 기이했기 때문에 사람들이 괴물로 보았는데, 이는 속어 '丑八怪'와 거의 같다.

74 朶雲編輯部, 『淸初四王畫派硏究論文集』, 上海書畫出版社, 1993년, 234쪽 참조.

그림 9-3 청색 밑칠과 다채색 상회칠 장식의 닫혀 있는 단지. 명 왕조.

적인 의미가 있다.

이와 관련하여 예술의 실용화에도 발전이 있었으니 자기에 가장 두드러지게 표현되었다. 명청 자기공예는 이미 매우 성숙하여, 자기의 조형·유채·화회花繪·도안 등의 방면에서 전에 없던 성취가 있었다. 예술 풍격을 가지고 말하자면 그 사이엔 또한 시대의 변화가 반영되었다. 예를 들어 명대의 '청화青花'자기(그림 9-3)는 색을 짙게 해서 그리는 것이 특징이며, 청대의 것은 색을 옅고 곱게 하는 것이 특징이다.[75] 또 하나 주목해야 할 점은 서화작품이 점점 많이 제작되어 상품으로 유통되었다는 것인데 대규모의 사람이 서화작품을 경영하고 소장하였다. 어떤 지역에서는,

75 寂園叟, 『陶雅』 하권 참조.

예를 들면 양주揚州에서는 심지어 "집안에 글씨나 그림이 없으면 전통 있는 집안이 아니다."라는 말까지 있었다. 이것 역시 간접적으로 위작을 만드는 풍속을 유행시켜 위조품이 세상을 속이게 되었다. 이러한 풍속은 필연적으로 서화의 창작에 영향을 주었다. '양주팔괴'는 대부분 그림을 팔아 살아갔다.[76] 그들의 작품은 주로 사의寫意의 방식으로 '매난죽석화조梅蘭竹石花鳥'를 표현하였는데, 소나무 그림은 비교적 간단하며 항상 제지題識를 더하고 주제가 선명하여 이해하기가 쉬웠다. 이뿐만 아니라 그들은 정통파가 그리지 않았던 일상생활의 제재를 그렸는데, 주로 무너진 담 · 깨진 항아리 · 거지 · 인부 · 귀신 · 야채 · 어류 등등이다. 금농金農은 일찍이 한 폭의 그림에 속이 빨갛고 검은 씨가 박힌 수박 세 조각을 그리고, 아울러, "행인이 한낮 더위에 이것을 얻으면 갈증을 해소할 수 있는데, 청문문 밖 길의 시원한 정자 곁에서 수박을 새로 썰고 있으니 1전이면 바로 살 수 있다.(行人午熱, 得此能消渴, 想着青門門外路, 凉亭側, 瓜新切, 一錢便買得.)"라고 제하여 노래하였다. 시와 그림이 상응하여 성취가 있으니 일상적 분위기가 매우 풍부하다.[77] 이 때문에 그들의 작품은 당시의 상인 · 소장가 및 일반 시민을 위주로 하는 소비 집단의 사랑을 받았다. 이러한 의의에서 말하면, 서화는 이렇게 전통적 고아한 예술에서, 통속소설 등과 마찬가지로 작품의 상품화 방식을 통해 스스로 대중화 · 세속화를 실현하였다. 다른 점은 서화는 대중화 · 세속화되는 동시에, 여전히 문인의 개성을 힘써 보존하였다. 세정世情과 심령心靈의 충돌이 바로 서화예술 발전의 하나의 동력이 되었다고 할 수 있는 것이다.

---

76 전게한 『鄭板橋集』 중 한 편인 「板橋潤格」에는 화폭 크기의 대소에 대해 모두 명시된 가격이 있다. 동시에 "선물로 먹을 것을 보내는 것은 결국 백은의 묘함만 못합니다. 공이 보낸 것은 아우가 반드시 좋아하는 것이라고는 할 수 없습니다. 현금을 보내주면 마음이 즐겁고 서화 또한 좋습니다."라고 하였다. 184쪽.

77 張光福, 『中國美術史』, 知識出版社, 1982년, 447-449쪽 참조.

제4절

『홍루몽』: 문화사를 반영한 한 편의 소설

이 소설의 중요성은 이미 이러한 정도에 도달했다. 이 소설이 만들어진 청대에는 “이야기를 할 때 『홍루몽』을 말하지 않으면 시서詩書를 다 읽었어도 헛수고이다.(開談不說紅樓夢, 讀盡詩書也枉然.)”라는 말까지 있었다.[78] 사회정치와 사상관념의 변화에 따라 이 소설은 또한 정신자원으로 활용되었다. 바꾸어 말하면, 이 작품은 출판된 후에 거의 중화문명 발전의 하나의 복사판이었다. 이 모든 것은 분명하게 그것의 풍부한 문화 내용과 분리할 수 없다.

『금병매』가 출판된 뒤부터 소설가는 눈을 가정으로 돌리기 시작했다. 그러나 창작을 가지고 말하면 『금병매』는 대대로 누적되어 만들어진 형상으로부터 문인이 독창적으로 만들어 가는 과정에 있는 작품으로서 작품의 서사뿐 아니라 여러 가지 많은 모순을 조성하였다.[79] 더욱 중요한 것은 작자의 개성 요소가 여전히 다방면의 견제를 받은 것이다. 작자는 자신이 묘사한 제재에 대해 심각한 결핍을 느낄 때 줄거리 밖의 과정적 표현의 도움을 더 많이 필요로 했을 것이다. 이 소설에서 다른 사람의 비판

78 得輿, 「京都竹枝詞」, 一粟 編, 『紅樓夢卷』, 中華書局, 1963년, 354쪽에 실려 있다.
79 劉勇强, 「『金瓶梅』的本文與接受分析」, 『北京大學學報』, 1996년 제4기 참조.

을 받는 지나친 정도의 성 묘사는 바로 이 때문에 조성된 것이다. 그리고 '『금병매』를 깊이 이해'한 것으로 인식되는 『홍루몽紅樓夢』은 분명히 이와는 다르다. 이 소설의 제재와 작자 사이의 관계는 밀접한데, 이런 점은 소설사상 전에 없던 것이다. 비록 우리는 책 속의 가부賈府와 현실 속의 조가曹家를 동일하다고 할 수 없지만 종종 흔적이 드러나는 것처럼, 조설근曹雪芹의 창작과 그의 삶의 과정과 느낌 사이에는 매우 긴밀한 관계가 있다. 이러한 관계는 결코 줄거리와 소재에서만 표현되는 것이 아니며, 더욱 주목할 만한 것은 묘사 대상에 대한 작자의 넘쳐흐르는 감정적 체험으로, 그로 하여금 창작 중에 억제하기 어려운 고뇌와 후회를 무심코 드러내게 한다. 이것은 이전의 소설에서 부족했던 것으로 심지어 전통문화 전체에서도 보기 어려운 점이었다.

1. 억어체憶語體 문학의 유행과 조설근의 회상 기질

조설근曹雪芹(1715?-1763 혹은 1764)과 관련하여 직접 기술된 것은 많지 않다. 그러나 우리는 아주 쉽게 그가 매우 민감한 소설가였다는 것을 알 수 있다. 곽성郭誠은 「증조설근贈曹雪芹」에서 그가 "무너진 집 퇴락한 누대에서 옛집을 꿈꾼다.(廢館頹樓夢舊家)"고 하였고, 곽민郭敏은 『증근포贈芹圃』에서 그가 "진회의 풍월의 번영함을 생각한다.(秦淮風月憶繁華)"고 하였으며, 『홍루몽』의 서두에서는 "갑자기 그날 소유했던 여자가 떠오른다.(忽念及當日所有之女子)"라고 운운하였으니 모두 그의 강렬한 회상 기질을 드러낸 것이다. 이것은 우리들로 하여금 자연스럽게 명말청초에 일어났던 '억어체憶語體' 문학을 떠올리게 한다. 비교적 이른 시기의 장대張岱의 『도암몽억陶庵夢憶』, 여회余懷의 『판교잡기板橋雜記』 등이 있는데, 그 작가들은 모두 명대의 유민遺民으로 전날의 부유하고 화려했던 생활에 대한 그리움에 고국에 대한 생각을 기탁한 것이다. 그리고 엽소원葉紹袁

의 『요문窈聞』과 같은 여러 작품, 모피강冒辟疆의 『영매암억어影梅庵憶語』, 이후 진배陳裴의 『향원루억어香畹樓憶語』, 장탄蔣坦의 『추등쇄억秋燈瑣憶』, 심복沈復의 『부생육기浮生六記』 등 지난 여성에 대한 추억에 자신의 상처를 써내려가지 않은 것이 없다. 조설근이 이렇게 감상주의적인 시대 분위기에 놓이면서, 그의 어떤 구상들은 심지어 앞에서 서술한 어떤 작품과 놀랄 만큼 비슷한 곳이 있었다.[80]

2. 신화적 사유와 사실 주장

그러나 그의 과거에 대한 기억은 자기 가족의 찬란했던 역사에 대한 그리움이라기보다는 일종의 생명체험에 대한 탐구로 보인다. 이 때문에 그의 창작은 개인의 협소한 심령공간을 초월하여 더욱 광대하고 깊은 정신세계 안에 있으며 희비가 공존하는 이야기를 재현한다. 이것은 곧 왜 소설이 요원한 고대신화로 시작하여 주인공의 운명을 아득한 세월에 두었는지에 대한 이유이다. 이러한 묘사는 예술적으로 비극적 줄거리에 꼭 들어맞는 심미적 거리를 만들 뿐 아니라, 소설의 사유 수준을 극대화하여 작품이 일반소설의 사실에 입각하여 사물의 득실을 논하는 서사 습관을 탈피하도록 했다. 그래서 읽는 사람들은 작자의 우는 듯 하소연하는 듯한 묘사에 따라 중화문명의 구체적이고도 미세한 움직임의 흐름을 느낄 수 있게 된다.

조설근은 작품의 사실성을 매우 강조하였으니, 자신의 소설에 대해 "그 사이의 헤어지고 만나고 슬프고 기쁜 것, 흥망성쇠의 기회는 모두 자취에 근거하고 종적에 따르며 감히 조금이라도 견강부회하여 그 진실을 잃지

80 葉紹袁의 창작 태도는 曹雪芹과 비슷한 곳이 많다. 「窈聞」에 기록된 인생사의 '秘册', 「續窈聞」의 '葬花魂'의 시구 등은 모두 『紅樓夢』에서 대응되는 묘사를 찾을 수 있다.

않는다.(其間離合悲歡, 興衰際遇, 俱是按迹循踪, 不敢稍加穿鑿, 至失其眞.)"라고 하였다. 비록 조설근 이전의 소설가들도 진실성을 중시했지만 이러한 진실성은 종종 역사와 관련된 것이었다. 동시에 시장의 통제를 받아 중국 소설가들은 결국 기이奇異를 숭상하여 '기서奇書'로써 표방하였다. 그러나 조설근은 그렇지 않았다. 자신이 쓴 것은 "가정의 자질구레한 일이자, 규방의 한가로운 정취(家庭瑣事, 閨閣閑情)"일 뿐이라고 그 요지를 밝혔다. 그의 소설 속 인물의 말을 빌려 보자.

> 내가 본 것에 따라 제1건은 고찰할 만한 시대가 없고, 제2건은 또한 위대한 현인과 위대한 충신이 조정을 다스리고 풍속을 다스린 좋은 정치를 이야기한 것도 없다. 거기에는 다만 몇몇 사람의 특이한 여자들이 정이라든가 치정이라든가 또는 재주도 적고 착하지도 않은 것들을 내가 멋대로 베낀 것으로 기서奇書라 할 만한 것도 아니다.(據我看來, 第一件, 無朝代年紀可考, 第二件, 并無大賢大忠, 理朝廷, 治風俗的善政, 其中只不過幾個異樣女子, 或情或癡, 或小才微善, 我縱然抄去, 也算不得一種奇書.)(제1회)

여기에서 조설근은 자기의 작품을 '야사野史'로 자처하거나 '기서奇書'라 자부하는 등의 이런 두 가지 가장 보편적 소설 창작 경향에 대해 확실하게 선을 긋고 있다. 분명히, 이것은 관념의 변화를 의미한다. 바로 이러한 관념의 지배 아래 조설근은 또 자신이 "큰 뜻은 정을 쓴 것이다.(大旨寫情)"라는 것임을 강조한다. 그가 말하는 '정을 쓴다(寫情)'는 것은 단순히 남녀의 정에 대한 표현이 아니며, 사람의 정신심리에 대한 탐구이다.

3. 성별: 현실체험과 역사 관조에의 간절한 몰입

성별 문제가 『홍루몽』에서 중요한 위치를 차지한다는 것은 의심할 수 없다. 그것은 작자의 현실체험과 역사 관조의 출발점이라 할 수 있으며, 이른바, "천태의 붉은 꽃이 한 굴에 있다(千紅一窟): 울 만한 것(哭)(주인공 가보옥賈寶玉이 공허한 환상의 경계에서 춤을 추며 차를 마시는 모습)", "많은 요염한 이들이 술잔을 함께하다(萬艷同杯): 슬픈 것(悲)(가보옥이 공허한 환상의 경계에서 춤을 추며 술을 마시는 모습)"이다. 성별은 이 소설에서 적어도 두 층위의 뜻이 있다. 하나는 현실생활 중의 여성 문제이며, 다른 하나는 철학적 의미의 인생 문제이다. 조설근은 서두에서 그가 여성을 묘사한 의도에 대해 표명했다. 작품 중의 여성 형상은 각각의 성격 특징을 가지고 있지만 결국 모두 불행해지며 이 안에는 작자의 깊은 연민이 포함되어 있다. 그러나 조설근은 자신의 감정을 통제하지 않는다. 그리고 더 나아가 이렇게 불행한 개인들과 사회를 조성한 원인을 제시한다. 여성에 대한 『홍루몽』의 이러한 동정은 『삼국연의』·『수호전』에서 여성을 경멸하고 모욕하던 것에서 한참 넘어선 것일 뿐 아니라, 다양한 아름다운 여성 형상을 묘사한 포송령蒲松齡과도 비교할 수 없다. 포송령의 붓 아래에서는 여전히 뚜렷한 남성중심주의 사상이 무의식중에 드러나기 때문이다. 예를 들어 『항아嫦娥』라는 제목의 소설 결말 부분에서 포송령은 "그러나 방안에 선인이 있어서 다행히 나의 즐거움이 지극했고, 나의 재앙이 사라졌으며, 나의 삶이 늘어나 내가 죽지 않게 되었다.(然室有仙人, 幸能極我之樂, 消我之滅, 長我之生, 而不我之死.)"라고 하였다. 여성 생명의 의의는 완전히 남성의 재능을 통해 실현되고 인정받을 수 있는 것이다. 그러나 조설근은 달랐다. 그의 여성에 대한 동정은 기본적으로 여성에 대한 특별한 존중이었다. 이는 또한 『홍루몽』의 여성 묘사로 하여금 별도의 일차적 상징 의미를 가지게 하였다. 예를 들어 가보옥賈寶玉, 그의 사상인식은 그의 여성에 대한 느낌과 하나로 연결된다. 처음에 그는 "여자는 물로 골육骨肉을 만들고, 남자는 진흙으로 골육을 만든다.(女兒是水做的骨肉, 男人是泥作的骨肉.)" "천지간에 신령하고 맑은 기운은 여자에게만 모이고, 남자는 더러운 찌꺼기가 남은 것일 뿐이다.(天地間靈淑之氣, 只鍾于女子, 男兒們不過是些渣滓濁沫而已.)"(제20회)라고 생각하였다. 그래서 그의 여성에 대한 경배는 극에 달해 있었다. 그는 소리 높여 "이 여자라는 두 글자는 지극히 존귀하고 지극히 깨끗한 것이다. 나무아미타불, 원시천존 이 두 가지 보배로운 이름에 비교해도 더욱 숭고한 것은 없다!(這女兒兩個字, 極尊貴, 極淸淨的, 比那阿彌陀佛, 元始天尊的這兩個寶號還更尊榮無對的呢.)"(제2회)라고 했다. 이러한 사상은 비록 그가 발명한 생각은 아니지만, 『서호유람지여西湖遊覽志餘』에 송대 사희맹謝希孟이 "천지의 아름다운 기운이 남자에게는 모이지 않고, 아녀자에게 맺혔다.(天地英靈之氣, 不鍾于男子, 而鍾于婦人.)"[81]라고 말한 것이 기재되어 있듯이, 가보옥의 집착으로 말미암아 이러한 관념은 거의 그가 사람을 접하고 사물을 대하는 기본 입장이 되었다. 말할 필요도 없이 이러한 관점은 유치한 것이다. 그러나 작자가 차라리 이러한 유치한 관점을 긍정할지라도 성숙한 척하며 실제로는 왜곡된 인성을 원하지 않는다는 것을 알 수 있다. 그래서 이후에 가보옥은 끊임없이 자신의 시각을 조정한다. 보차寶釵 등의 인물이 그에게 공명에 힘쓸 것을 권할 때 그는 참 순진한 여자가 명예를 낚는 것을 배운 것은, "참으로 하늘과 땅이 신령스럽고 빼어난 기운을 모아 기른 덕을 저버린 것(眞眞有負天地鍾靈毓秀之德了)"(제36회)이라고 느낀다. 이후에 그는 생활 중에 적지 않은 여자들이 결코 그렇게 사랑스럽지 않다는 것을 발견하고 매우 곤혹스러움을 느끼며, "이상하다, 이상해! 어떻게 이러한 사람이 다만 남자에게 시집와서 남자에게 물들어 이렇게 비열해지다니 남자보다 더 죽일 만하구나!(奇怪, 奇怪! 怎麽這些人, 只一嫁了漢子, 染了男人的氣味, 就這樣混帳起來, 比男人更可殺了!)"라 하고, 더 나아가서는 "여자 하나하나는 좋기도 하고, 여자 하나하나는 나쁘기도 하다.(凡女兒個個是好的了, 女人個個是

81 『西湖遊覽志餘』 권16, 上海古籍出版社, 1980년, 308쪽.

壞的了.)"라고 생각한다. 보옥의 눈에 남자는 세속의 악을 체현한 것에 지나지 않았고 따라서 '남자에게 물든 기미(染了男人的氣味)'는 선량한 본성이 악화된 것에 지나지 않는다.

4. 이상과 현실의 모순

바로 작자의 인성에 대한 의식에 기초하여 『홍루몽』은 또한 심각하게 이상과 현실의 모순을 표현하고 있다. 큰 방면에서 보면 태허환경太虛幻境(홍루몽에 보이는 여성의 선경)과 영부榮府와 영부寧府 두 부는 이상과 현실의 일종의 반영으로 대관원大觀園은 두 공간의 집합처이다. 작은 방면에서 보면 인물의 배치에도 이러한 모순이 어렴풋하게 반영되어 있다. 소설의 제5회에 모호하면서 상징 의미를 갖추고 있는 묘사는, 가보옥은 꿈속에서 '겸미兼美'라는 이름의 여성을 부르는데 일단 꿈에서 깬 다음에는 어쩔 수 없이 임대옥林黛玉과 설보채薛寶釵 사이에서 선택을 하게 되는 것이다. 이러한 선택은 결코 서양식의 '영靈'과 '육肉' 사이의 선택이 아니다. 비록 작자도 임대옥의 재능과 설보채의 용모를 의미하고는 있지만 그 안에는 중국의 전통적인 '재才'와 '덕德' 사이의 선택으로 이른바 "추기의 덕을 정체시킨 것은 탄식할 만하고, 솜털만한 재주를 영탄하는 것은 안타까울 뿐이다.(可嘆停機德, 堪憐詠絮才.)"(제5회, 『금릉십이채책자金陵十二釵冊子』의 설薛·임林 두 사람의 평어)이며, "부질없이 산중의 높은 선비 맑고 눈부신 눈을 대하니, 마침내 세상 밖 선매仙妹 적막한 숲을 잊지 못하네.(空對着山中高士晶瑩雪, 終不忘世外仙妹寂寞林.)"(『홍루몽곡자紅樓夢曲子』)이다. 현실에서 재와 덕 사이의 선택은 영과 육 사이의 선택과 비교해서 더욱 사람을 괴롭게 한다. 때문에 이것들은 결코 모순 관계가 아니다. 이로 인해 『홍루몽』이 창조하는 예술형상은 당시 중국인의 정신적 곤경을 심각하게 드러내고 있으며, 이런 점은 그것이 가진 가장 중요한 사상 가치 중 하나라 할 만하다.

5. 말세감과 「미인과 황토」의 비극의식

이상과 현실의 모순이 풀 방법이 없는 정도에 다다랐을 때, 비극은 피할 수 없이 발생한다. 가장 분명하게 『홍루몽』의 성질을 지적한 것은 왕국유王國維이다.[82] 비록 그의 『홍루몽』에 대한 해석에 견강부회한 곳이 허다하지만, 이 소설에 대한 기본 성질을 포착한 것은 오히려 정확하다.

비극적인 하나의 표현은 『홍루몽』에 농후한 '말세감'이다. 예를 들어 책 속에서 자주 등장하는 이러한 구절은 왕희봉王熙鳳에 대한 평어 "보통의 새는 말세에서 온 것뿐이다.(凡鳥偏從末世來)"와 탐춘探春에 대한 평어 "말세에 태어난 운명 사라지기 쉬워라.(生于末世運偏消)"이다. 지평脂評 중에도 이와 유사한 비평어가 자주 등장한다. 예를 들어 제2회에서 냉자흥冷子興이 연설할 때의 비점批点에서는 다음과 같이 반복적으로 독자를 일깨우며, "이 구절을 똑똑히 기억하면 책 속 영부가 이미 말세라는 것을 알 수 있다.(記淸此句, 可知書中之榮府已是末世了.)", "작가의 의도는 말세를 쓰는 것이다.(作者之意願只寫末世)", "이것은 이미 가부의 말세이다.(此已是賈府之末世了)"라고 한다. 18회의 평어에도 "또한 당일 영부寧府와 영부榮府를 세상의 일에서 보충하니 이른바 이것이 말세의 때이다.(又補出當日寧榮在世之事, 所謂此是末世之時也.)" 등등이 있다. 작자가 말세감을 의도적으로 강조하여 독자에게 강한 인상을 남기고자 했음을 알 수 있다. 이것은 분명하게 구절상의 문제일 뿐 아니라 작자의 생활에 대한 일종의 깨달음이다. 중국의 고대에는 본래 "위대한 인물의 은택도 5대가 지나면 끊어진다.(君子之澤, 五世而斬.)"라는 말이 있는데, 『홍루몽』 속 가부賈府의 성

82 王國維, 「紅樓夢評論」, 『王國維文學論著三種』, 商務印書館, 2001년 참조.

쇠 과정은 실질적으로 이러한 규율의 현상을 반영한 것이다. 그러므로 우리는 『홍루몽』에서 종종 쇠패의 증후를 볼 수 있으니, 지난 시대의 정통인사들이 몹시 미워했던 "암탉이 울면 집안이 망한다.(牝鷄司晨, 唯家之索.)"는 현상, "이번 대가 저번 대만 못하다.(一代不如一代)"는 사실, "한 마리의 검은 눈의 닭과 같은(一介介象烏眼鷄似的)" 다툼도 있고, "집안의 재산을 몰수당할 것 같은 것(抄家)"에 대한 불길한 예감이 있다. 부패와 허위는 이 가정의 기본 특징으로, 젊은이들이 소중하게 여기는 아름다운 감정 또한 고통의 희생물을 만든다. 그러나 『홍루몽』의 가치는 한 집안 한 족속의 흥망성쇠를 다루었다는 데에만 있지 않다. 사회생활에 대한 작자의 심각한 인식과 정확한 묘사로 소설 중의 말세감은 모든 사회의 쇠패를 드러낸다. 『금병매』의 결말에서 작자는 따로 장이관張二官이란 인물을 안배하는 데 신경을 쓰고 있는데, 그는 실제로 제2의 서문경西門慶으로 이 인물의 등장은 이 소설이 흥성함에서 쇠망으로 향하는 닫힌 결말에서 일종의 개방적 의의를 획득하도록 했다. 그러나 『홍루몽』에서 현재 "자손들이 모두 출세한다.(蘭桂齊芳)"라 하거나 "집안의 도가 처음으로 돌아왔다.(家道復初)"라고 한 것은 고악高鶚이 이어 보충한 결말이며, 작자의 본의로 말하여 그가 상정한 "희뿌옇게 대지에 떨어진 마르고 정갈한 한 조각(白茫茫大地一片眞干淨)"이라 한 것은, 본래는 철저한 부정이고 혹은 절망이었다.

조설근의 깊은 비극의식은 한편으로는 현실생활에 대한 깨달음으로부터 온 것이고, 다른 한편에서는 사람의 생명과 인생의 의미에 대한 그의 사색으로부터 온 것이다. 이러한 일차적 의식은 소설 안에서 정반正反의 두 가지 방면에서 드러난다. 부정적인 측면에서 말하면, 소설의 최초 주제가 아마 이와 관련이 있을 것이다. 『홍루몽』 제12회만 부정적인 면을 비추고 있다. 가서賈瑞의 뒷면을 비춰 보면 해골이 그 안에 서 있는 것을 볼 수 있다. 그는 매우 화가 나서 충고를 듣지 않고 정면을 비추어 보는데 "다만 형수 왕희봉이 안에서 그에게 손짓하며 부르는 것을 볼 뿐이었다.

가서의 마음은 기쁨으로 가득 차 흔들거리며 거울 안으로 들어가려고 하였다.(只見鳳姐站在里面點手兒叫他. 賈瑞心中一喜, 蕩悠悠覺得進了鏡子……)" 당연히 그는 이 때문에 죽게 된다. 『홍루몽』의 원 제목은 『풍월보감風月寶鑒』으로 작자가 이 구상에 대해 매우 중시했음을 드러낸다. 실제로, 조설근이 거울 삼았던 것이 있다. 당대의 곡신자谷神子인 『박이지博異志』「경원영敬元穎」이란 책에 우물에 빠져 죽은 사람에 대한 이야기가 있다.

> 중궁은 그것을 다르게 여기며 한가롭게 물가에서 엿보다가 갑자기 물그림자 속에 한 여자의 얼굴이 비친 것을 보았는데 나이 든 모습이나 조금 곱고 여느 때처럼 성장한 모습으로 중궁을 보고 있었다. 중궁이 응시하며 바라보니 그녀는 붉은 소매로 그 얼굴을 반쯤 가리고 미소를 짓는다. 요염하게 꾸미고서 세상 끝에 나온 것이다. 중궁은 정신이 황홀하여 몸을 제대로 가누지 못하는 듯하며 이내 탄식하기를, "이것이 사람을 빠트리게 하는 이유구나." 하였다.(仲躬異之, 閑乃窺於井上, 忽見水影中一女子面, 年狀少麗, 依時樣妝飾, 以目仲躬. 仲躬凝睇之, 則紅袂半掩其面微笑. 妖冶之資, 出于世表. 仲躬神魂恍惚, 若不支持然, 乃嘆日曰, '斯乃匿人之由也.')[83]

나중에 우물이 마르자 오래된 구리거울 하나를 얻었는데, 이를 '이칙지경夷則之鏡'이라 하였다. 『사기史記』「율서律書」에서 "이칙夷則은 음기가 만물을 손상시키는 것이다.(夷則者, 言陰氣之賊萬物也.)"라 한 것이 보인다. 이른바 '이칙지경'은 주로 여색에 빠진 사람을 뜻하는 것으로 이것은 바로 『풍월보감』의 본의에 부합하며 기묘본己卯本(『지연재중평석두기脂硯齋重評石頭記』)(그림 9-4)의 지연재脂硯齋의 비평에서 지적한 "푸른 무덤의 해골

83 「集異記」, 『博異志』, 中華書局, 1980년, 2쪽.

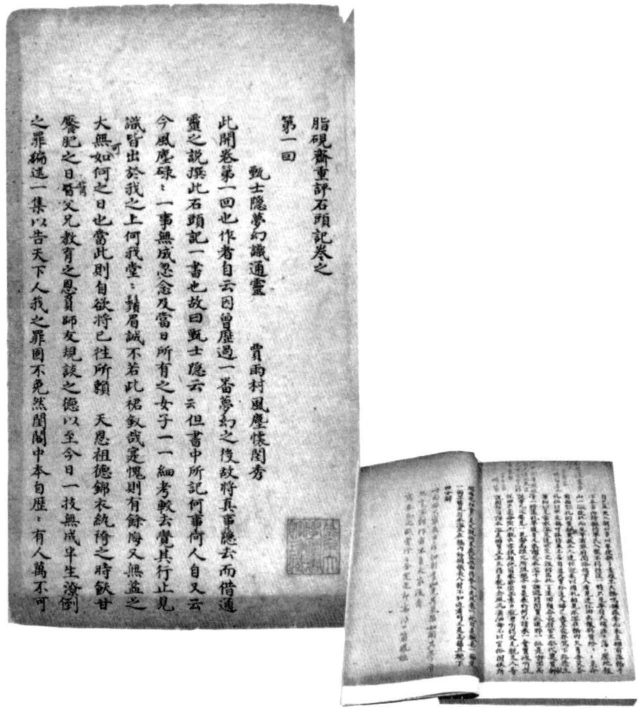
脂硯齋重評石頭記卷之
第一回
甄士隱夢幻識通靈　賈雨村風塵懷閨秀
此開卷第一回也作者自云因曾歷過一番夢幻之後故將真事隱去而借通靈之說撰此石頭記一書也故曰甄士隱云云但書中所記何事何人自又云今風塵碌碌一事無成忽念及當日所有之女子一一細考較去覺其行止見識皆出於我之上何我堂堂鬚眉誠不若彼裙釵哉實愧則有餘悔又無益之大無可如何之日也當此則自欲將已往所賴天恩祖德錦衣紈袴之時飫甘饜肥之日背父兄教育之恩負師友規談之德以至今日一技無成半生潦倒之罪編述一集以告天下人我之罪固不免然閨閣中本自歷歷有人萬不可

그림 9-4 『지연재중평석두기脂硯齋重評石頭記』 초기 필사본. 소설 『홍루몽』에 대해 지연재가 설명을 붙인 것으로 1791년 초판 인쇄본보다 앞선다. 청 왕조.

이 바로 홍루에서 얼굴을 가린 사람임을 잘 알 수 있다.(好知青冢骷髏骨, 就是紅樓掩面人.)"는 것이다. 이외에 불교의 '마랑부馬郎婦' 고사 또한 매우 유행하였다.[84] 이와 같은 해골과 홍안은 사람의 죽음과 정욕을 상징한다. 유사한 상징은 중국 고대 시문에서 드물지 않게 자주 볼 수 있다. 당대의 시인 두보의 오언고시 「옥화궁玉華宮」, 유우석劉禹錫의 「화락천제진낭묘和

84 마랑부 고사가 기재된 곳은 매우 많다. 당대 李復言의 『續玄怪錄』 중의 "鎖骨菩薩의 일이 가장 오랜 시기의 출처로, 송대 志磐이 편찬한 『佛祖統紀』 권41에 마랑부의 고사가 서술되어 있는데, 바로 이것을 부연한 것이다. 이후 선종에서 습관적으로 쓰는 화두가 되었다. 소설, 희곡에도 이를 제재로 한 경우가 많다.

樂天題眞娘墓」는 모두 '미인황토美人黃土'의 감개를 서술하였다. 송대 사람들은 이 의상으로 더욱 사람의 마음을 흔들고 영혼을 감동시키는 표현을 했다. 소식은 일찍이 「촉루찬髑髏贊」에서 다음과 같이 읊었다.

누런 모래밭 말라버린 해골	黃沙枯髑髏,
본디 복사꽃 배꽃 같은 얼굴.	本是桃李面.
지금 차마 보지 못하겠나니	而今不忍看,
당시의 한스러움 보이지 않네!	當時恨不見.
업의 바람 북소리로 변해 가는데	業風相鼓轉,
교태로운 얼굴은 예쁘기도 하구나.	巧色美倩盼.
스승이 없고 눈도 없는 선	無師無眼禪,
바라보니 한 조각이 되었도다.	看便成一片.

청춘의 믿을 수 없는 감탄에 일종의 색에 대한 불교적 깨달음이 있다. 남송 원년 명성을 누린 경산徑山 종고 선사宗杲禪師가 있었는데 그의 「반면여촉루찬半面女髑髏贊」에서는 다음과 같이 읊었다.

가득한 봄빛,	十分春色,
누구인들 아끼지 않으랴만,	誰人不愛.
이것을 세 번 보면,	視此三分,
경계가 될 수 있으리.	可以爲戒.

이것을 빌려 세상 사람들이 색즉시공色卽是空의 도리를 깨닫기를 바란 것이다. 남송의 오문영吳文英(사가객思佳客)의 「부반면여촉루賦半面女髑髏」는 같은 제재에 불행한 여자의 청춘에 대한 애도를 기탁하였다. 이러한 감정과 자신의 삶의 과정이 연결될 때, 이것은 쉽게 초탈할 수 없게 된다.

육유陸游는 그의 전처가 세상을 떠난 지 수년이 흘러 이렇게 탄식했다.

참으로 미인은 끝내 흙이 되고 말았으니, 也信美人終作土,
그윽한 꿈 다하지 못하고 그리도 바삐 가버렸네. 不堪幽夢太匆匆.
—「춘유春遊」

이러한 감정과 국가의 쇠망이라는 거대한 변화가 밀접한 관련을 맺을 때 그 뜻은 보다 깊어지니, 예를 들어 앞에 제시한 『판교잡기板橋雜記』에서 이 말을 사용해서 상전벽해의 감정을 서술하니 예를 들면 "누대 관사가 재가 되고 미인은 흙이 되었네. 성쇠의 감개는 어찌 다시 이랬던 적이 있겠나!(樓館劫灰, 美人塵土. 盛衰感慨, 豈復有過此者乎!)", "아아! 세월 가는 것 살펴보니 여러 친우들 모두 청산에 묻힌 해골이 되었고, 미인 또한 누런 흙에 깃들었네. 강산이 적막하니 슬프지 않겠는가!(嗟乎, 俯仰歲月之間, 諸君皆埋骨青山, 美人亦棲身黃土. 河山邈義矣, 能不悲哉!)"라고 하였다. 그리하여 근대의 왕국유王國維에 이르면 사어詞語 가운데 옥을 묻고 향기를 묻는다고 하는 '미인황토'는 비유로서 오랜 세월 시의 재료가 된 것이다.(千秋詩料)[85] 그리고 노신魯迅은 문학의 선명함과 지속을 논할 때 "무덤의 백골은 과거는 가고 현재가 오는 것에 딱 들어맞으니 이것으로 오랫동안 소녀의 뺨에 깃든 젊음을 가볍게 여겼던 것이다.(恰如塚中的白骨, 往古今來, 總要以它的永久來傲視少女頰上的輕紅.)"[86]라고 하였다.

'미인황토'는 전통문화에서 자주 볼 수 있는 하나의 사상임을 알 수 있는데 조설근이 이 심상을 계승, 운용하였을 때 종교로 들어갔다가 종교로 나와서 생명을 부정하는 허무로 떨어지지는 않았고, 당연히 일반적인 '홍

85 「青玉案」, 『王國維文集』, 北京燕山出版社, 1997년, 595쪽.
86 魯迅, 「怎麽寫」, 『三閑集』, 『魯迅全集』 제4권, 人民文學出版社, 1981년, 19쪽.

안의 미인은 명이 박하다'는 감개를 서술하지도 않았다. 그러나 곳곳에서 드러나는 청춘, 생명에 대한 깊은 애정은 이것 또한 작자가 이 마음을 치고 피를 쏟는 비극작품을 창작한 마음의 기초라 할 수 있다. 사람의 생명을 소중하게 보는 시선은 이렇게 선명한 대비 가운데 더할 수 없이 뚜렷하게 나타난다. 이른바 "피부에 음색이 넘친다.(皮膚濫淫)"라는 것 외에도 그는 더 많이 '미인황토'의 사상을 정면으로 과장되게 표현하였다. 예를 들어, 책 속에서 보대寶黛의 운명에 대한 탄식에 자주 "어제의 누런 언덕에 백골이 묻혔고, 오늘 붉은 비단 장막 아래 원앙이 누워 있네.(昨日黃土隴頭埋白骨, 今宵紅綃帳底臥鴛鴦.)"(『호료가주好了歌注』), "누런 언덕에, 그대는 어찌하여 박명하였나!(黃土隴中, 卿何薄命.)"(『부용녀아뢰芙蓉女兒誄』) 등의 구절에 작자의 무한한 동정과 애상을 기탁하였다.

만약 광대한 범위에서 고찰해 본다면, 이것은 아마도 중국 문학가만이 의식하고 표현한 주제는 아닐 것이다. 전종서錢鍾書는 『관추편管錐編』에서 일찍이 고대 유럽의 예술 중에 이와 같은 심상이 많다는 것을 제기하였다. "17세기 유럽에서는 쌍면화상雙面畫像을 숭상하였는데 정면은 그 사람을 그린 것이고 화폭의 뒤쪽으로 돌리면 해골의 형상이 갑자기 드러났으니 생사의 무상함과 번성하고 화려함의 덧없음을 경계한 것이다.(歐洲17世紀又尙雙面畫像, 正面爲其人小照, 轉畫幅之背, 則赫然示髑髏相, 所以儆生死無常, 繁華不實.)" 이런 점은 『홍루몽』과 "의도하지 않았지만 합치된 것이다.(不某而合)"[87]라 하였다. 가장 이른 시기 중국에 들어온 유럽 소설 중 하나인, 당시 사람들이 '외국의 『홍루몽』'이라고 여겼던, 『다화녀茶花女』[88]

87 錢鍾書, 『管錐編』 제1책, 中華書局, 1979년, 34쪽. [독일] 莫芝宜佳(Monika Motsch), 『「管錐編」과 「杜甫新解」』는 전종서의 저작을 기본으로 유럽의 거울 속 미녀가 해골이 되는 사례를 보충하였다. 그녀는 『紅樓夢』의 화면 상징은 애정과 생명환각의 불교적 관념에서 비롯한 것이나 유럽은 최후의 심판에 대한 공포와 지옥에 대한 관심에서 탄생한 것이라 하였다. 이 책의 번역본, 河北敎育出版社, 1998년, 131쪽 참조.

88 林紓 譯, 『茶花女遺事』, 이 책의 번역은 중국 번역사상 기념비적 의의를 가진다. 이 소

의 서두에는 난폭한 정인 마이크의 무덤을 옮기는 장면을 묘사하는데, 마이크의 시체는 이미 썩고 문드러져 있었다. 작자는 특히 "이것은 그 해에 마차에 앉아 뺨이 아침노을 같던 마이크이다.(此卽當年坐油壁車臉如朝霞之馬克也.)"라고 특별히 드러내었다. 이렇게 사람의 모골이 송연해지는 '미인황토'의 대비는 『홍루몽』의 전통 의상과 형식은 달라도 효과는 같은 오묘함이 있다고 말할 수 있다. 다만 조설근의 묘사가 더 함축적일 뿐 아니라 더욱 심각하다. 적지 않은 홍학가紅學家들은 조설근은 옛날 원고 『풍월보감』을 기반으로 『홍루몽』을 썼다고 믿는다. 정말 이와 같다면 조설근은 옛날의 의미와 상징을 포기하면서 실제적으로 일차 문학사에서의 비약을 완성한 것이다. 그가 더욱 드러내기를 원했던 것은 인생에 대한 사색이지 마음을 놀라게 하고 영혼을 움직이는 것에 비할 것이 아니다. 이러한 각도에서 보면 『홍루몽』은 인류 공통의 정신적 가치를 가지고 있으며 이러한 가치는 또한 중화문명의 특징과 발전과 연결된 것이다.

6. 서사와 서정

만약 개인의 상상에만 빠져 있었다면 『홍루몽』은 당연히 이렇게 강렬하고 지속적인 예술 감염력을 갖추지 못했을 것이다. 소설 창작에서 『홍루몽』은 서사문학의 범위에 속한다. 그러나 이 소설은 고대소설 중 서정성이 가장 강한 작품이다. 서사와 서정의 완벽한 결합은 이 소설의 비교할 수 없는 매력을 형성했다. 서사적 각도에서 말하자면, 『홍루몽』에서 가장 사람들의 찬탄을 받는 것은 아마도 소설 속 진실하고 풍부한 세밀 묘사일 것이다.

설은 중국 사람들로 하여금 외국에도 『紅樓夢』과 같은 우수한 소설이 있음을 인식하게 하였다. 郭廷禮, 『中國近代飜譯文學概論』, 湖北教育出版社, 1998년, 266-271쪽 참조.

중국 고대소설은 위진魏晋 시기 소설의 조진경개粗陳梗概(거칠게 그 경개만을 서술한 것)에서 송원宋元 시기의 『설서說書』처럼 기이奇異를 숭상하는 것까지 종종 세부적 묘사를 잃어 단순했다. 그러나 『홍루몽』은 그렇지 않다. 이 작품은 완전히 풍부한 생활의 세밀한 묘사를 소설 서사의 주체로 삼았다. 이러한 묘사는 그 진실성이 믿을 수 있을 뿐 아니라 내포하는 의미 역시 심각하여 중국 고대 소설가의 현실생활에 대한 민감한 관찰력과 표현력을 충분히 드러낸다.

더욱 사람들의 칭찬을 받는 점은 『홍루몽』이 자질구레한 생활의 세밀한 묘사에 머무르지 않고 깊이 들어가 일상생활의 시의詩意(시적 의상)를 발굴하여 작품 전체에서 시종일관 왕성한 서정성이 흘러넘친다는 것이다. 이러한 서정성은 작품에서 중국 고대소설의 전통적 운문과 산문의 결합 수법의 성숙한 운용을 표현할 뿐 아니라, 전통 시학의 이상적인 면모를 흡수하여 현재를 표현하고 있다.

지연재의 비평을 인용하면 바로 "이 책의 오묘함은 모두 시구와 사구詞句 중에 널리 나오는 것들이라는 점이다.(此書之妙, 皆從詩詞句中泛出者.)" 그리고 작품이 이렇게 할 수 있었던 것은 인생에 대한 작자의 깊은 분석과 사람의 운명에 대한 열렬한 관심이 괴리되지 않았기 때문이다. 이 때문에 서사나 서정을 막론하고 『홍루몽』에 대한 이야기는 모두 예술적 수단 혹 표현 방식에 그칠 뿐 아니라, 이것들은 실제로 다른 방면에서 한 사람의 위대한 소설가의 전통적 계승과 현실에 대한 인식을 반영하고 있다. 우리들은 이렇게 자세하고 또한 분명한 작자의 정신적 예술에 공력을 더한 이야기를 읽을 때에, 일상생활에서 인생의 진리를 깨닫는 쾌감을 느끼며 자연스럽게 살 수 있는 것이다.

결론적으로, 『홍루몽』의 출현은 중국 고대문학이 기나긴 변천을 겪고 난 후 마침내 그 넓고 크며 세밀한 풍격으로 예술의 극치에 도달했음을 나타낸다. 만약, 한 편의 문학작품의 탄생과 모든 문명적 발전이 밀접한 관계를 맺는다고 말할 수 있다면, 만물을 포함하는 『홍루몽』은 중화문명 발전의 후기에서만 출현할 수 있었으며, 작품이 투영하는 역사문화의 내용은 필연적으로 이 문명의 완전한 형상적 문학을 완성했다고 할 수 있을 것이다.

제10장

사회생활의 답습과 움직임

명대 중·후기에서 청대 전기에 이르는 시기에는 비록 왕조가 교체되고 이민족이 중원의 주인이 되었으나 사회 구조와 사회윤리 측면에서는 큰 변화가 없었다. 그러나 우리가 사회생활 층위면으로 깊이 들어가 부동한 사회 계층의 의식주와 혼인상례 등에서 보면 뚜렷하게 다른 생활 방식과 사회 풍상의 변화를 맛볼 수 있다. 상인정신의 침윤은 이 시기의 선명한 특색을 이루었는데, 물질적 이익의 유혹은 원래 조용했던 사회생활을 조급하고 불안하게 하였으며, 세속에 대한 추구는 인생의 가치에 대한 관념의 시대성을 초월하도록 몰아 댔다. 종교사회의 모습도 단단한 외피 아래 있는 것 같으면서도 밑으로 흐르며 보이지 않는 가운데 움직이고 사회적 풍상의 변천과 사회윤리적 위배 경향, 상인의 지위 상승, 문인사대부의 정에 따르고 욕심을 통달하는 생활 지취旨趣 등 비록 개변에 입각한 도덕적 질서와 사회 모습에, 부족하긴 하지만 끊임없는 부식腐蝕을 지속하면서 전통사회의 기초를 동요시켰다. 중국 사회는 바로 전통에 충격을 주면서 근대사회의 문턱을 넘고 있었다.

제1절

예교적 배경 아래서의 종법적 가족생활

송대 이학가들은, 상고시대 종법제도의 쇠퇴로 말미암아 분망한 사회 질서와 도덕적 불균형이 조성되었다고 보아 종법제도를 다시 세워야 한다고 생각했다. 그들은 종족의 혈연적 응집력을 강화시켜서 족인들의 과도한 빈부 차이가 생기는 것을 방지하여 종족 내부의 존비 · 귀천을 지켜 안정된 봉건적 통치 질서를 이루려고 하였다. 장재張載 · 정이程頤 · 주희朱熹는 모두 이에 대한 이론을 천술闡述하였고, 정치가 범중엄范仲淹은 '수족收族(종족을 거두어 모은 것)'의 사회적 실천을 진행하였다. 송대 이후 이학은 사회의 주류사상이 되었고 아울러 봉건예교를 제도화하여 조정의 큰 힘을 믿고서 종사宗祠를 세우고 족전族田(종족이 공유하는 전답)을 두었으며, 종보宗譜를 수찬하고 족규族規를 정하며 족장을 세우는 것 등을 중요한 특징으로 하는 종법 가족제도를 전면적으로 부흥시켰다. 또한 사회적 말단에까지 배어들게 하고 민간의 사회생활을 조직한 중요한 요소가 되게 하여, 거의 모든 사회 구성원들에게 영향을 끼치는 데 이르렀다. 명대 중엽부터 시작된 상품경제의 발달은 소농경제에 뿌리를 둔 종법관계에 매우 큰 충격을 주었으며, 드디어 전통 사회윤리에 위배되는 경향을 출현시켜, 봉건예교 또한 점차 산만하게 되었다.

1. 사당祠堂

사당祠堂, 또는 종사宗祠라 일컫는 이것은 조상의 신주神主를 받드는 것이며 제사를 진행하는 장소이다. 명대 초년에 민간에서 조상에게 제사를 지내는 현실 상황을 살펴보면 "임시로 주자의 사당제도를 모방한다.(權倣朱子祠堂之制)"라고 하였으나 사당이 없던 서민들의 습속은 점차 타파되었다. 명대 세종이 대학사 하언夏言의 건의를 받아들여 칙령을 내리길, "천하의 신민들은 동지冬至에 시조에게 제사를 드리도록 한다."고 하였는데, 이는 실제로 각 지파의 동성의 종족 · 연종聯宗이 조상에게 제사 지내는 것을 허락하는 것이었다. 이로부터 사당 건축은 전국에 널리 퍼졌고, 사당을 건립하지 않은 종족은 거의 없었다.[1] 1764년(건륭 29) 통계에 따르면 강서성에 성이 같은 종족이 합동으로 세운 종사宗祀는 89곳이고, 각 주 · 현과 촌村 · 진鎭에는 각 성씨가 세운 분사分祠가 모두 8,994곳, 강서성에는 모두 78개 주 · 현으로 거의 큰 촌 · 진에는 모두 사당이 있었다.[2] 강서성 성도인 남창南昌에 건조한 종사 수가 매우 많았기 때문에 남창의 고가 구택은 모두 팔려 사당으로 바뀌었다.[3] 사당은 종족의 상징으로 종족 규모는 대소가 같지 않으나 방대한 것은 1천 인에 이를 만한 것이었다. 종족의 인구는 많아 내부의 혈연관계가 자연히 복잡해지자 허다한 방파房派와 지파支派를 나눌 필요가 있게 되었고, 여기에 대응한 사당 또한

---

1 宣統『嶺南冼氏宗譜 · 宗廟譜』에, "명은 大禮에 대한 의론에서 세종은 생각하기를 어버이를 높이는 뜻을 천하에 널리 펴서, 하언의 의론을 채택하여 천하의 대성씨들로 하여금 모두 聯宗建廟하여 그 始祖에게 제사를 하게 했다. 이에 宗祠가 세상에 두루 퍼졌으니, 그 용의가 비록 지극히 공적인 데서 나온 것은 아니지만 그렇게 해서 세상의 겨레붙이를 거두어 각기 통섭한 바가 있고 산만해지지 않게 되었으며, 宗法의 궁한 자를 구제한다는 명분을 빌려 실제로는 예전에 없던 것을 높인 것이다.

2 輔德, 『覆奏査辦江西祠堂疏』, 『皇清奏議』 권55, 淸 光緒間石印本.

3 張應昌 編, 『淸詩鐸』 권23, 『省祠堂』, 中華書局, 1960년.

종사宗祠 · 방사房祠 · 지사支祠 · 가사家祠 등 각 층의 조직을 구성하였다. 지사와 방사는 종중의 각 지파가 세운 것으로 본지本支(본가와 분가)와 본방本房의 조상을 제사 지냈고, 가사家祠는 일가 또는 형제의 몇 집이 세운 것으로 다만 2–3대 직계 조상을 제사 지냈다. 종족을 합해 함께 제사 지내는 종사 외에도 이른바 종사를 통합한 종사(統宗祠), 또는 대종사大宗祠가 있었는데, 이는 다른 성이나 부 · 현 등에 흩어져 살고 있는 동일한 먼 조상의 족인들에게 전하는 것으로, 연종聯宗과 종보宗譜의 편찬을 통해서 종족이 되어 공동으로 세운 것이다. 예를 들면 강서 신안新安의 황정皇呈 서씨徐氏는 종사를 통합하고 아래 38족을 통합했는데, 먼 종족은 종사로부터의 거리가 300리가 되는 경우도 있었다. 호남 평강平江 엽씨葉氏 계통은 호북 포기浦圻에서 옮겨 나왔기 때문에 포기는 이에 평강 엽씨의 본종本宗으로서, 건륭 연간에 두 지역의 족인들이 서로 동족임을 인정하고 연합해서 족보를 편찬하였다. 사당은 추원보본追遠報本(먼 조상을 추모하여 조상에게 알리는 것)을 위해 세우는 것으로, 일족이 모여서 조상에게 제사하는 신성한 장소이기 때문에 건축물의 구조는 예를 중시하고 엄숙함을 나타내야만 했다. 비록 규모의 크고 작음이 있어 동일하지는 않지만 자신들의 재력을 다 기울이지 않음이 없어 좋은 목재와 석재를 써서 건축하였다. 특히 관료로 높은 벼슬에 있는 이나 큰 상인이 있는 일족은 정치적 권력과 경제적 재력에 의지해 크고 웅장하며, 화려하고 휘황한 종사 건축군을 세웠는데, 그 건축의 구조는 대문 · 향당享堂(청사廳事) · 침당寢堂(감당龕堂)을 중심 축선으로 삼아 많은 부속 건축물을 두었다. 안휘 흡현歙縣의 당월棠樾 포鮑씨는 명청 시대 저명한 상인 집안으로, 재산이 풍족하여 그 종사는 당월촌의 입구에 세워졌다. 종사의 앞에 돌을 깔아 만든 길에는 지금도 명 · 청 양대를 통해 황제로부터 은사恩賜 받은 편액이 걸린 패방牌房(충효절의忠孝節義한 인물, 효자, 절부節婦 등을 표창하기 위해 세운 문)이 일곱 개가 줄줄이 우뚝 솟아, 당시의 장관을 상상하기 충분하다. 세력 있는 일족들은 자재를 아끼지 않고 사당을 세웠는데, 그 목적은 "향리의 이웃에 자랑하거나 귀하고 특이함을 드러내려고(炫耀鄉鄰, 以示貴異)"[4] 하는 것이었다. 일부 가난한 작은 일족은 재력에 한계가 있어, 그 사당은 종종 비교적 간소한 것이었으나, 어떤 것은 저택 중앙에 사당을 설치하고, 네 모서리에는 족인들의 주택이 차지하도록 한 것도 있었다.

사당에서 조상에게 제사를 지내는 것은 종족들의 가장 중요한 활동이었고, 그 의식이 성대하고, 그 명목이 번다했는데 관방官方의 공적인 예제禮制와 사가私家의 종보에는 모두 구체적인 규범이 있었다. 사당에서의 제사활동은 족장 또는 종자宗子(큰 종족의 적장자)가 제사의 주제主祭가 되고 또한 연배나 관작이 비교적 높은 이를 배제陪祭로 삼으며, 별도로 사찬司贊 · 사축司祝 · 사작司爵 · 사연司筵 · 규의糾儀 등의 집사 인원을 정하는데, 이들은 찬례(의례 진행)를 책임지고, 제례에 올릴 물품을 헌상하고, 규율 감사 등을 행하고, 때로는 악대나 가수를 배치하기도 하였다. 일족 가운데에서 16세 이상의 남자는 반드시 제례에 참석하지 않으면 안 되었고, 이유 없는 지각이나 조퇴와 결석은 허락되지 않았다. 제례에 참가할 때는 의관을 단정히 하고, 세대의 전후, 신분의 높음과 낮음 순으로 질서 정연하게 주제主祭와 배제陪祭 뒤에서 의례 진행 소리에 따라 향을 집어 예를 행하고, 의식에 따라 무릎을 꿇고 절을 하였다. 조상에 대한 제사가 끝나면 족인끼리 배례하고 일족 모두가 회찬會餐하였다. 회찬은 순서에 따라 제사에 올린 음식을 함께 먹는 것으로, '음복飮福', '향조享胙' 또는 '향준여餉餕余'라고 하였다. 사당은 종족활동의 중심으로, 제사 이외에 종족의 사무를 처리하고, 족규나 가법을 집행하는 장소이기도 하였다. 족인이 족규나 가법을 위반한 경우 사당에서 조상의 이름으로 처벌받았다. 사당은 이러한 의미에서 관청이기도 하면서, 일족의 '공당公堂'이라는 성질

4 陸燿, 「祠堂示長子」, 『清經世文編』 권66, 中華書局, 1992년.

을 가지고 있었다. 게다가 사당은 종족의 자제가 교육을 받는 장소이기도 하여, 많은 종족이 일족의 재산을 써서 사당에 가숙家塾을 열고, 족인 중에서 품행과 학문을 겸한 우수한 선비를 초빙하여 숙사를 담당하게 하고, 조상의 이름을 빛낼 인재를 배양하였다.

2. 족전族田과 종보宗譜의 편찬

종족은, 조상에 대한 제사를 위해 사당을 유지하고, 족보를 편찬하며, 족인을 부양하고 교육하기 위해 일정한 '족산族產(종족 일족의 공유재산)'을 경제적인 기반으로 할 필요가 있었다. 족산은 사산祠産이라고도 하며, 명의상은 일족 전체의 공유재산이고, 산림 · 토지 · 건물 등을 포함하고 있는데, 그 가운데 가장 주요한 것이 매년 지대수입이 들어오는 족전族田이었다. 족전의 유입처는, 주요하게는 개인에 의한 기부와 일족에 의한 구입 등의 두 종류가 있고, 그 밖에 받을 사람이 없는 족인의 유산과 과실을 범한 족인으로부터 벌로 몰수한 전산田産(논밭)이었다. 원명 대 이후 족전은 넓게 설치되어, 고관 · 토지 유력자 · 부유한 상인은 일족 내의 빈부 모순을 완화시키고, '수족收族(종족을 모으는 것)'과 부귀의 영속을 실현시키기 위해서 스스로 논밭을 기부하였다. 휘주 · 광동 · 복건 · 강소 · 절강 등의 지역은 상인이 논밭을 기부하는 현상이 가장 눈에 띄었다.

청대 건륭 · 가경 연간 흡현歙縣 당월촌의 포지도鮑志道 · 포계운鮑啓運 형제는 양주에서 염업鹽業을 운영하여 부를 쌓고, 연이어 금전을 기부하여, 1,400여의 '세무稅畝'[5]가 있는 족전을 사들였다. 『죽계심씨가승竹溪沈氏家乘』에서는 족인 가운데, 수재秀才 이상의 자격을 얻은 자, 관직에 있

5 『棠樾鮑氏宣忠堂支譜』에 의거한 李文治 · 江太新, 『中國宗法宗族制和族田義莊』(社會科學文獻出版社, 2000년, 171-172쪽.)에서 인용함.

는 자는 모두 1냥에서 50냥까지 각각 달랐으나, 금전을 기부하여 제사를 유지시키는 자금으로 하고, 또한 현임의 관리도 은을 기부하여 의전義田(종족의 빈궁자를 구제하기 위해 공유하는 전)을 구입하지 않으면 안 된다고 명확하게 규정되어 있었다. 『소주팽씨종보蘇州彭氏宗譜』에서는 관원의 등급에 따라 구체적인 은의 기부액이 규정되었다. 족전은 빈민을 구제하는 것이 가능하였고, 사회적 모순의 격화를 방지하기 위해, 중앙정부에서는 족전 구입을 '의거義擧'로 보고 크게 제창하여, 기부를 많이 하는 사람에게는 종종 패방牌坊을 세우거나 편액을 하사하여 표창하였다. 족전은 일족의 공유재산이며, 각 종족은 저당잡히거나 팔거나 하는 일을 엄격히 금지하였고,[6] 토지의 판매 계약 안에는 항상 '비족전(족전이 아님)'이라고 명시하였다. 일부의 종족은 족전을 정부의 비안備案에 넣어 분산되는 것을 방지하였다. 정부는 이것에 대해 지지하고, 청률淸律(청대의 법)에는 "자손의 제전祭田 50무 이상을 훔치는 자는 변경에 추방시켜 군대에 보충한다."라는 조문이 있다. 족전의 수입은 조상의 제사, 가숙의 운영, 공익사업에 대한 지출 외에는 주로 섬족贍族에 쓰였다. 명청 시대의 섬족은 주로 일족 가운데 빈궁한 자, 또는 결혼·장례식 등 특별한 사정이 있는 자를 구휼하는 일이었다.[7] 그러나 봉건적 예교에 위반하여, 도를 벗어난 언행을 행한 자는 구제의 대상에서 제외되었다. 흡현 당월 포씨의 '의전조례義田條例'에는 도박이나 술주정을 한 자, 가두에서 남에게 욕을 해서 규칙을 지키지 않은 여자, 윗사람을 거스르고 품행이 단정하지 못한 자는 모두 '정급停給(지급을 정지함)'되어야 한다고 했다. '족전'은 "조종祖宗을

6 예를 들면 民國『浦城高路季氏宗譜』에는 "如或有將祭田私賣者, 合族控官告祖, 人則不許入祠, 名則不列宗譜."라고 규정되어 있다.

7 咸豊『膠産安氏家乘贍族錄』에는 贍族의 條件이 나열되어 있다. "年力已衰, 家無恒産, 不能經營生理者; 孀居無子, 或子幼貧不能養者; 年幼父母俱亡, 無兄長撫育者, 孤貧不能自婚者, 喪貧不能殮葬者; 臥病危迫, 貧不能自醫藥者; 子弟有讀書向進而家貧者." 多賀秋五郎, 『宗譜的研究-資料編』, 東洋文庫, 1960년 刊, 506쪽에 나온다.

경모하고, 종족을 거두어들인다."는 뜻을 실현하기 위한 경제적 기반으로, 그 존재는 족인의 종족에 대한 의존을 강화하고, 종족을 단결시키기 위한 역할을 하였다.

종족은 같은 혈연을 가진 사람이 일정한 원칙에 기초하여 모여 성립한 것으로, 계도系圖는 주로 종족 구성원의 혈연관계를 구별하는 데 이용되고, 계통을 확실하게 하는 것으로 혼란을 피했다. 명청 시대 종보宗譜 편찬은 하나의 보편적인 사회적 행위가 되어, 각 명문의 이름난 거족이 모두 계도를 가질 뿐만 아니라, 빈한한 가문의 소족도 종보의 편찬을 일족의 대사로 여기고, 거기에 드는 노력을 아끼지 않았다. 일족이 모여 거주하는 농촌사회에서는 종보가 없는 일족은 없다고 해도 좋으며, 소수의 천업에 종사하는 자를 제외하고는 종부에 들어가지 않은 자는 거의 없었다. 명청 시대의 종보와 송원 시대의 종보를 비교해 보면, 확실한 변화가 있었다. 먼저 정치적 색채가 강화되었다. 황제가 백성들에게 권한 칙유가 종규·가훈의 교화 논리로 체현되어, 속속 종보 인에 들어갔다. 편찬의 체례에서는 권선징악이란 교화 목적을 명확히 했다.[8] 여성의 정절에 대한 특수한 요구와 족인에서 천업에 취직한 자나 규범을 따르지 않는 자에 대한 제명은 명청 시대 종보의 논리적인 교화의 의의를 보다 체현한 것이었다. 다음으로, 종보의 체례가 보다 한층 완전한 것이 되었다. 특히 족규·가훈·족전 등 종족제도의 발전을 반영하는 내용을 늘리고, 또한 정사와 지방지 편찬의 체례를 참고하여, '지志'라는 새로운 양식을 늘렸다. 명청 시대에는 또한 회통보會通譜·통종보統宗譜, 즉 각지에 분포한 '종지宗支'

8 明萬曆 福建建陽『考亭朱氏文獻全譜·譜例』에서는, "尊祖莫先重譜, 重譜莫急表賢, 然必居官有室迹, 處世有實行, 沒乃傳其事, 以爲世勸. 女德有經旌表可徵志行者乃錄."라고 하였고, 浙江紹興『中國王氏宗譜』于乾隆時所定「凡例」에서는 규정하기를, "宗譜爲勸善懲惡之書, 淑慝皆宜標出, 或有顯蹈法紀, 瀆亂家規,干明犯義, 不孝不節, 作奸犯盜, 大則譜上除名, 小則直書示警."이라고 하였다.

를 관통시켜 하나가 되도록 만든 종보가 출현했다. 예를 들면, 명 홍치弘治 연간에 정민정程敏正이 편찬한 『신안정씨통종세보新案程氏統宗世譜』는 모두 합쳐 44지支, 53대代에 걸쳐 있고, 종보에 들어간 자는 1만 명을 넘었다. 가정 연간 장헌張憲 · 장양휘張陽輝 등이 중심이 되어 편찬한 『장씨통종보張氏統宗譜』는 전국 50성의 117지파를 기록한, 보다 규모가 큰 것이었다. 회통보 · 통종보의 출현은 종족 조직이 발전하여 종족의 교류가 확대한 결과이며, 또한 족보의 체례가 완전히 정리된 것을 보이는 것이다.

3. 족규 · 가훈과 족인의 생활

족규族規는 족훈族訓 · 족약族約 · 종규宗規 · 종약宗約 · 가규家規 · 가훈家訓 · 가례家禮 · 가범家範 · 사규祠規 등으로도 불리며, 종족의 성문법에 해당하는 것으로, 일족의 모든 사람들에 대한 일정한 구속력을 가진 것이었다. 명청 시대에는 항상 족규와 국법이 함께 논해졌다. "왕은 한 사람이 천하를 다스리는 데 기강을 갖추고, 군자는 한 몸으로 집안사람을 가르치는 데 가훈을 둔다. 기강이 서지 않으면 천하가 평안하지 못하고, 가훈이 설립되지 않으면 집안사람이 다스려지지 않는다.(王者以一人治天下, 則有紀綱, 君子以一身教家人, 則有家訓. 紀綱不立, 天下不平. 家訓不設, 家人不齊矣.)"[9]라 하였고, 『운양雲陽(사천四川)도씨족보涂氏族譜』의 「족범지서族範志序」에서는 곧바로, "가족에게 마땅히 규범이 있어야 하는 것은 나라에 법제를 두지 않을 수 없는 것과 같다."라고 하였고, 족규에서 또한 "국가의 법제가 미치지 못하는 곳을 바로 보필한다."라고 공언하였다. 족규의 내원은 주로 두 가지가 있다. 하나는 어떤 이름 있는 조상의 유훈으로 대대

9 光緒『毗陵城南張氏宗譜 · 家規』.

로 전해져 영원히 변하지 않는 것이고, 다른 하나는 종보를 편집 또는 보충하는 중에 일족의 유력자들이 협의하여, 문자로 드러낸 것이다. 족규는 일반적으로 종보 안에 있는 것을 판각·간행하였는데, 사당에서 종보를 읽을 때에는 주로 종보 안의 족규를 읽었다. 족규와 가훈 또한 단권으로 정리되어 책자가 된 것도 있고, 일부 저명한 종족의 족규나 저명한 인물의 가훈은 본 종족의 범위를 넘어서 영향을 미쳤으며, 일반사회에 널리 전해졌다. 족규의 내용은 매우 어수선했는데, 각 종족은 전통·경력·지역·세력 등의 요소 차이에 따라 다른 풍격을 가진 내용의 족규를 만들었다. 14성省에서 만든 30종의 청대 종보에 대한 통계에서 족규는 모두 456조목이 있으며, 그 가운데 혈연윤리에 관한 것이 238조목, 행실에 관한 것이 106조목, 집을 제대로 유지하고 사업을 발전시키는 것에 관한 것이 58조목, 국가에 대한 봉사에 관한 것이 54조목이었다.[10] 말할 필요도 없이 혈연 논리를 지키는 것이 족규의 주요한 임무였다. 족규는 족인의 생활과 밀접하게 관계되어 있고, 족규의 구속 아래에서 족인은 위로는 군주의 권한을 존숭하고, 국가에 대한 근무를 실행하고, 내부에 대해서는 족장에게 공손하며, 종족의 규칙·제도를 준수하였으니, 사람으로서 살아가야 하는 방법·언행이나 태도는 반드시 봉건적 논리의 요구에 합치되는 것이었다.

족규는 조상을 높이고, 종족을 공경하고, 일족을 모은다는 종법의 원칙을 구체화하고, 조상제사의 각종 의례, 족장·방장 등 종족 지도자의 추천 방법과, 그들이 누리는 특권이나 종사宗祠·족산族産·종학宗學의 관리제도 및 종족의 재산수입의 배분 방법 등을 규정하였다. 종족 내부의 빈부 분화라고 하는 현실에 대해서는 계급의 대립을 완화하기 위해, 거의 모든 족규에 일족의 근원을 중요시하고, 사이좋게 지내도록 하기 위한 조

10 朱勇, 『清代宗族法研究』, 湖南教育出版社, 1987년.

치가 규정되어 있었다. 일족 전체에게 같은 근원이란 것을 잘 생각해, 서로 부탁에 응하고, 서로 돕고, 자비를 베풀기를 요구하였다. 족인들 사이에 가로놓인 빈부 모순에 대해서는 많은 족규에서 "인생의 빈부귀천은 스스로 정해진 운수가 있다.(人生貧富貴賤, 自有定分.)"[11]라고 하고, "대저 고르게 근본을 하나로 하면서도 번영과 쇠퇴 또한 우연에 속하는 것이니 어찌 마음을 내서 특별하게 볼 것인가?(夫均一本, 榮萃亦屬偶然, 何得生心異視.)"라는 유의 설교를 하여 빈부라는 각자의 본분을 지키도록 요구하였다.[12] 또한 부귀한 자는 빈천한 자를 경시해서는 안 되고, 빈천한 자는 부귀한 자에게 질투해서는 안 되는 것으로, "부자는 때로 그 남은 것을 나눠주고 은혜를 모르는 자는 구휼하지 않으며, 가난한 자는 스스로 정해진 분수를 알아서 남의 혜택을 바라지 않아야 한다.(富者時分惠其餘, 不恤其不知恩, 貧者知自有定分, 不望其必分惠.)"[13]고 하여, 이렇게 하면 분쟁이 일어날 일이 없고, '목족睦族(일족이 화목하게 지내는 것)'이란 목적이 달성되었다. 만약 족인 사이에서 다툼이 일어나면 먼저 족장이 동족의 성망盛望이 있는 유력자와 만나 종사에서 심의하여 재결하고, 마음대로 관청에 신고하지 않고 가법으로 처벌하였다. 족인 사이에는 될 수 있으면 사이좋게 지내고, 내부의 싸움이 외부에 노출되는 것을 피해, "일에 대해 불평함이 있으면 대소를 막론하고 먼저 본방의 방장에게 알려서 처분하고, 만약 처분이 부당하면 일족의 우두머리에게 알려서 일족에 의해 처리하도록 하고, 더 이상 처리할 수 없으면 소송을 일으킨다.(事有不平, 無論大小, 先鳴本房房長處分. 如處分不當, 許鳴族首憑族理處, 不可動輒興訟.)"[14]고 하였다. 종족의 혈통적 순정함을 보증하기 위해, 많은 종규에는 대를 이을 남자가

---

11 民國『雲陽涂氏族譜 · 家訓』.
12 光緒『勅旌義門王氏族譜 · 宗約』.
13 『袁氏世範』 권상, 『文淵閣四庫全書』本.
14 『白沙陳氏支譜 · 家訓』은 多賀秋五郎, 『宗譜的研究—資料編』, 656쪽에 나온다.

없을 경우, 입사立嗣(양자를 세워 뒤를 잇게 하는 것)와 승계承繼(형제의 남자 아이를 양자로 하여 뒤를 잇게 하는 것)의 원칙에 관한 조항이 제정되어 있어, 서로 본가를 인정하는 것, 양자로서 거두어들여 키우는 것, 양·친자 관계를 맺는 것, 의형제·의자매를 맺는 것 등에 대해서도 엄격하게 제약을 두었다. 성을 바꿔 종족을 혼란하게 하는 것은 종법사회가 매우 싫어했기 때문에, 다수의 종규에서는 다른 성씨의 사람이 타인의 성을 들어 종보에 올리거나, 재산을 상속하는 것을 금지하였다. 재산을 노린 후계자 싸움이 종족 내부에서 일어나는 것을 막기 위해, 많은 종규에서는 양자를 얻어 뒤를 잇는 구체적인 순서에 대해서 미리 조치해 두었다. 그러나 종족 내부에서 후계자 싸움, 재산 싸움이 일어났을 때, 족장이 중재의 과정에서 커다란 권력을 가지고, 사이에 들어가 어부지리로 이득을 얻는 일도 자주 있었다.

종족은 족인의 일상의 인간관계, 의·식·주·행과 휴가와 오락, 결혼과 상장례, 직업 선택 등에 대해서도 구체적인 요구를 하였다. 직업 선택에 대해서는 어떤 종족은 정통 관념을 답습해서, 사농을 중시하고 공상을 경시했다. 그러나 명대 후기의 족규 가훈 가운데 '공상개본工商皆本(공업, 상업 모두 근본이다.)' 관념이 출현하여, 사농공상 네 가지를 직업으로 인정하였다. 종족은 족인이 정업正業에 힘쓰지 않는 유민遊民이 되는 것은 반대하고, 더욱이 족인이 천업에 종사하는 것도 금지하였다. 결혼에 대해서는 족규에서 혼담이 결정되는 데는 종족의 동의를 얻지 않으면 안 되었다. "남자의 정혼과 여자의 허혼은 반드시 존장에게 물어 꾀하며 혼사가 결정되면 곧 사당에 고한다.(男子定婚, 女子許字, 必謀于尊長, 旣決則告廟.)"[15]라고 하였다. 그리고 집안이 균형 잡힌 결혼을 중시하고, 양민과 천민이 결혼해서는 안 되는 것을 강조하였으며, 결혼에서 재산에 대해 언쟁

15 民國『卽墨楊氏家乘·家法』.

하거나, 딸을 첩으로 팔아 버리는 것에 반대하고, 거기에 동성과의 결혼을 금지하였다. 만력 연간 『계남溪南(江西 · 婺源)강씨가보江氏家寶 · 사규祠規』는 다음과 같다.

> 시집보내고 장가가는 일은 가문의 지위가 같고 부모의 성품과 행동이 순정하고 독실한 자를 선택해야 한다. 결혼이 허락되면 많은 결혼 예물이나 지참금을 탐해서는 안 되며, 딸을 팔아 특별한 혼취자리를 찾아서도 안 된다. 남편이나 아내가 사람됨이 있어야 스스로 편안하고 가도를 번창시킬 수 있는 것이다. 딸을 팔아 첩을 삼는 것 같은 욕됨을 가문에 옮기면 끝내는 본종과 지파에서 잘라 내어 사당에 들어오는 것을 허락하지 않는다.(凡嫁娶須擇門第相等, 并父母性行醇篤者, 方許結婚, 毋貪厚奩重費, 毋爲鬻骨重索. 惟求婿婦得人, 自可相安, 克昌家道. 其有賣女爲妾, 貽辱家門, 竟削本枝, 不許入祠.)

종족의 규정에서는 응당 자기가 할 수 있는 한 죽은 이를 안장시켜야 하는데, 예제를 준수해야 하며, 상례를 정지하거나 장례를 하지 않는 것도 반대했다. "상례를 치를 땐 반드시 가례를 따라야 하며, 부자는 정한 제도를 지나치지 않도록 하고, 가난한 자는 시신을 염한 관을 집에 머물러두지 않도록 하며, 상중에 제를 지낼 때 음악을 사용해서는 안 된다.(治喪須依家禮, 富厚者毋得過制, 貧乏者毋得停殯在家, 喪中不得建醮用樂.)"[16]라고 했다. 일상생활면에서 종족은 근면검약을 창도하고, 사치스러운 생활에 반대했다. 귀안歸安(절강 호주湖州) 혜씨嵇氏는 요구하기를, "근검은 집안을 일으키는 기본이기 때문에 자손들은 젊어서부터 노년에 이르기까지 한결같이 따라야 할 것이다. 무릇 일체의 비용이 드는 무익한 유람은 모

16 咸豐『甬上盧氏敬睦堂譜稿 · 宗約』.

두 하지 말아야 할 것이니 이렇게 하면 거의 몸이 편안해져 집안을 보존할 수 있을 것이다.(勤儉爲起家之本, 子孫自壯至老, 當一遵之, 凡一切遊觀無益之費, 皆勿爲, 庶身安而家可保也.)"[17]라고 하였다. 광동 오화五華 무씨繆氏는 근면검약으로 순박한 가풍을 보증하기 위해 시골생활을 하기에 이르렀고, 도시에서 사는 것을 반대하여, "누대에 걸쳐 시골에 살면 모두 안정된 일을 가질 것이다. 자손들이 집을 도시에 옮겨 사는 것을 허락하지 않는다. 3년 뒤에는 농업과 잠업蠶業을 모르고, 10년 뒤에는 종족이 있음을 모르게 되어 교만하고 사치하게 될 것이며 게으르게 놀게 되어 습속이 사람을 변화시켜 스스로 그로부터 벗어날 수 있는 자가 드물 것이다.(累世鄉居, 悉有定業, 子孫不許移家住城, 三年後不知有農桑, 十年後不知有宗族, 驕奢遊惰, 習俗移人, 鮮有能自拔者.)"[18]라고 생각하였다. 도박 · 매춘 · 아편 흡입 등의 악행에 대해서는 물론 족규 안에서 엄격하게 금지하였고, 일상 생활 양식 · 문화 · 오락에도 각각 제한을 두었다. 종족은 족규 · 가훈에 위반하는 자나 삼강오상의 명교名敎를 훼손하고, 국가와 가족의 이익을 빼앗는 족인에 대해서 구체적인 징벌 규정을 두었으니, 이것의 규정도 명문으로 족칙 · 가훈에 기재되어 있었다.

4. 사회윤리를 위배하는 경향

명청 시기, 종족은 민간 사회생활의 중요한 조직적 조정기능을 하고, 종법사회의 윤리는 거의 모든 사회구성원에 영향을 끼쳤다. 그러나 사회정치와 경제가 변화하는 상황에서 종법에 의한 제약의 효력은 점차 약해져, 특히 명대 중기 이후는 상품경제 발전의 충격에 의해 사회윤리를 위

17 道光『季氏宗譜 · 條規』는 多賀秋五郎, 『宗譜的研究-資料編』, 682쪽에 나온다.
18 民國『繆氏宗譜 · 蘭陵家訓』은 多賀秋五郎, 『宗譜的研究-資料編』, 606쪽에 나온다.

배하는 경향이 점점 뚜렷해지면서, 가족구성 · 결혼 · 출산의 형식 · 존비관계 · 재산의 관념 등 각 방면에 새로운 변화가 일어났다. 전통사회에 있어 가족의 규모를 유지하는 것은 종법윤리가 창도하는 것이었으며, 그 때문에 많은 사람들이 중국의 대가족 형태가 굉장히 발달했다고 생각했다. 그러나 사회학 연구자의 통계에 따르면 적어도 청대 전기에는 이미 대가족이 점하는 비율이 그렇게 높지 않았다.[19] 가장 보편적인 가정은 역시 부모와 자녀로 구성된 것으로, 이것이 기본적인 가정 형태였다. 인구가 보다 빠르게 증가하고 인구의 중압이 크게 되면서 인구 이동의 빈도도 높게 되어, 대가족이 해체되는 주요한 사회적 원인이 되었다. 당안檔案(공문서) 자료를 보면 가족이 헤어져 사는 것에 의해 받는 도덕적 · 법률적인 제약도 아주 적게 되어 있다. 만약 조부모 · 부모가 있음에도 자손이 호적을 별도로 세워 재산을 나눈 경우, 당률唐律에서는 '도죄徒罪'라고 정하고, 명률明律에서는 '장죄杖罪'라 하였으나, 명대 중기 이후가 되면 실제적으로는 형식적인 것이 되었다. 고염무顧炎武는 『진씨예서陳氏禮書』를 들어, "간혹 종족을 규합하여 한두 번 전하여 흩어지지 않는 것이 있으면 사람들이 그것을 특이하게 여기고, 그것을 의문義門이라고 여긴다.(間有糾合宗族, 一再傳而不散者, 則人異之, 以爲義門.)"[20]라 하였다. 청대 전기 광동의

19 乾隆『大淸會典』에 기록된 1753년(건륭 18) 각 행성의 호수를 총계하면 3,884만이다. 『淸高宗實錄』에 그해 인구 1억 8,367만, 평균 매호 4.7인. 1829년(道光 9) 복건의 호수는 399만 9,143호, 인구는 1,908만 1,872인, 평균 매호 또한 4.7인. 별도로 方志에 제공된 것에 의하면, 江蘇의 吳縣 · 江陰, 安徽의 蕪湖 · 太湖, 浙江의 新昌 · 諸暨, 江西의 于都 · 萍鄉, 福建의 雲霄 등의 현은 다른 시기의 호구 숫자를 계산한 결과 어떤 현은 매호 평균 많게는 18.9인에 이르고, 적게는 겨우 1.4인으로, 총 평균 매호 7.4인이다.(상관된 수는 馮爾康, 「淸代家庭結構及其人際關係」에서 인용한 것이며, 『淸人社會生活漫步』, 中國社會出版社, 1999년 1월호에 보인다.) 그리고 王躍生은 淸 刑科濟本에서 다룬 人口資料 통계에 의거해 18세기 소가정을 대표하는 핵심가정과 직계가정의 분별점은 57.02%와 30.47%, 대가정을 대표하는 복합가정은 겨우 6.75%를 차지하며, 가정 규모 평균은 4.5인 정도의 수준이다. 王躍生, 『十八世紀中國婚姻家庭硏究』, 法律出版社, 2000년 참조.

사회현四會縣에서는, 농민은 "생활에 급하여, 은자로 숨어사는 것을 가볍게 여기고, 아버지와 아들이 각각 밥을 지어 먹으며, 형제가 적籍을 달리한다.(急于生理, 輕于逃竄, 父子各爨, 兄弟異籍.)"[21]라고 하였다. 도광 연간의 기록에 따르면 사천四川의 각 주현에서는 형제는 재산을 분할하고 별거하며, "그 부모가 여러 자식과 먹는 것을 나누어 먹되 달과 날을 헤아렸는데 조금도 그 기한을 넘기지 않았다.(其父母分食諸子, 按月計日, 不肯少逾期.)"라고 하였고, 형제간에는 유산 쟁탈을 위해 항상 소송이 끊이질 않았다.[22] 청대 이학가인 이불李紱은 효제孝悌의 도를 점차 잃어 가는 상황에서, 동거하여 공동생활을 계속할 것 같으면, 오히려 "서로 재산을 다투고 서로 남의 탓으로 돌리며, 검소한 자는 다시 검소하지 않을 것이고, 근면한 자는 다시 근면하지 않을 것이며 형편상 하루도 다하지 못할 것이다.(財相競, 事相諉, 儉者不復儉, 而勤者不復勤, 勢不能以終日.)"라고 하였다. 이처럼 나쁜 결과를 만들 것이기 때문에, "도리어 분거하는 것만 못하니, 각자 그 재물을 아끼고, 각자 그 일을 부지런히 하는 것이 오히려 서로 지탱하며 어그러지지 않을 수 있을 것이다.(反不如分居者, 各惜其財, 各勤其事, 猶可以相持不敗也.)"[23]라고 생각하였으니, 이것은 시대의 형세에 대응한 진보적인 사상을 반영한 것이다.

종법사회의 예교관념 아래서 부부는 인륜의 시작이며, 남편과 부인의 명분은 한번 정해지면 생애에 바꿀 수 없었기 때문에 재혼은 종족사회에서 받아들여질 수 없는 행위였다. 원명 이후 조정은 정절을 지킨 과부나 정녀貞女를 '절렬節烈'·'정렬貞烈'로 표창하였고, 청조가 되면 특히 더욱 높이 취급하여 '정녀방貞女坊'이나 '열녀사烈女祠'가 전국에 세워져, 종

20 顧炎武, 「分居」, 『日知錄』 권13, 岳麓書社. 『日知錄集釋』, 1994년, 504쪽.
21 嘉慶 『廣東通志』 권93.
22 張澍, 『蜀典』 권6, 淸道光十四年張氏安懷堂刻本. 『續修四庫全書』, 735쪽.
23 李紱, 「別籍異財議」, 『淸朝經世文編』 권58.

법사회의 징표가 되었다. 그러나 명청 시대의 각종 문헌에서 종종 표창을 받은 이로 정절을 지키거나 순사殉死한 자는 실제로는 사회 상층 가정의 소수 여성뿐이고, 게다가 종종 가정 내부의 강한 의견이나 도덕적인 압력에 의한 것이었다.[24] 오히려, 중하층의 가정에서는 부녀자의 재혼이 보편적으로 존재하는 현상이었다. 당시 사회에서는 결혼을 기다리는 상당수의 남성이 존재하고 있었기 때문에, 여성의 재혼은 남성의 결혼난에 대해 일정한 완화작용을 가능하게 하였다.[25] 생활이 가난한 독신여성도 생활하는 것에 압력을 받았고, 그 때문에 "여염의 가난한 집에서는 곤궁해서 굶는 일 때문에 개가하는 여자들이 10분의 8, 9나 되었다.(閭閻刺草之家, 因窮餓改嫁者十之八九.)"[26]고 한다. 비록 유복한 가정이라도 재산상속이란 이익이 있었기 때문에 부녀자가 재혼하는 것에 장애가 크지 않았고, 재혼을 강요하는 현상까지 있었다. 청대 규정에서는 과부가 개가할 때, "남편 집의 재산과 본래 시집올 때 가져온 가재도구는 전남편의 집에서 처리하는 것에 따른다.(夫家財産及原有粧奩, 并聽前夫之家爲主.)"[27]라고 하였다. 재산을 자신의 것으로 하기 위해 명예스럽지 못한 일족 중에는 과부에게 개가를 강요하고, 돈을 받고 파는 자도 있었다. 사회 여론 방면에서 하층사회가 부녀자의 개가를 인정하는 태도를 취한 것뿐만 아니라 선비 계층에서도 점차 허용되었다. "(부녀가) 재혼하는 것을 그릇된 것이라고 하는 것은 마땅하지 않고, 재혼하지 않는 자를 공경하여 예로써 대하는 것도 옳다.(其再嫁者不當非之, 不再家者敬禮之斯可矣.)"[28]라고 여겼다. 청대 사람 전

24 福建 '首民歌唱道'에, "閩風生女半不擧, 長大期之作烈女. 婿死無端女亦亡, 鴆酒在尊繩在梁. 女兒貪生奈逼死, 斷腸幽怨填胸臆. 族人歡笑女兒死, 請旌借以傳姓氏. 三丈華表朝樹門, 夜聞新鬼求返魂."라 함이 있다. 俞正燮, 『貞女說』, 『癸巳類稿』 권13, 遼寧敎育出版社, 2001년.

25 王躍生, 『十八世紀中國婚姻家庭研究』에서 相關統計數를 근거로 참조할 수 있다.

26 同治 『上海縣志』 권24.

27 光緖 『大淸會典事例』 권783, 『續修四庫全書』, 제809책.

영錢泳은 재혼을 막는 것은 "도학을 강의하는 자들이 그것을 오도하는 것이다.(講道學之誤)"라고 여기고, 재혼을 하는 것이 가능한가 아닌가는 그 "문호의 크고 작음과 집안의 가난하고 부유함 등을 보고서 사정을 미루어 보고 이치를 헤아리며 도덕과 역량을 헤아려서 행해야 할 것이다.(看門戶之大小, 家之貧富, 推情揆理, 度德量力而行之.)"[29]라고 하였다. 당연히 여성이 재혼으로 가는 것은 결코 쉽거나 따뜻하지 않은 길이었다. 그리고 여성의 초혼은 부모가 한번 정한 것에 비해 여성의 재혼, 특히 과부의 재혼은 몇 번에 걸쳐 정해지는 경우가 있어, 사유재산으로 보고 매매할 수도 있었다. 그러나 결국 종법예교의 강한 속박과 제한의 형식에 충격을 주었고, 사회윤리 방향에 새로운 변화를 출현시켰다.

명청 시대, 여성의 지위에도 확실히 개선된 흔적이 보이고, 가정 안에서의 지위도 상승하였다. 가령 통속소설 안에서 재능 있는 여성과 아름다운 사람 이미지는 허구지만, 이향군李香君 · 동소완董小宛 · 유여시柳如是 · 고횡파顧橫波 등의 명기가 악기 · 비독 · 시회 등에 정통하여 명말청초에 사람들의 주목을 끈 '명성明星'이 되어, 사회적인 저명인들이 앞다투어 교제하는 상대가 된 것은 확실한 증거이다. 여성 교육에 있어 "여자는 재능이 없는 것이 곧 덕이다.(女子無才而便是德)"라는 것이 일반 민중 사이에 퍼져 있었음에도 불구하고, 선비의 가정에서는 여자가 글을 읽고 지으며, 시사를 음송하는 것이 일찍부터 이미 하나의 시대 풍상風尙이었다. 원매袁枚가 자신의 집인 수원隨園에 여제자를 모았던 것은 매우 비난을 받았으나, 이곳의 여제자 대부분이 명문가의 규수로, 그녀들의 가정은 절대 미움을 받는 일이 없었다. 사회에서 재주가 있고 아름다운 사람에 대해 숭배하고 찬미하는 것은 실제로 여성 교육에 대한 중시를 반영한 것이

28 俞正燮, 「節婦說」, 『癸巳類稿』 권13.

29 錢泳, '改嫁', 『履園叢話』 권23, 雜記 上, 中華書局, 1979년, 612쪽.

그림 10-1 야외놀이 하는 여인들. 열두 폭 그림첩 가운데 하나. 배를 타고 우아하게 차려입은 여인들이 야외경치를 즐기는 모습을 보여 준다. 청 왕조.

었다. 우리는 또 '여성의 유람(婦女出遊)'을 예(그림 10-1)를 들자면 "남녀가 주고받는 것은 직접 하지 않는다.(男女授受不親)"란 예교의 제약을 기반으로, 여성이 사람 앞에 얼굴을 드러내는 것은 양풍미속을 위반하는 것이라고 봤으나, 명대 중기 이후가 되면, 번화한 도시생활을 본다면, 예를 들어 가정교육이 엄한 명문의 영양이라도 유혹에는 이기지 못하고, 종종 밖으로 나와 유력을 하고 사당에 참배를 하거나 몰래 연애를 하기도 하였다. 도를 지키는 자의 눈에는 이것은 중대한 사회 문제였으며, 강소순무江蘇巡撫 진굉모陳宏謀는 이것을 격렬하게 비난했다.[30]

사회윤리가 위배로 향하는 잠재적인 배경에는 또한 사회경제적인 요소가 작용하였다. 가족구성의 조정, 결혼관례의 변화, 여성의 지위 개선은 모두 이것을 원인으로 하고 있다. 명대 중기 이후, 상품경제의 발전에 의

30 陳宏謀, 『風俗條約』, 『清朝經世文編』 권68.

해 재부財富는 점차 사회윤리적 가치 변화의 방향을 주도하는 중요한 요소가 되고 종법사회란 엄중한 장벽을 무너뜨렸다. 청의 왕완汪琬은 "오늘날 부형과 자제들은 종종 적은 돈이나 비단 조각을 차지하고자 다투고 분을 내며 욕지거릴 해대고 서로 상처를 입히고 죽이기까지 하는 이들이 그 얼마인지 모르겠다.(今之父兄子弟, 往往爭銖金尺帛, 而至于怨懟詬鬪, 相戕相殺者, 殆不知其幾也.)"[31]라고 하였다. 풍속이 순박한 산동에서도 "아비와 아들이 분가하여 사는 경우가 많다.(一父一子多有分爨者)"고 하고, "재물과 이득을 보면 비록 형제간이지만 조그마한 금품에도 표정이 변한다.(財利相見雖兄弟, 錙銖必形于色.)"는 현상이 나타났다.[32]

사당에서 제사를 지낼 때 장유의 순서에 따라 선조의 위치를 배열하는 것은 종법제도의 선조숭배 원칙을 드러내는 것이었다. 하지만, 청대에 이르러 종족의 사당은 귀천을 기준으로 하고 존비장유의 서열에 따라 배열하지 않게 되어 종법의 취지는 상실되었다. 청대 초기의 강소 의흥宜興 임씨任氏의 사당에서는 덕德·작爵·공功을 사당에서 배향하는 조건으로 삼았다. 작爵은 관위의 높고 낮음을 가리키며, 공功의 평가 기준은 사당에 기부한 금전의 많고 적음이었다. 그렇기 때문에 이 사당의 제사 대상은 일족의 선조 외에, 그 다음은 관인이나 재산이 있는 자이고, 그 다음은 이른바 선행을 행한 자이며, 마지막에야 비로소 종가 안에서의 일반평민 선조였다.

강소의 무진武進 장씨莊氏도, 1840년(도광 20)에 사당을 수리하여 비슷한 규정을 만들었다.[33] 이 현상은 분명하게 개별적인 사례가 아니기 때문에, 당시의 옛 도덕을 옹호하는 자들의 비판을 초래하였다. 명·청 시대 상인이 재산을 쌓고 난 후, 때때로 유난히 열심히 고향이나 주거지에 사

31 汪琬, 「汪氏族譜序」, 『淸朝經世文編』 권58.

32 康熙 山東 『濮縣志』 권2.

33 馮爾康, 『淸人社會生活漫步』, 中國社會出版社, 1999년, 156쪽에 의한다.

당을 세우고, 족전을 두고, 종보를 편집하여 종법문화를 가르치고, 또한 자기 자신부터 실천하는 자가 된 것은 부의 과시뿐만 아니라 현실적이고 공리적인 목적이 있었기 때문이다. 상인에 대한 존경도 종법사회에서 '농사를 중시하고 상업을 경시한다'는 관념의 와해를 바로 예시한 것이었다.

제2절

상인의 정신과 사회의 기풍

1. 사회관념의 변화와 개혁

중국은 전통적으로 사·농·공·상의 사민四民으로 나뉘었는데, 상업은 말단의 직업으로 취급되었고, 상인은 '시정의 소인'으로 사회적 지위가 가장 낮았다. 이 관념은 도시생활이 매우 발달했던 송대에도 상당히 있었다. 육유陸游는 가훈에서 다음과 같이 말했다.

> 자손의 타고난 재주는 한계가 있어 그런 점은 어찌할 수 없으나, 독서는 하지 않을 수 없게 해야 한다. 가난해도 아이들을 가르치고 옷과 밥을 주면서 독서를 끊지 않도록 해야 할 것이다. 베옷 입고 짚신 신고 농사를 지으면서 발길을 도시에 들이지 않는 것도 아름다운 일일 것이다. …… 벼슬길은 늘 나갈 수 있는 것이 아니니 벼슬을 하지 않으면 농사를 지어도 섭섭함이 없는 것이다. 다만 절대로 옷 입고 먹는 일에 압박을 받아 시정의 소인이 하는 일을 일삼지 말아야 할 따름이니, 경계하고 경계하라.(子孫才分有限, 無如之何, 然不可不使讀書. 貧則教訓童稚以給衣食, 但書種不絕足矣. 若能布衣草履, 從事農圃, 足迹不至城市, 彌是佳事. …… 仕宦不可常, 不仕則農, 無可憾也. 但切不可迫于衣食, 爲市井小人之事耳, 戒

之戒之.)[34]

이와 비슷한 글을 명대 이전의 문헌에서 적지 않게 찾을 수 있다. 명대의 동함董含은, "옛날 사대부들은 깨끗하고 고결한 명망을 중요하게 여겨 향리의 부자들과 나란히 함께하는 것을 부끄럽게 여겼고, 그들에 들러붙는 이가 있으면 반드시 준엄하게 그들과 관계를 끊었다.(曩昔士大夫以清望爲重, 鄉里富人, 羞與爲伍, 有攀附者, 必峻絕之.)"[35]라고 하여, 선비와 상인의 대립된 관계 의식을 반영하고 있다. 하지만 이 뿌리 깊은 관념은 명대 중기에 흔들리기 시작하여 민을 네 종류로 분리하지 않고, 사와 농·상이 서로 섞이는 상황이 나타났다. 그 배경과 원인에 대해서는, 여영시余英時의 분석에 의하면, 특히 주목할 만한 점이 두 가지 있다. 첫째는, 중국의 인구는 명대 초기부터 19세기 중엽에 걸쳐 몇 배나 증가하였지만, 거인擧人·진사進士의 정해진 인원수는 인구 증가에 비해 늘어나지 않았으므로 이런 상황에서 과거에 합격한다 해도 관직을 얻는 기회는 자연히 줄어들고, '기유취상棄儒就商(선비의 길을 버리고 상업의 길로 나아가는 것)'이라고 하는 추세가 늘어나는 것은 필연적인 것이었다. 또 하나는, 명청 시대 상인의 성공도 사인(선비)에게는 매우 큰 유혹이었다는 점이다. 명청 대의 '연납제도捐納制度(정부에 돈을 기부하고 관위나 그 명목에 해당하는 것을 얻는 제도)'는 상인이 관직에 나아가는 길을 열어 적어도 관품官品 또는 공명功名(과거시험 합격의 자격)을 얻는 것이 가능해졌고, 자기가 살고 있는 고장에서도 유력한 신상紳商이 되었다.[36] 이런 이유로 사인이 과거에 나아가지 않고 상인이 되는 것은 어느새 부끄러운 일이 아니게 되었다. 명청 시대의 저명한 문인이나 학자의 문집에는 상인을 위해 쓴 묘지명, 전기, 수

34 陸游, 「陸放翁家訓」, 『知不足齋叢書』本.

35 董含, 「三吳風俗十六則」, 『三綱識略』 권6, 遼寧教育出版社, 2000년.

36 余英時, 『中國近世宗教倫理與商人精神』, 安徽教育出版社, 2001년, 213쪽.

서壽序(장수를 축하하는 글 양식) 등이 많이 있다.

왕양명王陽明의 「절암방공묘표節庵方公墓表」에 입전된 인물은 상인 방린方麟(節庵)이었다. 그 내용은 대략 아래와 같다.

> 소주의 곤산에 절엄 방린이라는 사람이 있는데 처음엔 사인으로서 과거 시험 준비를 하다가 그만두고 떠나가 그의 처가인 주씨 댁에서 살게 되었다. 주씨가 본래 상인이었기에 그의 벗들이, "그대가 선비의 길을 버리고 상업에 종사한단 말인가?" 하니, 방옹方翁은 웃으며, "그대는 어찌 선비가 상인이 되지 못하고 상인이 선비가 될 수 없다고 여기는가?"라 하였다.(蘇之昆山有節庵方公麟者, 始爲士業擧子, 已而棄去, 從其妻家朱氏居. 朱故業商, 其友曰: "子乃去士而從商乎?" 翁笑曰: "子烏知士之不爲商, 而商之不爲士乎?")

왕양명은 또한 이 사람의 인생에 대한 의론을 발전시켜 아래와 같이 말하였다.

> 옛날에는 사민이 그 업을 달리했으나 도는 같았고, 거기에 마음을 다하는 것이 같았다. 선비는 심신을 수양하여 나라를 다스리는 일로, 농부는 구양으로, 장인은 필요한 기물을 만드는 일로, 상인은 재화를 통용시키는 일로 제각기 가진 자산으로 가까이 할 수 있는 곳으로 나아가, 힘이 미치는 것으로 그 업을 삼았고 그 마음을 다했다. 그 요지는 사람을 살리는 길에 유익한 일이 있으면 하나가 될 따름이다. 사농으로 '수치修治'와 '구양具養'에 그 마음을 다하는 자가 있을 것이니, 기물을 유익하게 하고 재화를 통용시키는 것은 오히려 사와 농민일 것이다. 장인과 상인으로 기물을 유익하게 하고 재화를 통용시키는 데 마음을 다하는 자가 있을 것이니, 수치하고 구양하는 것은 오히려 장인과 상인일 것이다. 그러

므로 사민이 그 업을 달리하지만 도는 같다고 한 것이다.(古者四民異業而同道, 其盡心焉, 一也. 士以修治, 農以具養, 工以利器, 商以通貨, 各就其資之所近, 力之所及者而業焉, 以求盡其心. 其歸要在于有益于生人之道, 則一而已. 士農以其盡心于修治具養者, 而利器通貨, 猶其士與農也. 工商以其盡心于利器通貨者, 以修治具養, 猶其工與商也. 故曰四民異業而同道.)[37]

명말청초의 사상가인 황종희黃宗羲는 정식으로 '공상개본工商皆本'의 관념을 제출하였다. '사민이업이동도四民異業而同道'나 '공상개본'은 실제로 사민 간의 존비귀천의 등급 관념을 부정한 것이다. 상인들 자체에서도 점차 도덕적 자존심을 세웠다. 저명한 사상가인 당견唐甄은 소주蘇州에서 중개업에 종사하였는데 몇몇 사람들의 비난에 대해 그는 의연하면서도 당당하게 대답하기를, "내가 장사로 살아가는 것에 대해 사람들은 그 몸을 욕되게 하는 것으로 여기지만 그들은 그 몸을 욕되지 않게 하는 까닭을 모르고 있다.(我之以賈爲生者, 人以爲辱其身, 而不知所以不辱其身也.)"[38] 라고 하였다. 이학가인 진확陳確은, "근검으로 삶을 다스리는 것은 진실로 배우는 사람의 근본적인 일이다.(勤儉治生洵是學人本事)"라 하면서도, 선비는 반드시 "위로는 부모를 섬기고 아래로 처자를 부양하는 것(仰事俯育)"을 자기의 최저한도의 인생의 의무라 보아, "결코 타인에게 책임지울 수 없는 것이다.(決不可責之他人)"라 하여, 반드시 독립적인 경제생활을 먼저 가짐으로써 비로소 독립적인 인격을 가질 수 있다고 보았다.[39] 이에 대해 청대의 학인 전대흔錢大昕의 태도는, "생산하는 일에 힘쓰지 않고 의롭지 못한 재물을 구걸하기보다는 차라리 재산을 늘리는 일에 힘써서 예가 아닌 증여물들은 버리도록 한다.(與其不治生產而乞不義之財, 毋寧求田

37 王陽明, 『王陽明全集』 권25, 上海古籍出版社, 1992년, 940-941쪽.
38 唐甄, 『潛書』 上篇 下, 中華書局, 1963년.
39 陳確, 「學者以治生爲本論」, 『陳確集』, 中華書局, 1979년, 158쪽.

問舍而却非禮之饋.)"[40]라고 하는 것이었다. 신안新安의 상인 가운데 심지어 "좋은 장사꾼이 어찌 큰 선비에게 지겠는가?(良賈何負閎儒)", 또는 "장사꾼이 어찌 선비의 뒤에 있겠는가?(賈何後于士)"라고 호언하는 일도 있었는데, 옛날에는 생각할 수 없었던 것이다.

전통적인 가치 취향의 변화는 명대 중후기 사회의 상업 숭배의 추세를 가져오고, 이른바 관리생활을 하는 것을 두고, "속으로는 이 길에 종사하는 것이 지루하다.(覺得心里不耐煩做此道路)"라고 하여 관직에서 물러날 것을 청원하고 상업을 시작하기도 했다.[41] 독서인(지식인)은, "선비가 되어 떨치지 못하면 모두 부양할 수 없게 된다.(爲士不振俱失養)"고 하여, 곧 "얼마간의 자본을 모아 화물을 사서 몇 푼의 이식을 도모한다.(湊些資本, 買辦貨物……圖幾分利息.)"[42]고까지 하게 되었다. 수석대학사首席大學士였던 송강松江 사람 서계徐階도, 상업적 이윤의 유혹으로부터 벗어나기 어려워, 집에 "베 짜는 아낙들을 여럿 두고 해마다 축적한 것을 헤아려 저잣거리에서 더불어 장사를 했다.(多蓄織婦, 歲計所積, 與市爲賈.)"[43] 청대에 상업 숭배의 기풍은 여전히 감소하지 않았다. 명대 유민遺民의 지도적 인물인 고염무는, "전지를 개간하고 땅을 헤아려 누적해 천금을 벌어들인다.(墾田度地, 累致千金.)"[44]고 하였고, 또 산서 지역의 표호票號(금융업)라는 것도 관련이 있다고 전해지고 있다. 청대 초기의 여유량呂留良은 의사로 활동하면서 출판업에도 종사하고 있었기 때문에, 동료들로부터 '시장 점포를 오염시키는 점포(市廛污行)'[45]라고 공격을 받았다. 청대의 학자 중

---

40 錢大昕, 「治生」, 『十駕齋養新錄』 권18, 『錢大昕全集』 제7책, 江蘇古籍出版社, 1993년, 506쪽.

41 『初刻拍案驚奇』 권3 「劉東山誇技順城門」, 上海古典文學出版社, 1957년.

42 『喩世名言』 권18 「楊八老越國奇逢」, 人民文學出版社, 1958년.

43 于愼行, 『谷山筆麈』 권4, 明萬曆于緯刻本, 齊魯書社, 『四庫全書存目叢書』 子部 제87책.

44 全祖望, 「亭林先生神道表」, 『鮚埼亭集』 권12, 『四部叢刊』本.

45 呂留良, 「復姜汝高書」, 『呂晩村文集』 권2, 淸擁正三年天蓋樓刻本, 北京出版社 『四庫禁

에, 항세준杭世駿은 재화를 매우 아꼈고,[46] 왕명성王鳴盛은 재화에 욕심을 부렸다고 전해지고,[47] 주순수朱舜水는 일본에서 상인들과 교역을 하였다.[48] 이것은 반대로, 청대의 상인도 평소에 문인이나 사대부와 대등하게 행동하고, 시를 쓰거나 술을 같이 마시거나 하였음을 의미한다. 지방의 토지와 권력을 가진 신사紳士가 상인화하고, 상인이 신사화하여, 사士와 상商의 대립관계가 상품경제의 영향 아래에서 차례로 사라지면서, 이익의 추구는 지극히 당연한 것이 되었다. 상인의 사회적 지위에 뚜렷한 변화가 일어나면서 사민四民의 배열에서 농·공을 넘어서고, 심지어 '사(선비)가 상(상인)만 못하다'는 극단적인 말까지 있었다. 경제활동이 활발한 지역에선 사회풍습도 이것에 따라 변화하였다. 황성증黃省曾(1490-1540)의 『오풍록吳風錄』에는, "지금 오중吳中의 진신縉紳, 사부士夫 중에 화식貨殖을 급하게 생각하는 이가 많다.(至今吳中縉紳士夫多以貨殖爲急)"[49]라고 하였다. 숭정본崇禎本 『이각박안경기二刻拍案驚奇』 권37에서는 "휘주의 풍속은 상업을 가장 큰 생업으로 삼고 과거급제는 오히려 그 다음이다.(徽州風俗以商賈爲第一等生業, 科第反在次着.)"라고 말하고 있다. 1724년(청 옹정 2), 산서순무山西巡撫 유우의劉于義는 상주한 글에서 다음과 같이 말했다.

> 산우(산서성)의 쌓인 습속은 이익을 중시하는 관념이 이름을 중시하는 것보다 심합니다. 자손 중에 준수한 자가 무역에 들어가 종사하는 일이 많고, 그 다음으로 오히려 서리가 됩니다. 중재 이하에 이르러서야 바야흐로 글을 읽고 과거에 응시토록 합니다. 이 때문에 선비의 풍모가 낮아

毁書叢刊』 集部 148책.

46 洪亮吉, 「書杭檢討遺事」, 『更生齋集』 甲集 권4, 『洪亮吉集』 제3책, 中華書局, 2001년.

47 昭槤, 「王西莊之貪」, 『昭亭雜錄續錄』 권3, 中華書局, 1980년.

48 朱舜水, 「答安東守約書」 4, 『朱舜水集』 권7, 中華書局, 1981년, 175쪽.

49 謝國楨, 『明代社會經濟史料選編』 中册, 福建人民出版社, 1981년, 113쪽.

지게 되었습니다.(山右積習, 重利之念甚于重名. 子孫俊秀者多入貿易一途, 其次寧爲胥吏. 至中材以下方使之讀書應試. 以故士風卑靡.)

옹정제는 여기에 붉게 찍어 비답을 내려 다음과 같이 말했다.

산서성은 대략 상업이 수위를 점하고, 그 다음이 오히려 기꺼이 농사에 힘을 쓰며, 군대에 들어갈 것을 도모하고, 가장 아래에 있는 이를 독서하게 하라.(山右大略商賈居首, 其次者, 猶肯力農, 再次者謀入營伍, 最下者方令讀書. 朕所悉之知, 習俗殊可笑.)[50]

"근본(농사)을 버리고 말단(장사)을 좇는 기풍(棄本逐末)"과 "장사를 오른쪽 위치에 두고 선비가 되는 것을 왼쪽에 둔다.(右賈而左儒)"는 관념상의 변화는 문학작품 중에도 반영되어, 이미 제왕장상帝王將相과 영웅호걸英雄豪傑, 그리고 재자가인才子佳人을 묘사하는 것만이 아니었다. 상인 주체의 시민생활이나 그들이 집안을 일으키고 치부하는 자취가 묘사의 대상이 되었으니, '삼언三言'과 '이박二拍'이 이러한 작품 중의 역작이었다. 문인이 상인을 위해 만든 행장·수서壽序·묘지명·제문 등의 문시 중에서 의리와 인정이 있고, 근면과 절약으로 사업에 힘쓰며, 아끼지 않고 은혜를 베풀고, 정성과 신망으로 사람을 속이지 않는 상인을 정면으로 형상화한 것을 많이 볼 수 있다.

상품경제의 발달이라는 배경 아래, 사회의 소비관념에도 새로운 변화가 일어났다. 특히 강남 지역에서는 호사스러움과 향락을 추구하는 기풍이 나타났다. 중국의 전통적인 윤리 관념에서 호사와 절약은 사회의 도덕적 기준을 측정하는 근거이고, 호사스러운 기풍에 직면하면, 도학을 하

50 『擁正朱批諭旨』"擁正 2년 5월 9일조", 文源書局影印本.

는 선비는 가슴으로 느끼고 머리로 고민하며, 분수에 넘치고 예의에 어긋난 것으로 배척하며, 세상의 기풍이 나날이 나빠지고 사람의 마음이 옛날처럼 순박하지 않게 되었다고 한탄하였다. 1684년(청 강희 23), 이학理學의 명신 탕빈湯斌이 강소순무에 올라 부임 즉시 『무오고유撫吳告喩』를 반포하고, '화민성속化民成俗'과 '정인심正人心'을 첫 임무로 삼아 일상생활에서 예제禮制에 어긋나는 사치 풍기를 금지하였다.[51] 머지않아 장백행張伯行이 강소에 부임하여, "오 지역 습속의 사치와 선비 집안의 여성이 유람에 나서는 것을 금하였다.(禁吳俗奢侈及士女出游)"[52] 1759년(건륭 24)에는 강소순무 진굉모가 『풍속조약風俗條約』을 세웠는데, 중요시한 것은 역시 호사스러움을 금지하고 절약을 권장하는 내용이었다.[53] 하지만, 어떤 사람들 가운데는 감히 현실을 직시하고 사회가 호사스러움을 좇는 기풍에 대하여 이론적으로 변호하는 사람들도 있었다. 일찍이 명대 중기 송강松江 사람 육즙陸楫이 『겸가당고兼葭堂稿』 중에서 독특한 견해를 제출하였는데, "사치는 살아가기 쉽게 한다.(奢易爲生)"라는 것과 "사치는 치부할 수 있게 한다.(奢能致富)"는 관점이었다. 그는 사치와 검약의 풍조는, 사회경제의 발전 정도와 관계가 있다고 생각하였다. "앞서 부유했다면 나중에 사치스럽게 되고, 앞서 가난했다면 나중에 검약하게 된다. 사치와 검약의 풍조는, 세속적 빈부에서 일어난다.(先富而後奢, 先貧而後儉, 奢儉之風, 起于俗之貧富.)"라고 하여, 부가 사치의 전제였다. 소주나 항주의 땅이 사치스러웠던 것은 천하의 부가 모이는 장소였기 때문이다. 사회의 부를 모두 구렁에 내던져야 할 것이라면, 사치를 금할 수 있지만(則奢可禁), 그것이 아니라면 "비록 성인이 다시 태어나 오월 지역의 사치를 금하고자 해도 어려울 것이다.(雖聖王復起, 欲禁吳越之奢難矣.)"라고 했다. 기실, 사치·검

51 光緒『蘇州府志』 권3, 臺灣成文出版社『中國地方志叢書』.

52 光緒『蘇州府志』 권68.

53 光緒『蘇州府志』 권3.

소의 기풍과 서민의 생활과는 변증법적 관계가 존재하는데, "대저 그 지역이 사치하면, 그 민중은 반드시 살아가기가 용이하고, 그 지역이 검소하면 그 민중은 반드시 살아가기가 용이하지 않을 것이다.(大抵其地奢則其民必易爲生, 其地儉則其民必不易爲生.)"라고 하였다. 사치스러운 생활은 많은 면에서 서비스의 제공을 필요로 하기 때문에 수공업 · 상업 · 서비스업의 발전을 촉진시킬 수 있으며, 그것으로 셀 수 없이 많은 사람들의 생계 문제를 해결하는 것이 가능할 것이다. 육즙은 예를 들어서, "다만, 소주 · 항주의 호수와 산으로 말한다면, 그 거주민들이 때를 살펴 노닐며, 노닐게 되면 호화로운 배(畫舫)와 가마를 필요로 하게 되고, 맛난 음식과 좋은 술을 먹으며, 노래하고 춤을 출 것이니 사치하다 할 것이다. 그러나 가마꾼과 뱃사공, 노래하는 아이와 춤추는 기녀 등이 호수와 산을 바라보지 않고, 밥짓는 것을 기다리는 자가 그 몇 사람인지를 모를 것이다." 이와는 반대로 영파 · 소흥 · 금화 · 구주 지역의 풍속은 "가장 검약하다고 일컬어진다.(最號爲儉)" 그러나 "저 여러 고을 백성들은 자급할 수 없는 지경이 되었고, 반쯤은 사방을 떠돌며 밥을 빌러 다닌다.(彼諸郡之民, 至不能自給, 半遊食于四方.)"라고 하였다. 세상 사람은 시장이 사치를 이끈다고 생각하였지만, 육즙은 사치가 시장을 촉진하는 효과가 있으니, 다시 말해 사치가 상품의 유통을 촉구한다고 강조하였다. "오월 지역에서 살아가기가 용이한 것은 대체로 습속이 사치한 데 있어서, 시장의 이익이 그들을 구제하는 특별한 요인이 되는 것일 따름이다.(吳越之易爲生者, 其大要在俗奢, 市易之利, 特因而濟之耳.)"[54]라고 하였다. 육즙의 관점은 청대에 적지 않은 반응을 얻었고, 청대 초기의 고공섭顧公燮은 그의 문장을 인용하여, "천만 인의 호화로운 사치가 있으면, 곧 천만 인의 생계가 있게 된다. 만약

54 陸楫, 『兼葭堂稿』 권6, 明 嘉靖 45년 陸郯刻本, 上海古籍出版社, 『續修四庫全書』 集部 제1,354책.

천만 인의 사치가 변해서 순박한 것으로 돌아간다면, 천만 인의 생활 또한 거의 끊어지게 될 것이다.(有千萬人之奢華, 卽有千萬人之生理. 若欲變千萬人之奢華而返于淳, 必將使千萬人之生理亦幾于絶.)"[55]라고 하였다. 매우 의미 있는 것은, 청의 옹정제와 건륭제도 이와 유사한 생각을 가지고 있었다는 점이다. 옹정제는 탕빈湯斌 등이 강소에서 말했던 풍속을 바꾸는 시책이 아무 도움도 되지 않을 뿐만 아니라, 오히려 서민의 원망을 불렀다고 지적하였다. 소주 등의 지방에서 주선酒船(주연을 하였던 배)·광대·장인이라 하는 종류의 직업이 많은 사람을 부양하였기 때문에, 만일 돌연 금지하면 그들의 생계를 잃게 하고, 필연적으로 나쁜 길을 걷게 하는 결과가 될 거라는 것이었다.[56] 건륭제는 자신의 남부 지역 순행을 언급하고, 상인이 대대적으로 토목공사를 하는 것을 허가하면서 말하기를, 채정彩亭(화려하게 꾸민 정자)이나 등붕燈棚(불을 켠 가설 지붕이 있는 통로) 등 "일체의 관람 기구를 건설하도록 하고", "여기 소주와 양주에 있는 소금과 견직물 상인이 그 비용을 내서 하나의 짝으로 잇는다면 본지의 장인·빈민이 이를 의지해 힘을 쓸 수 있게 되어 조금이나마 혜택에 젖을 수 있을 것이다. 이른바 여유 있는 것을 나누어 부족한 것을 보충하는 것이므로 그 일은 오히려 행할 만한 것이다.(此在蘇揚鹽布商人等, 出其餘貲, 偶一點綴, 本地工匠貧民, 得資力作, 以霑微潤, 所謂分有餘, 以補不足, 其事尙屬可行.)"[57]라고 하였다. 따라서 "사치가 살아가기 쉽게 하고(奢易爲生)", "사치가 치부할 수 있게 한다.(奢能致富)"에서 볼 수 있는 것은 결코 소수의 사람들이 내세운 특이한 견해가 아니라, 심각한 사회경제적 배경이 자리하고 있는 것이다.

55 顧公燮, 「蘇俗奢靡」, 『消夏閑記摘抄』 권상, 商務印書館 『涵芬樓秘笈』 제2집, 民國 6년.
56 『擁正朝朱批奏折·鄂爾泰奏折』 擁正 2년 6월 초8.
57 『淸高宗實錄』 권657, 乾隆 27년 3월 계해.

2. 상인과 세태

명대 초기의 예제는 엄밀했다. 주원장朱元璋은 원의 멸망을 중요한 교훈으로 삼았는데, "귀천에 차등이 없도록 한다면 예를 분에 넘치게 쓸 것이므로 정도를 패퇴시킬 것이다.(貴賤無等, 僭禮敗度.)"라 했고, "옛날 제왕이 천하를 다스릴 적에 반드시 예를 정해서 귀천을 구분하고 등위를 밝게 하였다.(昔帝王之治天下, 必定禮制, 以辨貴賤, 明等威.)"라고 하였다.[58] 1380년(홍무 13)에 반포되었던 명률에는 '복사위식服舍違式'의 조항이 마련되어, 등급을 넘어 신분에 어울리지 않는 복식 · 탈것 · 가옥 · 집기를 사용한 사람은 처형되고, 서민들은 태형笞刑 50회, 관리들은 장형杖刑 100회를 받았다. 엄격한 예제의 제약 아래 사회생활은 근실하고 잘 지키며 검약하는 모습으로 나타나 "감히 새롭고 고운 것을 따라가지 않는다.(不敢從新艷)"라고 하는 보편적인 사회의식을 형성하였다. 그러나 명대 중기에 들어서면서부터, 교착된 문화의 형태가 점점 느슨해지고 사회적 기풍에 뚜렷한 변화가 일어났다. 정덕 연간(1506-1521) 이전의 풍속은 순후했는데 "만력 이후 천계와 숭정 연간에 이르러 백성들은 가난한데 대대로 부를 누리는 계층에서는 사치가 날로 더욱 심해졌다.(萬曆以後, 迄于天 · 崇, 民貧世富, 其奢侈乃日甚一日焉.)"[59]고 하였고, "풍속이 순후한 것으로부터 점차 각박해져 강과 하천이 달려 내려가는 것처럼 돌이킬 수 없는 지경이 되었다.(風俗自淳而趨于薄也, 猶江河之走下, 而不可返也.)"[60]고 했다. 명대 중후기의 사회생활은, 명대 초기의 "세가世家(나라에 공을 세워 대대로 녹을 받는 가문)가 아니면 높은 집을 짓지 않고, 의식과 생활 기구를 감히 사치하게 하지 않는다.(非世家不架高堂, 衣飾器皿不敢奢侈.)"라고 하는 '간소함과

58 宋濂, 『洪武聖政記』, 臺灣新文豊出版公司 『叢書集成新編』 제119책.
59 康熙 『吳江縣志』 권38.
60 范濂, 『雲間据目抄』 권3, 臺灣新文豊出版公司 『叢書集成三編』 제83책.

질박함(簡質)'의 기풍[61]이 한번 바뀌자 사치로 쏠렸고, 심지어는 검소함을 비루한 것으로 여기는 일(以儉爲鄙)도 있었다. 이러한 기풍은 명말청초에 한번 다잡아졌지만, 오래지 않아서 다시 점점 빨라지고 명말보다 더 심해져 미치지 않는 곳이 없었다.

명대 중기부터 시작된 사회 기풍의 변천에 대하여, 선도적 역할을 행하였던 것은 주로 상인이었고, 그 다음이 진신사대부縉紳士大夫였다.[62] 명청시대, 상인은 매우 주목되는 사회계층으로 거대한 자산을 가졌는데, 그들 중에는 "저장한 돈꿰미가 백만에 달하는 자도 있었다.(藏鏹有至百萬者)"[63]고 하고, "수십만이 아니면 부자라 칭할 수 없다.(非數十萬不能稱富)"[64]고 하였다. 염상·전당포·재목상·미곡상·포목상 등의 상업 중에는 회양지구의 소금상이 가장 호부의 세력이었다. 명대 송응성宋應星은 『야의野議』「염정론鹽政論」에 다음과 같이 기록하였다.

> 만력 전성 시에 자본이 광릉에 있어서는 3천만 냥뿐 아니라, 매년 이식이 900만 냥을 낳을 수 있었다. 다만 100만을 내탕고(세금)로 보내고 300만으로 끊임없이 낭비하면서도 공적 사적으로 모두 넉넉하였고, 승려와 도사, 구걸하는 이, 고용인, 교량, 절집 등에까지 나누어주고도 500만이 남았다. 각 상인들이 가문을 살지게 하고 자신을 윤택하게 하는 것에 쓸 만큼 다 썼는데도 고갈되지 않았다. 지금도 그 성대함을 상상할 수 있을 것이다.(萬曆時, 資本在廣陵者不啻三千萬兩, 每年子息可生九百萬兩, 只以百萬輸帑, 而以三百萬充無端妄費, 公私俱足, 波及僧道丐傭橋梁梵宇, 當余

61 康熙『吳江縣志』 권38.

62 蘇州 長洲縣令 李光祚는 말하기를, "一切唱樓酒館與夫輕舟蕩漾, 遊觀宴飮之樂, 皆行戶商旅迭爲賓主, 而本地士民罕與焉."(乾隆『長洲縣志』 권11「風俗」)이라 하였다. 乾隆『山陽縣志』 권4 則斷言, "淮俗從來儉朴, 近則奢侈之習, 不在荐紳, 而在商賈."

63 謝肇淛, 『五雜組』 권4, 明刻本, 『四庫禁毁書叢刊』 子部, 제37책.

64 王士性, 『廣志繹』 권3, 淸 康熙 15년刻本.

五百萬, 各商肥家潤身, 使之不盡, 用之不竭. 至今可想見其盛也.)

거액의 이윤은 명실상부한 벼락부자를 만들어 냈다. 그들은 돈을 물 쓰듯이 하여 자신이 큰 부자여서 평범한 사람과 다르다는 것을 뽐내고, 부의 힘을 빌려 사회적 지위와 부족한 개인의 명성을 보충하는 것으로 사치스럽게 생활하여 남에게 잘 보이려 꾸미는 것이 보편적인 현상이 되었다. "양주의 염상이 힘쓰는 것은 사치와 화려함을 다투어 숭상하는 것이었는데, 한 번의 혼인이나 상장례가 있으면 집과 음식, 의복과 가마 등에 툭하면 수십만을 썼다.(揚州鹽務, 競尚奢麗, 一婚嫁喪葬, 堂室飲食, 衣服輿馬, 動輒費數十萬.)"[65]라고 했다. 이에 옹정제는 조칙에서 다음과 같이 질책하였다.

사치한 습속이 상인보다 심한 것이 없으니, 내실은 공허한데 바깥일에만 사치한다. 의복과 주택이 지극히 화려하고 음식과 살림기구도 공교한 것을 구해 갖춘다. 배우와 기악들을 동원하여 취하고 춤추며 노래하는 연회와 오락으로 비는 날이 없다. 심지어 사나운 남종과 화려한 여종들의 복식과 살림살이가 관리와 같으니 예와 분수가 넘치는 생활을 하면서도 스스로 단속할 줄 모른다.(奢靡之習莫甚於商人, 內實空虛而外事奢侈, 衣服屋宇, 窮極華麗, 飲食器皿, 備求工巧, 俳優妓樂, 醉舞酣歌, 宴會嬉遊, 殆無虛日. 甚至悍僕豪奴, 服食起居, 同於仕宦, 越禮犯分, 罔知自檢.)[66]

청대 전기, 황제의 행차를 맞이하기 위해 강남 상인은 거액의 자금으로 많은 명사를 불러와서 문장을 짓게 하고, 정원·누정·연못을 보수하였

65 李斗, 「城北錄」, 『揚州畫舫錄』 권6, 中華書局, 1960년, 148쪽.
66 蕭奭, 『永憲錄』 권2 하, 中華書局, 1959년, 135쪽.

그림 10-2 소주의 고전 정원 중 가장 큰 정원. 처음 조성은 명 왕조 때이나 이후에 소유한 사람들에 의해 명과 청 왕조 시대에 초기 디자인을 보수하고 개정하였다. 현재의 모습은 명보다는 청 왕조에 가깝다. 강소성 소주.

다. 양주의 성 밖에는 명승지 26개처에 전부 39개소의 풍광이 빼어난 곳(風景點)이 있어, "대개 상인들이 스스로 짓고 다듬어서 황제가 노니는 곳으로 제공하였다.(率皆商人自修其業, 供奉宸遊之所.)"[67] 『양주행궁명승전도揚州行宮名勝全圖』의 통계에 따르면, 당시의 염상과 거상들이 세운 누각이나 회랑은 5,154칸, 누정과 누대는 196좌로 이를 짓는 데 무수한 금전을 사용하였다.[68] 소주는 명의 성화 연간에 이미, "누정과 누관이 늘어서 있어 대략 틈새의 땅도 없었다.(亭館布列, 略無隙地.)"(그림 10-2)고 하고, 명청 시대 소주 성내에 정원이 가장 많을 때에는 270개소 정도에 달하여 "성의 절반은 정원과 누정이다.(城里半園亭)"라는 말이 있을 정도였다. 명

67 魏禧, 「重建平山堂記」, 『魏叔子文集』, 中華書局, 2003년, 755쪽.
68 王振忠, 『明清徽商與淮揚社會變遷』, 三聯書店, 1996년, 86쪽에서 인용.

청 시대의 상인은 지역에 따라 휘상徽商(휘주 상인) · 진상晋商(산서 상인) · 강우상江右商(강서 상인) · 민상閩商(복건 상인) · 월상粤商(광동 상인) · 오월상吳越商(소주 · 절강 상인) · 관섬상關陝商(섬서 상인) 등이 다른 문별로 나뉘었는데, 그들의 족적은 장강의 남북에 두루 미쳤다. 그중 휘주 상인과 산서 상인의 세력이 가장 두드러져 세간에서 '휘상'과 '진상'으로 일컬어졌다. 진상은 휘상처럼 그렇게 금전을 물 쓰듯이 하지는 않아서 질박하고 검소한 기풍으로 변화가 일어났다. 이몽양李夢陽은 "오늘의 상인 가문은 살진 말을 채찍질하는 튼튼한 수레를 타고 다니며, 문양이 화려한 옷을 입고, 그 주택의 살림기구 · 금은 · 문인화 등 그 부유함은 왕후와 다름이 없다.(今商賈之家, 策肥而乘堅, 衣文綉綺縠, 其屋廬器用, 金銀文畵, 其富與王侯埒也.)"[69]라고 묘사하였다. 진상과 휘상의 공통점은 모두 농후한 향토의식을 가지고 있는 것이다. 금의환향하여 고향을 빛내는 것은 그들에게 인생의 중요한 가치를 체현하는 것이었다. 그래서 거액의 이윤 중 상당한 양을 고향에 보내고, 논밭을 사들이며, 정원과 저택을 고쳐 짓고, 또 어떤 사람은 학교를 건립하고, 사묘와 사당 · 교량을 축조하며, 또한 어떤 사람은 의전義田을 마련하여 종중을 공경하고 일족을 화목하게 하며, 가난한 자를 도와주었다. 휘주에는 "휘주를 드러낼망정, 살고 있는 현지를 드러내지는 않는다.(寧發徽州, 不發當地.)"라고 하는 속담이 있다. 휘주에 현존하는 정교하고 아름다운 명청 시대의 저택과 종사宗祠, 그리고 진주晋州의 규모가 광대한 진상대원晋商大院을 통해서 우리는 당시 그들 상인들의 커다란 재력과 광대한 기개, 그리고 호사스러운 생활 모습을 느낄 수 있다.

상인의 사업상 성공과 사치스러운 생활양식은 사회 각 계층에 심리적인 초조함과 물질적인 이익을 추구하는 욕망을 불러일으켰다. 강남 등 경

69 李夢陽, 『空同集』 권40, 『文淵閣四庫全書』本.

제가 발달하였던 지역에는 민중 전체에 장사하는 열풍이 출현하였다. 그런 모습을 명대 후기를 살았던 송강松江의 하양준何良俊은 다음과 같이 말했다.

> 내가 생각하기에 정덕 연간 이전에는 백성들이 열 중 하나는 관청에 있고 열 중 아홉은 밭에 있었다. 대개 사농공상 사민이 각자 정해진 일이 있었고, 백성들은 농사에서 안정을 찾아 다른 데 뜻이 없었다. …… 지금은 농사를 떠나 공업과 상업으로 바꾼 자가 전보다 세 배가 되었다. 지난날 들에서는 손을 놀리는 사람이 없었는데, 오늘날 농사를 떠나서 먹을 것을 좇아 손을 놀리는 자들이 열 중 두셋이다. 대저 백성을 열로 나누어 말하면 이미 여섯 일곱이 농사를 떠났다.(余謂正德以前, 百姓十一在官, 十九在田, 盖因四民各有定業, 百姓安于農畝, 無有他志. …… 今去農而改業爲工商者三倍于前矣. 昔日原無遊手之人, 今去農而遊手趁食者又十之二三矣. 大抵以十分百姓言之, 已六七分去農.)[70]

상업의 뜨거운 물결은 도시나 마을의 규모상 확대를 가져왔고, 시장의 면모도 번영하였다. 명대 중기 이후, 강남에는 수천에서 일만을 넘는 집이 있는 번화한 시진市鎭(소도시)들이 즐비하였다. 도시 인구의 중심은 상인(중개인, 행상인과 소상인을 포함)이나, 수공업의 장인, 운반인부, 여행객이었다. 도시는 교통이 편리하고 경제가 발달하여 정보가 잘 통하였는데, 이런 점이 가까운 지역의 사대부 계층을 끌어당겨 그 지역에 집중시켰다. 항주·소주·양주 등의 번화한 도시는 상업도시였을 뿐만 아니라, 멀리까지 알려진 유명한 관광도시가 되고, 나그네와 관광객들이 오랫동안 체류하였다. "이 땅에 사는 사람들은 대다수가 안락무사하고 생활에 어려움

70 何良俊, 『四友齋叢說』 권13, 中華書局, 1959년, 111-112쪽.

이 없었다.(居斯土者, 大多安樂無事, 不艱于生.)"[71] 홍등의 거리에서 노는 풍조가 날이 갈수록 번성하였다. 양주에는 "양주는 좋을시고, 잠시 있는 관장이 반이거니와, 정원을 팔고 사는 손과 주인, 소금가게와 전당포를 운영하는 상인들, 부귀하게 되어도 고향으로 가지 않네.(揚州好, 僑寓半官場, 購買園亭賓亦主, 經營鹽典仕而商, 富貴不歸鄕.)"[72]라는 속요가 불려졌다.

도시생활은 직업의 분업과 상품의 교환에 의존하고, 자급자족의 지방생활과는 전혀 다른 것이었다. 고관이나 상인의 도시로의 집중은 수공업이나 서비스업의 번영을 촉진하였다. 전영錢泳은 도광 연간의 소주를 "상가가 운집해 있으면서 연회가 때가 없이 많고, 희극관·술집 등 모두 수십 곳에서 매일 연극을 하는데, 그곳에서 삶을 영위하는 소시민들이 수만 명을 내려가지 않았다.(商賈雲集, 宴會無時, 戲館酒館凡數十處, 每日演劇, 養活小民不下數萬人.)"[73]라고 묘사하였다. 상인에 의해 영도되는 도시는 사회의 유행을 촉진하는 근원지가 되었고, 아울러 사치와 소비 풍조를 신속히게 일어나게 했다. 당시의 사람은 만력 연간 이후 일상생활의 변화에 대하여 다음과 같이 기록했다.

> 전에는 신발이나 발싸개 등속은 여홍女紅(여인들의 바느질)에서 나왔는데, 지금은 대개 시장에서 마음대로 산다. 전에는 다방과 술집은 많지 않아서 비계나 위·포 등을 사지 못할까 항상 염려했는데, 지금은 거리에 두루 넘쳐 아침마다 진열하고 날이 저물면 경쇠를 쳐서 끝낸다. 전에는 귀하고 높은 신분이 아니면 헌軒(고관들이 타는 수레)을 타지 못했는데, 지금은 가마가 길을 메우고 있다.(往時履襪之屬出女紅, 今率買諸市肆矣.

---

71 康熙『揚州府志』권7 風俗.

72 惺庵居士, 『望江南百調』, 民國刊本 『揚州叢刻』, 臺灣成文出版社 『中國地方叢書』에 보인다.

73 錢泳, 『舊聞 · 安頓窮人』, 『履園叢話』 권1, 26쪽.

往時茶坊酒肆無多家, 販脂胃脯者, 恒慮不售, 今則遍滿街巷, 旦旦陳列, 暮輒罄盡矣. 往時非貴顯不乘軒, 今則肩輿塞路矣.)[74]

이러한 사치의 기풍이 생활의 각 방면에 영향을 미쳤다. 복식을 예로 보아도 옷감은 질박한 면직물에서 수려한 견직물을 추구하게 되고, 색채도 어두운 색에서 윤이 나고 밝은 아름다운 색으로 옷을 해 입고, 디자인은 일률적이고 단조로운 것에서 이때까지 보지 못한 것을 고안하는 것에 몰두하고, 종래의 황제를 위한 단룡團龍(웅크린 용), 입룡立龍(서 있는 용)의 모양이 일반 서민의 의복에도 사용되었다. "가장 가난해서 가장 검박한 것을 숭상한다.(最貧, 最尙儉朴.)"는 것을 자처한 일부의 유생들도, "습속은 사람을 움직인다.(習俗移人)"라는 충격 속에서, "일부러 색깔이 있는 옷을 입고(强服色衣)"[75] "사치로 쏠리는(靡然向奢)" 큰 조류에 말려들어 갔다. 음식 방면에서도 신선도와 정치함을 강구하여 다채로운 명품 요리를 추구하였다. "부유한 집에 초대된 손님에게는 음식과 찬의 모양을 높게 하여 수륙의 진미가 늘 가득 차려 나왔고, 중인들도 이를 모방하여 한 번의 잔치 비용으로 몇 달치의 음식비를 쓰기도 했다.(富室召客, 頗以飮饌相高, 水陸之珍常至方丈, 至于中人亦慕效之, 一會之費, 常耗數月之食.)"[76] 『청가록清嘉錄』에는 소주의 손님맞이 풍속에 대해, "주민들이 연회가 있으면 모두 희원戲園(극장)에 들여 손님을 대접했는데, 쇠고기를 썰고 생선을 구운 요리가 손님과 벗들의 좌석에 가득하였다.(居人有宴會, 皆入戲園, 爲待客之便, 擊牲烹鮮, 賓朋滿座.)"[77]라고 기록되어 있다. 주거 방면에서는 그 호사스러움이 큰 집을 숭상하고 원림園林을 조성하여 다스렸다. 범렴范濂은 송강

74 『陳司業集 · 風俗論』, 光緒『重修常昭和志稿』 권6 『風俗志』에 보인다.
75 范濂, 『雲間据目抄』 권2.
76 萬曆『嘉定縣志』 권2 『疆域考 · 風俗』, 臺灣成文出版社 『中國地方志叢書』.
77 顧祿, 『清嘉錄』 권7, 上海古籍出版社, 1986년, 122쪽.

(지금의 상해시)을 일컬어 "벼슬하는 선비와 부유한 백성들이 다투어 붉은 대문이 있고 화려한 지붕을 한 집과 높은 집에 화려한 담장을 둔 집을 지었는데, 그 아래로 교량과 선관禪觀 · 패방牌坊을 둔 것이 다른 고을의 갑이었다.(仕宦富民競爲興作, 朱門華屋, 峻宇雕牆, 下逮橋梁, 禪觀, 牌坊, 悉甲他郡.)"[78]라고 했다. 항주 지방의 주민은 "사치와 화려함을 서로 뒤를 밟듯이 일삼아 집과 정원의 정자를 더욱 많이 지어 더할 수 없이 장려했다.(踵事奢華, 增构室宇園亭, 窮極壯麗.)"[79]라고 하였다. 소주 · 양주가 견인하여 형성된 원림 조성을 좋아하는 풍속은 강남 지역의 거의 모든 도시에서 풍미하였다. 명의 하양준何良俊은 삼오三吳(소주 · 상주常州 · 호주湖州)의 도시에서 원림을 조성했던 기풍에 대하여 아래와 같이 평가하였다.

> 모든 집들이 천금을 쌓아 두고 담장을 쌓는 데도 하나의 원림을 조성하려는 것처럼 하였다. 사대부의 집 같은 경우에는 그 힘이 갈수록 넘쳐서 더욱더 이로써 좋게 보이려 한 것이다. 대개 삼오의 도시에서는 원림과 바둑실을 두었는데, 저자 거리와 민가까지 침투한 것이 태반이었다. 그러나 가까운 곳의 토양을 모으고 먼 곳에서 나무와 바위를 가져오는 것은 오로지 한 시대에 자랑하는 것에 불과할 따름이었다.(凡家累千金, 垣屋稍治, 必欲營治一園. 若士大夫之家, 其力稍贏, 尤以此相勝. 大略三吳城中, 園苑棋置, 侵市肆民居大半. 然不過近聚土壤, 遠延木石, 聊以矜眩于一時耳.)[80]

도시의 번화는 행락기풍의 만연을 촉구하고, 항주의 서호西湖, 소주의 호구虎丘, 남경의 진회하秦淮河, 양주의 수서호瘦西湖(그림 10-3) 등은 멀

78 范濂, 『雲間据目抄』 권5.
79 張瀚, 『松窓夢語』 권7 「風俗記」, 臺灣新文豊出版公司 『叢書集成續編』 제213책.
80 何良俊, 「西園雅會集序」, 『何翰林集』 권12, 明嘉靖何氏香岩精舍刻本.

그림 10-3 양주의 수서호瘦西湖 전경. 좁게 이어지는 물 그리고 정원과 불교건축물이 있는 명소이다. 강소성 양주.

리까지 이름이 알려진 시민활동의 중심이 되고 관광의 명승지가 되었다. 『오현지吳縣志』에는 다음과 같이 기재되어 있다.

> 오땅 사람들은 노닐기를 좋아했는데, 땅에 노닐고, 갖춰 놓고 노닐고, 동반자와 노니는 것이 있었다. 땅에 노니는 것은 산·물·원림·정자에 노니는 것인데, 그런 것이 다른 고을보다 많았다. 갖춰 놓고 노닐 때는 맛좋은 술에 맛좋은 안주를 갖추고, 화려하게 단장된 유람선에서 퉁소와 북을 갖추어 흥을 다하기에 힘썼다. 동반자와 노닐 때는 기녀와 노래 잘 하는 이를 뽑아 화려한 자태를 다하였다.(吳人好遊, 以有遊地, 有遊具, 有遊伴也. 遊地, 山水園亭, 多于他郡. 遊具, 則旨酒嘉肴, 畫舫簫鼓, 咄嗟而辦. 遊伴, 則選伎聲歌, 盡態極妍.)[81]

81 顧祿, 『淸嘉錄』 권3, 58쪽.

청의 건륭 시기에는, 양주의 수서호에 떠다닌 유명한 유람선이 250여 척에 달하였다. 일반 민가에서도 산에 놀러가거나 참배하러 가는 것이 일상생활의 일부가 되었다. 사람들이 집에서 나갈 때의 교통수단에도 변화가 생겼는데, 명의 하양준은 "조종조에는 시골 관리들이 집에 돌아올 때에도 걸어서 올 뿐이었는데, 성화 연간에 선비가 처음 말을 타더니, 홍치와 정덕 연간에 이르러서는 모두 가마를 탔다.[祖宗朝鄕官雖見任回家, 只是步行, 憲廟(成化)時士夫始騎馬, 至弘治·正德間皆乘轎矣.]"[82]고 하였다. 그런데 명말에는, "광대나 악공의 천인에 이르기까지 마침내 초헌軺軒을 타고 공연하는 곳에 이르는 자도 있었다.(至優伶之賤, 竟有乘軒赴演者.)"[83]고 하였다. 음식의 기구에 대해서는, "좌석을 설치할 때 찬합을 사용하는 것이 융경 연간에 시작되었는데 만력 연간에는 넘쳐났다. 처음에는 사대부 관리들이 사용하는 것일 따름이었으나 근년에는 복부·구자(전족을 한 기녀를 업고 연회석을 다니는 일을 하는 사람)가 모두 찬합을 사용하며 술을 마시고 산에 노닌다. 고을과 도시 내외에 비로소 찬합을 둔 점방이 있게 되었다.(設席用攢盒, 始于隆慶, 濫于萬曆. 初止仕宦用之, 近年即仆夫·龜子皆用攢盒飲酒遊山. 郡城內外始有裝攢盒店.)"[84]라고 기술되어 있다. 고관과 상인, 한량배와 추종자 등이 모임에 따라 도시의 다관은 나날이 증가하였고, 또 다관은 정보·오락·도박 등의 다양한 기능을 갖추었으며 도시생활의 축소판이 되었다. "세속에서 불평한 일을 만나게 되면 다관에 가서 다투어 그 곡직을 논하여 곁사람들에게 판단해 줄 것을 맡기고 이치가 굽히는 자가 그 벌로 찻값을 냈는데 그것을 '끽강다喫講茶'라고 하였다.(俗遇不平事, 則往茶肆爭論曲直, 以憑傍人聽斷, 理屈者則令出茶錢以爲罰, 謂之'吃講茶'.)"[85]

82 何良俊, 『四友齋叢說』 권35.
83 龔煒, 『巢林筆談』 권4, 中華書局, 1981년, 104쪽.
84 范濂, 『雲間据目抄』 권2.
85 光緒 『羅店鎭志』 권1 「風俗」.

다관을 찾는 사람들은 출신과 사연이 복잡하였기 때문에 진짜와 가짜가 뒤섞여 있었는데, "지곤地棍(현지의 왈패)이나 놀고먹는 무리들이 하루 두 시간을 그 안에 걸터앉았기 때문에 근거 없이 떠도는 말과 재정적 이익을 도모하거나 찾는 일을 대개 이들로 말미암기도 했다.(地棍遊食之徒, 一日率二時踞其中, 故浮浪不根之說, 及圖財利, 探事情 · 率由于此.)"[86]

명청 시대의 사회풍습의 변천, 곧 사치스런 풍조의 성행은 모두 보편성을 띠게 되었다. 그 현상은 우선 사회 각 계층에 의한 폭넓은 참여로 드러났다. "그 시원을 따져보면 대략 진신의 가문에서 일어나 비첩들이 그것을 본받고, 잠자리를 빌려 친척들에게 이르고 이웃 마을에까지 미쳤다.(原其始, 大略起于縉紳之家, 而婢妾效之, 寢假而及于親戚, 以逮隣里.)"[87] 최종적으로 행상인이나 짐꾼까지도 비록 "날을 좇아 영업하며 생계가 어려움에도, 아내와 여식들 또한 모두 주단과 금붙이를 원하고 질박한 면포옷을 입으려 하지 않았다.(逐日營趁, 生計艱難, 而妻女亦皆綢緞金珠, 不肯一着布素.)"[88] 그 다음의 현상으로, 그 영향이 도시와 농촌에 미쳤다. 가정 시대 사람인 하양준은, "근래 풍속이 박하게 된 것은 소주에서 일어난 것이고, 송강(상해)에도 파급되었다.(年來風俗之薄, 大率起于蘇州, 波及松江.)"[89] 라고 지적하였다.

동향현桐鄕縣에서 태어나 자랐던 이락李樂은 『속견문잡기續見聞雜記』에서, "나는 청진에서 생장했는데 유독 사치를 숭상하는 습속을 한스럽게 여겼다. 일용과 혼사, 상장례에서 모두 검소하게 하는 것을 부끄럽게 여겼다. 가난을 짊어진 사람들이 스스로 믿을 만한 말은 못하면서도 처가 잘 꾸미는 것을 좋아하고, 밤이면 반드시 술을 마셨다.(余生長靑鎭, 獨恨其

86 道光『璜涇志稿』권1「流習」.
87 葉夢株,「內裝」,『閱世編』권8, 上海古籍出版社, 1981년, 178쪽.
88 陳宏謀,「風俗條約」, 光緒『蘇州府志』권3.
89『四友齋叢說』권35.

俗尚奢, 日用會社婚喪, 皆以儉省爲恥. 貧人負擔之徒自不必言, 妻必好飾, 夜必飲酒.)"라고 적었다. 재차 사치의 기풍은 강남을 원천으로 하여, 각지를 빈번히 왕래하는 상인을 매개로 하여, 신속히 전국에 퍼졌다. 북직례北直隸 선화부宣化府의 융경주隆慶州에서는, "사인과 평민이 모두 화려한 복식을 가지고 서로 좋다고 자랑하니, 시골의 부녀자들 또한 화려하게 장식하기를 좋아한다.(士民竟以華服相誇耀, 鄉間婦女亦好爲華飾.)"[90]고 하였다. 사천성 가경주嘉慶州 홍아현에서는, "그 복식은 옛날엔 소박한 것이 많았는데, 근래에는 부녀자들이 화려하게 단장하기를 좋아한다. 상투는 중심을 올리는 것을 숭상하고 양 소매는 넓고 길며, 적삼은 얼마쯤 땅을 끌 정도였다.(其服飾則舊多朴素, 近則婦女好爲艷裝, 髻尚挺心, 兩袖廣長, 衫幾曳地.)"[91] 라고 하였다. 산서는 서북에 위치하고 있었지만, "사치의 풍속風俗이 쏠리자 동남 지방의 것과 비슷해졌다.(而奢靡風, 乃比于東南.)"[92]라고 기록되어 있다. 하남·산동에서는 "혼인과 상장례 사이에 먹고 입으며 연회할 때 검속할 줄 모르고 멋대로 비용을 쓴다.(婚喪嫁娶之間, 衣食宴會之際, 不知檢束, 任意靡費.)[93]고 하였다.

명청 시대의 수도 북경은 남방으로부터 과거 수험자나 고관, 상인이 운집하였기 때문에 남방의 기풍이 더 성행하였다. 청대에는 황제가 자주 강남을 방문하였을 뿐만 아니라, 만주 귀족도 강남을 빈번히 왕래하는 유람의 승지로 삼았고, 또한 강남의 관리가 되어 긴 시간 머무는 사람도 있었다. 조설근의 가족은 장기간 강남에 거주하였기 때문에, 북경에 돌아가서도 생활습관은 강남의 풍속이나 기호를 그대로 이어 갔다. 남방으로부터의 조운의 양선糧船(곡물수송선)은 식량을 북경에 운반하는 것뿐만 아

---

90 嘉靖『隆慶志』 권7.

91 嘉靖『洪雅縣志』 권1 「風俗」.

92 張瀚, 『松窓夢語』 권4

93 『淸高宗實錄』 권77, 건륭 3년 9월.

니라, 강남의 대량의 물자를 운반하여 왔다. 사회에서는 사람들이 마실 것으로 남방의 술을 좋아하고, 먹을 것으로 남방의 맛을 중시하며, 노래도 남방의 노래를 존중하고, 사탕도 남방의 것을 칭찬했다. 의복도 남방의 스타일을 추구하고, 정원은 소주나 항주를 따라하고, 글씨와 그림·문구·오락·희극·세시·절구·꽃놀이·음주·품차·바둑도, 강남이 좋지 않다고 한 것이 없었기 때문에, 강남의 풍속이 북경에서는 가장 고귀하고 멋있는 것으로 시대의 유행이 되었다.[94]

전통적인 중국의 사회는 주로 과거·관위·글재주를 통해서 명성이나 지위를 얻었었다. 명청 시대에도 재산의 축적만으로는 상응하는 사회적 지위를 얻기가 곤란하였다. 부자가 된 상인은 때때로 졸부 취급을 당하거나, 문화적인 교양이 부족하다며 고결한 문인이나 사대부로부터 무시를 당했다. 자신의 신분이나 지위를 바꾸기 위해서 명청 기의 대상인은 재력으로 과거 합격자가 되고 그 이익을 지키는 것이 가능하였다. 휘주 지역에서는 본래 "선비도 되고 상인도 된다.(亦儒亦商)"라고 하는 전통이 있어, "비록 상인이 된 자도 모두 선비의 풍모에 가까웠다.(雖爲賈者, 咸近士風.)"[95] 상인 왕도곤汪道昆(1525-1593년)은 유생과 상인의 관계에 대하여 다음과 같이 말했다.

> 사람이 마침내 선비를 사모하여 본받지 않는다면, 유업을 벗어나 장사를 벌일 것이다. 이에 몸으로 이익을 꾀하고 자손을 위해 계획한다면 차라리 장사를 떠나 유업을 벌일 일이다. 한번 벗어나고 한번 벌이며 갈마들며 하게 되면 만종가가 아니면 사천의 말을 부리는 제후가 될 것이고, 그것이 수레통을 굴려서 서로 따르는 것 같으니 어찌 그것이 단순하고 후

94 鄧雲鄉, 『紅樓風俗談』, 中華書局, 1987년, 463-464쪽.
95 戴震, 「戴節婦家傳」, 『戴震文集』 권12, 中華書局, 1980년, 205쪽.

한 것이겠는가? 방법을 생각함에 있어 살펴야 할 것이다.(人畢事儒不效, 則弛儒而張賈. 卽則身飨其利矣, 及爲子孫計, 寧弛賈而張儒. 一弛一張, 迭相爲用, 不萬種則千駟, 猶之轉轂相巡, 豈其單厚然乎哉? 擇術審矣!)[96]

이 때문에, 또 아래와 같이 말했다.

흡의 업은 회수 남북에서는 소금을 파는 업을 하는 자로 진신과 거족이 많다. 그 공적인 업을 급히 하고, 그 서열(관직)을 의론해서 벼슬을 하려는 사람이 실로 많으나, 그리고도 독서를 해서 과거에 오르고 사원(한림원)에 들어가 무사(높은 벼슬자리)에 올라가는 것은 여러 번 어려움을 겪게 되어 쉽지 않다. 또 명현재사들이 종종 그 사이에서 나오면 실로 상업을 하면서 선비를 겸하는 일이 될 것이다.(歙之業鹾于淮南·北者, 多縉紳巨族, 其以急公議敍入仕者固多, 而讀書登第, 入詞垣, 躋膴仕者, 更未易仆數 且名賢才士往往出于其間, 則固商而兼士矣.)[97]

많은 상인의 가문이 문인을 배출하고, 대대로 관리가 되었다. 하병체何炳棣의 『명청사회사론明清社會史論』에서의 통계에 의하면, 1371년부터 1643년 사이에, 양회(회남과 회북)의 염상 출신 진사는 106명에 달하고, 청대가 되면 1647년부터 1804년 사이에 태어난 진사는 139명이었다. 명청 시대의 강남 지역은, 중소 규모의 작은 도시에서도 공부하는 기풍이 번성해서 과거 합격자가 많았다. 절강 호주湖州의 남심진南潯鎭 등은 견직물업으로 세상에 이름을 알린 것뿐만 아니라, 과거 합격자도 극히 많고, 명대 가정·만력 연간에 7명의 진사를 배출하여 "9리에 3각로, 10리

---

96 汪道昆, 「海陽處士金仲翁配戴氏合葬墓志銘」, 『太函集』 권52, 明萬曆刻本, 『四庫存目叢書』 集部 117책.

97 許承堯, 「歙風俗禮教考」, 『歙事閑譚』 권18, 黃山書社, 2001년, 603쪽.

에 2상서(九里三閣老, 十里兩尙書)"라고 하는 속담이 있을 정도였다.[98] 청대가 되면, 진사 급제자는 16명, 향시 합격자는 50명이 되었고,[99] 글 읽는 소리와 베틀 소리가 종종 밤에도 이어졌다는 전통을 유지하였다.[100] 이외에, 면포업을 했던 작은 마을인 남상南翔, 잠사업의 소도시 능호菱湖, 소주 부근의 유정唯亭·녹직甪直이나, 상숙常熟의 동남에 있는 당시唐市 등의 작은 마을도 문화가 많이 발전하고, 문인과 학사들이 모여들어 강남은 명실상부한 전국 문화의 중심이 되었다.

3. 사회문화의 번영

강남에서 부를 쌓은 큰 상인들은 현지의 명사의 예로 자신들의 지위를 올리기 위해, 그 대부분이 풍아로 손님을 좋아하고 명사나 고관과 교제함으로써 스스로 성가를 높였다. 그들은 각각 개인의 취미·품행·애호의 차이에 응하여, 부분적으로 자금을 내고, 정원이나 객사를 건축하여 명사를 초대하고 결사를 만들고, 시를 읊고 시문의 모임을 주재하며, 서적을 출판하여 소장하고 서원이나 학교를 세워 가난한 문인을 원조하고, 서화 작품을 사 모아서 고상한 문화적 분위기를 만들었다. 염상鹽商 마왈관馬曰琯은 기문현祁門縣 출신의 제생諸生으로 양주에서 소영롱산관小玲瓏山館을 세우고, 기꺼이 문인이나 풍류인과 교제하였다. 각지의 문인이 방문하면, "관에 가면 식사를 주었는데 종신토록 게으른 기색이 없었다.(適館授餐, 終身無倦色.)"[101]라고 하였다. 항주인 여악厲鶚은 항주에서 마씨의 식

98 '三閣老'는 만력 연간에 내각대학사를 담당한 朱國禎, 沈漼, 溫體仁을 가리킨다. '兩尙書'는 가정 연간 예부상서를 맡았던 董份과 만력 연간 남경형부상서를 맡았던 沈演을 가리킨다.

99 道光『南潯鎭志』권6「科第」.

100 咸豊『南潯鎭志』권6「古迹」.

101 李斗,「新城北錄中」,『揚州畵舫錄』권4.

객이 되었고, 그 풍부한 장서를 이용하여 저술에 전념해 대가가 되었다. 여악은 60세가 되어도 대를 이을 자가 없었기 때문에, 마씨는 그를 위해 가택을 나누어 하녀를 주었다. 같은 시기에, 소영롱산관에 있던 전조망全祖望이 우연히 병이 걸렸을 때 마왈관은 거금을 내어 의사를 불러 치료해 주었다. 마왈관은 이미 주이존朱彛尊을 위해 『경의고經義考』를 출판하고, 또 거금을 내어 장형蔣衡이 손수 베낀 『십삼경十三經』의 표장을 하고, 또 『설문해자說文解字』·『옥편玉篇』·『광운廣韻』·『자감字鑑』 등의 사전류를 출판했기 때문에, 당시 사람은 '마판馬板'이라고 일컬었다. 원매袁枚는 『양주유마씨영롱산관감조추옥주인揚州遊馬氏玲瓏山館感弔秋玉主人』에서 찬탄하기를, "언제나 천 시렁에 그림과 역사책을 횡으로 진열하고, 일생토록 문인을 기르네.(橫陳圖史三千架, 供養文人過一生.)"라고 했다.[102] 염상인 왕체汪棣는 의정儀征의 늠생廩生(과거시험 준비생) 출신으로 시문이 공교하였다. 양회兩淮 염운사 노견증盧見曾과 친구가 되어, "많은 특이한 서적을 모았는데, 그는 성향이 빈객을 좋아하여 술독을 비워 두지 않았다.(多蓄異書, 性好賓客, 樽酒不空.)"라고 하여, 당시의 저명한 학자인 대진戴震·혜동惠棟·전대흔·왕명성 등과도 모두 친밀한 관계를 가졌다. 거상들의 존경을 받으면서 건륭 연간 회양淮揚의 학문적 기풍은 매우 왕성하였다. "간상(양주)에 때 맞춰 2월에 꽃이 피고, 상옹들 대부분이 시옹들에게 배운다.(邗上時花二月中, 商翁大半學詩翁.)"[103]라고 한 것처럼, 상인과 문인은 서로 창화하며 연회를 열고 술을 마셨다. 한때, "문인들 자취를 부쳤는데, 해내에서 반이었네.(文人寄迹, 半于海內.)"라며, 세상의 문인으로 시를 조금이라도 쓸 수 있었던 자는 양주에서 놀며 지내는 것을 원했기 때문에 "양주의 곳곳에 시인이 있었네.(揚州遍地是詩人)"라고 말할 정도였다. 청

102 袁枚, 『小倉山房詩集』 권27, 『袁枚全集』 제1책, 江蘇古籍出版社, 1993년, 594쪽.
103 林蘇門, 「維揚竹枝詞」, 『揚州風土詞萃』, 揚州大學圖書館藏本.

대 경학經學의 양주학파는 이와 같은 문화적 분위기 속에서 태어났는데, 양계초는 『청대학술개론清代學術概論』에서 심지어 휘상을 주체로 하는 양회의 염상들이 건륭·가경 시기 청학清學의 전성에 공헌한 것은 남유럽의 대가와 거상들이 유럽에 문예를 부흥시킨 것과 병론할 수 있는 것이라고 하였다. 거상들이 화조풍월을 사랑하고 시를 읊었다는 것은 그들이 꽤 자부심을 가지고 풍류인인 척했다는 것을 부정할 수 없다. 그러나 확실히 문화에 조예가 깊은 한 무리의 상인들이 있었고, 그들은 문인·학자들에게 조금도 손색이 없었다. 소주와 양주 상인들이 정원예술과 희곡예술을 추구한 것에는 지극히 풍부한 문화적인 의미가 내포되어 있다. 염상인 마왈관은 오래된 것을 좋아하여 학식을 넓히며 문예를 연구하고 사전을 평론하여 곁으로 금석학에까지 미쳤다. 그와 그의 동생인 마왈로馬曰璐는 장서를 매우 좋아하고, 선본이나 귀중한 판본을 많이 소유하고 있었다. 1772년(건륭 37)에 사고전서관이 개설되자, 마씨 자손은 776종의 장서를 기부하였는대, 그 수는 당시 강소·절강의 4대 장서가 중에서 가장 많았다. 건륭·가경 시대는 서화·골동을 수장하는 기풍이 상당히 발달하여, 상인들 가운데서도 많은 수장가나 감상가가 나타났다. 예를 들어, 강순江恂이 수장한 금석서화의 수는 동남 지역에서 가장 많았다. 또 건가학파의 중심 인물이며 저명한 염상인 강춘江春의 질손 완원阮元이 금석학의 대저인 『적고재종정이문관식積古齋鐘鼎彝文款式』을 찬록했을 때, 많은 상인의 소장품이 도움이 되었다.

상업의 번영이란 사회적 배경을 기반으로, 희곡戲曲(지방극)을 대표로 하는 통속문화도 고도의 발전을 이루었다. 명의 성화 연간 "본디 번화라고 일컫다.(素號繁化)"라고 했던 것처럼 소주에서는 이미 "현악기와 죽관악기를 타며 노래하는 소리가 저잣거리의 소리와 섞인다.(絲竹謳歌, 與市聲相雜.)"라는 기풍이 있었다. 명대 중기 이후가 되면 관리와 상인이 스스로 희반戲班(극단)을 가지고 키우는 유행이 일어나 지극히 성행했다. 장대

張岱의 집에서 전후로 양성했던 성기聲伎(노래하는 광대)로는 가찬반可餐班, 무릉반武陵班, 제선반梯仙班, 오군반吳郡班, 소소소반蘇小小班, 평자平子(장대의 동생)의 무원반茂苑班 등의 명색이 있다.[104] 이어李漁는 희첩들을 훈련시켜 배우로 충당하여 그녀들을 데리고, "연燕(하북성) 지역을 유람했고, 초楚(호북성)에 갔으며, 진秦(섬서성) · 진晉(산서성) · 민閩(복건성)에 갔고, 장강의 남북과 절강의 동서 지역에 배를 띄워(遊燕適楚, 之晉, 之秦, 之閩, 泛江之左右, 浙之東西.)" 각지에서 항연을 했다. 어떤 때는 초청에 응하여 당회에서 출연하고, 혹은 벗이 개최한 접대 연회석에 희반을 데리고 앞으로 갔는데, 사람들은 이것을 '타추풍打抽風'이라 했다.[105] 청대 전기, 황제의 감상이나 관청의 연회에 응하기 위해 회양의 염상들은 거액을 투자해 명배우들을 초빙하여 희반에 충당했다. 또 사곡詞曲에 정통한 장사전蔣士銓 · 김조연金兆燕 등 명가를 불러 장기간 먹이면서 곡이나 극을 만들게 하였다. 염상 중에서는 심지어 공척사성학工尺四聲學(곡보학曲譜學)에 정통했던 희곡의 고수가 많이 나타났다. 본관이 휘주인 정잠程鋻은 양주에서 장사를 하였는데, "음률을 즐기고, 고곡顧曲(음과 희곡을 감상하는 것)에 정통하여 오중吳中의 노숙한 악공들이 미치지 못했고, 무릇 그의 지도를 받은 이들이 모두 이름을 떨쳤으며, 드디어 법부의 우두머리가 되었다.(嗜音律, 顧曲之精, 吳中老樂工所不及, 凡經指授者, 皆出擅重名, 遂爲法部之冠.)"[106]라고 했다. 염상의 조직적인 육성으로 말미암아, "소주반의 명희는 회양에 모여든다.(蘇班名戲淮揚聚)"고 하였고, "노곤의 소단(여배우)은 동오(소주와 양주 지역)에서 다한다.(老昆小旦盡東吳)"고 하였으니, 소주와 양주는 한때 전국적인 희곡의 중심지가 되었다.

1790년 건륭 황제의 80세 탄생 축하연에 양주의 염상인 강학정江鶴亭

104 張岱, 「張氏聲伎」, 『陶庵夢憶』 권4, 上海古籍出版社, 1982년, 37쪽.
105 李漁, 『笠翁一家言文集』 권2, 『李漁全集』 제1권, 浙江古籍出版社, 1992년.
106 嘉慶 『江都縣續志』 권6.

은 삼경희반三慶戱班을 조직하고 상경해서 연극을 헌상하고, 그 후 사희반四喜班·춘대반春台班·화춘반和春班도 육속陸續과 북경에 이르렀고, '사대휘반四大徽班'이 북경에 진출해 중국의 국극인 '경극京劇'을 배태시켰다. 산서 상인도 똑같이 희극을 애호했다. 산서에는 "기태(기현祁縣의 태곡太谷)의 유자, 포주의 희자(祁太溜子, 蒲州戱子)"라는 민요 구절이 있었는데, '유자'란 옛날 산서의 전포錢鋪·표호票號(금융기관)의 별칭이었다. 진상晋商들의 희곡 애호는 "극을 연기하여 신에게 보답한다.(演戱酬神)"란 상업의 습속과 관련이 있었다. 진상은 자금을 내어 스스로 희반을 기획하여 그 지역의 방자희邦子戱(지방극)를 선전하고, 자신들이 즐기는 것 외에, 권신과 교제하고, 상업적 관계를 맺기 위한 사회적인 수단으로도 사용하였다. 방자희는 진상의 발자취와 함께 전국에 전해지고, 광서 연간(1875-1908)에는 북경에서 융성하여 청조의 궁정에도 들어갔다.

지방의 사신士紳(사족과 지방사인)과 상인의 존중을 받아 희곡은 명·청 시대의 사회에 있어 넓게 애호되었다. 위로는 궁정에서 아래로는 시정까지 궁벽한 벽촌도 포함해서 희곡은 주요한 오락이었다. 민속 명절과 민중의 오락, 사신들의 연회, 게다가 사회적인 교제에 이르기까지 희곡은 빠뜨릴 수 없는 것이 되었다.(그림 10-4) 희곡은 사회생활·사상·풍속에 깊은 영향을 주었다. 명대 사람 기표가祁彪佳는 일기에서 현지의 민중들이 희극을 보는 모습을 기록하기를 항상 "보는 자들이 미친 것과 같다.(觀者如狂)"란 말로 형용하였다. 청대 초기의 유계장劉繼莊은 다음과 같이 감개하여 말했다.

> 배우들이 귀신과 같고 마을 노래는 곡성 같으며, 의복은 거렁뱅이의 터진 옷에서 나온 솜과 같고 과원科諢(익살, 농담)은 기운이 발발한 아낙이 거리에서 꾸짖는 것 같아 마치 사람이 있는 것 같다. 그리고 가슴으로 올라오는 추위에도 오래도록 서서 공연을 바라보면 그들의 노랫소리가 사

그림 10-4 강희제의 60세 생일축하 행사의 한 본. 건륭제 혹은 가경제 치세의 익명의 궁중화원들이 그린 복사본. 이 그림은 1713년 북경에서 펼쳐진 생일축하 장면들을 보여 주는 것으로, 황제의 생일 전날, 황제가 장춘(기쁘고 즐거운 봄의 정원)에서 자금성으로 갈 때이다. 그림에서 오른쪽 위는 경극무대 장치가 있는 원명원이다.

람을 움직이는 것은 진실로 아름답고 좋은 것과는 관계없는 것 같다.(優人如鬼, 村歌如哭, 衣服如乞兒之破絮, 科諢如潑婦之罵街, 猶有人焉, 冲寒久立以觀之. 則聲色之移人, 固有不關美好者矣.)[107]

강남의 도회인 소주에는 전문적인 희관·희원(극장)이 수십 군데 이상 있었고, 창문閶門 일대만 해도 십여 군데가 존재하였다. 희곡 외에도 "각종 기예와 극희가 사방에서 와 각기 장점을 바쳐 유람객의 눈을 즐겁게 하는 것이 있었다.(雜要諸戲, 來自四方, 各獻所長, 以娛遊客之目.)"[108] 건륭기의 강남 지역에서 유행했던 『소주죽지사蘇州竹枝詞』 중의 머리 부분에 「염소주艶蘇州」가 있는데, 그 가사는 "색종이를 잘라 실을 새겨 구름을 만들고, 풍류의 남자들이 붉은 치마 입었어라. 집집마다 노래를 함이 일상일 따름이니 세 살배기 어린애도 놀이문자를 아는구나.(剪彩鏤絲制飾雲, 風流男子着紅裙. 家歌戶唱尋常事, 三歲孩童識戲文.)"라고 한 것이다. 청대의 북경

107 劉繼莊, 『廣陽雜記』 권2, 中華書局, 1957년, 108쪽.
108 顧祿, 『淸嘉錄』 권1, 10쪽.

에는 각종 지방극이 많이 모였기 때문에, 희곡예술이 교류하는 곳이 되어, 희극을 관람하고 사곡을 듣는 것이 유행했다. “종실의 팔기와 귀천빈부의 상하가 없이, 모두 노래 공부하는 것을 능사로 삼았다.(宗室八旗, 無貴賤貧富上下, 咸以工唱爲能事.)”[109]라는 말이 있다. 부호의 집은 자주 희반을 불러, 무대를 만들어 창극을 공연했다. 보통 서민은 다관이나 희원, 오락장에서 극을 보았다. 그것을 맛보는 데는 아속의 구분이 없었으나, 모두 일상생활에 있어 중요한 요소가 되었다.

109 魏元曠, 『蕉窗隨筆』, 民國 『魏氏全書』本.

제3절

문인사대부의 청아한 생활

1. 정을 얻고, 욕망을 이루다

명대 중후기, 상공업 경제와 도시 문화가 발전하면서 정주이학의 '천리天理를 간직하여 인욕人欲을 멸한다'는 도덕적 신조는 명백히 무력화되었고, 사회도덕의 가치체계는 심각한 위기에 직면하였다. 정통적인 도학에 어긋나는 이욕利欲의 관념은 명청 시대 문인사대부의 개성, 정신적인 만족, 물질적인 욕망을 선양하는 생활양식의 사상적 기반이 되었다. 그러나 정욕이나 이욕을 긍정하는 자연인성론은 객관적으로는 정욕의 한계를 다하는 것을 추구하는 향락적 기풍을 조장하기도 했다. 홍치 · 정덕 연간에 오중吳中 지역에 있어 축윤명祝允明, 당인唐寅을 우두머리로 한 '광간狂簡(지조를 높게 사고 세속의 가치에 휘둘리지 않는 것)'의 선비들 모임이 출현하여 "또한 '임탄(얽매이지 않은 행동 등)'으로 세상의 지목이 된다.(并以任誕爲世指目)"[110]고 하였다. 축윤명은 "세상을 희롱하여 스스로를 놓아 버리고, 예법의 선비와 가까이하는 것을 꺼린다.(玩世自放, 憚近禮法之儒.)"[111]라고

110 『四庫全書總目』 권171, 『懷星堂集』條, 中華書局, 1965년.
111 顧璘, 『國寶新編 · 祝允明傳』 臺灣明文書局 『明代傳奇叢刊』 제21책.

하였는데, 그의 『축자죄지祝子罪知』는 전통적인 정론을 뒤집고, 역사상의 인물이나 문학사를 재평가하며, 지극히 이단적인 색채가 풍부한 것이었다. 당인은 마음대로 얽매이지 않고, "강남 제일의 풍류재자(江南第一風流才子)"라 자칭하고, 「도화암가桃花庵歌」에서 "복사꽃 마을의 도화암, 도화암 마을의 도화선이여, …… 술이 깨면 복사꽃 앞에 앉을 뿐이고, 술이 취하면 또다시 꽃 아래서 잠들리라. …… 원하기는 꽃과 술 사이에서 늙어 죽는 것뿐, 거마 앞에서 몸 굽히길 원치 않노라.(桃花塢里桃花庵, 桃花庵里桃花仙 …… 酒醒只在花前坐, 酒醉還在花下眠 …… 但願老死花酒間, 不願鞠躬車馬前.)"라고 하였다. 또 "담박하게 자신에게 만족하고, 견개狷介하게 스스로 처한다.(淡泊自甘, 狷介自處.)"라는 독행의 취미를 토로하였다. 멋대로이면서 자부감이 있고, 예교의 규범에 얽매이지 않았기 때문에 축윤명과 당인 같은, 상궤를 벗어난 인물들은 민간에서 많은 일화를 남겼다. 명대 후기, 정치는 암흑에 빠지고, 벼슬에 뜻이 없는 문인사대부는 한거하여 세상을 피해 은둔생활을 하는 것에 마음을 두어 우아하고 한적한 생활을 추구하였다. 가흥 사람 이일화李日華는 성정이 "온화하고 평이하며 한아하게 지내, 벼슬길에 나가는 것을 집착하지 않는(和易安雅, 恬于仕進)" 사람으로 집에 거처하며 20여 년, 시문과 서화, 골동을 감상하는 것을 즐거움으로 삼으니, "한 시대의 사대부 중에 풍류를 알고 유아하며 옛것을 좋아하고 사물에 박식한 자들(一時士大夫風流儒雅好古博物者)"이 문하에 모였다.[112] 수수秀水 사람 풍몽정馮夢禎은 탄핵을 당해 관직에서 쫓겨난 후 서호西湖에 한거하며 도를 배우는 사람의 몸가짐을 하고서 제자들과 "겸추(머리를 내려뜨리고 수행하는 것)하고, 평창하며(鉗錘評唱)", "선등의 장실과 맑은 노래가 들리는 동방을 갖춘(禪燈丈室, 淸歌洞房)" 명승에 있어서, "사방의 학자는 날마다 오고(四方學者日進)", "해내에서 바라보고

112 錢謙益, 「李少卿日華」, 『列朝詩集小傳』 丁集下, 上海古籍出版社, 1959년, 638쪽.

신선과 진인이 사는 골짜기로 여겼다.(海內望之以爲仙眞洞府)"[113]라고 하였다. 명대의 가장 저명한 산인인 진계유陳繼儒는 '청나거사淸懶居士'라 자칭하고, 29세에 유자의 관을 태워 버리고 곤산昆山에서 은거하였다. 그의 이론은 관리가 되면, "수고롭고 편치 않을 뿐(勞勞擾擾)"이어서 마음이 몸의 부림을 받아 진정으로 생활의 무궁한 운미를 향수하는 것이 불가능하다는 것이다. 산중 생활이 도시 생활보다 좋은 것은 "가혹한 예를 꾸짖지 않고 낯선 나그네가 보이지 않으며, 술과 고기에 혼탁해지지 않고 밭과 집을 다투지 않으며, 더위와 추위를 묻지 않고 곡직으로 시끄럽지 않으며, 글을 써달라는 요구와 시달림을 받지 않고 벼슬자리를 말하지 않는 것(不責苛禮, 不見生客, 不混酒肉, 不競田宅, 不問炎凉, 不鬧曲直, 不徵文逋, 不談仕籍)"[114] 때문이라고 했다. 명말의 산인山人은 전통적인 은둔자와는 큰 차이가 있다. 사치향락을 추구하는 사회 기풍의 영향 속에서 안빈낙도하고 중의경리重義輕利하는 전통적인 관념은 이미 매우 희박하였다. 은둔자란 이름이 있지만, 도리어 청빈과 적막함으로 인한 괴로움은 없고, 고관이 되어 영화를 맛보기보다는 차라리 공문서와 편지 쓰기로 몸을 수고롭게 하는 일은 없게 되는 것이 명말 사인의 이상적인 은둔생활이었다. 이 때문에 한가로운 경지나 천성의 심미관을 가질 필요가 있을 뿐만 아니라, 경제적인 보장도 가질 수 있어야 하기 때문에, 시문·서화에 대한 특기는 많은 산인이 생계를 도모하는 중요한 수단이 되었다. 진계유는 독자의 길을 열고, 자신의 이름을 빌려서 이익을 추구하였다. 그는 일찍이 널게 오월 지역의 "궁한 유자와 노숙으로 숨어서 굶주리는 자(窮儒老宿隱約飢寒者)"들을 불러서, "문장을 찾고 구절을 따와서 내용에 따라 분류하거나, 자질구레한 말과 궁벽한 일을 절취하고 어수선한 것들을 모아 묶어

113 錢謙益, 『列朝詩集小傳』 丁集下, 『馮祭酒夢禎』, 620쪽.
114 陳繼儒, 『岩棲幽事』 明萬曆 『寶顔堂秘笈』本, 『四庫全書存目叢書』 子部 제118책.

서 책을 만들었다.(尋章摘句, 族分部居, 刺取其瑣言僻事, 薈蕞成書.)"고 하였다. 그런 뒤에, "미공이란 이름(眉公之名)"으로, "멀고 가까운 곳에 유전하도록 했다.(流傳遠邇)"[115]라고 한다. 그렇다 해도 진계유의 행동은 후세 사람들로부터 기롱과 비판을 받았다.[116] 그러나 그는 명말 상업사회의 배경에 자유롭게 처하면서 세상일에 밝고 인정을 통달한 인생철학을 잘 체현하였다. 명청 전환기에 정국이 혼란하게 되면서, 숨어살고자 속세를 피하고 심지어 불문佛門에 들어가는 것이 문인사대부로서 동란의 사회를 도피하는 방법이 되었다. 그러나 민족이 위급한 존망에 직면하고, 왕조가 교체되자 '한적閑適'이란 생활 지취가 국가상실의 고통으로 대체되었다. 오정烏程 사람인 동설董說은 청초에 출가해 승이 되었고, 시를 지은 것이 많은데, "방외에서 뜻을 찾고, 고기 잡고 나무 하는 일에 제 지내는 일을 합치며, 산해경의 세계를 꿈속에서 노니니, 홀로 향법에 벽이 되네.(探情于方外, 合社于漁樵, 遊夢于山經, 孤癖于香法.)"[117]라고 하였으나, 실제로는 시종 세속을 떨쳐버리지 못하였다. 명의 종실 출신인 주탑朱耷은 명이 멸망한 후에 출가하여, 스스로 '팔대산인八大山人'이라 칭하고 "부처를 세워 종사라 일컬었다.(竪佛稱宗師)"고 했는데, 임천의 수령인 호胡모가 "부르니 관사에 이르렀다.(延至官舍)"고 하였고, 1년여 뒤 갑자기 발광하여 울다가 웃다 하면서 평상심이 없었고, "불교 옷을 찢고 태워 버렸다.(裂浮屠服焚之)"고 하며, "저잣거리를 미친 듯이 돌아다녔다.(倡佯市肆間)"[118]고 했다. 깊고 깊은 국가에 대한 고통을 토로한 것이다. 황종희·고염무·왕부지王夫之 등 일련의 걸출한 학자나 사상가는 청조가 되자 결코 관직에는 오르지 않고, 제자를

115 錢謙益, 「陳徵士繼儒」, 『列朝詩集小傳』 丁集下, 637쪽.

116 淸人 蔣士銓 『臨川夢』을 보면 陳繼儒의 出場詩에, "裝點山林大架子, 附庸風雅小名家", "翩然一只雲間鶴, 飛來飛去宰相衙"라는 것이 있다. 上海古籍出版社, 1989년, 19쪽.

117 陳田, 「董說」, 『明詩紀事』 辛籤 권28, 上海古籍出版社, 1993년, 3,458쪽.

118 陳田, 「朱耷」, 『明詩紀事』 辛籤 권27下, 3,442쪽.

키우고 강의하며 은거하여 저술에 힘써 그 가치의 방향성이나 생활양식은 보다 적극적으로 시대의 의의를 체현하게 되었다.

2. 개성을 키우는 생활 스타일

청대는 100년에 걸친 발전을 거쳐 건륭 연간에 이르러 사회경제가 전성기에 이르렀다. 풍요로운 사회의 재력상의 지지나 사치를 숭상하는 사회 분위기는 문인사대부에게 '정을 이루고 욕망을 달성하는 관념'을 자라도록 하는 온상이 되게 하였다. 물질적인 향수에 대한 과도한 추구는 그들의 개인적인 생활에도 욕망을 추구하는 경향을 뚜렷이 출현시켰다. 전영은 18, 19세기의 전환점에 있어 동남해 연안지역 사인들의 사치한 생활을 다음과 같이 묘사했다.

> 때는 승평의 시절이어서 사방이 편안하였다. 그러므로 사대부들은 모두 호화롭고 더욱 기녀들과도 함께 노닐었다. 강녕에는 진회하가 있고 소주에는 호구의 산당이 있으며, 양주에는 천녕문 밖의 평산당이 있고 화려한 놀잇배에 소고가 있었는데, 거의 비는 날이 없었다. 기생 중에 한 기예에 뛰어난 자는 비파 · 고판 · 곤곡 · 소조 등을 어린아이 때 익히지 않은 것이 없었다. 간혹 시화에 능한 자도 있고 거문고와 바둑에 능한 자도 그 하나가 아니었다. 그것을 하게 되면 이어져 하루 해를 다했는데, 일시에 전파되어 재자와 가인들이 아름다운 노래에 함께 집착하였다. 그러나 이 때문에 몸을 망치고 집을 파산시키는 자들이 있었고, 이 때문에 이름을 더럽히고 일을 그르치는 자들이 있었는데도 사람들은 각성할 줄을 모르고 음주를 비유하여 늘 취향에 있다고 하니, 이는 참으로 무슨 심사인가?(時際升平, 四方安樂, 故士大夫俱尚豪華, 而尤喜狹邪之遊. 在江寧則秦淮河上, 在蘇州則虎丘山塘, 在揚州則天寧門外之平山堂, 畫船簫鼓, 殆無虛日. 妓之工

於一藝者, 如琵琶·鼓板·昆曲·小調, 莫不童而習之, 間亦有能詩畫者, 能琴棋者, 亦不一其人. 流連竟日, 傳播一時, 才子佳人, 芳聲共著. 然而以此喪身破家者有之, 以此敗名誤事者有之, 而人不知醒, 譬諸飮酒, 常在醉鄕, 是誠何心哉?)[119]

마음껏 향락에 빠진 사람들 속에서, 동남의 문인 지도자였던 원매는 가장 대표적인 존재였다. 원매는 이론상으로 성정설性情說을 고취하고, 인간성의 자유를 선양하는 것뿐만 아니라, 자신의 생활도 이理를 보존하고 욕欲을 막는 속박을 받아들이지 않았다. 그는 음식욕을 그대로 나타내고, '수원隨園'을 세울 때에는 있는 사치를 다 부렸다. "연못과 누관을 한껏 꾸미고, 높은 것을 높이고, 낮은 것을 낮추니, 암곡이 현란하다. 진기한 새와 진기한 짐승을 기르고, 등을 설치하니 노니는 사람을 놀라게 한다.(崇飾池館, 高高下下, 絢爛岩谷. 蓄珍禽奇獸, 張燈聳動遊人.)"[120]라고 했다. 원매는 건륭·가경 연간의 문인들 중에서 '풍류방탄風流放誕'이란 이름이 있었다. 이른바, "사람이 풍류가 없으면 부귀도 소용없으니, 홍촉과 장원의 집 두 길을 간다.(人不風流空富貴, 兩行紅燭狀元家.)"라고 한 것이다. 그는 세속에서의 편견을 무서워하지 않고, 시를 배우는 많은 여성 제자를 대놓고 모집하여 당시의 세간을 놀라게 하였다. 『수원질사隨園軼事』의 저자인 장돈복蔣敦復은 "선생(원매)은 꽃을 좋아하여, 일생 싫어하지 않았다.[先生(袁枚)愛花, 一生不倦.]"라고 하였고, "나이가 고희 가깝게 되자, 오히려 날마다 여인 찾기를 일삼았다.(至年近古稀, 猶日以尋春爲事.)"라고도 했다. 그 첩 가운데 세세하게 알 수 있는 자만 십여 명이었다. 원매의 친우인 조익趙翼(1727-1814)은 희롱 삼아, '공사控詞(고발문)'를 쓴 적이 있는데, 원

119 錢泳, 『臆論·醉鄕』, 『履園叢話』 권7, 193쪽.
120 孫星衍, 「袁枚傳」, 『清碑傳集』 권107, 上海古籍出版社, 1987년.

매의 인격이나 생활방식을 풍자하고 맺음말로 "풍류반의 수장이라 하지만, 실은 유교의 죄인이라네.(雖日風流班首, 實乃名教罪人.)"[121]라고 하였다. 원매 이외에도 벼슬이 총독에 이르러, "국내의 중망을 짊어지고, 문장과 정치적 공적도 스스로 국사를 갖추었다.(負海內重望, 文章 政績自具國史.)"라고 한 필원畢沅(1730-1797)도 자못 성색의 욕망을 다했다. 그는 조정에서 지방관이 희극을 양성하는 것을 허가하지 않는 금령을 원하지 않았다. 그리하여 "집에서 이원梨園의 일부를 기르며 공무의 여가에 연창을 하게 했다.(家蓄梨園一部, 公餘之暇便令演唱.)" 전영錢泳은 이에 대해 '너무 사치스러운 것이 아니냐'고 하였으나, 필원은 도리어 "내가 '문산유상文山遺像'에 대한 글을 지은 적이 있는데, '문장에는 저절로 정기가 있으니, 어찌 가기에게 충성을 겹 바쳤던가?'란 것이 있지. 이른바 '대덕은 한가로움을 훔치지 않지만, 소덕은 출입하는 것이 가능하다'라는 것이네.(吾嘗題文文山遺像, 有云, '自有文章留正氣, 何曾聲妓累忠忱', 所謂大德不偷閒, 小德出入可也.)"[122]라고 하였다. 명사가 풍류를 추구하면, 일반 진신사인도 차례로 이것에 따르며, 그것이 마치 기풍처럼 되었으나, '정을 이루고 욕망을 달성한다'고 하는 것은 본디 반역의 뜻을 갖추고 있으며, 이것이 저속한 향락주의로 변천하였다. 『청사열전淸史列傳』에 "원매는 이름이 승하고 담력이 자유로웠으며, 재주가 많으면서도 손이 빨랐다. 뒷날의 선비들은 그의 재능을 배우지 않고, 먼저 그의 방탕함을 배우면 폐단이 없지 않을 것이다.(袁枚名勝而膽放, 才多而手滑. 後進之士, 未學其才能, 先學其放蕩, 不無流弊焉.)"[123]라고 했다.

---

121 梁紹壬, 「甌北控詞」, 『兩般秋雨庵隨筆』 권1, 淸道光17년 汪氏振綺堂刻本.

122 錢泳, 『耆舊 · 秋帆尙書』 『履園叢話』 권6, 150쪽.

123 『淸史列傳』 권72, 中華書局, 1987년.

3. 청아한 생활 정취

높은 문화적 소양을 갖추고, 또 동시에 풍부한 시간이나 융숭한 물질적 조건이 있었기 때문에, 명청 시대의 문인사대부는 예술적인 심미안을 통해 자세히 일상생활을 느끼는 것이 가능하여, 화花·초草·수樹·목木·악기·바둑·서書·화畵 안에 있는 시의詩意나 선열禪悅을 체험했다. 진계유는 『태평청화太平清話』에서 분향焚香·시다試茶(차를 맛보는 것)·세연洗硯(벼루 씻기)·고금鼓琴(현악기 타기)·교서校書(서적 교감)·후월候月(달 기다리기)·청우聽雨·요화澆花(꽃에 물주기)·고와高臥·감방勘方(약방문)·경행經行·부훤負暄·조어釣魚·대화對畵·수천漱泉·지장支杖·예불禮佛·상주賞酒·안좌晏坐·번경翻經·간산看山·임첩臨帖·각죽刻竹·위학喂鶴(학 기르기) 등 여러 가지 종류의 한가롭고 우아한 흥취를 나열하고, 신체와 마음이 기쁨에 들어가는 것뿐만 아니라, 독특한 심미적 체험도 얻을 수 있다고 생각했다. 이른바, "향은 사람을 그윽하게 한다. 술은 사람을 원대하게 한다. 바위는 사람을 영특하게 한다. 악기는 사람을 적막하게 한다. 차는 사람을 시원하게 한다. 대는 사람을 냉담하게 한다. 달은 사람을 외롭게 한다. 바둑은 사람을 한가롭게 한다. 지팡이는 사람을 가볍게 한다. 물은 사람을 텅 비게 한다. 눈은 사람을 소광하게 한다. 검은 사람을 슬프게 한다. 포단은 사람을 마르게 한다. 미인은 사람을 가엾게 한다. 중은 사람을 담담하게 한다. 꽃은 사람을 운치있게 한다. 금석이정은 사람을 예스럽게 한다.(香令人幽, 酒令人遠, 石令人雋, 琴令人寂, 茶令人爽, 竹令人冷, 月令人孤, 棋令人閑, 杖令人輕, 水令人空, 雪令人曠, 劍令人悲, 蒲團令人枯, 美人令人憐, 僧令人淡, 花令人韻, 金石彝鼎令人古.)"라고 한 것이다. 진계유가 그린 것은, 산인으로서의 이상적인 생활이었기 때문에, 속세에서 지은 식사를 먹지 않았던 것도 있었으나, 문인사대부의 세속적인 생활 속에서도 같이 청아를 추구하는 심미적인 경향도 존재하였다. 모양冒襄(1611-1693)

과 동소완董小宛은 명말청초 풍류를 선도한 재자가인으로 『영매암억어影梅庵憶語』에는 그들의 청아한 일들이 많이 기록되어 있다. 모양은 얇기가 매미 날개처럼 비단 같고, 깨끗하기가 눈처럼 고운 것으로 일컬어진 서양의 면포를 이용하여 동소완을 위해 '경삼輕衫(가벼운 적삼)'을 만드니 진기함에 구경꾼이 모여들고, 그 고운 모습에 사람들은 경탄하였다. 동소완은 요리를 잘하여, 평소에 각지의 요리 메뉴에 주목하고, 또한 열심히 연구하였으니, "한 종류라도 우연히 특이한 걸 보면 곧 찾아가서 구했다. 그리고 또 지혜와 기교로 그것을 변화시키면 기이하고 묘하지 않은 것이 없었다.(一種遇異, 卽加訪求, 而又以慧巧變化爲之, 莫不異妙.)"라고 했다. 그녀가 만든 달고 가벼운 음식들은 맛이 있어 입에 맞을 뿐 아니라 시정과 회화적인 맛이 충만되어 있었다.

4. 끽차와 음주에의 고집

『도암몽억陶庵夢憶』은 장대張岱가 옛날 생활의 자질구레한 일들을 회고한 것이나, 거기에는 한가로운 마음과 아름다운 정취가 들어 있다. 그는 안휘성 흡현歙縣의 다공茶工을 초빙하여 서명한 '송라다松蘿茶'의 제법에 따라, 절강성의 '일주다日鑄茶'를 가공하고 그런 뒤에, "말리차를 섞어 넣고, 두세 번 비교하고 헤아려 입구가 넓은 다완을 이용하여 맑게 헤쳐 놓는다. 그것이 차가워지기를 기다리고 열탕을 돌려서 쏟아낸다. 색깔은 대나무 껍질이 사방으로 풀어지는 것과 같고 녹분말을 처음으로 고르게 하면 또 산창에 비치는 첫 빛깔과 같으며, 종이를 뚫고 나오면 검은빛을 낸다. 맑은 담홍의 흰색을 취하여 흰 자기에 기울이면, 참으로 백 줄기의 하얀 난이 눈과 파도와 함께 나란히 떨어지는 것 같다.(雜入茉莉, 再三較量, 用敞口瓷甌淡放之. 候其冷, 以旋滾湯沖瀉之, 色如竹籜方解, 綠粉初匀, 又如山窓初曙, 透紙黎光. 取清妃白傾向素瓷, 眞如百莖素蘭同雪濤并瀉也.)"라고 하였다. 장대는 색·향·맛이 모두 아름다운 찻잎으로 만든 이 신품을 '난설蘭雪'이라고 칭하였는데, 절강 사람은 그의 포로가 되어, 모두 '송라'를 버리고 '난설'을 숭배하기 시작하였다. 이 차는 문인사대부의 취향에 들어맞았고, 강남의 도시에는 차 끓이는 법을 강구하는 차관이 많이 나타났다. 장대는 그의 벗이 다관을 열었던 때를 이렇게 기록하였다.

> 숭정 계유년(1633)에 호사자가 다관을 열었는데 시냇물은 실로 옥빛을 띠었고, 차는 실로 난설이었다. 끓는 물을 돌려서 끓이니 묵은 탕물이 없고 그릇을 때맞춰 씻으니 더러운 그릇이 없다. 불을 기다리고 끓기를 기다리니 또한 때맞추어 자연스럽게 합해지는 것이 있어 나는 그것을 기쁘게 여겼는데, 그 다관의 이름은 '노형露兄'이라 한다. 미전米顚(미불)의 '차가 단 것이 이슬에 형이 있음과 같네(茶甘露有兄)' 구에서 취한 것이다.(崇禎癸酉, 有好事者, 開茶館, 泉實玉帶, 茶實蘭雪, 湯以旋煮無老湯, 器以時滌無穢器, 其火候, 湯候, 亦時有天合之者, 余喜之, 名其館曰, '露兄', 取米顚'茶甘露有兄'句也.)

이와 같이 차 만드는 법을 강구하는 다관에서 문인사대부는 "한 주전자에서 먼지를 떨어내고, 청담을 펼친다. 반쪽 탑상에 향을 태우고 함께 하얗게 취하기를 바란다.(一壺揮塵, 用暢淸談. 半榻焚香, 共期白醉.)"라고 했는데, 청아한 분위기가 충만되어 있다.(그림 10-5) 차와 술은 모두 문인사대부의 기호품이었으며, 끽차의 청아함과 비교하여 음주는 조금 방종한 맛이 있다. 청의 장조張潮는, "몸을 벗어나서 고담으로 웅변하며 책상다리로 앉아 웃통을 벗고 맨발로 즐기고 웃으며 노하고 꾸짖는 것이 술 먹는 사람들이다. 아관을 쓰고 넓은 띠를 두르고서 입으로 말하고 손을 쓰며 마음을 어기고 뜻을 굽혀 허물을 구원하기에 겨를이 없는 자가 관인이다. 이 두 사람은 그 도와 서로 반대되니 벼슬하는 자가 반드시 술을 즐기는

그림 10-5 혜산다회도惠山茶會圖. 1518년 문징명文徵明(1470-1559) 작품. 채우蔡羽 · 탕진湯珍 · 왕총王寵 등과 함께 차에 완벽하게 맞는 달고 깨끗한 시냇물로 유명한 강소성 무석 교외의 혜산을 찾아 차를 달여 마시며 시를 짓고 노는 모습을 그림. 명 왕조.

것은 좋지 않으며, 술을 즐기는 자는 반드시 벼슬아치가 될 수 없다.(脫略形骸, 高談雄辯, 箕踞袒跣, 嬉笑怒罵者, 酒人也. 峨冠博帶, 口說手寫, 違心屈志, 救過不暇者, 官人也. 斯二者, 其道相反, 故居官者必不可以嗜酒, 嗜酒者必不可以爲官.)"[124]라고 했다. 여기서부터 술이 문인을 마음대로 자유롭게 한 이유를 알게 하였다. 명청 시대의 문인사대부 가운데는 마음대로 행동하고, 작법에 묶이지 않은 대주가의 취광이 적지 않았다. 1660년(청 순치 17) 주이존朱彝尊과 굴대균屈大均은 항주의 주루에서, "한가히 노닐기를 여러 날, 크게 취해 벽에 제하기를 '이 누각을 경시하지 말라. 수수의 주십(주이준)과 남해의 굴오(굴대균)가 일찍이 여기에 머물며 두 밤을 잤노라. 후에 이 누에 오르는 자들이여, 신선이 되면 황학루가 봐주는 것이 가능할 것이네.'라 했다.(拍浮屢日, 大醉題壁云, '毋輕視此樓, 秀水朱十, 南海屈五, 曾留此信宿, 後有登者, 作仙人黃鶴樓觀可也.')"[125]라고 했다. 풍아風雅 가운데서 자부심을 토로한 것이다. 건륭 시대에는 사인 가운데 호음豪飮하는 것을 영광으로 여기는 자도 있었다. 홍양길洪亮吉은 올곧은 성품이었으나, 항상 술 마시기를 즐겨, "성품이 광망하고 술을 즐겨 마음껏 마신다.(性狂

124 張潮, 「懶園觴政小引」, 胡山源 編, 『古今酒事』(上海書店影印本, 113쪽)에서 인용.
125 陳康祺, 「朱屈朱樓題壁」, 『郎潛紀聞』 初筆 권9, 中華書局, 1984년, 195쪽.

妄, 嗜酒縱飮.)"라고 하고, 유배지인 신강의 이리伊犁로부터 풀려 돌아오며, "또한 마음껏 술을 마시며 스스로 놀다가 일 년도 못 되어 집에서 죽었다.(亦縱酒自娛, 不數載, 卒于家.)"[126] 기윤紀昀은 비록 당대의 우수한 재능을 가진 자였으나, 술을 잘 마시지 못하였기 때문에 사람들로부터 비웃음을 샀다.[127] 당연히 대다수의 사대부는 술을 청담을 위한 매개로 생각하였지만, 주양공周亮工은 다음과 같이 말했다.

> 성품이 술을 즐기고 나그네를 반겨 나그네들이 자리에 가득했다. 앉으면 반드시 술자리를 만들고 고루 말을 하며 어려운 것들을 변론하는데 위아래 고금에 이르고, 곁으로 산수초목과 이름뿐인 소물에 이르기까지 장황하게 이야기를 했다. 주연에 노닐 땐 주먹을 놀리며 새로운 뜻을 연이어 내니 지극히 기뻐하여 손들은 돌아갔다.(性嗜飮, 喜客, 客日滿座, 坐必設酒, 談諧辨難, 上下古今, 旁及山川草木, 方名小物, 娓娓不倦. 觴政拇陣, 疊出新意, 務極客歡而去.)[128]

이것은 학문과 즐거움을 추구한 음주 형태이다. 술은 신경을 마비시키는 특성이 있기 때문에 재능이 있지만 인정받지 못한 불우한 문인사대부가 술에 빠져, 술의 힘을 빌려 가슴속의 불평불만을 털어내는 것은 비교적 보편적인 사회 현상이기도 하였다. 그러나 술에 빠져 유흥에 빠지는 것은 등급 이하가 된다.

명청 시대의 문인 가운데 음식이나 일상생활에 가장 신경을 많이 썼던 이로는 원매袁枚를 생각해야 할 것이다. 원매는 강녕의 소창산小倉山에 있는 '수원'을 정비하고 "만 권의 책을 가지고 대나무를 심고 꽃에 물

---

126 昭槤,「洪稚存」,『嘯亭雜錄』권7, 186쪽.

127 陳康祺,「紀文達公逸事」,『郎潛紀聞』初筆 권8, 179쪽.

128 王晫,『今世說』권6, 淸道光光緖間 南海伍氏刻粤雅堂叢書本.

을 주며 맑은 복을 누린 지 40여 년이다.(擁書萬卷, 種竹澆花, 享淸福者四十餘年.)"[129]라고 하며, 시를 읊을 친구를 모으고, 풍류를 이끌고, 동남 연해 지역에 있어 상층 명사들의 우두머리가 되었다. 원매는 재력이나 수완이 있고 돌아다니는 것도 잘하여 전국의 관료 · 부상과 널리 교제하고, 미식을 맛보고 다니는 것이 가능하여 음식에 대한 풍부한 견문과 체험이 있었다. 그의 『수원식단隨園食單』은 여러 가지 맛을 품평해 온 기초 위에 쓰인 것으로, 그 서장에는 "나는 이 뜻을 사모하여 모씨가에서 식사를 할 때마다 포식하게 되면 반드시 집의 주방으로 하여금 그 집의 주고로 가게 해 제자의 예를 치르게 했다. 사십 년 동안 여러 가지 음식의 맛을 꽤 모았다.(余雅慕此旨, 每食于某氏而飽, 必使家廚往彼灶觚, 執弟子之禮. 四十年來, 頗集衆美.)"라고 썼다. 볼 만한 것은 고서적에서 발췌하거나 길 가다가 들은 평상적인 식보食譜와는 다른 점에 있다. 전서에 2항목으로 나누어 236 종류의 음식류와 조리법을 기재하고, 아울러 20가지의 '수지須知(알아야 할 것)'와 14가지의 '계戒(경계해야 할 것)'로 된 음식이론을 총결하였다. 원매의 음식이론은 그가 시를 논하며 성령性靈과 이곡동공異曲同工을 중시한 것과 더불어, 이른바 "맛은 신선하도록 해야 할 것이고, 취향은 그것을 진실되게 해야 한다는 것이다.(味欲其鮮, 趣欲其眞.)" 그는 요리의 본래 맛과 특색을 강조하고, "무릇 사물이 각기 천성이 있는 것은 마치 사람이 자품을 가진 것과 같다.(凡物各有先天, 如人各有資稟.)", "재료의 성질이 불량한 것은 비록 삶기가 쉽더라도 맛이 없다.(物性不良, 雖易牙烹之, 亦無味也.)", "요리를 잘하는 사람은 솥과 화덕 · 사발 · 주발 등의 그릇들을 많이 설치해야 한다. 하나의 재료는 각기 제 성질을 발현할 수 있게 하며, 한 그릇에 각기 한 맛의 음식을 담는다. 맛을 즐기는 것은 혀뿌리가 응접할 틈이 없고 심화를 자각하면 갑자기 열린다.(善治菜者, 須多設鍋, 灶, 盂, 鉢

129 錢泳, 『耆舊 · 隨園先生』, 『履園叢話』 권6, 145쪽.

之類, 使一物各獻一性, 一碗各成一味. 嗜者舌本應接不暇, 自覺心花頓開.)"[130]라고 하였다. 원매는 차나 술에 대해서도 상당한 지식이 있어, 『수원식단』에서 "천하의 차는 무이산 정상에 나는 것으로 백색을 충개한 것을 제일로 한다.(天下之茶, 武夷山頂所生沖開白色者爲第一.)", "그 다음은 용정차만 한 것이 없다. 청명 전의 것은 연심이라 부른다. 맛이 지극히 담박하여 거듭 마셔야 미묘해진다. 곡우 전 것이 가장 좋고, 한 줄기에 한 잎이 벽옥처럼 푸르다.(其次莫如龍井. 淸明前者號蓮心, 太覺味淡, 以多用爲妙. 雨前最好, 一旗一槍, 綠如碧玉.)"라고 하였다. 원매는 용정 이외에 마실 만한 것으로는 양선다陽羨茶인데, "짙은 벽색이, 모양은 작설과 같고, 또 큰 쌀과 같으며, 맛이 비교적 용정차보다 대략 짙다.(深碧色, 形如雀舌, 又如巨米, 味較龍井略濃.)"고 하였다. 동정洞庭의 군산차君山茶는 "색깔과 맛이 용정차와 같다. 잎이 작고 넓으며 녹색이 그보다 많다.(色味與龍井相同, 葉微寬而綠過之.)", "이 밖에 육안·은친·모첨·매편·안화 등은 개론하면 낙제점이다.(此外如六安, 銀鍼, 毛尖, 梅片, 安化, 概行黜落.)"[131]라고 하였다.

5. 주거 원림에의 고집

명청의 문인사대부의 주거에 대한 심미적 요구도 자각적인 예술의 경지에 달하였다. 명의 문진형文震亨은 『장물지長物志』의 「실려室廬」 장에서 사대부는 "산수 간에 사는 것이 가장 좋고, 촌에 사는 것이 그 다음이며, 들에 사는 것이 그 다음이다.(居山水間者爲上, 村居次之, 郊居又次之.)", "저잣거리에 자취를 섞게 되면 집의 문정을 아름답고 깨끗하게 해야 하고, 가옥은 맑고 단정해야 한다.(混迹廛市, 要須門庭雅潔, 室廬淸靚.)", "또 마땅

130 袁枚, 『隨園食單·須知單』, 江蘇古籍出版社, 2000년.
131 袁枚, 『隨園食單·茶酒單』.

히 아름다운 나무나 괴이한 대를 심고 금석문과 도서를 진열하여 사는 이로 하여금 늙는 것을 잊도록 하고 임시로 거처하는 이들로 하여금 집에 돌아가는 것을 잊을 수 있게 하며, 유람객들이 지루함을 잊을 수 있게 해야 하니, 따뜻함이 올라가면 찬바람이 불어야 시원해지고, 찬 기운이 강해지면 따뜻한 바람이 불어온 이후에 따뜻해지는 법이다.(又當種佳木怪籜, 陳金石圖書, 令居之者忘老, 寓之者忘歸, 遊之者忘倦, 蘊隆則颯然而寒, 凜冽則煦然而燠.)"라고 생각했다. 청아한 환경 외에도, 문인사대부는 거실의 배치나 장식품, 기물의 진열이나 장식에도 관심을 가졌는데, 심미의 방향은 유행하는 것보다는 오래된 것을 좋아하고, 기교가 많은 것보다는 소박한 것을 좋아하고, 욕심이 많은 것보다는 질박한 것이 좋다고 하여 단조롭고 모양이 그대로인 것이나 화려하고 농염한 것에 반대하고, 신기하고 변화에 넘치는 것을 제창하였다. 이어李漁는 항상 두 개의 특기가 있다고 자칭하고, 하나는 음악을 깊이 이해하는 것, 하나는 정자의 건축에 관한 것이었다. "원정을 새로 지을 때는 땅에 따라 마땅하게 지어야 하는데, 기존 견해에 구애받지 않고 서까래 하나하나 반드시 자기가 재단한 것으로부터 나오게 해야 한다.(創造園亭, 因地制宜, 不拘成見, 一榱一桷, 必令出自己裁.)"고 하였다. 그의 관념은 "거실의 제도는 정밀함을 귀하게 여기고 화려함을 귀하게 여기지 않는다. 그리고 신기함과 크게 아름다운 것을 귀하게 여기지 섬세하고 공교하며 난만한 것을 귀하게 여기지 않는다.(居室之制貴精不貴麗, 貴新奇大雅, 不貴纖巧爛漫.)"[132]는 것이었다. 장대는 '불이재不二齋'라고 이름 붙인 서재가 있었는데, 거기에는 문인사대부의 기상 높고 우아한 정취가 매우 잘 반영되어 있다.

불이재에는 키가 큰 오동나무 세 그루가 푸른 그늘을 천 겹으로 드리운

132 李漁, 『閑情偶寄』, 『李漁全集』 제3권, 156-157쪽.

다. 담장의 서쪽에 작은 구멍을 내어 12월 매화나무로 그곳을 때워놓았는데, 단지 푸른 하늘만 보일 뿐으로 더위가 이르지 않는다. 창 뒤의 담장은 집채보다 높은데 바야흐로 대나무 몇 줄기가 씻어낸 듯 뚜렷하여 정자소鄭子昭의 '만이추성' 한 폭을 가로로 펼쳤다. 하늘빛이 아래로 쏟아지는데 허공을 향해 그것을 보니 맑게 스며드는 것이 마치 파리(수정)·운모와 같아 항상 청량한 세계에 앉아 있는 것 같다. 도서가 사방벽에 있고 마룻대를 채워 상을 이어 솥과 그릇들이 움직일 수 없도록 갖춰 있었다. 나는 왼쪽에 돌로 된 상과 대나무 의자를 놓아 두고 비단 휘장을 둘러서 모기와 같은 해충을 막으니 푸른 어둠이 비단을 뚫고서 한 면을 비춰 푸름을 이루었다. 여름에는 마른 난초와 말리향이 사람에게 침투하여 옷 속으로 배어들었다. 중양일 전후로 북창 아래 국화를 옮겨놓는다. 국화분을 5층으로 높은 데서 아래로 열 지어 놓으면 안색이 텅 비어 밝고 하늘빛이 수정처럼 비쳐들어 가을 물에 가라앉은 것 같다. 겨울이 되면 오동잎이 떨어지고 12월 매화가 피어 따뜻한 날에 창에 햇볕이 내리쬐고 붉은 화로 담요가 있는 곳. 곤산의 돌에는 수선화를 심어 계단 밑까지 열 지어 놓는다. 봄날엔 네 벽 아래가 모두 산란이고, 난간 앞에는 작약이 반 무며 다른 나무도 많다. 나는 옷을 풀어헤쳐 헐렁하게 했는데 추위와 더위를 조금도 겪지 않았으니 생각하면 세상 저쪽에 있는 듯하였다.(不二齋, 高梧三丈, 翠樾千重, 牆西稍空, 臘梅補之, 但有綠天, 暑氣不到. 後窗牆高於檻, 方竹數竿, 瀟瀟灑灑, 鄭子昭'滿耳秋聲'橫披一幅. 天光下射, 望空視之, 晶沁如玻璃·雲母, 坐者恒在清涼世界. 圖書四壁, 充棟連床, 鼎彝尊罍, 不移而具. 余於左設石床竹幾, 帷之紗幕, 以障蚊虻, 綠暗侵紗, 照面成碧. 夏日, 建蘭·茉莉薌澤浸人, 沁入衣裾. 重陽前後, 移菊北窓下. 菊盆五層, 高下列之, 顏色空明, 天光晶映, 如沉秋水. 冬則梧葉落, 臘梅開, 暖日曬窓, 紅爐毹氍. 以昆山石種水仙列階趾. 春時, 四壁下皆山蘭, 檻前芍藥半畝, 多有異本. 余解衣盤礴, 寒暑未嘗輕出, 思之如在隔世.)[133]

명청 시기 개인주택에서는 원림園林을 만드는 풍조가 있어, 문인사대부는 적극적으로 달려들었으나, 고관이나 호상에 의한 원림의 규모가 호화현란하고 공들인 조각이란 예술적 풍격과는 상반되었다. 그러나 문인이 만든 원림은, 그 대부분이 작고 정교하고, 좁은 장소에 대자연을 표현하여 그 예술적 풍격은 청신하고 풍아하며 질박하고 꾸밈이 없는 것이었다.

청대 건륭·가경 연간의 문인 전영錢泳은 평생 각지에 있는 다수의 명원을 유람하고서, "원정은 넓이에 있지 않고 화려함에 있지 않으며, 모두 주인을 따라서 전한다.(園亭不在寬廣, 不在華麗, 總視主人以傳.)"라는 것을 알았다. 그리고 "정원을 조성하기를 시문을 짓는 것처럼 하려면 반드시 굽힘과 꺾임을 법도가 있게 하고 앞과 뒤가 호응하도록 해서, 쌓이고 섞이는 것을 가장 꺼려야만 바야흐로 아름다운 구조라 할 것이다. 정원이 이루어지면 또한 주인과 짝을 이루고 위치가 마땅해서 보통사람이나 속인이 그 안에 충분히 머무르게 할 수 없어야만 바야흐로 명원이라 일컬을 것이다.(造園如作詩文, 必使曲折有法, 前後呼應, 最忌堆砌, 最忌錯雜, 方稱佳构.)"[134]라고 했다. 명말청초의 저명한 화가인 석도石濤는 화법과 그림의 원리를 정원 조성 기술에 융합하였는데, 그 정묘한 수법은 청대 중기 원림에서 숭상하는 바가 되었다. 전하는 바에 따르면 석도가 그린 그림에서 기원한 것으로 전해지는 양주揚州의 '편석산방片石山房'은 바로 17세기 후반 강남 지방 소형 원림의 대표적인 작품이다.[135] 명말의 문인 이유방李流芳은 과거에 합격하지 못해 벼슬길에 나아가는 것을 포기하고 면학에 힘쓰며 모친을 봉양하였다. 거주하고 있던 가정현의 남상리에 '단원檀園'을 만들었는데, 한 그루의 나무, 돌 하나까지 모두 직접 배치하였다. (그곳은) "수목이 맑고 화려하고, 도시의 떠들썩함은 이르지 않는다.(水木清華,

133 張岱, 『陶庵夢憶』 권2, 16쪽.
134 錢泳, 「園林·造園」, 『履園叢話』 권20, 545쪽.
135 陳從周, 「揚州片石山房」, 『文物』 1962년 제2기 참조.

市囂不至.)"라고 하거나 "한적하고 고요하고 향기로운 차가 강렬하다.(琴書蕭閑, 香茗郁烈.)"라고 하여, 사람을 마치 그림 안에 들어가 있는 듯하게 황홀한 느낌을 주었다.[136] 문인들이 원림을 추구한 것은 이처럼 번화하고 시끄러운 도시와는 떨어진 세속 밖에 있는 무릉도원의 경계였다.

6. 골동·금석·고서

명청 시대 문인사대부의 세속에서 벗어난 아취는 많은 면으로 표현되어, 전통적인 시·사詞·가歌·부賦·금琴·기棋·서화 외에도 골동의 수장이나 감상도 사대부층 안에서 널리 행해진 고아한 기호였다. 청조에서는 골동을 가지고 놀지 않는다는 이른바 가법이 있었으나, 강희제·건륭제는 강남을 순행하면서 종종 상인이나 관리·명사가 헌상한 골동을 받았다. 그것은 골동을 수장하고 감상하는 기풍을 일으켰을 뿐만 아니라 동남부의 골동시장의 번영을 자극했다. 왕어양王漁洋은 "요사이 진신선생 중에 세 가지 좋아하는 것이 있으니, 무엇을 삶고 익히기를 좋아하고 배우나 악공의 기예를 늘 즐기며 골동에 대해 담소하는 것이다. 이 세 가지에 정밀하면 공경들과 담소할 수 있었다.(近日縉紳先生, 又有三好, 曰, 窮烹飪, 狎優伶, 談古董, 三者精, 可以抵掌公卿矣.)"[137]라고 하였다. 청말의 동치·광서 연간 북경의 사대부 사이에서는 금석학(청동기와 석각비문을 연구 대상으로 하는 학문)이 유행했다. 대대로 벼슬을 지낸 가문의 반조음潘祖蔭·옹동화翁同龢가 이 학문을 수창하고, 단방端方 등 조정의 요직에 있는 이들도 차례로 이것을 따랐기 때문에, 금석과 시문이 병렬하여 사교의 장에서의 풍아한 주제가 되었다. 이 기풍의 영향 아래, 고관은 명사를 겸하는 것이 관리

136 錢謙益, 「李先生輩流芳」, 『列朝詩集小傳』 丁集下, 582쪽.
137 阮葵生, 『茶餘客話』 권8, 臺灣新文風出版公司 『叢書集成新編』 제86책.

로서 요구되는 경지가 되어, 금석학은 지식인이 명사의 명함을 얻기 위한 수단이 되었다. 왕의영王懿榮·오대징吳大澂은 금석의 학식으로 일약 명성을 얻었다. 1870년(동치 9), 27세의 무전손繆荃孫은 북경에 회시會試를 보러 갔으나, 아직 시험에 참가하기 전에 '우붕지락友朋之樂' 중에서 시류에 좇아가기 위해 금석을 배우기 시작했다.[138] 하은주夏殷周 3대의 종정鐘鼎·진한秦漢의 전와磚瓦·위진魏晉의 비첩碑帖·송판宋板의 고서는 사대부가 널리 수집하는 대상이 되어, 북경의 유리창琉璃廠도 이로 인해 융성하였다.

> 청 함풍의 경신년(1860) 이후부터 인가의 고서는 대부분 흩어져 시장으로 나왔으나 사는 사람이 없었다. 그러므로 값이 지극히 싸고 송참宋槧(송판)도 많았다. 그런데 동치 초년이 시작된 이후 점차 귀해졌다. 그러나 수집자는 끝내 적었다. 광서 초년에 이르러 태평 시기가 오래되면서 사대부들은 풍아風雅를 서로 숭상하게 되었고 책이 크게 귀해졌다.(淸自咸豐庚申以後, 以家舊書, 多産出市上, 人無買者, 故値極賤, 宋槧亦多. 同治初元以後乃漸貴, 然收者終少. 至光緖初, 承平已久, 士大夫以風雅相尙, 書乃大貴.)[139]

광서 초년, 조정의 대신들은 조회가 일찍 끝나면 창전廠甸(유리창)을 보러 가는 것이 습관이 되어, 서점 앞에는 종종 '푸른' 가마가 무리지어 있었다. 서점의 서비스도 매우 주도적이었다.

> 비궤·주렴·향로·차그릇 등이 있고, 피곤할 때는 난방이 되는 항상에서 조금 쉬면서 흡연을 하고 마음속 이야기를 하면서 자유롭게 해도 구속하는 일이 없었다. 서점의 점원은 온화한 얼굴빛을 띠고 공손하게 받

---

138 繆荃孫, 『藝風老人年譜』 9쪽, 民國 25년 刻本.

139 雲間顚公, 「紀京城書肆之沿革」, 孫殿起 輯『琉璃廠小志』 37쪽, 北京古籍出版社, 1982년)에 나온다.

들면서 뒤를 염려하여 결코 손님에게 함부로 구는 거동이 없었다. 책을 사면 진실로 환영하는 것이었고, 사지 않아도 되었다. 현금을 주어도 되었고, 장부에 기입해 두어도 되었다.(棐几湘簾, 爐香茗碗, 倦時可在暖炕床上小憩, 吸煙談心, 恣無拘束. 書店伙計和顏悅色, 奉承恐後, 決無慢客擧動. 買書固所歡迎, 不買亦可, 給現錢亦可, 記賬亦可.)[140]

구태원瞿蛻園이 묘사한 민국民國 시기의 유리창 책시장의 정경은 동치·광서 연간과 크게 차이가 없었다.

7. 문인들의 풍류 모임

명청 시대, 물질은 풍부하고 인문의 문화가 번성했을 때 문인사대부에 의한 시주문회詩酒文會란 아집雅集(풍류적인 모임)이 매우 유행했다. 그중에서도 명의 만력 시기에서 청초에 이르기까지 정치적 권위가 실추되었던 것으로 인해, 민간의 결사활동이 전에 없이 발전하였다.

문에는 문사가 있고 시에는 시사가 있었다. 강소·절강·복건·광동·강서·산동·하북의 각 성에 널리 퍼져 백수십 년에 걸쳐 유행하고, 전국에서 결사의 기풍이 봄 강물이 노한 것처럼 서로 호응하면서 발흥하였다. 그때 독서인들이 결사를 조직한 것뿐만 아니라, 민중도 시주문사를 결성하고 풍아를 제창하여 음영하고, 게다가 과거시험을 보는 6등의 수재까지도 연줄을 대서 사맹에 가입을 했다.(文有文社, 詩有詩社, 普遍了江浙·福建·廣東·江西·山東·河北各省, 風行了百數十年, 大江南北結社的風氣, 猶如春潮怒上, 應運勃興. 那時候不但讀書人們要立社, 就是士女們

140 瞿蛻園,「上引孫殿起書」,『北遊錄話』, 14쪽.

也要結起詩酒文社, 提倡風雅, 從事吟詠, 而那些考六等的秀才, 也要夤緣加入社盟了.)[141]

강남 지역은 이 기풍이 특히 번창하여, 1686년(청 강희 25)에 조정이 경사에 사람을 파견하여 명확히 개선하라고 명하기 전에는 문인사대부는 대부분 모두 결사와 밀접한 관계를 가지고, 결사에서의 생활은 그들에게 있어 중요한 생활의 내용이었다. 결사의 활동에 있어 문인사대부는 한편으로 "집정을 품교하고 공경을 재량한다.(品校執政, 裁量公卿.)"라는 것으로 청의를 고취하였는데, 전변하여 정치당파가 되어 가는 경향이 있었다. 다른 한편으로 풍경이 좋은 명승지나 풍월이 좋은 곳을 오가면서 담소하고 가무를 즐기는 한편 시를 짓고 술을 들면서 맑은 모임임을 표방하였다. 복사復社는 사단 중에서 규모가 가장 컸고 정치적 색채가 가장 많았다. 그러나 집회 때는 다른 사단처럼 놀잇배를 타고서 악기에 맞추어 노래를 부르고 술과 음식을 다투어 마시고 먹었다. 복사의 분파인 국문광업사國門廣業社가 진회하에서 복사의 동인들 2천 명 가까이를 모으고 술을 싣고 노래를 부르며 시를 짓고 연희를 하였다. 후조종侯朝宗 · 모양冒襄 · 황종희 등 결사의 핵심 인물들이 "해가 질 때까지 가마를 가지고 가지 않고 자리를 접하며 주흥이 돋아 귀가 빨개지도록 술을 마시며 원대성阮大鋮(명말의 간신)을 비난하는 말을 입에 자주 올리고 웃으며 즐겼다.(無日不連輿接席, 酒酣耳熱, 多咀嚼大鋮, 以爲笑樂.)"[142]고 한다. 기사幾社(하충이夏充彝, 진자룡陳子龍 등이 송강에 설치한 문학결사)는 창립 당초 여섯 명뿐이었는데, 집회 활동은 매우 빈번하게 이뤄졌다. 두등춘杜登春의 『사사시말社事始末』에 의하면, "기사의 6명은 369번의 예藝에 대한 모임을 갖고 시주

141 謝國楨, 『明清之際黨社運動考』, 中華書局, 1982년, 8쪽.

142 黃宗羲, 「陳定生先生墓志銘」, 『南雷文約』 권1, 清 雍正刻本.

창수詩酒倡酬 외에도, 모든 경계 밖으로까지 교유하였는데 무엇을 잊은 듯이 담박하였다.(幾社六子, 自三六九會藝, 詩酒倡酬之外, 一切境外交遊, 澹若忘者.)"라고 하였다. 명이 멸망한 후, 경은시사驚隱詩社가 복사를 이어서 일어나 시문으로 모였는데 명의 유민들 사이에 매우 호소력이 있었다. 경은시사는 매년 정식으로 2회 집회를 열고 "해마다 5월 5일에 삼려대부에게 제를 지내고, 9월 9일에는 도징사에게 제를 지냈다. 사인들이 함께 떼를 지어 이르러 모두 시를 지어 기록했다.(歲于五月五日祠三閭大夫, 九月九日祠陶徵士, 同社麇至, 咸紀以詩.)"[143] 결사의 구성원들은 아집雅集으로 시문을 만든 후, 일반적으로 작품을 수집하고 편찬하여 출판하니 그것을 '사고社稿'라 불렀다. 복사의 『국표집國表集』, 국문광업사의 『국문광업집國門廣業集』, 기사의 『기사임신문선幾社壬申文選』과 『기사회의집幾社會議集』은 이 종류의 작품집이었다.

청의 강희 연간 후, 문인의 결사는 단속을 당했지만, 문인사대부의 시주문회는 그칠 줄 몰랐다. 상인이 열심히, 또는 관리가 적극적으로 참가했기 때문에 점점 성행했다. 양주는 양회의 염업의 중심으로서 경제가 발전하고, 도시는 번영하고, 고관·거상들도 또한 즐겨 명사들을 모아 자신의 평가를 높이려고 했기 때문에 "문인의 발자국이 해내의 절반이네.(文人寄迹, 半于海內.)"라고 하여, 아집이나 연회를 즐기는 기풍이 번성하였다. 왕사정王士禎은 양주에서 추관推官으로서 수년을 보낸 경험이 있다. 『양주화방록揚州畫舫錄』(10권)에서는 "낮에 공사를 끝내고, 밤에는 사인을 만난다.(日了公事, 夜接詞人.)"라고 하였다. 그가 조직한 '홍교수계虹橋修禊'란 아집의 이름은 멀리까지 알려져, 청대의 문인들에게 흥미가 깊었다고 전해진다. 양회 염운사 노견증盧見曾은 "관서에 정자를 짓고 날마다 시인들과 수작하니 일시에 문연이 강남에 성해졌다.(築蘇亭于使署, 日與詩人相

143 楊鳳苞, 「書南山草堂遺集後」, 『秋室集』 권1, 淸 道光 11년, 陸心源刻本.

酬詠, 一時文宴盛于江南.)"[144]고 하였다. 1757년(건륭 22) 노견증이 조직한 '홍교수계'의 아집에는 전부 7천여 명이 모여 창화한 시를 정리하여 책자로 냈는데, 300여 권이 되었다. 염상 위주의 상인들도 시문 모임에는 굉장히 열심이었다. 흡현歙縣의 염상 세가 출신인 정원훈鄭元勛은 만명晩明 시기에 양주에 원림을 조성하였는데 그곳의 산, 물, 버드나무 등의 그림자가 매우 승경이었기 때문에 동기창董其昌은 '영원影園'이라고 이름을 지었다. 정원훈은 원림에 명사를 초빙하고 시를 지으며 술을 마시고 나중에 창화한 작품을 『요화집瑤華集』으로 정리하였다. 숭정 경진년(1640) 여름에 '영원'의 황모란이 만개하였다. 정원훈은, "큰 연회를 열고 사인들이 시를 짓자, 시를 강서와 초(호북과 호남) 지역 사이에서 뽑아 우산의 전종백(전겸익錢謙益)을 받들어 단점(논의의 장)을 주관하게 하고, 그 시 작품의 갑을을 논하여 정하도록 하였다. 월동 여미주의 '십시'를 최고의 작품으로 결정하자, 이를 금가에 새겨서 시종을 보내 이르도록 하고 황모란의 장원을 축하한다고 하니, 일시에 전해져 성사가 되었다.[大宴詞人賦詩, 且徵詩江·楚間, 奉虞山錢宗伯(謙益)主壇坫, 論定甲乙, 以粤東黎美周十詩爲冠, 鐫金斝遣傔致之, 曰: 賀黃牧丹壯元. 一時傳爲盛事.]"[145]라고 하였다. 염상인 마왈관馬曰琯·마왈로馬曰璐 형제는 양주에서 '한강음사邗江吟社'를 결성하고, 시를 지어 벗을 사귀자, 사람들이 이를 비유하여 '한상제금漢上題襟', '옥산아집玉山雅集'이라 하여 한때 그 성황을 칭송했다. 마씨 형제는 문인들과 연석에서 창화한 작품을 『한강아집邗江雅集』으로 정리하였다. 이처럼 시문회의 형식에 대해서는 『양주화방록揚州畵舫錄』에서는, "회기가 되면, 정원에 각기 안상 하나씩을 설치하고 위에 모필 2, 먹 1, 작은 벼루

---

144 李斗, 「虹橋錄 上」, 『揚州畵舫錄』 권10, 228쪽.

145 『甲申朝事小記』 初編 권9, 「鄭元勛始末」, 書目文獻出版社, 1987년, 231쪽. 『明史資料叢刊』 제2집(江蘇人民出版社, 1982년, 28쪽)에 실려 있는 沈起鳳의 『稗說』 권1 『黃牧丹狀元』을 참고.

1, 수주 1, 전지 4, 시운 1, 다화 1, 다완 1, 과일찬합, 다식찬합 각 1을 둔다. 시가 이루어지면 판각을 하고, 3일 이내에 고쳐서 중각할 수 있었으며, 나가는 날 모두 성중으로 보냈다.(至會期, 于園中各設一案, 上置笔二, 墨一, 端硯一, 水注一, 箋紙四, 詩韻一, 茶壺一, 碗一, 果盒茶食盒各一. 詩成即發刻, 三日內尚可改易重刻, 出日遍送城中矣.)"[146]라고 하였다. 이와 같은 풍아적인 분위기가 있었기 때문에, 세상의 문인으로 조금이라도 시를 지을 수 있으면 유양維揚(양주)에 놀러 가기를 원하였으므로 "양주는 온 땅이 시인이다.(揚州遍地是詩人)"라고 말해진 것이다.

북경은 명청 시대의 수도로서, 3년에 한 번 과거시험이 실시되어, 전국 각지의 우수한 인재가 모였다. 중앙 관청의 각 계층의 관리도 대다수가 과거 출신자였기 때문에, 북경은 문인사대부가 가장 집중한 지역이라고 할 수 있었다. 명의 가정 연간 북경에는 이미 거자擧子나 관료를 위한 각 지방의 회관이 출현하였고, 문인사대부에게 주거 · 집회의 장을 제공하였다. 청대의 북경에서는 만주족과 한족의 거주지를 분리하는 정책이 진행되어, 선무문宣武門 밖에는 점점 한족의 문인사대부가 거주하는 지역공동체가 생기고, 북경에 와서 과거시험에 참가하는 거자들은 대다수가 이곳에서 머물렀다. 수 평방킬로미터의 범위 내에 300여 사인회관이 분포하고, 대량의 명사 · 고관의 저택이나, 문인사대부에게 봉사하는 문화지구였다. 독특한 문화적 분위기 속에서 문인사대부는 강한 아이덴티티를 형성하고, 시문에는 자주 '선남宣南'이라고 자서하게 되었다.[147] 하인호夏仁虎(1874–1963)의 『구경쇄기舊京瑣記』는 "옛날에는 한인 벼슬아치는 대신이 아닌데 저택을 하사받게 되면, 혹 추정에 있는 이는 모두 성 밖에 살았는데 선무문 밖에 많이 있었고, 전부터 있던 부자들은 숭문문 밖에 많

146 李斗, 「城西錄」, 『揚州畫舫錄』 권8, 180쪽.
147 宣武門 남쪽에 있고, 또 宣南坊이 존재하는데 그에 따라 '宣南'이라는 명칭이 있다.

았다. 그러므로 동부에는 부자들이, 서부에는 고관들이 산다는 설이 있게 되었다. 사인들이 시를 짓고 대개 '선남宣南'이라 서명했던 것은 이 때문이었다.(舊日, 漢官非大臣有賜第, 或値樞廷者, 皆居外城, 多在宣武門外, 土着富室則多在崇文門外, 故有'東富西貴'之說. 士人題詠率署'宣南', 以此也.)"[148]라고 하였다. 전국의 명사 고관 엘리트가 모인 중심으로서, '선남'의 공동체에서는 다양한 아집雅集이 매우 빈번하게 일어났고, 문장으로 벗을 만나고, 시주로 창화唱和하는 기풍이 번성하게 되었다. 순치 연간(1638-1661) '남시북송南施北宋'이라 일컫는 저명한 두 시인인 시규장施奎章과 송완宋琬은 두 사람 모두 형부의 관리였다. 그들은 "거친 수레와 여윈 말을 타고 다니며 교유했는데, 술을 마시고 시를 짓는 것을 낙으로 삼았다.(敝車羸馬相過從, 飮酒賦詩爲樂.)" 비바람이 불어도 그치지 않았으니 "일시에 모두들 성대한 일이라고 전했다.(一時都下盛傳)"[149] 청대 초기, 문화전文華殿의 대학사인 풍부馮溥는 만류당萬柳堂을 세우고, 자주 수계修禊와 창화 활동을 하였다. 1682년(강희 21) 그는 노년을 이유로 고향에 돌아갈 것을 고하려고 문하의 사인 22명을 데리고 만류당에서 잔을 들고 시를 응수하며 북경에서의 최후의 수계절을 보냈다. 강희 연간 호과급사중戶科給事中 조길사趙吉士의 '기원寄園'은 매우 유명했으며, 천하의 명사로 북성에 오면 모두 기원에 모였다. 1697년(강희 36) 7월 7일 조길사는 기원에서 "명류 167명이 큰 모임을 가졌는데, 시패詩牌의 집자는 당의 액자를 이용하는 것이 좋다고들 하므로 송석松石의 한가로운 뜻을 운자로 삼아 5언 7장을 나누어 짓도록 하였다. 주인이 손을 초대해 술자리를 마련하니 즉석에서 시를 지었다.(大會名流一百六十七人, 以詩牌集字, 用堂額相賞, 有松石閑意爲韻, 分賦五言七章. 主人延賓治酒之餘, 卽席詩成.)"[150]라 하여, 전에 없던 성황을 이루

148 夏仁虎, 『舊京瑣記』, 北京古籍出版社, 1986년.
149 陳康祺, 『郎潛紀聞初筆』 권8, 170쪽.
150 錢仲聯 主編, 『淸詩紀事』 제3책, 江蘇古籍出版社, 1987년, 1,807쪽.

었다고 한다. 평소 마음이 맞는 명사나 이웃에 사는 문인들이 종종 시우가 되어 오며가며 시문을 수작하지 않은 날이 거의 없었다고 하였다. 가경 연간(1796-1820)에 저명한 선남시회宣南詩會가 있었는데 선남음사宣南吟社라고도 하며, 임칙서林則徐(1785-1850)도 일찍이 그 일원이었다. 이 밖에 회시를 마친 뒤나 또는 그들을 송영할 때, 동년(같은 해에 과거에 급제한 이), 동향의 사람 또는 좌사座師(스승)와 문생(제자)이 종종 친목 연대활동을 할 때 또한 시주수창이 요구되는데, 그 장소는 일반적으로 회관이나 명찰이 선택되었다.[151] 청의 동광 연간, 청류당淸流黨 사람들이 금석학을 숭상하였고, 그에 따라서 문인사대부들의 교왕 방식에도 변화가 일어났다. 집회 장소로는 대개 도연정陶然亭, 용수사龍樹寺, 송균암松筠庵과 같은 정밀하고 아취가 있는 곳이 선택되었다.

> 도시의 문은 인물이 모이는 곳으로 관료들이 잔치를 벌이지 않는 날이 없었다. 술집들이 숲처럼 많고 먼지와 시끄러움이 매우 심했다. 그러므로 사대부들 가운데 풍아를 탐하는 성격을 가진 이들이 종종 고요한 집과 고찰을 빌려 흐르는 물에 잔을 띄우고 시를 읊으며 회포를 푸는 데 하루 해를 다 보냈다.(都門爲人物薈萃之地, 官僚筵宴, 無日無之. 然酒肆如林, 塵囂殊甚, 故士大夫中性探風雅者, 往往假精廬古刹, 流連觴詠, 暢敍終朝.)[152]

이러한 아름다운 모임은 일반적으로 고관이 자금을 내고, 명사가 수조하였는데, 내용은 전통적인 시주의 창화唱和 외에도, 탁명拓銘·독비讀碑·품천品泉·논인論印·환연還硯·검서檢書 등의 명목이 늘고 고아한 정취를 나타내었다.

151 吳建雍, 『清前期京師宣南士鄉』, 『北京社會科學』(1966년 3기) 참조.
152 朱彭壽, 『安樂康平室隨筆』, 中華書局, 1982년, 282쪽.

제 11 장

학교교육과 사회교육

명청 시대는 중국 전통교육이 발전하여 가장 완비되고 최고로 성수했던 시기였다. 제도적인 측면에서 볼 때 명청 시기 학교교육제도의 확립은 명초에 이루어졌다. 때문에 이 시기 교육발전을 거슬러 올라가 살펴보는 것은 결코 불필요한 일이 아니다. 교육 이념과 교육 내용의 측면에서 보면 명 중엽 이후 시대의 커다란 변화에 따라 교육에도 커다란 동요가 일어났고 새로 일어난 계몽사상은 교육의 영역에 새로운 면모를 드러내도록 하였다. 서원과 자유로운 강학의 흥성은 중화문명사의 하나의 커다란 자취가 되었다. 중화문명은 일관되게 교육을 사람과 사회의 근본으로 삼았다. 사람으로 말하면, 그것은 『주역』의 “어린아이 때 바르게 기른다.(蒙以養正)”라는 관념을 몽학교육(초등교육)의 핵심으로 삼아 인성 발전의 초기 단계에서 체계적으로 교육하는 것이며, 지혜가 처음 열리는 아동의 심리 안에 중화문명의 기본 가치관이 뿌리내리게 하는 것이다. 사회적인 면에서 말하면, 사회생활에 융합된 교육이 전에 없던 효력을 발휘해 부녀자들과 사·농·공·상의 각 계층에 모두 상응하는 교육의 기제가 있어 그것으로 하여금 양호한 교육이 될 수 있게 하였다. 이러한 교육은 정통의 학교교육에 비해 더욱 활발하고 다양하였으며, 또 더욱 다채롭게 특수한 가치와 시대정신을 드러냈다.

제1절

완비된 학교와 서원의 흥망과 쇠퇴

1. 학교제도의 완비

명 왕조가 시작되고 얼마 안 되어, 태조 황제는 학교를 매우 중시하여, 국가가 관리하는 학교교육을 당·송·원 각 시대의 기초 위에서 한층 더 완벽하게 만들었다.

명대 초기에 확립된 학교교육제도는 명·청 양대에 걸쳐 일관되게 사용되어 중국 고대 교육 중에서도 가장 완비되었다. 주목할 것은 학교교육 자체의 변화 요소와 그것이 명대 중기 이후에 나타난 사회현실 및 새로운 사상관념과의 상호작용으로 인해 그 발전 과정이 우여곡절을 겪으며 시대의 영향을 크게 받은 점이다.

홍무 초기 태조는 문교로 나라를 다스리는 정책을 시행하며, "나라를 다스리는 것은 교화를 먼저 하고, 교화는 학교를 근본으로 삼는다.(治國以教化爲先, 教化以學校爲本.)"[1]라고 했다. 동란이 겨우 평정되자, 곧 학교를 크게 일으켜 학교교육 시스템을 통해서, 한편으로는 국가를 위한 인재를 육

---

1 『明史』「選擧志」, 『明史』 권69, 上海古籍出版社·上海書店 『二十五史』 제10책, 1986년, 184쪽.

성하였는데, 특히 그것은 황폐한 명대 초기를 흥성시키기를 기대하는 정치적 요구를 충족시키는 것이었다. 다른 한편으로는 교육으로 풍속을 변화시키고 통치를 안정시켜 본디 원대의 몽골 통치하에서 "전쟁만 알고 조두(예법)에 대해서는 아는 것이 없는(惟識干戈, 莫識俎豆)" 세상의 기풍을 유가의 예교禮敎를 주도로 삼은 중화의 전통으로 돌아가게 하는 것이었다.

2. 국자감

명대 초기에 확립한 학교교육제도는 중앙의 국학國學, 지방의 유학 및 사학社學 등 3개의 등급으로 나뉘었다. 중앙의 국학은 국자감國子監을 이르는 것으로 학교 체계에 있어 최고학부였다. 국자감의 전신은 국자학國子學이다. 1368년(홍무 원년) 태조는 관원의 자제나 민간의 우수한 자를 국자학에 입학시켜 독서를 하게 했다. 1381년(홍무 14) 국자학을 확대하여 국자감으로 이름을 바꾸었다. 명대 이전의 국자학과 국자감은 각기 다른 기관으로 전자가 인재 육성을, 후자가 인재 선발을 담당하고 있었으나, 두 곳이 합쳐져 국자감이 된 후에는 인재육성 기능과 인재선발 기능이 한 몸이 되었다. 당시 남경南京의 국자감 규모는 매우 컸으며, 교실·장서각·학생 기숙사 등 2천여 실이 있어, "남북 10리로 등불이 서로 이어 휘황하다.(延袤十里, 燈火相輝.)"라고 하였고, 사람 수가 가장 많을 때는 8천여 명에 달했다. 1403년(영락 원년) 북경에 국자감이 설치되었고, 이때부터 명대의 국학은 남감南監과 북감北監 두 군데로 나뉘게 되었다. 국자감 외에도 중앙에 소속된 학교에는 태학太學·종학宗學·무학武學·의학醫學·음양학 등이 있었다. 명조의 문교 흥륭의 평판은 해외에까지 퍼져, 고려·일본·유구琉球·섬라暹羅(태국) 등의 나라에서 모두 유학생을 파견해 국자감에 들어가 배웠다.[2]

홍무 초년, 국자감의 학생은 공후公侯 작위가 있는 집안의 자제나 관리의 자제로 주를 삼고 이들을 '관생官生'이라 일컬었으며, 민간에서 선발된 우수한 인재로 보좌를 삼아 이들을 '민생民生'이라 일컬었다. 이후 오래지 않아 지방의 유학에서 끊임없이 국자감에 우수한 학생을 보냈는데 이들이 곧 '공생貢生'이다. 공생은 주로 민간 출신의 준수한 이들이었다. 때문에 국자감의 민생 비율이 점차 증가하여 국자감의 학생을 구성하는 주체가 되었다. 국자감은 국가를 위해 인재를 양성하여 내보내는 책임을 담당하였는데, 과거제도와 병행되었으며 또한 과거보다 뛰어났다. 명대 초기 관리의 임용은 대부분 학교에서 직접 선발하였다. 태조는 학교의 인재를 아주 좋아하여 여러 차례 태학생(국자감 학생) 중에서 뽑아 임용하여 정치에 참여시키고, 또는 각 주현에 파견하여 관리로서 또는 어사御事(감찰관)의 일을 수행하도록 하였다. 『명사明史』에 따르면 "태조는 비록 간간이 과거시험을 시행하였으나 국자감의 학생과 천거한 인재를 등용하는 일이 많았다. 그러므로 당시 중앙과 지방에 벼슬하는 이 가운데 태학생 출신이 가장 많았다.(太祖雖間行科擧, 而監生與薦擧人才參用者居多, 故其時布列中外者, 太學生最盛.)"[3]라고 하였다. 선덕宣德 연간(1426-1435) 이후 국자감이 차츰 과거제도와 통합되어 대다수의 국자감 학생도 과거시험에 참가하게 되었고, 국자감은 과거시험을 위한 인재 공급의 장으로 바뀌었다.

3. 지방의 유학

홍무 초년 태조는 지방에 학교를 지으라고 명하고 각 부·주·현 및 각

2 (역주) 명 태조 때 고려의 요청으로 명 鄕試 급제자 약간 명이 명의 국자감(남경의 南監)에 들어가 학습한 일이 있다. 그러나 조선 건국 이후 세종·세조·성조·중종 대에 漢語와 吏文 학습을 위해 조선 학생의 명 국자감 유학을 청한 적이 있지만 명은 그때마다 이런 저런 이유를 들어 허가하지 않았다.(『朝鮮王朝實錄』 중 世宗·世祖·成宗·中宗實錄의 관련 조와 『燃藜室記述』의 '科擧'조 참조.)

3 『明史』「選擧志」, 『明史』 권69, 183쪽.

관청에 균등하게 유학儒學을 설치하였다. 그리고 변경 지역이나 특수한 지역에는 위학衛學을 설치하였다. 또 유학 밑에는 무학武學 · 의학醫學 · 음양학陰陽學 등 전문학교를 부설케 하였다. 지방의 유학 설립은 먼저 국가에 의한 인재 육성 · 선발 정책의 확충이었다. 명 『태조실록太祖實錄』 1369년(홍무 2)조에 기록된 태조의 칙유에, "우리 중국 선왕의 다스림을 회복하자면, 중화의 풍속을 크게 떨쳐 정치와 교화를 일으켜야 한다. 지금 비록 (도성) 안에 국자감을 설치한다 하더라도 필시 모든 천하의 준수한 자들을 불러 모으지 못할까 염려가 되어 천하의 고을에 또한 학교를 세워 선비를 양성하도록 하는 것이다.(復我中國先王之治, 宜大震華風, 以興治教. 今雖內設國監, 恐不足以盡延天下之俊秀, 其令天下郡縣, 并建學校以作養士類.)"라고 하였다. 지방의 유학에서 배양한 인재는 선발되어 국자감에 보내져 공부를 심화할 수 있고, 또한 과거시험에도 직접 참가할 수 있었다. 그래서 이미 학교체계와 이어져 있었고, 또 상대적으로 독립할 수 있었다. 지방 유학의 또 다른 중요한 교육 목표는 풍속을 교화하는 것이었다. 학교는 민간을 교화하는 책임을 지고 사회생활에 있어 모범이 되는 역할을 수행했다. 예를 들어 『남옹지南雍志』에서는 "사람으로 하여금 날로 나아가고 달로 변화하게 해서 선왕의 옛 뜻을 회복하여 더러워진 습속을 혁파한다.(使人日漸月化, 以復先王之舊, 革污染之習.)"라고 하였다. 명청 양 왕조는 모든 학교 안에 와비臥碑를 세웠는데, 명대의 와비에는 태조가 지은 8조의 '와비문臥碑文'을 새겼고, 청대의 와비에는 순치제順治帝가 지은 8조의 '와비문'을 새겼다. 명대의 와비문은 다음과 같다.

제1, 부 · 주 · 현의 생원 중에 자신에게 큰일이 있는 자는 부모형제가 하소연하는 것을 허락하고, 큰일이 아니라면, 직접 공문(관청)에 이르지 말라.(府州縣生員, 有大事干己者, 許父母兄弟陳訴, 非大事毋親至公門.)

제2, 생원은 부모가 비위를 행하려고 한다면 반드시 재삼 간절하게 고하여 부모가 위험에 빠지지 않도록 한다.(生員父母欲行非爲, 必再三懇告, 不陷父母於危亡.)

제3, 모든 군과 백성의 좋고 나쁨을 농·공·상인은 누구나 말할 수 있다. 다만, 생원은 말할 수 없다.(一切軍民利病, 工農商賈皆可言之, 惟生員不可建言.)

제4, 생원의 재주와 학식이 우수하여 서른 살에 벼슬길에 나가는 것을 원하는 자는 제조정관提調正官(학교의 서무를 담당하는 정규 관리)이 알리고 시험을 보여 기록해 두고 등용한다.(生員才學優贍, 年及三十願出仕者, 提調正官奏聞考試錄用.)

제5, 생원은 스승의 강설을 듣고서 자신의 장점을 믿고 함부로 논박하지 말거나 혹은 불문에 둔다.(生員聽師講說, 毋恃己長, 妄行辯難, 或置之不問.)

제6, 선생은 미땅히 정성을 다해 어리석고 몽매함을 훈도하는 데 게으르지 않도록 한다.(師生當竭誠訓導愚蒙, 毋致懶惰.)

제7, 제조정관은 근무하며 늘 고사를 실시해 돈후하고 근민한 자는 나아가게 하고 게으르고 어리석은 자는 물리친다.(提調正官務常加考校, 敦厚勤敏者進之, 懶怠頑詐者斥之.)

제8, 재야의 어진 사람 중에 나라를 다스리는 강령을 통달하여 왕도를 펼치는 이가 있으면 그곳의 담당 관리는 추천하여 서울에 이르러 알리는 것을 허락하고, 집에서 밀봉하여 보내는 것을 허락하지 않는다.(在野賢人有練達治體敷陳王道者, 許所在有司給引赴京陳奏, 不許在家實封入遞.)[4]

청대의 와비문은 다음과 같다.

4 「學校考」「群國鄕黨之學」, 『續文獻通考』 권15, 『四庫全書』 史部 政書類.

제1, 생원의 집안 가운데 어질고 지혜로운 부모는 자식이 교육을 받을 수 있도록 해야 한다. 부모가 어리석고 우둔하여 혹 비위를 행하는 자가 있으면 그 자식은 책을 읽고 이치를 밝혀 마땅히 부모에게 재삼 간절하게 고하여 부모로 하여금 위험에 빠지지 않도록 한다.(生員之家, 父母賢智者, 子當受教; 父母愚魯, 或有非爲者, 子既讀書明理, 當再三懇告, 使父母不陷於危亡.)

제2, 생원은 뜻을 세우고 학문을 하여 충신과 청렴한 관원이 되어야 한다. 일을 할 때는 (그에 맞는) 경서와 역사에 담긴 충성스럽고 맑은 자취를 힘써 강구하여 무릇 나라를 이롭게 하고 사랑하는 일을 마음에 두어 새겨야 한다.(生員須立志求學, 必爲忠臣清官. 務須相互講究書史所載之忠清事蹟, 凡利國愛民之事, 當多留心注意.)

제3, 생원이 충후함과 정직함을 마음에 두면 독서할 때 바야흐로 실용이 있게 되어 벼슬길에 나아가서도 반드시 좋은 관리가 될 것이다. 만약 마음씀이 바르지 못하면 독서를 해도 성취되는 것이 없고 관리가 되어도 재앙과 걱정을 부르고 말 것이다. 남을 해치는 일을 하는 자는 많은 경우 스스로 제 삶을 죽일 것이다. 그러므로 항상 이런 점을 생각하고 살펴야 할 것이다.(生員居心忠厚正直, 讀書方有實用, 出仕必作良吏. 如果心術不正, 讀書必無甚成就, 爲官必取禍患, 行害人之事者, 多自殺其事, 常宜思省.)

제4, 생원이 관장에게 청구하고 권세를 가진 사람과 교제하여 출세할 것을 꾀하는 것은 옳지 않다. 마음이 선하고 덕이 온전해지면 하늘이 알고서 반드시 복을 내릴 것이다.(生員不可干求官長, 交結勢要, 希圖進身. 心善德全, 上天自知, 必賜以福.)

제5, 생원은 몸을 아끼고 인내심을 가져야 하며, 관사와 관청의 문을 가볍게 들어가지 않아야 한다. 곧 자신에 관한 일은 가족으로 대신 고하게만 하고, 타인의 소송에 관여하지 말며, 다른 사람이 생원을 끌어들여 소송의 뜰에 나아가 증언하는 것을 허락하지 않아야 한다.(生員當愛身忍性, 不可輕入, 官司衙門. 卽使涉及自己之事, 止許家人代告, 自不許干預他人詞訟, 他人自不許牽連生員作證出庭.)

제6, 생원은 모름지기 선생을 존경하고, 강설은 모두 정성스럽게 들어야 한다. 혹 모호한 점이 있으면 침착하게 다시 질문하고 함부로 논박하지 말아야 한다. 스승이 된 이도 마음을 다하여 가르쳐야 하고, 태만하지 말라.(生員須尊敬師長, 若講說, 皆須誠心聽受. 倘有模糊, 從容再問, 不得妄行辯難. 當然, 敎師亦應盡心敎訓, 勿致怠惰.)

제7, 군민 모두의 이익과 병폐에 대해서 생원이 글을 올려 진언할 수 없다. 만약 한마디라도 아뢰는 일이 있으면 제도에 어긋나므로 사실을 밝혀 죄를 물을 것이다.(軍民一切利病, 生員不得上書陳言, 如有一言建白, 以違制論, 黜革治罪.)

제8, 생원이 많은 사람을 모아 당을 만들고 맹세를 하여 모임을 결성하여 관청을 잡고서 향촌을 마음대로 하는 것을 불허한다. (자신이) 지은 글을 함부로 판각하여 출간해서는 안 되며, 어기는 자가 있으면 제조관의 말을 들어보고 죄를 물을 것이다.(不許生員糾黨多人, 立盟結社, 把持官府, 武斷鄕曲. 所作文字, 不得妄行刊刻, 違者, 聽提調官治罪.)[5]

청대의 와비문은 기본적으로 명대의 것을 환골탈태하여 제조관提調官의 직책에 관한 내용을 빼고 생원生員에 대한 도덕적 요구를 더욱 구체화시켰다. 전체적으로 말하자면 이 두 '와비문'은 학생의 학교 · 집 · 사회 등 여러 장소에서의 행위규범과 도덕책임에 대해 엄격한 규정을 만들고, 학교를 지방 향리의 기풍을 나타내는 중심으로 삼아서 이로 말미암아 사회 전체에 걸쳐 영향을 끼치려고 한 것이다.

5 「學校考七」, 『皇朝文獻通考』 권69, 『四庫全書』 史部 政書類.

전통사회에 있어서 향리의 선비가 사회에 끼치는 영향은 지극히 깊고 컸다. 퇴임한 사대부, 신사紳士 및 학교의 생원은 모두 사회의 모범이 되는 역할을 수행하였다. 명의 오위업吳偉業은 일찍이 "세가世家(대대로 벼슬을 지낸 명문가)의 대족은 나라의 근간이고 마을의 모범으로 그가 아름다운 모습을 하거나 즐거워하는 것이 있으면 나라 사람들은 이런 모습에서 예禮를 관찰하고, 사방에서도 이런 모습에서 습속을 묻는다.(世家大族, 邦之楨幹, 里之儀型, 其有嘉好燕樂, 國人于此觀禮焉, 四方于此問俗焉.)[6]"라고 하였다. 풍속을 고치고 향촌에 교화를 실시하는 면에서 향촌의 선비는 모두 말할 것도 없이 모범이었다.

명대 초기부터 지방의 유학儒學 밑에 광범위하게 사학社學을 설립하였다. 그것은 관학교육의 가장 낮은 단계로 민간의 15세 이하 아동을 대상으로 교육하는 제도였다. 명대 초기부터 시작된 사학社學으로부터 유학儒學, 나아가 국자감에 이르기까지 이러한 세 단계로 구성된 교육체제는 방대한 교육의 그물망을 구성하여 전국적으로 전개되었고, 이에 의한 명대의 교육은 그 이전의 어떤 시대보다도 널리 퍼졌다. "대개 학교를 설립하지 않은 곳이 없었고 교육을 받지 않은 사람이 없었으며, 학교에서 나는 소리와 중첩된 법규가 하읍下邑의 거친 변방과 산골짜기 및 바다 끝까지 틈이 없을 정도로 넘쳤다. 이러한 명대 학교의 성대한 모습은 당송 이래로 미치지 못한 바였다.(蓋無地而不設之學, 無人而不納之教, 庠聲序音, 重規疊矩, 無間于下邑荒徼, 山陬海涯. 此明代學術之盛, 唐宋以來所不及也.)"[7]라고 하였다. 청대의 학교는 명대의 기초 위에 더욱 발전하였다.

교육은 문명이 대대로 계승해 가는 주요한 경로의 하나로서, 명청기에 완비된 교육체제 및 공전절후의 교육 보급은 중화문명의 전승과 발전에

6 『顧母施太恭人七十序』, 『吳梅村全集』 권38, 上海古籍出版社, 1990년, 811쪽.
7 『明史』「選擧志」, 『明史』 권69, 184쪽.

그림 11-1 국자감에 참석한 옹정제. 궁정화원 그림. 청 왕조.

깊은 영향을 끼쳤다. 하지만 명대 이후의 교육 내용에서 보면, 학교교육은 당송 시대와 비교해 학술과 사상이 단일화한 폐해가 발생하였다. 당송 시대의 학교교육은 비교적 다양하였는데, 예를 들어 중앙 수준의 학교는 대개 국자학 · 태학 · 사문학四門學 등 다른 부문의 학교들이 병렬로 나뉘어 있었다. 유학이 중심이었지만, 다른 분야의 학술이나 사상 역시 일정한 지위를 확보하고 있었다. 명대부터 중앙의 학교는 국사감 한 곳만 있고, 가르치는 내용도 유학뿐이었으며, 나아가 '정주이학程朱理學'이라고 하는 특수한 학파의 유학에 한정되었다. 명청 시대의 국자감 아래에는 종학宗學 · 무학武學 · 양명학陽明學 등의 특수학교가 설립되었지만, 국사감과 동등한 위치는 되지 못하고, 후에 유명무실하게 되었다.(그림 11-1)

명대 중엽 이후 학교교육은 쇠퇴의 조짐을 보였는데, 그것은 주로 세 가지 면에서 나타난다. 첫째, 날이 갈수록 과거시험이 중시되고, 반면 공거貢擧(추천제도)가 경시되어 과거가 학교에 충격을 주었다. 둘째, 예감생例監生(돈을 내고 입학한 학생)의 출현으로 학생의 신분이 뒤섞여 질이 낮아졌다. 셋째는 교관의 부족이었다.[8] 명대 중엽 학교교육의 쇠퇴를 일으킨

8 周德昌 主編, 『中國教育史研究』 '明淸分卷', 華東師範大學出版社, 1995년, 10-14쪽 참조.

수많은 원인 중에서 정주이학의 사상적 전제와 그것이 과거제도와 손을 잡은 것은 매우 중시할 만한 원인이었다.

명대 초기부터 학교교육은 정주이학을 기준으로 사서오경四書五經이 아니면 배우지 않았고, 염락관민濂洛關閩(주렴계周濂溪·정자程子·장재張載·주희朱熹 등의 거주지와 강학지로 성리학을 이름)의 학이 아니면 강의를 하지 않았다. 명의 성조(영락제)는 『사서대전四書大典』·『오경대전五經大典』·『성리대전性理大典』 등을 반포하고, 청대에도 『주자전서朱子全書』·『성리정의性理精義』 등을 반포하였다. 명청 시대를 통하여 관학화한 정주이학은 국가의 통치 이데올로기로 인증되었고, 아울러 학교교육에서 유일한 학문이었다. 정주이학의 전제화는 사상의 진보를 억압하였다. 명대 초기 이래 유학은 완만하고 신중하게 발전하면서 드디어 정주이학에 대항하는 계몽적 색채를 가진 새로운 사상이 서서히 싹텄다. 거기에는 정주이학과 정면으로 대립하는 양명심학陽明心學이나, 또 시대의 변화에 순응한 새로운 주자학朱子學도 포함되었다. 하지만 학교교육은 일관되고 완강하게 구래의 정주이학의 교조를 지키고 있었으므로 새로운 사상은 단지 학교의 밖에서 전파할 수밖에 없었고, 어떠한 새로운 사상도 학교 내에서는 나타날 수 없었다.

명대에는 학교와 과거시험이 교차하면서 인재를 선발하여 채용하는 정책이 시행되었다. "과거시험은 반드시 학교에서 시작한다. 학교가 집안을 일으키니 과거시험을 따르지 않을 수 있겠는가.(科擧必由學校, 學校起家可不由科擧.)"[9]라고 하였다. 다시 말해, 과거에 참가하려면 우선 학교에 들어가지 않으면 안 되고, 학교에서 우수한 사람에게는 과거를 거치지 않더라도 관직을 주는 것이 가능했다. 하지만 시대에 따라 과거시험과 학교에 대한 중시의 정도는 달랐다. 선덕 연간(1426–1435) 이후, 조정에서 관

---

9 『明史』「選擧志」, 『明史』 권69, 183쪽.

원을 선발하는 데 과거시험에 중점을 두게 되면서, 과거를 통해서 관직에 나아가는 것이 학교의 공거貢擧로 벼슬을 얻는 것보다 훨씬 우위가 되었다. 『명회요明會要』에, "과거시험을 보는 일이 날로 더해지면서 안팎의 중요한 일이 모두 그쪽에 쏠렸다. 태학에서 과거 공부를 하는 이는 자품資品을 따라서 선발을 기다리다가 나이가 연로해진 다음에 비로소 한 관직을 맡게 되고, 또 오래도록 옮겨가지 못하니 이에 진사와는 하늘과 땅의 차이 같았다.(迨制科日益, 內外要重之司皆歸之, 而舉貢之在太學者, 循資待選, 年老始博一官, 又積久不遷, 於是與進士判若天壤.)"라고 했다. 명대 중엽 이후, 국학의 감생(학생)은 모두 과거를 목표로 삼았기 때문에 이런 상황은 학교로 하여금 당시의 과거시험 문체인 팔고문八股文을 강습하는 훈련시설이 되게 하였다. 학교는 이제 직접 국가에 인재를 보내는 최고 교육기관이 아니었고, 다만 "재능을 쌓아 과거 과목에 대응하는(儲才以應科目)" 임시 단계에 지나지 않게 된 것이다. 과거시험에서는 정주이학이 유일한 기준이었기 때문에 당시의 학생들은 단지 주희朱熹의 『사서집주四書集註』를 학습하여 과거에 응하면 충분하였고, 그 외의 경사백가經史百家의 책은 무시되었다. 주이존朱彝尊(1629-1709)은 일찍이 당시의 학생이 사서四書만 읽고 육경六經을 읽지 않는 상황에 대해 이렇게 말했다.

> 세상의 과거공부를 하는 자들이 사서에 먼저 힘쓰고 육경은 늦출 수 있다고 본다. 『시』를 말하되 주자의 전의(풀이)가 아니면 감히 말하지 못하고, 『예』를 말하되, 주자의 가례가 아니면 감히 행하지 않는다. …… 주자의 설에 합당하지 않은 말을 하면 갑자기 북을 두드리며 공격한다.(世之治舉業者, 以四書爲先務, 視六經爲可緩. 以言『詩』, 非朱子之傳義弗敢道也. 以言『禮』, 非朱子之家禮, 弗敢行也.…… 言不合朱子, 率鳴鼓而功之.)[10]

10 「道傳錄序」, 『曝書亭集』, 『四部叢刊』 集部.

사서를 읽는 것 이외에 학생들은 그 외의 모든 정력을 과거시험을 위한 시문時文(팔고문)을 송독하는 데 쏟았기 때문에 한때는 '팔고문 선집'이 유행하였다. 고염무(1613-1682)는, 소주와 항주에서 출판된 '십팔방十八房(과거시험의 18인 시험관이 쓴 모범답안집)'의 선집이 수백 부에 달하는데, 나아가 상인이 전국에 판로를 넓혀, "세상 사람들이 오직 이 물건으로 과거에 이름을 올려 부귀를 누릴 수 있다고 보고 이를 학문이라 생각하고 선비라 여기며 다른 책은 일체 보지 않는다.(天下之人, 惟知此物, 可以取科名, 享富貴, 此之謂學問, 此之謂士人, 而他書一切不觀.)"라고 기록하였다. 또한 그는 이런 점에 대해, "팔고문이 성하여 육경이 미약해지고, 십팔방이 성하여 21사史가 폐해졌다.(八股盛而, 六經微, 十八房興而卄一史廢.)"[11]라고 탄식하였다. 과거의 폐해는 진시황의 분서焚書보다 심했다.

4. 양명심학과 서원에서의 강학

학교교육의 쇠퇴와는 대조적으로 서원에서의 강학은 명대 중엽부터 부흥하기 시작했다. 서원이 흥성한 중요한 이유 가운데 하나는 관학교육의 쇠퇴에서 찾을 수 있으며, 엽향고葉向高는 「수선서원기首善書院記」에서 다음과 같이 말했다.

> 학교가 말류적 폐단으로 공명과 이익을 쫓고 참된 근본을 잃어버린 것은, 오히려 한당 시대보다도 정도가 심하다. 어진 사대부가 그것을 일으켜 유지하고자 한다면 염락관민이 남긴 학업을 익히지 않을 수 없고, 사람으로 하여금 향해 가는 곳을 알게 하고자 한다면 이에 도시와 큰 고을로 통하도록 하는 것이니 그것이 있는 곳에 모두 서원이 있다.[(學校)末

11 「十八房」, 『日知錄』 권16, 甘肅省民族出版社, 1997년, 727쪽.

流之弊，逐功利而迷本眞，乃反甚于漢唐．賢士大夫欲起而維之，不得不修濂洛關閩之餘業，使人知所向往，于是通都大邑，所在皆有書院.]

수선서원首善書院(현재의 북경 선무문宣武門 천주당 옆에 있었음)은 명대의 가장 저명한 강학 서원 중 하나였다. 명대 중엽에 일어나 강학을 행했던 서원의 가장 큰 특징은 자유로운 강학으로 과거시험을 위한 것이 아니었다. 교육사의 관점에서 보면 송대에 흥성한 서원은 본래 학교와는 다른 사학私學이었으나 청대에 부분적으로 관학화하기 시작했다. 그 후 발전을 거쳐 서원은 강학 · 장서藏書 · 제사祭祀 등 다양한 기능 형태로 나뉘었고 과거시험을 전문으로 하는 서원까지 출현하게 되었으나, 서원의 가장 본질적인 특징은 자유로운 강학이며, 그것은 역대의 학자가 사상을 전하고 학술을 발전시키는 장소로서 새로운 사상과 새로운 학술이 육성되고 탄생한 곳이다.

명대 중엽의 서원의 흥기는 왕양명王陽明(1472–1529)이 심학心學을 창립하고, 또 그의 제자들이 심학을 널리 알린 노력을 빼놓고 말할 수 없다. 왕양명은 강학을 하며 22년 동안 여러 서원을 개설하고 그의 '치양지致良知'설을 강의했다. 왕양명이 스스로 세운 서원에는 용강서원龍岡書院 · 귀양서원貴陽書院 · 염계서원濂溪書院 · 계산서원稽山書院 · 부문서원敷文書院 등 많으며, 특히 강江 · 절浙 양광兩廣 사이에 따르는 사람들이 매우 많았고 서원의 건설도 활발히 일어났다. 『명사明史』에는 "정덕 · 가정 연간에 왕수인은 무리를 군대 중에 모으고, 서계(1494–1574)가 단규端揆(재상宰相)에서 강학하던 날에 유풍(일시적인 기풍)을 입었던 곳에서 조야를 진동시켰다. 이에 진신縉紳의 선비와 은거하던 원로들이 강회를 연합하여 서원을 세우니 원근에 이어졌다.(正 · 嘉之際，王守仁聚徒於軍旅之中，徐階講學於端揆之日，流風所被，傾動朝野．於是縉紳之士 · 遺佚之老，聯講會，立書院，相望於遠近.)"[12]라고 적혀 있다. 여기에서 강학 기풍의 번성은 왕양명을 시작으로 하는 왕학에 의한 것으로 보고 있다. 서계도 왕학을 한 사람이었다. 왕양명과 동시대 학자인 담약수湛若水(1466-1560)도 서원을 만드는 것을 좋아하였다. 그는 52년간 강학을 했는데, 북경·남경 등 전국 각지를 돌아다니며 "평생 족적이 닿는 곳에 반드시 서원을 세웠다.(平生足迹所至, 必建書院.)" 담약수는 진백사陳白沙의 제자였으며 심학도 강의했으나, 왕양명의 논조와는 달랐기 때문에 항상 사상 논쟁을 하였다.

5. 네 번에 걸친 서원탄압

왕양명과 담약수에 의한 강학과 서원 건설의 활동은 조정의 보수세력으로부터 공격을 받았고, 1537년(가정 16)에는 어사 유거경游居敬이 상주하여, 왕양명·담약수가 몰래 창설한 위학僞學을 탄핵하고, 황제는 "그 서원을 파괴하라(毁其書院)"는 조칙을 내렸다. 파괴된 주요 서원은 남경의 강학서원이었다. 이것은 명대에 있어 최초의 서원탄압이었다. 그러나 이때 양명학 위주의 강학서원은 이미 모든 곳에 퍼져 있었기 때문에 다음해에 이부상서 허찬許讚이 상소하여 각 관청 및 부와 주의 서원을 파괴하도록 요구하였고 탄압의 범위는 전국적으로 퍼졌다. 이것이 제2차 서원탄압이다.

이 두 번의 서원탄압은 어디까지나 왕양명·담약수에 대한 것이었으며, 또 신흥 심학 사조에 대한 것이라고도 할 수 있었다. 실제로 두 번의 서원탄압의 효과는 크지 않았으며 왕양명의 제자나 자유롭게 강학을 하는 학자들에 의한 서원 건설의 열정은 억압되지 않고, 그 후에도 강학서원은 끊이지 않고 나타났다. 예를 들어 왕양명의 제자 구양덕歐陽德(1496-1554)은 육안六安의 용진서원龍津書院에서 강학을 하고 태주학파泰

12 『明史·顧憲成等傳贊』, 『明史』 권232, 650쪽.

州學派인 나여방羅汝芳은 산동의 견태서원見泰書院과 강서의 명덕서원明德書院에서 강학하였고, 특히 가정 말, 왕학의 서계가 내각수보內閣首輔로 승진하고부터 북경의 영제궁靈濟宮에서 수천 명을 초대하여 행한 강회는 서원과 강회의 기풍을 전국에 더욱 유행시켰다.

1579(만력 7) 권력을 독점한 장거정張居正이 강력하게 주장하여 명조에 의한 제3차 서원탄압이 일어났다. 장거정의 서원탄압 목적은 한편으로 서원을 억압하여 학교를 강화하고 교육을 한 번 더 학교 주도로 돌리려는 생각이었고, 또 한편으로 그것을 빌려 자신과 의견을 달리하던 자들을 배제하려는 것이었다. 왜냐하면 권력독점에 반대하는 사대부는 거의 대부분이 자유롭게 강학하는 학자들이었기 때문이다. 이 서원탄압의 규모는 가정 연간의 두 번의 탄압보다도 컸다. 그러나 그때는 이미 내각과 대립한 사대부의 힘이 점점 커지고 있었으므로, 기본적으로 서원의 강학 기풍이 약해지지는 않았다.

만력에서 천계天啓 초년에 걸친 시기는 저명한 동림서원東林書院과 수선서원이 출현하여, 고헌성高憲成(1550−1612) · 고반룡高攀龍(1562−1626) 등이 동림서원에서 강학하였고, 추원표鄒元標(1551−1624) · 풍종오馮從吾(1557−1627) 등은 수선서원에서 강학하였다. 그들은 모두 서원에서의 강학을 정치에 대한 의론과 연결시키고 서원에서의 강학에 대해 강한 정치색을 가지게 하였으며, 육성된 사대부들은 현실적인 이해에 좌지우지되지 않고 공정한 정신을 견지하였다. 황종희(1610−1695)는 "한 당에서 사우가 냉풍과 열혈로 하늘과 땅을 씻어낸다.(一堂師友, 冷風熱血, 洗滌乾坤.)"[13]라고 했다. 이와 동시에 각지의 강학서원은 명말 초기계몽사조의 출현과 발전을 재촉하였다. 서원과 강회는 백가쟁명의 자유로운 기풍이 흘러넘쳤다. 1592년(만력 20) 전후로, 남경은 학자가 모여 강학을 하는 가

13 『東林學案一』, 『明儒學案』 권518, 中華書局, 1985년, 1,375쪽.

장 활기찬 곳이었다. 당시 태주학파 나여방의 제자인 주여등朱汝登(1547-1629)은 「천천증도기天泉證道記」라 이름 짓고 "선이 없으면 악도 없다.(無善無惡)"는 주장을 강의하였으나, 담약수 일파인 허부원許孚遠은 '구체九諦'를 써서, 강력한 성선설을 주창하고 '선이 없으면 악도 없다'는 입장에 반대하고 주여등은 '구해九解'를 써내어 변명을 했다. 이것으로부터 사상계의 일대공안이 탄생하였다. 이처럼 학술논쟁이 종종 일어나, 다른 관점에서 서로 맞서며 다양한 사상의 교접과 울림을 만들어 내었다.

1625년(천계 5) 위충현魏忠賢(1568-1627)은 동림당 사람들을 잔혹하리만큼 탄압하고 동림서원 등 동림당 사람과 관계가 있는 서원도 파괴하였다. 그것이 명대에 있어 제4차 서원탄압이다. 이 서원탄압은 격렬한 정치투쟁의 한 부분으로, 숭정제崇禎帝가 황위를 잇고 위충현이 실각하자, 서원은 다시 부활한다. 신흥 서원 가운데 유종주劉宗周가 주재한 증인서원證人書院은 당시 가장 저명하고,[14] 영향력이 가장 큰 서원이었다. 유종주는 젊었을 때 주자학을 숭상하고, 중년 이후에는 왕양명의 학설을 믿었으며, 만년에는 양명학을 지양하여 '신독愼獨'과 '성의誠意'를 취지로 하는 자신의 사상체계를 세워 송명이학宋明理學의 대성자가 되었다.

명말청초의 학자는 서원의 강학 전통을 답습하였다. 청대 초기의 '삼대유三大儒' 가운데, 황종희가 증인서원을 재건하고 그곳에서 강학을 행하니 전국에서 선비들이 차례로 찾아와 배웠다. 손기봉孫奇逢은 백천서원百天書院에서 강학을 했는데, "북방의 학자는 대개 그 문하에서 나왔다.(北方之學者, 大概出于其門.)"[15]라고 하였다. 이우李顒는 관중서원關中書院에서 강학을 하고, 청중으로는 관리, 향신鄕紳, 젊은이 수천 인이 참여하여 "3월 안에 한두 번 거행하여 기를 북돋우고 절차탁마하니 선비들의 습속이

14 劉宗周(1578-1645)의 字는 起東, 號는 念台로, 蕺山에서 강학을 했기 때문에 사람들이 '즙산선생'이라 불렀다. 浙江의 山陰 사람이다.

15 『諸儒學案』 '徵君孫鐘元先生奇逢', 『明儒學案』 권57, 1,371쪽.

크게 변하였다.(三月之內, 一再擧行, 鼓蕩磨礪, 士習丕變.)"[16]라고 하였다. 이러한 대표적인 서원의 강학활동은 당시 사상이나 학술에 영향을 미쳤을 뿐만 아니라, 세상의 도리와 인정에도 영향을 주었으며, 또한 명말 심성을 의논하는 공허한 강학의 폐습을 경세치용의 실학의 길로 인도하였다.

6. 경전과 역사를 강의하는 서원

새로운 학술이 명대 서원의 강학 중에서 싹이 텄다. 예를 들어 하경명何景明(1483–1511)이 정학서원正學書院에서 선비들을 위해 경학經學을 강의하였는데, 제가의 훈고를 사용하지 않아도 선비들은 이를 통해서 경학을 알게 되었다. 황종희도 만년 강학에서 경사經史를 주로 강의하였다. 이로부터 새로운 학술은 청대까지 이어져, 점점 커다란 세력을 형성하고 청대의 학술을 상징하는 고증학으로 발전하였다. 청의 건륭·가경 연간에 이르면 서원의 기풍은 명말과 크게 달라지고, 대부분의 서원은 경사 강의를 중심으로 하고 경사를 주된 학업으로 하는 전문 서원까지 출현하는데, 그 대표적인 곳이 완원阮元(1764–1849)이 창설한 고경정사詁經精舍와 학해당學海堂이다. 고경정사는 항주 서호西湖의 고산孤山에 지어졌고, 학해당은 광주의 월수산粵秀山에 지어졌다. 이 두 서원은 모두 관영으로 절강·광동의 우수한 인재가 선발되어 입학하였고, 과거시험을 목적으로 하지 않고 경사經史를 전공해 뜻을 얻은 당시의 고명한 선생들의 지도를 바탕으로 자유롭게 학문을 연구하였다. 학생의 자유로운 학문 연구를 장려하는 것이 이 두 서원에서 행한 교육의 가장 두드러진 특징이다. 두 서원은 100년 가까운 역사에서 자유로운 연구를 통해 경사 분야에서 학자들을 차례로 배출하였다. 고경정사에서 교편을 잡았던 손성연孫星衍

16 『曆年紀略』'康熙12년 癸丑條', 『二曲集』 권45, 中華書局, 1996년.

(1753-1818)의 기술에 따르면, 전후하여 양성된 자가, "학문적 성과를 찬술하여 일가를 이룬 이가 이루 다 셀 수 없으니, 동남지방의 인재의 성대함이 여기에 비할 곳이 없었다.(撰述成一家者, 不可勝數, 東南人才之盛, 莫與爲比.)"[17]라고 했다. '고경정사'와 '학해당'이란 특수한 경사 서원은 청대의 학술 발전에 많은 공적을 남겼다.

7. 만주족의 학교

청대 초기, 국가의 통치력이 강해지면서 교육면에서 학교교육을 다시 진작하고, 서원에 대해서는 한계를 가해 그것을 점차 관학화하려고 했다. 청대의 학교제도는 대부분이 명대의 제도를 답습하였으나, 명대와 극명하게 다른 점이 두 가지 있다. 하나는 한문 위주의 전통적 교육을 유지하는 것과 동시에 만주문 위주의 계통적인 만족滿族 교육체제를 건립한 점에 있다. 또 다른 하나는 교육 중에 산학을 중시하여 시대의 과학기술 교육의 부족이란 결함을 일정 정도 보완하고, 중국과 서양의 문화를 결합하여 한정적이지만 가치 있는 범례를 제공한 점에 있다.

청조 건국 후, 만주족의 종실과 귀족의 자제들에게 한족과 동등한 수준의 교육을 행하고, 동시에 만주족 언어문화의 전통을 유지할 수 있도록 청조는 종학宗學(황족의 자제 교육기관) · 각라학覺羅學(황족에서 선택된 우수한 자제의 교육기관) · 팔기관학八旗官學(팔기의 자제 교육기관) · 만족의학滿族義學(만주족 자제 교육기관) 등 만주족에 특화된 일련의 관립학교를 설립하고, 국자감 등 주요한 학교 시스템과 연대하면서도, 그것들과 구별된 만주족의 교육체제를 형성하였다. 만주족 교육의 보급률은 매우 높았고, 모두 비교적 양질의 교육을 받는 것이 가능하였다. 청대 전기에는 만

17 「詁經精舍題名碑記」, 『平津館文庫』, 『叢書集成初編』 文學類.

주족의 인재가 배출되었다. 국가의 정치나 군사의 통치에 뛰어난 인재는 놓아두고라도, 『청사고淸史稿』「문원전文苑傳」에 들어간 저명한 만주족의 시인, 예를 들면 납란성덕納蘭性德(1655-1685)은 사詞에 득의해서 세상에 알려졌는데, 그의 사는 "청신하면서도 준수하고 자연스러우면서도 초일하다.(淸新秀雋, 自然超逸.)"[18]고 하였고, "사람들은 그를 이경(남당의 황제로 사에 능했음)의 후신이라 일컬었다.(人謂李璟後身)"[19]고 했으며, 또 만주 제일의 사인으로 불렸다. 종실의 문소文昭(1680-1732)는 시로 득의한 것으로 유명하여, 당시 사람들은 그의 시를 칭하여 "포조鮑照와 사령운謝靈運을 배태하고 뭇 시인의 종의를 아울러서 백가의 정화와 겨루니 그 시미는 도처에서 신맛을 벗어나고 있다.(以鮑謝爲胚胎, 而又兼宗衆有, 擷百家之精華, 其味在在酸羑之外.)"[20]라고 하였다. 다탁多鐸(1614-1649)의 자손인 유단裕端(1771-1838)은 시화에 정통한 것 외에도 티베트어에도 능통하였고, 서역지구 지도를 제작한 일도 있었으며, 당고특唐古特(탕쿠트, 西夏) 문자로 불교역본을 교감하였다. 이와 같이 만주족의 인재는 매우 많으며, 여기서 거론한 사람은 정사에 실려 있는 대표적인 인물에 지나지 않는다.

8. 강희제와 산학교육

학교에서 산학(수학)을 실행한 것은 원래 수당 시대 이래 전통이었다. 그러나 송 이후로는 중단되어, 원명 양대에서는 산학을 중시하지 않았기 때문에 그 직접적인 결과로 천문·역법이 점점 처지게 되었다. 명대는 민간에서 개인적으로 천문·역법을 배우는 것이 엄격하게 금지되어 흠천감

---

18 『淸史稿』「文苑傳」, 『淸史稿』 권484, 上海古籍出版社·上海書店出版 『二十五史』 제12책, 1986년, 1,528쪽.

19 蔡冠洛 編著, 『淸代七百名人傳』(下), 中國書店, 1984년, 1,754쪽.

20 『淸史稿』「文苑傳」, 『淸史稿』 권484, 1,528쪽.

그림 11-2 강희남순도康熙南巡圖 12개 두루마리 중 10번째 두루마리로서 왕휘王翬(1632-1717)와 여러 사람이 1691년 시작해서 여러 해 동안 이 작업을 했다. 이 부분은 강희제의 남경 방문에 초점을 두고 있고, 특별히 예조에 속한 국립검사소의 남부 지역소 부분을 보여 준다. 강희제 치세, 청 왕조.

欽天監(천문관측을 담당하는 관청)의 일도 흠천감 내의 자제가 세습하고, 산학은 아버지가 아들에게 전하는 형식으로 진습되었을 뿐이다. 명말청초, 서양의 전교사가 차례로 중국을 방문하여, 중국의 문화와 연결하여 커다란 충격을 일으켰던 것은 서양의 학문 과학지식이었다.

명대 후기부터 조정은 서양 전교사를 초청해, 역법曆法 수정의 협력을 얻어 새로운 역을 제정했다. 청대 전기에는 전교사 탕약망湯若望(Johann Adam Schall von Bell, 1592-1666), 남회인南懷仁(Ferdinand Verbiest, 1623-1688)을 초빙하여 흠천감의 일을 역임하게 하였다. 강희 초기에 오명훤吳明烜 등의 흠천감 관리는 서양의 방식으로 제정된 신력을 구래의 방식을 사용해 마음대로 바꾸어, 자연계의 움직임과 맞지 않게 되었다. 강희제康熙帝는 이것을 매우 중요하게 여겨, 흠천감의 관리와 남회인이 의논하여, 결정된 시간에 천체 관측을 시킨 결과, 최종적으로 오명훤 등이 틀렸고, 남회인의 설이 맞는 것이 증명되었다. 중국과 서양의 학문 사이에서 사실을 모토로 한 진실을 탐구하려고 한 강희제의 진보적 정신이 청대의 산학연구의 재흥을 촉진시켰다. 강희제 자신이 서학에 대해서 강한 흥미가 있었기 때문에 남회인, 서일승徐日昇(Thomas Pereira,1645-1708), 백진白晋(Joachim Bouvet, 1653-1730) 등의 전교사를 차례로 초대하여 서학의 가르침을 배우고, 특히 산학에 대해 자신이 전문가가 될 정도로서, 사서에서는 그것을 "역산을 연구하니 기묘한 계합이 정미하여 한때 그것을 익히는 사람들이 깊이 경도되어 끊이지 않았다.(研究曆算, 妙契精微, 一時承習之士, 蒸蒸向化, 肩背相望.)"[21]라고 기록하였다.(그림 11-2)

강희제는 또한 만주족·한족의 학생을 선발하여 전문적인 역산을 가르치고, 학자를 조직하여 『수리정온數理精蘊』 전56권을 편찬시켰는데, 거기에는 당시 알려져 있던 중국과 서양 산학의 모든 성과가 수록되었다. 1712년(강희 52) 정식으로 산학관을 설립해 흠천감에 소속시켰다. 후에 옹정·건륭의 양조에 걸친 발전으로 산학관은 점점 확대되고, 국자감 소속으로 개편되어 '국자감산학'이라고 불리었다. 청대 산학교육의 발전은 청대의 과학기술 교육 가운데 가장 걸출한 성과이다.

21 『淸史稿』「疇人傳」, 『淸史稿』 권506, 1,596쪽.

제2절

초등교육과 그 문화적 의미

1. 사학社學 · 의학義學 · 사숙

중국 고대의 몽학蒙學(초등교육) 전통은 선진先秦 시대로 거슬러 올라갈 수 있어 그 기원이 길다. 명청 시대에 이르기까지 초등교육은 매우 활발하였고, 교육체제, 교육내용, 교육관념 등 분야에서 모두 전에 없던 발달을 이루었다.

명대의 관영 초등교육의 주요한 점은 '사학社學'이다. 사학은 원대에 민간에서 시작하여 명초부터는 국가에 의해 정식으로 설치되었다. 1375년(홍무 8) 정월에, 전국에 사학을 세우고 각 부 · 주 · 현의 도시와 농촌에 모두 사학을 설립하였다. "다만 수십 집에서 수재에게 학교를 개설해 줄 것을 청하여 군민가의 자제를 입학시켜 독서하게 하고 그의 본업에 방해 받지 않도록 하니 긴요한 점에 힘써 성과를 냈다.(但有三五十人家, 便請個秀才開學, 教軍民之家子弟入學讀書, 不妨他本業, 務要成效.)"[22]라고 하였다. 이에 사학은 크게 흥하였으니, 연구자의 통계에 따르면 홍무 연간(1368-

22 『東鄉縣志 · 公署上』, 李國均 · 王炳照 主編, 『中國教育通史』, 吳宣德이 지은 『明代卷』, 山東教育出版社, 2000년, 263쪽에서 인용.

1398)에 사학의 총수는 수천 군데에 달했다고 한다. 이후 정부가 관리에 힘쓰지 않고 사학의 설립을 민간의 힘에만 주로 의존했기 때문에 빠른 속도로 폐기되고 느슨해졌다. 명 영종조에 사학의 관할권을 제학관提學官(교육행정장관)에게 부여하여, 사학교육이 국가 교육체제 안에 들어감으로써 사학을 중흥시킬 수 있었다. 가정 연간에 이르러 도시경제와 초기계몽사조가 출현함에 따라 사학의 발전 또한 가속화하여 사학의 규모가 홍무 연간에 버금가게 되었다.

명대는 사학에 주력하였기 때문에 초등교육에 공적을 낸 인물도 많이 나타났다. 그 대표적 인물이 위교魏校(1483-1543)이다. 위교는 명대 중기 잘 알려진 성리학자로 그는 호거인胡居仁(1434-1484)에게 사숙하고 호거인의 숭인학파崇仁學派의 계승자가 된 인물이다. 황종희의 『명유학안明儒學案』에 의하면, "그 종지는 천근天根의 학인데 사람은 태어나면서부터 고요하니 기초를 북돋아 기르는 것이다. 만약 어린아이가 깨달아 아는 것이 뒤늦어지면 잡스럽게 됨을 면치 못할 것이다.(其宗旨爲天根之學, 從人生而靜, 培養根基. 若是孩提知識後起, 則未免來雜矣.)"[23]라고 하였다. 이런 종지로부터 시작한 위교는 초등교육을 매우 중시하여 "어린아이 때부터 바르게 기른다(蒙以養正)"면, 불순물이 섞일 폐해를 피할 수 있을 것임을 기대하였다. 가정 초년, 위교가 광동의 제학부사提學副使에 임용되었을 때 사학社學에 힘써, 광동의 사학은 놀라운 기세로 발전하여 560여 곳의 사학이 새로 증설되었고 가정 연간 전국 1위를 차지하였다. 위교는 대량의 사전寺田과 관전觀田을 학전學田으로 바꾸기를 강행하여 학전의 수입으로 학교 시설과 사학을 수선하고 사학의 교사를 초청하여 빈곤한 학동을 두루 구제하였다. 또한 그는 직접 학교의 교과과정과 관리규칙상의 제도를 설계하였는데 이런 학교경영 방식은 크게 영향을 끼쳤다.

---

23 『崇仁學案』'恭簡魏莊渠先生校', 『明儒學案』 권3, 46쪽.

청대 초기의 관영 초등교육은 주로 명대의 사학을 답습하였다. 그러나 청의 전성기인 강희·옹정·건륭 시기에는 의학義學이 크게 발전하여, 점점 사학과 교체되어 관영 초등교육의 주체가 되었다. 의학은 이미 송대에 출현하여 원래는 오로지 종족宗族 내의 빈곤한 자제를 위해 설립한 것이었다. 청대 의학의 설립도 처음엔 하층 빈곤계층을 위한 것으로 주로 교육을 받을 여유가 없는 아이들에게 무상으로 교육을 제공하기 위한 것이었다. 의학교육은 먼저 경기京畿 지역의 만주족과 서남지구의 소수민족 사이에서 추진되어, 강희 연간에 정식으로 전국에 펴졌으니, "각 성·부·현에 많은 의학을 세우도록 하고 명사를 초청하여 고아나 가난한 집의 아이들을 모아 힘써 독서하도록 하였다.(各省府州縣, 令多立義學, 延請明師, 聚集孤寒生童, 勵志讀書.)" 장기적으로 발전을 거쳐, 청조의 의학은 전국에 보급되어, 하나의 새로운 초등교육 네트워크를 형성했다. 특히 이 네트워크는 먼 변경의 지역을 망라하였는데, 운남의 의학교육은 그 가운데서도 성공한 모델이었다. 옹정 연간에 진굉모陳宏謀(1696-1771)가 운남포정사雲南布政使에 임명되어, 교육을 널리 진흥시키고, 각 부府·청廳·주州·현縣에 의학 700여 개를 계획적으로 개설하고 운남의 의학 발전에 커다란 공을 세웠다.

사학도 의학도 모두 세상의 모든 아동에 대해 동등한 교육을 제공하고자 하는 정신을 기초하여 창립한 것이다. 그 종지는 빈부와 귀천을 묻지 않고, 인품과 재주·지혜의 우열을 따지지 않고 일률적으로 의무교육을 하려고 한 것이다. 명의 진헌장陳獻章(1428-1500)은 「정향현사학기程鄕縣社學記」에서 사학의 종지를, "이 학은 가난한 이와 부유한 이, 귀한 사람과 천한 사람, 재주 있는 이와 재주 없는 이가 함께 공부하는 것이고, 특정한 사람을 가리는 바가 없다.(是學也, 貧富·貴賤·才不才共之, 無所擇于其人.)"라고 하였다. 명대의 사람 광언예鄺彦譽는 「경대의학기瓊台義學記」에서 의학의 '의義'의 뜻을 아래와 같이 해석하였다.

> 의학이란 저 사람을 배우게 할 때 귀천과 빈부의 분수가 있다고 하여 속수(예물)를 헤아리면 의가 아니다. 저 사람을 배우게 할 때 맞거나 맞지 않거나, 재주가 있거나 없거나를 따져 사람이 타고난 품성을 헤아리면 의가 아니다. 저 사람이 이 땅에 난 것은 평범하게 태어나거나 떠도는 중에 태어나는 것이니 그렇게 난 아들이나 손자는 귀한 것도 없고 천한 것도 없으며, 부유한 것도 없고 가난한 것도 없으며, 맞는 것도 없고 맞지 않는 것도 없으며, 재주가 있는 것도 아니고 재주가 없는 것도 아니다. 이것을 곧 의라 하는 것이다.(曰義學者, 使夫人之學而有貧賤富貴之分, 而惟束修是計, 非義也. 使夫人之學而有中不中, 才不才之擇, 而惟人品是論, 非義也, 使夫人之凡生于斯 · 流寓于斯者之子若孫, 無貴無賤, 無富無貧, 無中無不中, 無才無不才, 是則謂之義也.)

그 목적을 달성하기 위해 빈곤에 허덕이는 서민의 적령기 아이에게 학교의 문호를 넓혀 주는 것뿐만 아니라, 때로는 형벌이란 수단을 동원해 가장에게 아이를 학교에 보내도록 강제한 것이다. 위교魏校는 일찍이 “부형 중 고의로 어기고 자제를 사학에 들여보내지 아니한 자가 있으면 죄를 물을 것이다.(父兄如有故違, 不送子弟入社學者, 提問坐罪.)”라고 엄격하게 명령하였다. 그러나 이러한 교육이념은 현실에서는 상당히 부딪쳤다. 예를 들어 위교는 일찍이 영을 내리기를, “광대와 노예 집안의 자제는 망령되게 사학에 보낼 수 없다.(倡優隸卒之家子弟, 不得妄送社學.)”[24]라고 하였다. 이것은 국가의 규정에 광대와 노예는 유학儒學에 들어갈 수 없고, 과거시험에도 참가할 수 없게 한 사회적인 멸시 정책과도 일치하는 것으로 봉건 교육제도의 폐해 중의 하나라고 할 수 있다.

초등교육의 사립학교 형식은 사숙私塾이었다. 사숙은 진秦나라 이전부

24 「諭民文」, 『莊渠遺書』 권9, 『四庫全書』 集部 別集類.

그림 11–3 학생들이 수업하고 있는 사숙의 내부 사진. 청 왕조 후기.

터 시작되어 줄곧 발전하고 변천한 초등교육 방식이었다. 명청 시대의 사숙은 크게 셋으로 나뉜다.(그림 11–3) 첫 번째는 '교관敎館' 또는 '좌관坐館'이다. 이것은 부유한 집안이 집에 학교를 만들고 숙사塾師를 초빙하여 자제를 가르치는 것이다. 두 번째는 '문관文館' 또는 '가숙家塾'으로 숙사가 학교를 열어 학생을 모집하는 것이다. 세 번째는 '촌숙村塾' 또는 '족숙族塾'으로 하나의 마을 또는 일가가 공동으로 교사를 초빙하여 학교를 열고 마을 또는 일가의 자제에게 모두 수업을 들을 수 있게 한 것이다. 사숙은 보통 많이 볼 수 있었던 초등교육으로, 중국의 전통적인 교육의 특징을 가장 많이 가지고 있었다. 아주 많은 사숙에서 교사와 생도가 장기간에 걸쳐 함께 생활을 하였다. 때문에 몽사蒙師(초등교사)는 학동에게 지식만을 전수하는 것이 아니라 그 언행 하나하나도 은근히 학동의 성장에 영향을 미쳤다. 중국 고대의 교육은 말로 전하고 몸으로 가르치는 것을 가장 중시하였고, 그것은 사숙교육에서 가장 잘 표현되었다.

명청 시대의 초등교육에서는 교사를 선택하는 기준도 엄격했다. 명의 태조는 일찍이 "죄를 지어 허물이 있는 자는 교사로 허용하지 않는다.(其經斷有過之人, 不許爲師.)"라고 분명하게 명했다. 일반적으로 말해서 행동거지가 단정하지 못한 하급관리나 생원, 그리고 승도·무당·사술인邪術人은 모두 교사가 될 수 없고, 품행 및 학문과 함께 남들에게 존경받는 사람이어야 비로소 교사가 될 수 있었다. 관학의 몽사는 대다수가 향민들의 추천 또는 지방관의 선정을 거치고, 그러한 뒤 다시 학교행정을 책임진 제조관이, "서찰을 갖춰 예를 다한다.(具書致禮)"라고 한 것과 같이 정식으로 초빙하여 임명하였다. 사숙의 몽사 또한 시골마을에서 최고의 정성과 존경을 갖춘 예절에 따라 초빙되었다. 몽사가 짊어진 책임은 학동이 일생동안 성장하기 위한 기초를 만드는 것이다. 이 기초의 좋음과 나쁨은 학동의 미래 발전에 직접 관련되는 것이다. 최학고崔學古는 일찍이 "스승이 되기는 어려운데, 어린아이의 스승이 되기는 더욱 어렵다. 몽사를 잃으면 훗날 공을 이루기 어렵고 몽사를 얻으면 뒤에 힘을 쓰기가 퍽 쉬우니, 삼가지 않을 수 없다. (爲師難, 爲蒙士更難. 蒙士失則後日難爲功, 蒙士得則後來易爲力甚矣, 不可不愼也.)"[25]라고 하였다. 명청 시대의 몽사는 하층의 지식인이 담당한 점에서 사회적 지위는 결코 높지 않았지만, 몽사의 도덕성에 대해서는 줄곧 매우 엄격함을 요구하였고, 몽사는 반드시 단품端品·진심盡心·전엄專嚴 등 교사로서의 도덕적 기준에 부합하지 않으면 안 되었다.

---

25 崔學古, 「幼訓」, 『檀幾叢書二集』 제2帙, 康熙 36년 刊本.

2. 식자와 사학

명청 시대 초등교육의 주요 내용에는 세 가지 면이 있다. 즉 식자교육識字教育(문자학습) · 지식교육 · 도덕교육이다. 이러한 교육을 실시한 명청 시대의 초등교육은 높은 창조성을 드러낸 전통을 쌓았다.

식자교육은 수천 년간 줄곧 한자를 사용해 온 중국에게 중요한 의의가 있다. 선진先秦 시대부터 '식자'는 초등교육의 주요 내용이었다. 『한서漢書』「예문지藝文志」에 "옛날엔 8세에 소학에 입학하였다. 그러므로 『주관』(주례周禮)에서 '보씨가 국자(공경대부의 자식)를 관장하고 양성하면서 그들에게 육서를 가르치니 그것은 상형 · 상사 · 상의 · 상성 · 전주 · 가차란 것이다'라고 한 것으로, 글자를 만든 근본에 관한 것이었다.(古者八世入小學, 故『周官』保氏掌養國子, 教之六書, 謂象形 · 象事 · 象意 · 象聲 · 轉注 · 假借, 造字之本也.)"[26]라고 하였다. 한나라 때는 학동이 취학하면 먼저 글자 쓰는 법을 익히고, 9천 자 이상 아는 자를 선발하여 관리로 삼았다. 한대에 유전된 『창힐倉頡』·『범장凡將』·『급취急就』 편 등은 모두 학동에게 가르친 식자와 습자용 서책이었다. 송대에서 명청 시대에 이르기까지 식자교육은 점차 『삼자경三字經』·『백가성百家姓』·『천자문千字文』 위주의 안정된 체계를 형성했다. 무릇 아동의 식자교육은 모두 『삼자경』·『백가성』·『천자문』을 입수하고 집중하여 글자를 익히게 한 것인데, 이 세 책은 대략 2천여의 새로운 글자가 나와 명청 시대의 초등교육에서 알아야 할 글자와 부합하였다. 학동에게 글자를 가르치는 방법은 다양했다. 3, 4세의 취학 전 아동은 카드를 이용해 글자를 익혔다. 그것은 『천자문』 등에 있는 글자를 1촌 4방의 작은 나무판에 써서 아이들에게 글자를 가르치되 놀면서 하도

26 『漢書 · 藝文志』, 『前漢書』 권30, 上海古籍出版社 · 上海書店 『二十五史』 제1책, 1986년, 165쪽.

록 하고, 알아낸 글자를 모아 문장을 만들게 하는 방법으로 활용성이 매우 크고 굉장히 효과가 있었다.

6, 7세에 입학한 아동에 대해서는 통상, 한나라 때 이후의 전통인 '육서식자법'을 채용했는데 상형 · 지사 · 회의 · 형성 · 전주 · 가차의 6종의 한자에 의해 구성된 식자학습을 행하였다. 이 방법은 한자가 가진 규칙성과 합치되어 외우는 데 정확하고 글자의 뜻을 확실히 기억하는 것이 가능하였다. 예를 들어, 명대의 계악桂萼이 설계한 '사당교학법四堂教學法' 중에서 아동에게 문자를 가르치는 '구두당句讀堂'에서는 뜻을 보여 주는 '육서' 그림을 걸어두어 아동이 문자를 배울 때 육서의 규칙을 사용하여 강의할 수 있게 하였다. 청대의 왕균王筠도 '육서'에 의한 문자 학습을 강력히 제창하고 학동의 문자학습 전용으로『문자몽구文字蒙求』란 책을 편찬했다. 이 책은 왕균이『설문해자』에서 문자학의 기본적인 규칙을 심도 있게 연구한 것을 기초로 편성한 것이다. 그는 문자 규칙을 충분히 나타내는 2천여 글자를 기본 한자로 삼아 상형 · 지사 · 회이 · 형성 네 가지로 크게 분류하고, 일반적으로 모양을 식별하는 능력이 추상적인 사유능력보다 빠른 아동기의 심리적 특성을 고려해, 먼저 상형象形과 지사指事 등 자형에서 글자의 뜻을 알 수 있는 순체자純體字를 가르치고, 다음으로 순체자에서 변화해 나온 회의會意와 형성形聲의 동체자同體字를 가르쳐 알게 하는 것이다. 이것은 쉬운 것에서 어려운 것으로, 단순한 것에서 복잡한 것으로 이어지는 방법이다. 이것을 기초로 해서 식자의 양을 점점 늘리고,『설문해자』에 실린 모든 한자를 알도록 하는 것이다. 중국의 한자 체계는 풍부한 문화적 내용을 가지고 있으며, 어떤 의미에서는 그것은 언어에 본체를 실은 문화체계의 원초적인 의미를 가진 기초인 것이다.

고대의 초등교육은 식자를 일종의 기초적 문화교육으로 본 것인데, 육서식 식자법은 특히 한어가 가진 원초적인 의미에 대한 인식을 드러낸 것이다. 이런 점은 교육 효과면에서 식자교육을 단지 하나의 도구 학습으로 간주하고 있는 오늘날의 유아교육과 비교하여 시대를 같이해 말할 수는 없으나, 오늘의 교육도 여전히 이런 점을 거울삼아야 할 것이다.

식자교육은 '사자寫字(글씨쓰기)'를 포함하고 있다. 중국 문자 특유의 심미성은 글씨를 쓸 줄 아는 것뿐만 아니라 좋은 글씨쓰기를 추구했기 때문에, 글씨쓰기는 서법학書法學과 한 몸으로 시작한 것이다. 학동 대부분의 글씨쓰기 방법은 동시에 서법예술면에서의 요구이다. 예를 들면 학동이 글씨를 쓸 때 먼저 "上大人, 孔乙己, 化三千, 七十士, 爾小生, 八九子, 佳作仁, 可知禮" 같은 글자를 쓴다. 이러한 필획은 간단하고 분명한 글자인데, 이로써 곧 학동은 자체의 구조와 짜임새를 파악한다. 글자를 쓸 때는 먼저 커다란 자를 쓰고, 후에 작은 자를 써야 하는데, 이렇게 하여 장차 글씨쓰기에서 생기는 국지적 잘못을 피하는 것이다. 또 부수윤자扶手潤字(손을 쥐고 문자를 쓰게 하는 것) · 묘홍描紅(빨간 글씨의 견본 위에 따라 쓰는 것) · 묘영描影(견본을 밑에 두고 위에 비치는 종이를 두고 따라 쓰는 것) · 도격跳格(견본의 글씨 밑에 공백을 하나 남기고 따라 쓰는 것) · 임첩臨帖(견본과 대조하여 똑같이 따라 쓰는 것) 등은 간단한 것에서 어려운 것으로 단계를 밟아 가며 쓰는 방법이다. 학동의 습자에는 일반적으로 안진경顔眞卿 등 서예가의 '정해자첩正楷字帖(바른 해서체 글씨를 모아놓은 첩)'을 사용하였다. 학동의 입장에서 보면, 습자를 통해 중국 전통예술의 기본적인 기술을 배울 수 있는 것이다. 중국의 전통예술에는 원래 "글씨와 그림의 근원은 같다.(書畫同源)"란 말이 있다. 둘이 같은 것은 붓을 사용하는 점에 있다. 습자를 통해 학동은 자신의 뜻과 손이 서로 대응하는 필법을 익힐 수 있다. 그 후에는 글씨쓰기와 그림그리기를 막론하고 반의 노력으로 배의 효과를 얻을 수 있는 것이다.

3. 강서講書 · 낭독 · 암창

식자 이외에 배서背書(암송)는 지식교육의 기본적인 기능의 하나였다. 성공적인 초등교육은 기억을 죽이는 딱딱한 암송을 요구하지 않으며, 먼저 암송해야 할 책들을 강통講通하고(책에서 말하는 뜻을 알고) 통숙通熟해야(그 뜻을 익숙하게 하는 것) 하는 것이다.

강서講書에는 많은 기술이 있으니, 훌륭한 초등교사는 강서하는 중에 학동의 의문을 풀어주는 데 능하다. 그런 뒤에 의문이 나는 것을 깨닫고 머리를 써서 배우는 것과 생각하는 것을 결합하는 것이다. 또한 책에서 말하는 도리를 하나하나 일상생활과 관련시킬 수 있고 학동으로 하여금 주변에서 가까운 예로 비유할 수 있도록 해야만 몸으로 아는 바가 있을 것이다. 명대의 여곤呂坤은 『몽양례蒙養禮』라는 저술에서 초등교사가 강서할 때의 언어는 특별히 낮은 단계의 말이어야 함을 강조하고, "여염집이나 저잣거리에서 하는 말과 같이 일반적이어야 한다.(如閭閻市井說話一般)"라고 했다. 그 목적은 말할 것도 없이 학동으로 하여금 책의 내용을 얕은 곳에서 깊은 데로 들어가게 하는 것으로 하나를 들어서 셋을 반추할 수 있게 하는 것이다.

강서 후에는 다시 송독誦讀(낭독)을 요구하였다. 초등교육에서는 송독을 매우 중시하였는데 시문詩文은 물론 뭐든 입으로 낭랑하게 읽어야 한다. 송독할 때는 "글을 읽을 때 글자마다 소리를 내는 것이다.(讀得字字響亮)"라 하는 것과, "그 소리를 높게 하거나 낮게 하지 말며, 빠르게 하거나 느리게 하지 말라.(勿高 · 勿低 · 勿疾 · 勿遲)"라고 하는 것, "흥을 지극하게 낼 수 없으면 욕하는 듯이 하고 개구리처럼 소리를 내며, 흥이 시들면 귀뚜라미 소리처럼 내고 맹꽁이 소리처럼 낸다.(不可興至而如罵詈 · 如蛙鳴, 興衰而如蛩吟 · 如蠅鳴.)"[27]라는 것이 요구되었다. 낭독은 초등교육에서 매우 의미가 있다. 일반적으로 낭독의 의의는 기억을 보조하는 데 있다. 이른바, "자연스럽게 입에 올려서 오래도록 잊지 않는다.(自然上口, 久遠不忘.)"에 있는 것이다. 이것은 그중의 하나이며, 더욱 중요한 것은 일종의 미학적인 의미이다. 중국문학의 체재體裁는 그 자체에 음률성音律性을 갖추고 있어서, 낭독을 하지 않으면 그 안에 있는 음률미를 체득하는 것이 불가능하다. 낭독함으로써 의미에 대한 이해도 한층 깊어지게 되기 때문에 옛날 사람들은 몇 번이고 반복해서 읽으면 그 의미는 저절로 알게 된다며, 목소리를 내어 낭독하는 가운데 일종의 기분이 자연스레 나게 된다고 하였다. 낭독의 의의는 초등교육 가운데 체현되어야 하는 것일 뿐만 아니라, 성인교육에서도 낭독은 상당히 필요하게 되었다. 북송 시대의 사현도謝顯道는 일찍이 "명도 선생은 『시경』에 대해 말씀을 잘하셨다. 그는 또 일찍이 함부로 장구 해석을 한 적이 없고, 다만 그 뜻을 넉넉하게 완상하고 소리를 높였다가 내렸다 하며 읊어 사람들로 하여금 얻는 바가 있도록 하였다.(明道先生善言『詩』, 他又渾不曾章解句釋, 但優游玩味, 吟哦上下, 便使人有得處.)"[28]라고 하였다. 명대 서원에서의 강학은 한 장을 강론하고 나면 예에 따라서 선생과 생도가 함께 시를 노래하면서 정신을 진작시켜야 했다.

송독이 끝난 뒤 비로소 배서背書(암송)에 들어간다. 학동의 배서에는 초배初背 · 대배帶背 · 추배抽背 · 통배通背 등 몇 개의 단계가 있었고, 한 세트로 암송할 글을 가슴속에 충분히 익혀 놓아야만, 때에 따라 모두 필요한 사구를 외워낼 수 있었다. 명청 시대의 관념에 의하면 인간의 성장발육에 있어 15세는 하나의 분기점으로 그 이전의 아동기는 기억력이 높고 이해력이 낮아 배송背誦에 가장 적합한 시기이므로 "무릇 사람이 독서를 하게 되면 모두 마땅히 15세 전부터 숙독하도록 해야 한다.(凡人當讀書, 皆當

27 崔學古, 「幼訓」, 『檀幾叢書二集』 제2幀.

28 『二程外書』 권12 「傳聞雜記」, 『二程遺書』 『二程外書』 合編本, 上海古籍出版社, 1992년, 56쪽.

自十五歲之前, 使之熟讀.)”[29]고 하였다. 오늘날의 관점에서 보면 열다섯 살이란 분기점은 반드시 정확한 것은 아니나, 아동기가 배송에 적절하다는 것은 심리학의 법칙에 기본적으로 부합한다. 배송은 그 어떤 지식을 장악하는 데 반드시 필요한 학습 수단은 아니다. 그러나 전통문화를 장악하는데 이러한 특수한 영역은 매우 필요한 것이다. 어떤 전통문화에는 그것을 하나로 묶는 가장 기본이 되는 경전이 있는데, 이들 경전은 가장 견고한 기억이란 방법으로 그것을 기억해야 하는 것이다. 기억력의 발휘는 이것을 기억할 수 있게 하는 것이고, 또한 이를 배송할 수 있어서 머릿속에 기억한 것은 옮겨 고칠 수 있는 것이고, 배송한 것은 고정되어 변화하지 않는 것이다. 이로 말하면 배송은 그러한 가장 기본적인 경전을 장악하는 최선의 방법인 것이다. 초등교육을 통해, 학동은 점차 오경五經과 사서四書 등의 중국 전통문화의 경전을 배송하고, 이것은 그들로 하여금 종신토록 이익을 얻도록 했다. 시문時文(당시 유행하는 문장)을 배송하는 일은 전혀 필요하지 않은 것에 지력을 낭비하는 행위였던 것이다.

4. 대구를 만들다

식자와 배서 이외에 학동에게 속대屬對를 가르쳤다. 즉 대련對聯을 짓는 것은 극히 의미 있는 전통적인 지식 교육이었다. 그것은 학동이 장래 시를 짓고 문장을 지을 때 필요한 기초였다. 대구를 짓는 것은 한어 음률의 특성을 기초로 한 것이기 때문에 언어를 예술화시키는 하나의 기초교육이었다. 학동에게 '대를 맞추도록 하는 것(屬對)'은 일반적으로 순서를 따르며 진행한다는 원칙에 따라, 1자대에서 2자대, 3자대, 5자대, 7자대,

---

29 陸世儀, 「論小學」, 『思辨錄輯要』 前輯 권1, 『陸桴亭先生遺書』, 光緒 25년 太倉唐受祺 京師刊本.

9자대로 진행되었다. 대구를 만드는 것은 일종의 말놀이 같은 것으로, 풍부한 언어와 문화의 내용이 그 안에 들어가 있었다. 형식상에서 보면, 속대는 상대를 이루는 두 구가 평측·품사·문법·수사·논리 등의 방면에서 모두 서로 같아야 하는 것이다. 또한 내용으로 보면 속대는 고금의 인물·역사·시문·풍물·전고 등 매우 풍부한 내용이 언급된다. 작은 대련은 실제상으로 중국 문화를 응축한 것이다. 진인각陳寅恪은 대구를 잘 짓는 데는 한어의 특수한 언어규율에 대한 깊은 이해가 필요하고, 중국 문화에 대한 풍부한 언어적 축적이 필요하며, 관통하여 도리를 가진 사상이 반드시 필요하다고 했다.[30] 이로 말미암아 보건대 이 교육 내용에는 심원한 문화적 의의가 포함되어 있다는 것을 알 수 있다.

5. 도덕교육의 행위화

몽학의 도덕적 교육면에서 학동으로 하여금 예를 익히게 하는 것은 매우 중시할 만한 교육내용이었다. 예를 익히는 것은 주로 학교에서 행하는 공자에 대해 제사하는 예, 스승에게 배례하는 예와 일상생활 속에서 부모나 연장자에 대한 예를 포함하였다. 평상시 인사하고 주선하는 일부터 점차 양호한 행동거지를 배워 나갔다. 초등교육에는 일반적으로 주자朱子의 『동몽수지童蒙須知』를 기초하여 제정된 학동의 행동규범이 있었다. 그 내용은 앉고 일어서기, 말하고 행하기, 용모, 의관, 음식, 위생 등에 달하였다. 명청 시기에는 진전이 있었는데, 주개周凱의 「의학규칙義學規則 18조」와 같은 규정이 있었다. 그 내용은 다음과 같다. 거처에서는 반드시 공경하고, 걷거나 서 있을 때는 반드시 바르게 해야 하며, 말을 할 때는 반

30 『金明館叢稿二編』(上海古籍出版社, 1980년)에 실린 陳寅恪의 『與劉叔雅論國文試題書』 참조.

드시 조심하며, 용모는 반드시 장엄하게 하며, 의관은 반드시 정돈되어 있어야 하며, 음식은 반드시 청결해야 하며, 출입에는 반드시 살펴야 하며, 독서할 때는 반드시 전일해야 하며, 글씨를 쓸 때는 반드시 바르게 써야 하며, 책상과 궤상은 반드시 정결해야 하며, 호칭을 할 때는 반드시 나이를 헤아리며, 접견할 때는 반드시 안정되어 있어야 할 것이다.[31] 이러한 규정은 매우 구체적이고 조목마다 모두 실행하고 점검할 수 있는 것이다.

도덕교육의 각도에서 말하자면, 학동에게 예를 익히게 하여 생활 안에서 자발적으로 도덕적 감각을 싹틔우게 하는 것이고, 아울러 이것을 시작하여 행동거지에 융합하게 되면, 그것은 토양에 뿌리를 내리게 되는 것이다. 이처럼 도덕적 감각은 아동기에만 기를 수 있는 것으로, 이후의 인생에서는 자각하지 못하는 가운데 그 효과를 발휘하기 때문에, 밖에서 머릿속에 주입된 교조적 도덕관념에 비해 훨씬 더 귀중한 것이다.

6. 계몽사상과 초등교육

명청 시대의 초등교육은 매우 깊은 인문적 온축을 드러내었다. 이것은 송대 이래의 이학가나 사대부가 초등교육을 중시하고 거기에 쏟은 고심과 노력을 떼어놓을 수 없다. 초등교육은 최초 단계의 교육이긴 하나, 고대부터 송명기에 이르기까지의 사상적 정화가 거의 모두 그 안에 응축되어 있었고, 중국 전통문화의 기본적인 가치관을 포함하였다. 『주역周易』「단전彖傳」에서 말하는 "어린아이 때 바르게 기른다.(蒙以養正)"라고 한 것은 초등교육의 전통을 관통하는 핵심이며, 또한 초등교육 최고의 교육이

31 「義學規則18條」, 『內自訟齋雜刻』 제3책, "襄陽府屬義學章程", 李國鈞 · 王炳照 主編의 『中國教育通史』, 馬鏞이 지은 『淸代卷』 상, 322쪽에서 인용.

념이다. 이른바 '몽이양정'은 인간의 선천적 근기가 처음 펼쳐질 때, 계몽교육을 통해서 인간을 점차 성인의 인격과 경지로 향하도록 해서, 일생에 걸쳐 발전해 가는 도덕과 문화적 기초를 정하는 것이다. 중국 고대의 초등교육은 시작될 때부터 인간을 근본으로 하는 교육이었고, 그 목표는 진·선·미를 갖춘 군자君子의 이상을 전면적으로 드러내는 것이었다. 주희朱熹가 지은 『소학小學』 한 책에는 이런 이상에 대해 가장 좋은 설명이 들어 있고, 명의 진선陳選(1429-1486)은 소학 교육의 중요성에 대해 다음과 같이 말했다.

> 성인의 도는 인륜일 뿐이니, 그것을 배우게 되면 반드시 『소학』에서 시작한다. 주자의 『소학』 한 책에서, 그 가르침은 인륜을 밝히는 데 있고, 그 요점은 몸을 경건하게 하는 데 있으니, 대개 성인이 되는 기초이다.(聖人之道人倫而已矣, 學之必自『小學』始. 子朱子『小學』一書, 其教在于明倫, 其要在于敬身, 蓋作聖之基也.)[32]

이것은 명대의 대표성을 가진 논평이다. 명대에 사학社學을 경영한 위교魏校·엽춘급葉春及은 모두 주자의 『소학』을 사학의 기본적인 교재로 삼았다. 주자의 『소학』은 어려운 글자가 많고, 의미도 알기 어려웠기 때문에 명청기에는 많은 『소학』의 주석서가 출현했다. 그 가운데 청대의 이학가인 장백행張伯行의 『소학집해小學集解』가 가장 많이 알려져 널리 유행하였다. 또 주자의 『소학』을 통속화한 책인 『소학사자운어小學四字韻語』와 같은 종류도 출현했다.

명대 중기 이후의 사상가들은 왕양명부터 시작하여 의의 깊은 초등교육 사상을 내놓았고, 또 많은 초등교육 교재를 만들었다. 비교적 유명한

---

32 『小學輯注』, 『四部備要』 子部 儒家類.

그림 11-4 초굉(1541-1620)의 『양정도해養正圖解』(청 광서제光緒帝 21년/1859). 도덕 함양을 삽화로 설명하는 내용.

것으로 담약수의 『고금소학古今小學』, 경정향耿定向의 『소학신편小學新編』, 조남성趙南星의 『삼자경주三字經注』, 초굉焦竑의 『양정도해養正圖解』,(그림 11-4) 여득승呂得勝 · 여곤呂坤 부자의 『소아어小兒語』와 『독소아어讀小兒語』, 육세의陸世儀의 『절운유의節韻幼儀』 등이 있다. 이것들 가운데 어떠한 것은 매우 유행하고, 어떠한 것은 그렇게 유행하지 않았으나, 이들 사상가의 초등교육 사상은 많든 적든 실제로 교육에 영향을 주었다. 특히 주목해야 할 점은 왕양명의 초등 교육사상으로, 고대 교육사상의 보고 중의 진주라고 할 수 있으며, 현재에 이르기까지 계속 빛나고 있다.

왕양명은 초등교육을 매우 중시하였다. 지방을 교화하고 오래된 풍속과 습관을 개선하는 데 초등교육의 역할을 강조하고, 지방의 사학社學에 다음과 같이 요구하였다.

> 어린아이 보기를 자기 자식처럼 해야 할 것이다. 아이들을 계발하는 것을 집안일로 삼아 자제들을 가르치고 신칙할 뿐 아니라, 더하여 그 부형들을 교화해야 할 것이다. 그리고 시·예의 장구 사이에 노력을 해야 할 뿐 아니라 덕을 행하는 일과 마음을 쓰는 일에 더욱 힘을 들여서 예양을 날로 새롭게 하고 풍속을 날로 아름답게 하는 데 힘을 쓴다면 실무를 맡은 자의 일으키려는 뜻과 상하 사민의 추향하는 마음을 거의 저버리지 않을 것이다.(視童蒙如己子, 以啓迪爲家事, 不但訓飭其子弟, 亦復化喻其父兄; 不但勤勞於詩禮章句之間, 尤在致力於德行心術之本, 務使禮讓日新, 風俗日美, 庶不負有司作興之意, 與士民趨向之心.)[33]

왕양명은 자신의 심학에 기초한 창의적인 견해를 초등교육에 관한 논의 속에서 기묘하게 표현하였다. 그는 '치양지致良知'설에서 출발하여 아동의 천성 안에는 자연의 양지가 있는데, 그 자연적인 양지는 매우 진귀한 것으로 마땅히 애호해야 하고, 정확한 방법으로 아동의 자연적인 양지를 이끌어내 길러야 하며, 엄격한 관리와 단속으로 '매를 들어 때리고 밧줄로 묶는 것(鞭撻繩縛)'처럼 억지로 틀에 맞추려고 규제하는 것은 옳지 않다고 생각했다. 또한 그는 다음과 같이 말했다.

> 일반적으로 아이의 마음은 놀기를 즐기고 구속을 꺼린다. 그것은 마치 초목에 처음 싹이 났을 때 그것을 활짝 펴주면 제 이로운 대로 성장해 가지만, 그것을 꺾어 버리면 시들어 말라 버리는 것과 같다. 지금 아이를 가르치는데 반드시 그들이 하고 싶어 하는 것을 고무하여 속마음을 즐겁

---

33 「頒行社學教條」, 『王陽明全集』, 610-611쪽.

게 하면 그들이 앞으로 나아가는 것을 스스로 그만두지 못할 것이다. 비유하자면 때맞춰 비가 오고 봄바람이 불어 와서 풀과 나무를 적시면 싹이 터서 피어나지 않는 것이 없을 것이고 자연스럽게 해와 달이 성장시키며 화육할 것이나, 만약 얼음 같은 우박과 서리가 떨어진다면 생기를 잃고 시들해져 날이 가면서 말라 버리고 마는 것과 같을 것이다.(大抵童子之情, 樂嬉遊而憚拘檢, 如草木之萌芽, 舒暢之則條達, 摧撓之則衰痿. 今教童子必使其趨向鼓舞, 中心喜悅, 則其進自不能已. 譬之時雨春風, 霑被卉木, 莫不萌動發越, 自然日長月化, 若冰霜剝落, 則生意蕭索, 日就枯槁矣.)[34]

왕양명의 '지행합일知行合一'설도 초등교육 속에서 발휘된 바 있다. 왕양명은 일찍이 다음과 같이 말했다.

통증을 아는 것은 반드시 스스로 아파 보았기에 바야흐로 통증을 알게 된 것이며, 차가운 것을 아는 것은 반드시 차가운 것을 겪은 것이고, 배고픔을 아는 것은 반드시 스스로 배고픔을 겪은 것이니, 지와 행을 어떻게 나누어서 열 수 있겠는가?(知痛, 必已自痛了, 方知痛. 知寒, 必已自寒了, 知饑, 必已自饑了, 知行如何分得開.)[35]

또 말하길, "앎이 진실하고 절실하며 독실하게 되는 곳은 곧 이것을 행하는 것이 되고, 행이 분명하게 깨닫고 정밀하게 살피는 곳은 곧 알게 되는 것이니 앎과 행의 공부는 떨어질 수 없는 것이다.(知之眞切篤實處, 卽是行, 行之明覺精察處, 卽是知, 知行工夫不可離.)"[36]라고 하였다. 이러한 관점에 따르면, 학습은 단지 아는 것만이 아니고, 단순한 두뇌의 접수 과정이 아

---

34 「訓蒙大意示教讀劉伯頌等」, 『傳習錄』 권2, 『王陽明全集』, 87-88쪽.
35 『傳習錄』 권1, 『王陽明全集』, 4쪽.
36 「答顧東橋書」, 『傳習錄』 권2, 『王陽明全集』, 42쪽.

니다. 또한 행이어야 하는 것은 신체로 진행하는 체험이니, 그것은 응당 지와 행이 서로 얻어서 더욱 드러나는 것이다.

왕양명이 설계하고 생각한 초등교육 과정은 그를 유도하여 시를 노래하게 하는 것이고, 그를 인도하여 예를 익히게 하는 것이며, 그를 풍유하여 글을 읽게 하는 것이다.

> 지금 아이를 가르치면서 오직 효제충신과 예의염치를 전무로 삼는다. 심고 북돋는 방법은 마땅히 시를 노래하도록 유도하여 그의 속뜻을 펼치게 하고, 예를 익히도록 인도하여 그의 위의를 엄숙하게 하며, 글을 읽도록 비유하여 그의 지각을 열게 하는 것이다.(今教童子, 惟當以孝弟忠信禮義廉恥爲專務. 其栽培之方, 則宜誘之歌詩, 以發其志意. 導之習禮, 以肅其威儀. 諷之讀書, 以開其知覺.)

그러므로, 무릇 시를 노래하도록 유도하는 것은 그의 속뜻을 펴게 하는 것만이 아니고, 또한 노래하는 중에 뛰고 부르며 호소하게 하는 것이며, 음절에 깊이 눌려 쌓여 얽힌 것을 펼치게 하는 것이다. 예를 익히도록 유도하는 것은 그의 겉모습을 엄숙하도록 하는 것만이 아니고, 또한 예를 다해 양보하도록 안내하는 것이고, 그의 혈맥을 힘차게 뛰도록 하는 일이며, 절하고 일어나며 허리를 굽혔다가 펼치게 함으로써 그의 힘줄과 뼈를 단단하게 결속하도록 하는 것이다. 암송하여 글을 읽도록 하는 것은 그의 지각을 열게 하는 것만이 아니고, 또한 가라앉게 하기를 반복해서 그의 참 마음을 보존하게 하는 것이고, 소리를 낮추거나 높이며 외워서 그의 뜻을 펼치게 하는 것이다. 무릇 이 모든 것은 그의 뜻을 순조롭게 인도하여 그의 성정을 조절하고 정돈하도록 하며, 그의 낮고 인색한 마음을 가라앉히고 없애며, 그의 거칠고 고집 센 마음을 암암리에 변화시켜 날마다 그것을 예의에 젖도록 하고, 그가 당한 어려움에 아파하지 않고 중화의 경지로 들어가게 해서 그렇게 된 까닭을 그 스스로도 모르게 하는 것이다. 이것이 대개 선왕이 가르침을 세운 미묘한 뜻이다.(故凡誘之歌詩者, 非但發其志意而已, 亦所以其跳號呼嘯於詠歌, 宣其幽抑結滯於音節也. 導之習禮者, 非但肅其威儀而已, 亦所以周旋揖讓而動蕩其血脈, 拜起屈伸而固束其筋骸也. 諷之讀書者, 非但開其知覺而已, 亦所以沉潛反復而存其心, 抑揚諷誦以宣其志也. 凡此皆所以順導其志意, 調整其性情, 潛消其鄙吝, 默化其粗頑, 日使之漸於禮義而不苦其難, 入於中和而不知其故. 是蓋先王立教之微意也.)[37]

7. 중국 전통문화의 기초

명청 시대 초등교육의 인문적 의미는 학동을 위해 중국 문화의 전면적인 기초를 정하여 드러내는 데 있었다. 명대에는 위교魏校가 조早 · 중中 · 만晩 삼학의 교과과정을 제정하자, 그 후 많은 몽학(초등교육학)이 이것을 채용하였다. 일반적으로 조학早學은 주로 강서講書로 가장 기본적인 『삼자경三字經』 · 『소학』에서 사서四書 · 경사經史까지 배우고, 오학午學에서는 시가 학습을 주로 하되 『시경』에서 한위漢魏 시대의 악부樂府나 고시까지 배웠으며, 만학晩學은 습례(예禮 익히기) · 고금(거문고 학습) · 육서六書(한자의 조자법) · 구수九數(수학) · 오어五御의 법(마차를 운용하는 법)을 배웠다. 또한 고대의 가언선행嘉言善行을 강습하고 여력이 있으면 노래를 하였다. 이 교육과정에 관련된 중국 문화의 범위는 매우 광범위하였다. 각종 몽학교재를 봐도 다루는 범위는 굉장히 넓고, 철학 · 시가 · 역사 · 명물名物(사물의 명칭이나 특징) 등 없는 것이 없었다. 예를 들면, 유행한 『몽구蒙求』류의 초학교재 중에 당대 이한李翰의 『몽구』는 오로지 명물사전을 해석한

37 「訓蒙大意示教讀劉伯頌等」, 『傳習錄』 권2, 『王陽明全集』, 87-88쪽.

것이고, 송대 호계종胡繼宗의 『서언고사書言故事』는 성어의 전고를 해석했고, 원대 진력陳櫟의 『일기고사日記故事』는 역사상 인물만을 해석한 것이다. 송대 왕령王令의 『십칠사몽구十七史蒙求』· 원대 진력의 『역대몽구歷代蒙求』는 역사의 계보와 사적을 서술하고, 명대 소양우蕭良友가 낸 『용문편영龍文鞭影』은 고대의 신화나 소설을 다루어, 그 고사는 기묘하고 화제도 풍부했다. 명의 정등길程登吉이 엮어 낸 『유학경림幼學瓊林』은 아동용 백과전서로, 천문 · 지여地輿(지리) · 세시歲時 · 조정 · 문신 · 무직武職 · 조손부자 · 형제 · 부부 · 사생師生 · 붕우빈객 · 혼인 · 부녀 · 신체 · 의복 · 인사 · 음식 · 궁실 · 기용器用 · 과제(과거제도) · 제작 · 기예 · 송옥訟獄 등 30여 종으로 분류되어, 아동에게 지식이나 용어를 가르쳤다. 문학으로 분류된 초등서 중에서 가장 유행한 것은 『천가시千家詩』·『당시삼백수唐詩三百首』가 있고, 나중에 『고문관지古文觀止』가 출현하였는데, 이와 같은 책들은 많은 학동을 위해 이상적인 문학의 심미성을 계발하였다.

제3절

사회생활 속에 융합된 교육

학교교육 외에 명청 시대의 사회교육도 매우 크게 발전하였다. 사회교육이란 것은 사회생활 속에 융합된 교육으로, 이것은 여러 방면에 걸쳐 있었고, 대표적인 예로 들 수 있는 것은 여성교육 · 관잠서官箴書 · 향약鄕約 · 선서善書 등의 방면에 있었고, 모두 명청 교육사에 커다란 성과를 불러일으킨 것이었다.

1. 여성교육과 전통적 미덕

중국 고대 학교교육사에 있어 여성은 줄곧 교육을 받는 자의 밖으로 배척되어, 여성에 대한 교육은 넓은 의미에서 사회교육의 범위에 속해 있었다고 할 수 있다. 명청 시대의 여성교육은 그 이전 시대와 비교해 눈에 띄는 진전을 이루었다. 한대漢代 반소班昭의 『여계女誡』로부터 여성교육은 부덕婦德 · 부언婦言 · 부용婦容 · 부공婦功 등 이른바 '사덕四德'의 진행에 중심을 놓았는데, 주류적 지위를 차지한 학교교육과 같은 것으로 여성의 도덕적 인격을 형성시키는 것을 주요 취지로 삼았다. 반소의 『여계』 이후, 여성교육에 관한 저작이 차례로 나타나고, 그중에서도 가장 저명한 당대의 송약화宋若華 · 송약소宋若昭에 의한 『여논어女論語』, 명明 인효문仁孝

文 황후의 『내훈內訓』, 청초 왕상王相의 어머니가 지은 『여범女範』(또는 『여범첩록女範捷錄』이라고도 칭함)은 모두 여성의 손으로 만들어진 작품으로, 사회의 상류계급 사이에 널리 전해졌다. 나중에 왕상이 『여계』·『여논어』·『내훈』·『여범』 4서를 하나로 편찬하여 '여사서女四書'라 하였는데, 당시 여성교육에 커다란 영향을 미쳤다.

명대의 여성교육은 명초 인효문 황후의 『내훈』에서 비롯되었다.[38] 『내훈』은 인효문 황후가 '여교女教(여성교육)'를 위해 지은 것이다. 이른바 '여교'라는 것은 도덕적인 인격 교육이고, 그 핵심은 여성이 응당 가져야 할 가장 기본적인 '덕성德性'을 요구한 것이다. 이런 여성의 '덕성'은 "정결하고 정숙한 덕과 그윽하고 한아한 말씨, 단아하고 정돈된 용모와 정성스럽고 한결같은 태도(貞靜幽閑, 端莊誠一)"라 서술되어 있는데, 이것은 중국의 전통적인 여성의 우수한 인격적 표준이었다. '덕성'에서 확장하여, 또한 수신修身·근엄謹嚴·근행謹行·근려勤勵·경계警戒·절검節儉·적선積善·천선遷善·경현범景賢範·사부모事父母·사고구事姑舅·모의母儀·목친睦親·자유慈幼 등 수많은 항목이 있고, 여성의 일상생활의 행위에 대해 세세하게 규범을 정하였다. 그 가운데에서 중국의 전통적인 여성이 갖춰야 할 수많은 우수한 품성, 예를 들면 부모에게 효도하고 존경하기, 근면하고 검소하게 가계를 꾸리기, 가정을 화목하게 하기, 자녀를 자애롭게 키우기 등에 대해 널리 알리고 있다.

명대 중기 이후, 잘 알려진 여성교육의 저작이 나타났다. 여곤呂坤의 『규범閨範』[39]이다. 이 책의 체례는 참신하고 뛰어난데, 앞부분에 열거된 좋은 말은 공자 또는 역대 성인의 어록에서 골라 취한 것이고, 후반에 실려 있는 선행은 역대 열녀들의 사적을 나열하면서 설명과 삽화를 더해 문

38 『內訓』 1권, 『四庫全書』 子部 儒家類.

39 『呂新吾先生閨範圖說』 4권, 『呂新吾全集』, 明 萬曆 중에 간행하고 清 同治·光緒 사이에 修補한 印本.

장과 함께 읽을 수 있게 하였으며, 이야기의 말미에는 자신의 평론을 첨가하였다. 이 책은 내용도 꽤 적절하고 구체적인데, 여성을 논함에 있어서도, 여자의 도리·부부의 도리·부인의 도리·어머니의 도리·자매의 도리·사제姒娣(동서 간)의 도리·고수姑嫂의 도리 등을 자세히 구분하였다. 그 가운데는 물론 봉건적인 예교의 관념이 많이 포함되어 있다. 그러나 거기에는 중국의 전통적인 여성의 뛰어난 도덕성에 대해 들추어내고 선양한 것도 있다. 여곤呂坤이 '모도母道(어미의 도리)'를 논한 것은 어미된 자의 여러 가지 특징에 따라 구분한 것인데 다음과 같다.

예모禮母는 "자식을 예로써 가르치고, 집안을 예로써 바르게 한 자이다.(敎子以禮, 正家以禮者也.)"

정모正母는 "자식이 바르게 되기를 바라는 자이다. 자식에 대한 마음이 없고 도의로만 꾸짖음.(望子以正者也, 無兒女之情, 惟道義是責.)"

인모仁母는 "자식을 깊은 자비심으로 가르치는 자이다. 한결같이 음덕을 염원하니 만성에 미칠 것임.(以慈祥敎子也, 一念陰德, 及于萬姓.)"

공모公母는 "제 자식을 꾸짖을지언정 남의 자식을 꾸짖지 않는 자이다.(責子而不責人者也)"

염모廉母는 "탐욕으로 자식을 경계하는 자이다.(以貪戒子者也)"

엄모嚴母는 "위엄이 자식에 대한 애착을 이기는 자이다.(威克闕愛者也)"

지모智母는 "이익과 해악의 원인에 대해 달통한 자이다.(達于利害之故者也)"

인자한 계모(慈繼母)는 "은혜가 전실 자식에게도 미치는 자이다.(恩及前子者也)"

자애로운 유모(慈乳母)는 "유모는 타인의 자식을 보호하는 자이다. 남의 부탁을 받았을 뿐이지만 부모로서의 정을 다함.(乳母保他人子也. 只以受人之托, 遂盡親之情.)"

"어미의 도리(母道)"는 중국 전통여성의 가장 위대한 도덕의 하나였다. 여곤의 『규범』은 출판 뒤에 그 영향이 컸고, 당시의 사대부 계층은 즐겨 암송하고, 인쇄된 양은 수만 권을 넘었으며, 또한 황궁 안까지 유포되어 정귀비鄭貴妃의 칭찬을 받았다.

명대에는 "여자가 재주가 없는 것이 곧 덕이다.(女子無才便是德)"란 관념이 매우 유행하였다. 이런 관념은 여성교육에 영향을 끼쳐 많은 가정에서 여자에게는 독서나 식자를 가르치지 않았다. 이와 동시에 많은 선비가 이런 현상을 비판하였다. 여곤 같은 이는 다음과 같이 말했다.

> 현재 여자아일 키우며 대다수가 독서와 식자를 가르치지 않는 것은, 대개 작은 일을 막아서 점차 커지는 것을 막으려는 것이다. 그러나 여자의 정음(곧은 지조를 갖게 되는 것과 음탕하게 되는 것)이 도리어 여기에 있는 것은 아니다. 바른 도를 가르쳐서 도리를 알게 하려면 『효경』·『열녀전』·『여훈』·『여계』와 같은 책을 숙독하여 강구하지 않을 수 없고, 그들의 마음을 밝게 하는데 또한 여성교육을 줄일 수 없는 것이다.(今人養女多不教讀書識字, 蓋亦防微杜漸之意. 然女子貞淫, 却不在此. 果教以正道, 令知道理, 如『孝經』·『列女傳』·『女誡』之類, 不可不熟讀講明, 使他心上開朗, 亦見教之不可少也.)[40]

청의 진굉모도 "천하에 배우지 못할 사람이 없고, 또한 가르치지 못할 사람도 없다. 어찌 유독 여자라고 해서 버릴 것인가?(天下無不可教之人, 亦無可以不教之人, 而豈獨遺于女子耶.)"[41]라고 하였다. 이것들은 모두 성리학자들의 생각이며, 여성의 도덕이라는 관점에서 여성교육의 필요성을 이

40 『呂新吾先生閨範圖說』.
41 「教女遺規序」 권3, 『四部備要』 子部 儒家類.

야기한 것이다. 계몽사상의 대학자인 이지李贄와 같은 이는 여성에 대해 일찍이 볼 수 없었던 생각을 드러냈다.

> '사람 중에 남녀가 있다'라고 하는 것은 가한 것이지만, '남녀가 있는 것을 보았다'고 하는 것이 어찌 옳겠는가? '길고 짧은 것이 있음을 보았다'고 함은 가한 것이지만, 남자는 모두 크다고 보고 여자는 모두 작다고 본다면 또 어찌 그것이 옳겠는가?(謂人有男女則可, 謂見有男女, 豈可乎? 謂見有長短則可, 謂男子之見盡長, 女子之見盡短, 又豈可乎?)[42]

그가 편찬한 『초담집初潭集』은 『세설신어世說新語』·『초씨유림焦氏類林』 등에서 고대의 재주 있었던 여성들에 대한 고사를 뽑고 이처럼 재주 있던 여성들에 대해 칭찬한 것이다. 그들은, "재주와 지혜가 남보다 뛰어나고, 식견이 매우 뛰어났다.(才智過人, 識見絕甚.)"라 하거나, "이온릉 장자는 감탄하길 '참으로 남자이고 참으로 남자로다'라고 하고서, 또 '남자도 그들만 못하다!'(李溫陵長者嘆曰: '是眞男子! 是眞男子!' 已而又嘆曰, '男子不如也!')"[43]라고 하였다. 이것은 재주와 슬기에 있어서 여성과 남성이 평등한 위치에 있음을 긍정한 것이다.

2. 명청 시대의 여성 인재

사실상, "여자는 재주가 없는 것이 덕이다.(女子無才便是德)"란 애매한 관념과는 상반되게 명청 시기의 여성교육은 특수한 범위 내에서는 매우 발달하였는데, 특히 명대 중기 이후 여성 인재가 끊임없이 나왔다.

---

42 「答以女人學道爲見短書」, 『焚書』 권2, 『李贄文集』, 北京燕山出版社, 1998년, 82쪽.
43 「夫婦」'才智', 『初潭集』 권2, 『李贄文集』, 25쪽.

그림 11-5 이 그림은 책을 읽고 있는 잘 차려입은 여인과 책으로 가득 찬 책장에 있는 여인의 여자 하인을 보여 준다. 여덟 장으로 된 그림첩의 하나. 청 왕조.

일반적으로 말해서 명청 시기 사대부 가정의 여성은 양질의 교육을 받는 것이 가능하였다. 그것은 여성에게는 과거에 응시할 부담이 없었기 때문이다. 그래서 재능의 대부분을 문예에 발휘하여 시가와 현악·바둑·서화에서 득의하였다.(그림 11-5) 명청 시기는 사대부 가정 출신의 저명한 재녀가 많았다. 양신楊愼의 부인 황아黃峨는 시와 사詞를 짓는 데 재주가 있었고, 산곡散曲에 있어서는 가장 이름이 높았다. 동성桐城 방씨의 딸 방유의方維儀는 시와 그림에 뛰어났다. 불운했던 자신의 운명 때문에 그의 시와 그림에 투영된 정신적인 경지는 종교적 정취가 흐른다. 그는 관음상·나한상에 가장 뛰어난 재주를 드러냈다. 엽소원葉紹袁의 부인 심의수沈宜修는 시와 사詞에 뛰어났다. 그의 세 딸인 엽소재葉昭齊·엽혜조葉蕙綢·엽경장葉瓊章 등도 모두 글재주가 있었는데, 이들은 심씨의 이름으로

'재녀일문才女一門'으로서 세상에 널리 알려졌다. 강희 연간(1662-1722년)의 대학사인 장정석蔣廷錫의 집안도 재녀가 많은 것으로 유명하였다. 그의 여동생 장계석蔣季錫은 어릴 때부터 그림을 배웠는데, 그의 화조花鳥 그림은 서양 기법을 교묘하게 흡수하였고, 세밀하고 정제된, 사실적이고 핍진한 심미 취향을 추구하였다. 장정석의 딸 장숙蔣淑은 어렸을 때부터 가정에서 지도를 받아 화조 그림을 잘 그리는 것으로 유명하였다. 그는 언제나 뛰어난 필치로 꽃을 생생하게 그려내었는데, 그 기미를 그린 흥취가 자연스럽다. 명대의 저명한 문인화가의 딸들은 종종 그 선조들의 위업을 잘 전했다. 예를 들면, 명대의 오문화파吳門畫派 구영仇英의 딸인 구주仇珠는 사녀화仕女畵를 잘 그렸는데, 그 필치가 공교하고 정제되었으며, 색을 쓰는 것은 신선하고 밝았다. 문징명(1470-1559)의 현손녀 문숙文俶은 화초와 충접蟲蝶 그림에 정통하고, 전겸익錢謙益(1582-1664)은 일찍이 "그림을 살아 있는 듯 그리고 새로운 의취를 자연스럽게 드러내어 화가로서 우리 명나라에서 독보적이고 특출하다.(點染寫生, 自出新意, 畵家以爲本朝獨絕.)"라고 칭찬했다. 청초 운수평惲壽平의 자손인 운빙惲氷도 화조를 잘 그렸고, 특히 명암 처리가 뛰어나 사람들은 그 작품을 일컬어, "가루를 쓰고 있는 것이 정묘하고 매우 뛰어나며, 빛을 맞이하는 꽃이 고루 빛이 난다.(用粉精絕, 迎日花朵具有光.)"라고 하였다. 이처럼 서화에 뛰어난 재녀는 수없이 많았다.

명청 시대의 여성교육은 가정에만 한정되지 않았고, 여성도 사회적 교제를 할 수 있었으며, 저명한 학자를 따라 배우는 사람도 있었다. 이지의 강학講學에 여성 제자가 있었던 것은 당시로서는 세속을 놀라게 하였다. 그러나 청대 이후 원매(1716-1797) · 진문술陳文述 등이 앞뒤로 여성 제자를 받아들이자, 오히려 그것이 풍류적인 일이 되었고, 그들은 또 그 여성 제자들을 위해 시집을 편찬하였다. 원매의 여제자인 석패란席佩蘭, 진문술의 여제자 오조吳藻는 모두 청대의 유명한 여성시인이다.

주목할 만한 사회현상은 명말청초 강남의 가기歌伎(노래하는 광대)도 살아갈 필요성 때문에 좋은 교육을 받고자 했던 점이다. 강남의 명기 가운데, 마상란馬湘蘭·이향군李香君·유여시柳如是·고횡파顧橫波·설소소薛素素 등은 모두 현금, 바둑, 서화에 정통하여 사대부와 교유하고, 시와 사詞를 창화하였으며, 그 가운데는 전기傳奇를 창작한 이도 있었다. 명청 교체기에, 또한 이향군처럼 이렇게 대의大義에 깊이 밝았던 기이한 여성이 있었고, 나중에 그로 인해 『도화선桃花扇』이 쓰여 길이 전해지고 있다.

3. 관잠서官箴書

명대 중기 이후 '관잠官箴'이 굉장히 성행하였다. 관잠이라는 것은 본래 잠규箴規(잠언 형식의 규범)의 문체로 쓰인, 관리官吏의 규범에 관한 격언으로 주로 전통적인 도덕에서 출발하여 관리가 된 자의 언행에 대해 경계한 내용을 더한 것이다. 명청 시대의 관잠은 내용면에서 크게 확장되어, 몇몇 관잠에는 고금 흥망의 교훈과 역대의 관리였던 이들의 경험을 모아 편성한 것이 있고, 또는 다른 직능의 관리가 정사를 행한 구체적인 정황을 결합한 것이 있으며, 관리로서의 요령이나 원칙을 하나하나 강구하여 밝힌 것이다.

명청 대의 황제는 모두 관잠을 중시하였다. 명의 선종宣宗은 일찍이 어제御製로 『관잠』 1권을 펴내어 전국의 정부기관에 반포하고 관청에 게시하도록 해 항상 눈에 보이도록 하였다. 청의 순치제順治帝가 편찬한 『인신경심록人臣儆心錄』은 모두 8권인데, 제1권 식당植黨(당파를 만들다.), 제2권 호명好名(허명을 추구하다.), 제3권 영사營私(사리를 체득하다.), 제4권 순리徇利, 제5권 교지驕志, 제6권 작위作僞, 제7권 부세附勢, 제8권 광관曠官(관직에 있으면서도 아무것도 하지 않는다.)을 냈다. 이 책은 특히 고금 간신의 나쁜 자취를 골라 다루고, 더욱이 명말청초의 정치 현실에 대해 겨냥

그림 11-6 1655년(순치 12) 순치제의 명으로 왕용지에 의해서 쓰여진 『인신경심록』.

하였기 때문에, 특히 경계警戒의 의미가 포함되어 있었다.(그림 11-6)

4. 청淸 · 신愼 · 근勤

황제 외에 성리학자도 '관잠'을 만드는 것을 좋아했다. 그것들은 성리학적 수양이 들어 있고, 정치적 경험이 있는 성리학자가 만든 관잠이 있었기 때문에, 사람들로부터 특히 높은 추숭을 받았다. 명청 시기에 가장 높은 평가를 받은 관잠은 송대 여본중呂本中(1084–1145)의 『관잠』이다. 후대 사람은, "이 책은 여러 번 보게 되면 얻을 만한 말이 있고, 여러 가지 실제적인 일을 볼 수 있다. 책머리에 청 · 신 · 근 석 자로 관직을 맡는 법을 삼았는데 천고에 바꿀 수 없는 말이다.(此書多閱歷有得之言, 可以見諸實事. 書首即揭清 · 慎 · 勤三字以爲當官之法, 其言千古不可易.)"[44]라고 평가했다. 강희

44 『四庫全書總目提要』 권79, 史部 職官類, 呂本中 『官箴』 提要, 中華書局, 1965년, 687쪽.

황제는 특히 '청'·'신'·'근' 석 자를 크게 써서 내외의 신하들에게 돌에 새기게 해 좌우명으로 삼도록 했다. '청'·'신'·'근' 중 특히 '청'은 관리인 자에 대해 가장 기본적인 품덕을 요구한 것으로 역대로 가장 중시되었고, 남송 성리학자인 진덕수眞德秀는 "청렴하지 못한 관리는 불결한 것을 뒤집어쓴 것과 같은 것이니, 비록 그에게 아름다운 것이 있다 해도 스스로 바꿀 수 없는 것이다.(不廉之吏, 如蒙不潔, 雖有他美, 莫能自贖.)"[45]라고 하였다.

명대 초기의 성리학자 조단曹端은 관리가 되려고 하는 학생과 정치의 길에 대해 강설할 때, "아마도 공公과 염廉일 것이다. 공평하면, 백성들이 감히 함부로 굴지 않을 것이고, 청렴하면 아전이 감히 속이지 못할 것이다.(其公, 廉乎! 公則民不敢慢, 廉則吏不敢欺.)"라고 했다. 이 말은 이후에 새롭게 바뀌어 저명한 '관잠'이 되었는데, 그것은 "아전은 우리의 엄격함을 두려워하지 않고, 우리의 청렴함을 두려워하며, 백성들은 우리의 능력에 복종하지 않고, 우리의 공평성에 굴복한다. 공평하면 백성들은 감히 함부로 굴지 않을 것이고, 청렴하면 아전이 감히 속이지 않을 것이다. 공평함은 밝음을 낳고, 청렴함은 위엄을 낳는다.(吏不畏吾嚴, 而畏吾廉, 民不服吾能, 而服吾公. 公則民不敢慢, 廉則使不敢欺. 公生明, 廉生威.)"라고 한 것이다. 이와 같은 관잠이 비석에 새겨져 널리 유행되었다.

명대 초기의 성리학자 중 또 한 사람인 설선薛瑄은 자신의 성리학적 수양과 실제 위정爲政상의 경험을 바탕으로『종정명언從政名言』전 3권을 저술했다. 설선은 정자程子가 말한 '시민여상視民如傷(백성 보기를 제 몸에 난 상처처럼 본다)'의 어질고 사랑하는 마음을 가지고 관리가 되어야 하고, 관리에게 가장 중요한 것은 '공평함'이라고 주장하였다. 그는 "하늘의 도는 공평일 뿐이다. 성인은 하늘을 본받아 다스리고 천도의 공평함을 한결 같이 내는 것, 이것이 왕도정치가 확대되는 까닭이다.(天之道, 公而已. 聖人

45『西山政訓』,『叢書集成初編』社會科學類.

法天爲治, 一出於天道之公, 此王道之所以大也.)"[46]라고 하였다. 그는 또 "옥송을 다스리는 데 네 가지 요점이 있으니 공公·자慈·명明·강剛이 그것이다. '공'은 치우치지 않는 것이고, '자'는 각박하지 않은 것이며, '명'은 비출 수 있는 것이고, '강'은 강단이 있는 것이다.(治獄有四要, 公·慈·明·剛. 公則不偏, 慈則不刻, 明則能照, 剛則能斷.)"[47]라고 지적하였다. 설선은 관리가 된 자는 지극히 신중할 수 있어야 하며, 그는 "신중히 움직일 때는 마땅히 먼저 마음에 가까운 것을 조심하고, 다음으로 말하고 행동하며 일하는 것을 조심하는데, 모든 것이 신중히 움직이는 것이다.(愼動當先愼其幾于心, 次當愼言·愼行·愼作事, 皆愼動也.)"[48]라고 하였다. 그는 또 "한 글자라도 가볍게 남에게 줄 수 없고, 한마디 말이라도 남에게 가볍게 허락할 수 없으며, 한번 웃는 것조차 가볍게 남에게 빌릴 수 있는 것이 아니다.(一字不可輕與人, 一言不可輕許人, 一笑不可輕假人.)"[49]라고 하였다. 그러나 '지신至愼'이라는 것은 교활한 보신保身의 기술이 아니라, 청렴강직의 정신을 수양하는 것이었다. 설선은 관리로서 정의의 정신이 매우 강해, 일찍이 환관인 왕진王振과 항쟁한 것이 원인이 되어 체포되어 하옥되었고 얼마 뒤 사형에 처해졌다.

5. 관잠서와 정치문화

명대 중기의 성리학자 여곤呂坤은 특히 관잠官箴을 중요시하여, 각지에 관리로서 부임하자, 항상 관리들의 행동을 바르게 하고, 『요우약僚友約』·『풍헌약風憲約』·『대헌약臺憲約』 등을 차례로 쓰고, 상하 각급의 관

46 「薛文淸公從政名言」 권3, 『薛瑄全集』, 山西人民出版社, 1990년, 1,548쪽.
47 「薛文淸公從政名言」 권2, 『薛瑄全集』, 1,538쪽.
48 「薛文淸公從政名言」 권1, 『薛瑄全集』, 1,533쪽.
49 「薛文淸公從政名言」 권1, 『薛瑄全集』, 1,536쪽. 또한 『從政錄』이라고도 한다.

리를 엄격하게 관리하였다. 그가 지은 『명직明職』은 "오로지 소속 아전들을 신칙하기 위해 지은 것이고, 제자원(현학縣學의 정규 학생)의 직으로부터 독무직에 이른다. 모두 18편으로 성·부·주·현의 직관들의 이폐(이익을 얻으려는 폐단)에 대한 득실을 적은 것인데 말이 심히 자세하다.(專爲申飭屬吏而作, 自弟子員至督撫, 按之職分爲十八篇. 於省府州縣諸職官利弊得失, 言之甚悉.)"[50]라고 하였다. 또한 『실정록實政錄』을 편집하여, '실정'을 제창하였다. 수록된 것의 대부분은 여곤이 재임 중에 쓴 공문서였으나, 관리에 대한 도덕적 훈계도 있고, 또 실제 정사에 대한 지도이기도 하였다. 여곤이 만든 관잠서의 특징으로서, 성리학에 따른 도덕적인 교훈의 내용이 있고, 또 실제 정사의 체험도 실려 있다. 여곤에 의해 실제 정사 체험에서 만들어진 관잠은 높은 가치가 있어, 명대의 만력 연간 기승한祁承㸁이 편찬한 전 44권에 달하는 『목진牧津』이 단지 규칙을 준수한 역대의 관리를 골라 분류하고 나열한 것임에 비해 매우 뛰어나다. 여곤의 관잠 내용으로 보아 정치에 참여한 실제 경험이 매우 중요하게 여겨진 것을 알 수 있다. 명청 시대의 명신들은 이런 실제 경험을 포함한 관잠을 매우 중시하였다. 예를 들어 명의 해단海端·청의 전문경田文鏡·진굉모陳宏謀는 모두 관잠을 썼으며, 그 가운데도 진굉모는 역대 관리로서의 길과 치세술의 문장을 『학사유규學仕遺規』·『종정유규從政遺規』·『위관법계록爲官法戒錄』 등의 책으로 정리해 당시 커다란 영향을 미쳤다.

명청 시대의 관잠은 모두 커다란 정치문화의 체계를 형성했다. 관잠서의 발전은 출반인쇄업의 성행에 따라 이 종류의 서적이 빠르고 광범위하게 유행하였을 뿐만 아니라, 더욱 중요한 것은 내용면에서 관잠서의 주체인 관리집단의 변화에 대해서, 관잠서 안에 직업화한 내용이 점점 늘었다는 것이다. 명청 시대의 관리 집단은, 일반적으로 조정에서 정식으로 임

50 『四庫全書總目提要』 권81, 史部 職官類, 呂坤『明職』提要, 693쪽.

명되어 파견된 관원官員과 현지에서 모집한 서리胥吏, 관원이 개인적으로 채용한 막료幕僚 등으로 구성했다. 이 관리 집단의 구성 방법은 정치에 새로운 문제를 가져왔다. 그 하나가 관리와 조정 간의 관계를 처리할 필요성이 생겼다는 것이고, 또 하나는 관원과 서리·막료 사이의 관계를 처리해야 할 필요가 생겼다는 것이다. 정치권력의 운영은 이 이중관계를 가지지 않으면 안 되었다.[51] 당대 이후의 관잠서는, 그 내용상 대부분은 권력을 장악한 관리에게 조정에서 나누어 준 것인데 측천무후則天武后의 『신궤臣軌』와 같은 것이었다. 나아가 후래의 여본중과 같은 이학가들이 편찬한 관잠서 또한 대다수가 관원이 된 이의 일반적인 실용 도덕이고 대부분은 보편적인 원칙이었다. 명청 시대에는 주요 권력을 장악한 관원이 하급 서리와 막료에게 베껴서 준 대량의 관잠서가 나타났는데 여곤의 『명직明職』과 같은 것이었다. 이 관잠서들은 대체로 내용이 매우 구체적이고, 관리로서 갖춰야 할 도덕이나 절조가 포함되어 있었고, 또 구체적인 행동이 요구도 포함되어 있었다. 예를 들면 어떻게 관직을 얻을 수 있는가, 어떻게 상사·동료 및 부하와 사귀는가, 어떻게 사·농·공·상의 사람들과 사귀는가, 어떻게 하면 일을 공평하게 처리할 수 있는가, 어떻게 관리로서 청렴할 수 있는가 등등이었다. 게다가 일보 진전하여, 관잠서에는 구체적인 관리기술, 특히 형명刑名이나 전곡錢穀(재정)에 관한 것들이 포함되게 되었다. 관잠서의 대상이 되는 사람으로서 보면, 그것은 막료를 위해 전문적으로 작성된 막학서幕學書 및 신비로 가득찬 '사야비본師爺秘本(막료의 비본)'의 출현이었다. 이 책들은 실제 관잠서의 전통적인 범위를 넘었으나, 이것은 관잠서를 기본으로 하여 발전했다는 것을 부정할 수 없다.

51 명청 시대 관리들의 구성과 官箴書에 관한 관계는 (프랑스)魏丕信의 「明清時期的官箴書與中國行政文化」의 한 글이 참고할 만하며, 『清史研究』(1999년, 제1기)에 실려 있다.

관잠서의 발전의 원류에 주의해 보면, 중국의 문명사에 있어 관잠서의 의의를 분석하는 데 도움을 얻을 수 있다. 관리들의 정치이념이란 각도에서 말하자면, 명청 시대의 정치에는 점차 도덕적 지상주의에서 이성적 통치로 변화한 경향이 나타나, 관잠서의 유행은 이와 같은 변화를 일으키고 촉진시켰다. 또한 관잠서로 알 수 있는 것은 관리집단에 새로운 가치관이 생겨났는데, 이 새로운 가치관은 전통적인 도덕상의 요구, 특히 청·신·근의 3대 원칙을 계승하는 것뿐만 아니라, 실제의 통치 과정에 있어 현명한 방책, 합리적인 처리, 상하 줄기를 통한 전달, 부국부민富國富民의 성과가 체현되는 것을 요구하고, 정치에의 정통이나 효율화를 통해 조정에서의 장려나 그 외의 관리로부터의 존중을 얻는 것을 실현하고자 하였다. 이런 점에서, 관잠서는 관리에 대해 단속을 행한 전통적인 도덕적 원칙일 뿐만 아니라, 동시에 시대의 발전을 반영한 정치철학적 가치가 있다고 할 것이다.

6. 사대부와 향약

명청 시대의 향촌 사회교육은 주로 '향약鄉約'을 통해 이루어졌다. 향약이라는 것은 외적으로부터 향촌을 지키고, 선행을 하고 악행을 하지 않으며, 하급관리에 대처하고, 향리에서 사이좋게 지내는 것 등 공적 목적을 위해, 지연 또는 종족 관계에 의해 조직된 민중조직이다. 하나의 사회조직 형태로서 향약의 구성이나 변화는 복잡하였다. 향촌 사회교육과 관계한 것은 향약에 의한 교화 기능으로, 명청 시대에 이와 같은 기능은 특히 돌출해 있었다. 명청 시대의 향약에는 향촌의 민중이 공동으로 제정하고, 공동으로 준수한 도덕적 행위나 서로 돕고, 서로 권고한 규정이 포함되어 있다. 북송의 여대균呂大鈞이 처음 만든 『남전여씨향약藍田呂氏鄉約』은 명청 시대에 창설된 향약의 본보기로, 거기에 기술되어 있는 "좋은 일은 서로 권하고, 잘못은 서로 바로잡아 주며, 예속은 서로 교류하고, 어려울 때는 서로 구원해 준다.(德業相勸, 過失相規, 禮俗相交, 患難相恤.)"라고 한 것은 후세 향약의 기본적인 종지가 되었다. 그 후 남송의 주희는 『여씨향약呂氏鄕約』을 개정하여 『주자향약朱子鄕約』을 만들었는데 명청 시대의 많은 향촌에서는 이 둘의 향약을 지역의 제도에 따라 마땅한 것으로 개수해 기본적으로 습용하였다. 명대 중기에 향약이 다시 일어났던 것은 왕양명 · 황좌黃佐 등의 사대부가 제창한 후부터였다.

정덕 연간(1506-1621), 왕양명은 강서江西의 순무巡撫가 되자, 남공南贛(강서성 남부) 지구에서 민란이 집중되었던 점을 거울 삼아 통치를 정비했다. 일련의 정비조치 중 사학社學의 설립이나 향약의 거행은 교육에 기반해서 뿌리를 다스리는 방책이었다. 왕양명은 스스로 『남공향약南贛鄕約』을 제정하고 앞면에 기록한 백성을 타이르는 글에서 다음과 같이 지적했다.

> 민속의 좋고 나쁨이 어찌 습속이 쌓여서 그렇게 되도록 하는 것이 아니겠는가? 옛날에 신민이 대개 늘 제 종족을 버리고 그 향리의 주변에 살면서 사방으로 나아가 포악한 짓을 했으니 어찌 그 성품이 다르고 그들의 죄 때문에 그럴 뿐이겠는가? 또한 우리의 법을 담당한 이가 그것을 다스리는 방도가 없고 그들을 가르치는 데 방법이 없어서일 것이다. 그대들의 부로와 자제들이 가정에서 훈계하고 신칙을 받는 것이 빠르지 않은 까닭에, 마을에서는 훈화되어 점차 젖어가는 것도 없으며, 인도하고 권장하는 것도 행해지지 않고, 결연을 맺거나 화목을 도모하는 것도 갖추지 않으며, 또는 혹 분을 내고 원망하며 서로를 치며, 교활함과 허위로 서로를 죽인다. 그러므로 드디어 그들로 하여금 날마다 악에 쏠려가도록 한다면 우리의 유사와 그대들의 부로와 자제가 모두 마땅히 그 책임을 받을 것이다.(民俗之善惡, 豈不由積習使然哉! 往者新民蓋常棄其宗族, 畔其

鄕里, 四出而爲暴, 豈獨其性之異, 其人之罪哉? 亦由我有司治之無道, 敎之無方. 爾父老子弟所以訓誨戒飭於家庭者不早, 薰陶漸染於里閈者不素, 誘掖獎勸之不行, 連屬協和之無具, 又或憤怨相激, 狡僞相殘, 故遂使之靡然日流於惡, 則我有司與爾父老子弟皆宜分受其責.)[52]

향약을 제정한 목적은 즉 훈계를 하고, 근본에서부터 민풍습속을 고치는 것으로 내용은 다음과 같다.

지금부터 무릇 그대들 향약에 동의한 백성은 모두 그대들 부모에게 효도하고 그대들 형과 어른을 존경하고 그대들 자손들을 가르치며 그대들 향리를 화순하게 하여 사람이 죽어서 상을 맞으면 서로 돕고, 어려울 때 서로 구휼하며, 좋은 일을 서로 권면하고, 나쁜 짓은 서로 깨우치고 경계하며, 송사를 그치고 다툼을 끝내며, 신뢰를 강구하고 친목을 닦아 선량한 백성이 되는 데 힘써서 함께 사랑스럽고 두터운 풍속을 이루라.(自今凡爾同約之民, 皆宜孝爾父母, 敬爾兄長, 敎訓爾子孫, 和順爾鄕里, 死傷相助, 患難相恤, 善相勸勉, 惡相告誡, 息訟罷爭, 講信修睦, 務爲良善之民, 共成仁厚之俗.)[53]

이러한 조치에 의한 효과는 현저하여 왕양명의 『남공향약』도 널리 유포되어 많은 지역의 향촌 조직에서 이어 사용되었다.

가정 연간 광동의 향신인 황좌黃佐는 여씨呂氏와 주자朱子 등 송대 이후의 많은 향촌가례를 참고하여 『태천향례泰泉鄕禮』 한 책을 찬술했는데, 모두 6권으로 제1권의 첫머리에 향례의 강령인 입교 · 명륜 · 경신을 주요 뜻

52 「南贛鄕約」, 『王陽明全集』, 599쪽.
53 「南贛鄕約」, 『王陽明全集』, 600쪽.

으로 들고, 이후의 5권은 각각 향약·향교·사창社倉·향례·보갑保甲(민중을 호적에 기초하여 관리하는 제도. 몇 호를 갑으로, 몇 개의 갑을 맡아 연대책임을 지게 하였다.) 등 다섯 가지의 항목에 대해 서술하였다. 이 책은 광동에서 크게 영향을 주고, 동포정사의 서건徐健은 이 책을 "세상을 치료하는 양약(醫世良藥)"이라고 칭찬하고, 광동의 서방에 인쇄를 맡겨 널리 유포했다.

향촌에서 널리 유행한 향약 및 사대부에 의한 향약에 관한 저작의 출현은 명대 중기 이후 향촌의 사회교육이 이미 중국사회의 가장 기본 부분까지 깊게 침투한 것을 의미한다. 이 일련의 교육 과정에 있어 향신의 역할은 특히 눈에 띈다. 향촌의 교육에 진력한 향신은 개인의 도덕 수양과 출처와 진퇴 양식을 바꿨을 뿐만 아니라, 향약·향례 등의 교육 방법을 통해 향촌을 교화한다는 목적을 달성하는 것에 노력했다. 전통적인 유가의 수신·제가·치국·평천하의 이상 중에서 향촌의 교화는 개인·가정·국가를 잇는 열쇠가 되었다.

7. 강약회講約會

향약은 향신이 주도한, 민중이 일으킨 자기 교육조직이었을 뿐만 아니라, 명청 시대의 조정에서도 향약을 이용하여 통치 이데올로기를 키우겠다고 선전했다. 그 주요한 방법으로, 강약회講約會라고 불린 향촌의 정기 집회에서 황제가 향촌의 교화를 위해 특별히 반포한 성유聖諭를 알아듣기 쉽게 강의하였다. 명대의 강약회에서는 태조의 『성유육언聖諭六言』의 "부모에게 효도하고 순종하며, 어른과 윗사람을 존경한다. 향리에서 화목하게 지내며 자손을 가르친다. 각기 생활을 편안하게 하고, 그릇된 짓은 하지 말라.(孝順父母, 尊敬長上, 和睦鄕里, 敎訓子孫, 各安生理, 毋作非爲.)"를 설명하였다. 청대의 강약회에서는 다음과 같은 강희제의 『상유십육조

上諭十六條』를 설명하였다.

효제를 돈독하여 인륜을 중시하며	敦孝悌以重人倫
종족과 독실하여 화목함을 밝힌다.	篤宗族以昭雍睦
향당과 조화하여 송사하길 그치고	和鄕黨以息爭訟
농상을 중시하여 의식을 족케 한다.	重農桑以足衣食
검약을 숭상하여 씀씀이를 아끼고	尙節儉以惜財用
학교를 융성시켜 사습을 바로 한다.	隆學校以端士習
이단을 축출하고 정학을 존숭하며	黜異端以崇正學
율법을 강구하여 우완한 걸 바꾼다.	講法律以儆愚頑
예양을 바로 밝혀 풍속을 북돋우고	明禮讓以厚風俗
본업에 힘을 쓰면 백성이 안정된다.	務本業以定民意
자제를 가르쳐서 비위를 엄금하고	訓子弟以禁非爲
무고를 그치고서 선량을 보전하자.	息誣告以全良善
절도를 경계하여 주련을 면해 보고	誡窩逃以免株連
전곡을 완비해서 최과함을 줄이자.	完錢糧以省催科
보갑을 연합해서 도적을 막아내고	聯保甲以弭盜賊
구분을 풀어내고 신명을 중히 하자.	解仇憤以重身命

강약회는 일반적으로 매월 삭망의 날(1일과 15일)에 문묘 또는 사당 등에서 행해졌다. 강약회의 의례는 매우 성대하였다. 회장에는 향안을 두었고 존인은 연공서열대로 앉았으며 성유를 강하는 과정에는 행례 · 종고鐘鼓 · 창시唱詩 등의 의례가 있었다. 최후에 성유를 강의하고 존인의 선악을 평론하고 선과 악의 2개의 장부로 나누어 기재하였다. 이와 같은 성유를 강하는 강약회는 초기에는 매우 강하게 사회교육적 역할을 했으나, 점차 형식화되어, 심하게는 향촌의 오락의 하나가 되어 몇몇 강약회에서는

민간 예인이 설창說唱(말로 하는 예능)의 형식으로 그것들의 엄숙한 성유聖諭를 강하는 곳도 있었다.

8. 선서善書

명청 시대에 있어 '선서善書'의 유행은 중시할 만한 가치 있는 문화 현상의 하나였다. 선서는 권선서勸善書로도 불리며, 유교 · 도교 · 불교의 3교에서 발전하고, 사대부 및 보통의 민중에 대해서 있었던 도덕적 교화를 위한 소책자이다. 기본적인 성질을 말하면 그 주지는 종교의 인과응보의 설법을 빌려 인간의 성선性善을 실현하였다.

선서는 송대에 출현하기 시작하였다. 남송의 융흥隆興 전후에 이석李石은 『태상감응편太上感應篇』을 찬술했고 후에 줄곧 선서의 제1경전이 되었다. 이후에 또 『문창제군음즐문文昌帝君陰騭文』과 『관성제군각세진경關聖帝君覺世眞經』이 출현했는데, 이것들은 『태상감응편太上感應篇』과 합쳐져 '삼성경三聖經'이라 일컬어졌고, 선서 가운데 가장 많이 유통되었던 것이었다. 선서는 출현 당초부터 하나의 특성을 나타냈는데, 삼교합일과 같은 것에 비유되는 것으로, 바로 '삼성경'을 말하자면 『태상감응편』은 도교색이 비교적 짙고, 『음즐문陰騭文』은 불교색이 많으며, 『각세경覺世經』은 유교색이 가장 강했다. 유교 · 도교 · 불교를 막론하고, 그 내용은 전부 윤리도덕을 위주로 하고, 일정 정도의 종교성을 가지고 있었으며, 또한 적지 않은 세속성이 있었다. 그것은 종교가 점차 민간화한 산물이다.

선서의 중요한 특징의 하나는 공과격功過格(도덕서)이 부록되어 있는 점이다. 공과격은 원래 단독으로 나타난 것으로, 가장 빠른 시기의 공과격은 금나라 대정大定 11년의 『태미선군공과격太微仙君功過格』이다. 그것은 선한 일의 크고 작음을 살펴서 '공'을 분별해 기록하고, 또는 악한 일의 크고 작음을 살펴서 '과'를 기록하니 '공과'는 모두 날짜에 따라 특별 제작한 표격 안에 기재되었다. 이 공과격의 특징은 공과 과를 수량화하여, 공덕을 쌓는다는 중국의 전통적인 관념을 구체화한 것이다.

9. 원황과 『요범사훈』 입명설

명대에 가장 커다란 영향을 준 선서는 원황袁皇(了凡, 1533-1606)이 작성한 『요범사훈了凡四訓』이다. 거기에는 『입명지학立命之學』·『개과지법改過之法』·『적선지방積善之方』·『겸덕지효謙德之效』 4편이 수록되어, 동시에 공과격과 합쳐서 사용되었다.[54]

『요범사훈』의 핵심적인 사상은 "명은 나로 말미암아 선다.(命由己立)"이다. 원황의 '입명'설은 운곡 선사雲谷禪師로부터 전수되었다고 스스로 말하며, 그 내용은 당시 유행한 왕양명의 '양지良知'설, 특히 태주학파 왕간의 '조명造命'설과 같은 흐름의 것이다. 왕간의 "명을 만드는 자는 하늘과 싸운다.(造命者乃與天鬪)"라는 극단적인 태도와는 달리, 원황의 '입명'설은 인과응보를 전제로 하고 있어, 하늘과 사람 사이에 커다란 타협점이 있고, 그 타협에 의한 효과에서 하늘은 사람의 선행에 대해 반드시 보수를 준다고 했다. 그 보수는 매우 현실적인 것으로, 아이를 낳거나 과거에 합격하고 부귀를 얻고, 평안하게 되는 등을 하늘에 빌고, 그 후 선행을 쌓는 것으로, 하늘에서 교환으로 행복을 얻는 것이 가능하였다. 어떤 의미에서 원황의 학은 태주학파의 '백성들이 일상에서 쓰는 학(百姓日用之學)'을 현실적으로 발전시켜, 서민의 일상을 빌려 도리를 논하는 것뿐만 아니라, 도는 서민의 일상 속에 있는 것이라는 것을 나타냈다. 원황은 도덕을 공리功利와 기교와 연결하였다. 이런 점에서 그는 이지李贄와 가장 가깝고, 후세의 이학자가 원황을 이지와 동류의 이단이라고 한 것도 이상하지 않

54 『了凡四訓』, 『民間勸善書』, 上海古籍出版社, 1995년.

다. 태주학파의 주여등周汝登 · 도망령陶望齡도 원황의 영향을 받아, 공과격을 사용하여 도덕수양의 수단으로 하라고 제창하였다.

명대 중기 이후에 출현한 새로운 사회의 현실은 관념적인 측면에서 도덕과 공리의 문제를 해결하는 것을 절실히 필요로 하였다. 명대 중기 이후의 사회에는 항상 아래에서 위로 상승하려는 조류가 있어, 사인이 과거를 추구하고, 상인이나 시민이 돈을 내어 공명을 원했던 것, 모두 일종의 향상하고 싶은 마음에 의한 것이었다. 이와 같은 사회의 조류는 전혀 새로운 사항이 아니었으나, 전 시대와 비교하면 돌출해 있었다. 젊은이들은 과거를 위해 점점 결사를 만들고 팔고문을 연구하고, 풍기를 만들어 동료끼리 비교할 수 있게 되어, 이것들의 활동은 모두 공公으로 행해져, 일찍이 진취적인 열정이 넘쳐 흘렀다. 원황의 『요범사훈』은 이것들의 공리성 추구를 위해 도덕의 합리적인 설명을 제공했다고 할 수 있다. 『요범사훈』은 명말청초에 매우 유행하였고, 명대 초기의 장이상張履祥은 "원황의 공과격은 마침내 근세 사인의 성서가 되었다.(袁黃功過格, 竟爲近世士人之聖書.)"[55]라고 하고, 팽소승彭紹升은 "요범이 죽은 지 백여 년에 공과격이 세상에 성행하였고 세상에서 착한 이가 되려는 자들 중에 요범을 본받지 않는 자가 없었다.(了凡卽歿百有餘年, 而功過格盛行于世, 世之欲善者, 慮無不知效法了凡.)"[56]라고 하였다. 이 말들은 비판은 아니었고, 『요범사훈』이 시대의 요청에 응하고 있다는 것을 말하는 것으로, 또한 어느 면에서는 시대의 정신을 반영하고 있었기 때문에 널리 유행하는 것이 가능했다.

원황의 『요범사훈』의 유행은 일부 학자들에게 비판을 받았고, 그 가운데서도 유종주劉宗周의 비판이 유명하다. 유종주의 원황에 대한 비판은 주로 인과응보설과 공리사상에 대한 것이었다. 유종주는 유교가 추구하

55 「與何商隱」, 『楊園先生文集』, 『重訂楊園張先生全集』, 同治十年江蘇書局刊本.
56 『居士傳』 권45, 『續藏經』 乙編, 제22책.

는 '지선至善'은 크고 작음으로 나뉘지 않으며, 게다가 선을 행하는 것은 군자의 본분이므로 이것에 의해 보수를 원하는 것은 안 되며, 과실을 숨기는 것은 불가능하고, 공과 과실 사이에 상쇄적인 관계는 존재하지 않는다고 생각하였다. 엄격한 도덕수양이란 반드시 과오를 알고서 과오를 고쳐야 하는 것이며, (과오는) 기록할 뿐이고 같은 정도의 다른 선행으로 없앨 수 있는 것이 아니다. 유종주는 그의 저명한 『인보人譜』 안에서 「기과격記過格」을 일부러 만들어, 이로부터 '독지獨知' · '칠정七情' · '구용九容' · '오륜五倫' · '백행百行' 등의 오류가 만들어낸 '미과微過' · '은과隱過' · '현과顯過' · '대과大過' · '총과叢過' · '성과成過'라는 여섯 가지의 고치지 않으면 안 되는 과실을 반성시키고 시정시켰다.[57] '공'과 '과'를 비교하여 유종주는 특히 과를 중시하여, 도덕 수양이라는 것은 "과를 말하고 공은 말하지 않으며 이익을 멀리한다.(言過不言功, 以遠利也.)"라고 하였다. 이로부터 도덕과 공리는 엄격하게 구분되었다.

물론 여성교육 · 관잠서 · 강향약講鄕約 · 권선서는, 또한 기타 다종다양한 사회교육 형식은 모두 사회 자체의 교육기능을 발휘한 것이다. 명대 중기 이후의 역사에서 보면, 사회교육은 국가의 이데올로기라는 관점에서 사회를 교육할 뿐만 아니라, 많은 면에서 사회 자체의 필요성에서 태어난 자기 제어 시스템에 기초하고 있으며, 사회의 엘리트들은 적극적으로 사회교육에 참여하고, 이것을 발전시켜 좋은 방향으로 나아가는 궤도로 이끄는 데 활용하였다. 사회교육에 공통한 특징은 현실에서의 출발로, 점차 고착화된 학교교육과 비교해, 보다 활발하고 효과도 크고, 학교교육과 상호 보완하며 영향을 주고받는 좋은 협조관계를 구축했다.

57 『人譜』, 『劉子全書』, 淸 道光 刊本.

제 12 장

중심도시의 건설과 지역 간 차이의 돌출

도시는 문명사회를 상징하는 큰 지표이다. 중국에서는 3천 년 전 상商나라 시대 초기에 흙을 북돋워 주위와 분리한 곳에 흙을 다진 담장과 물을 두른 해자를 둔, 그리고 그 안에 각자의 기능과 공간을 가진 건물이 서 있는 대형 취락이 이미 출현하였다. 이것이 도시의 원형이며 최초의 형태일 것이다. 중화문명의 역사적 전개에 따라 국가가 지역의 확대를 조절하면서 도시 건설을 진행한 과정은 국가행정을 관할하는 능력의 제고에 따라 끊임없이 가속화되었다. 동시에 형태 분화, 기능 확대, 층급 또한 점차 조금씩 분화되었다. 만약 중국 고대도시를 충분히 엄격하게 구분해야 한다면, 먼저 도성과 지방의 행정을 위해 세운 도시를 고려해야 할 것이다. 그것들은 계획과 설계, 운영 모델, 관리 등 여러 가지 면으로 모두 특별하게 뚜렷한 차이가 존재한다.

고대 중국 사회의 도성은 국가 소유의 도시 중에서 최고통치자인 황제의 일상적 생활, 국가의 예제와 중앙기구의 배치 운영이 서로 가장 밀접하게 관련된 도시였다. 때문에 도성 가운데 그 대부분은 황제가 생활하고 즐길 수 있는 궁전과 원림을 낀 공간을 제공하고, 또한 황제가 문무의 백관을 거느리고 국가의 정사正祀를 진행하기 위해 오로지 쓸 수 있는 완비된 제사 장소를 두었다. 그리고 국가기구 운영과 밀접하게 관련된 모든 중앙관서와 임금과 신하들이 필요에 따라 설립한 복무적 성향을 가진 전문기구가 집중되었다. 도성은 국가 예제와 그 관리와 상징성에서 반드시 지방도시의 모범과 시범 작용을 해야 했다. 이러한 까닭에 도성은 반드시 왕조에서 가장 좋은 구역을 형성하게 되었다.

중앙에서 관리를 파견해 지방에 실행하는 계층적 관리로 말미암아 지방도시 건설의 규모 또한 계층적 특징을 보인다. 한편으로 중앙정부의 각 부분은 층층 하달하는 방식을 통해서 광활한 강역을 다스리게 되어 지방도시는 필연적으로 그 도시 중에 상정하달의 요구에 알맞은 관아를 배치해야 했으며, 다른 한편으로 바로 도성이 국가의 정치 · 군사 · 경제 · 문화 등의 방면에서 중심인 것처럼 각급 지방행정을 다스리는 치소 또한 필연적으로 지역의 핵심적인 공간이 되었다. 따라서, 지방도시에서도 도시의 규모와 관리상에서 도성의 모양을 본받아 표현하였지만 또 그 한도를 넘어설 수는 없었다. 동시에 각 지역마다 자연 조건의 차이로 말미암아 지방도시 또한 다른 지역적 특색을 드러냈다.

중국 고대의 이름 있는 도성과 수많은 지방도시는 중화문명의 중요한 본체를 싣고 있어 중시할 만하다. 중국 역사가 봉건사회의 마지막 시기로 내려오면서 명청 왕조의 수도, 곧 북경은 중국 도성 건설의 집대성을 이룬 것으로 지방도시, 특히 연해의 항구도시와는 커다란 차이를 나타냈고, 따라서 여러 방면에서 중화문명의 찬란한 모습을 드러내었다.

제1절

명청 두 왕조 수도의 계획과 관리

1. 천인합일 이념의 사물화 과정

중국 고대의 도시계획 이념에는 두 가지 중요한 지도적인 사상이 있었다. 그 하나는 그 땅에 알맞게 만들고, 제 용도에 맞게 다 쓰는 것이며, 그 둘은 완정하게 하나로 만들어 예제禮制상의 상징성을 체현하는 것이었다. 명청 시대의 북경은 중국 왕조체제의 가장 후기 도성으로 계획과 설계에서 이상적인 도성 모델의 가장 높은 수준을 체현하였고, 지리적 환경 조건에 따라서 도시생활 운영을 효율적으로 실현하였다.

북경에 성을 건설한 역사는 서주西周 봉건 시기의 계성薊城으로까지 올라가며, 처음 국가의 도성이 된 것은 금나라 때 시작한 도읍의 건설이었다. 1215년 몽골 기병이 남하하여 금나라의 중도성中都城을 공격하여 점령하고, 1267년 원 세조 홀필렬忽必烈(쿠빌라이)이 몽골초원에서 도성을 연경燕京으로 옮기고 이어 곧 군사를 지휘하여 남하한 다음 중국을 통일하였다. 금나라의 중도성이 의지하고 있던 연화지蓮花池의 물이 부족하여 그는 금의 옛 중도성을 버리고 다시 동북쪽 교외에 별도로 새로운 성을 건설하여 '대도大都'라 명명하였다. 원의 대도 계획은 명청 시기의 북경과 오늘날의 북경 구성舊城 지역 북부의 윤곽 및 가도를 아우른 지역을 정한 것이었다.

원 대도성은 본래의 계성薊城 연화지蓮花池의 수원을 버리고 새로 고량하高粱河를 도시의 수원으로 이용하였다. 아울러 통혜하通惠河를 끌어와서 남쪽의 운하로 유입시키고, 경화도瓊華島를 에워싼 호수를 중심으로 삼는 등, 모든 성城을 총체적인 계획 속에서 진행시켰다. 우선 호박湖泊 동북의 고지대를 모든 성의 평면적 배치의 기하학적 중심으로 확정하고 중심대中心臺(지금의 고루鼓樓)는 도시의 남북 축선으로 확정하였으며, 그 중심의 축선을 따라 황성皇城에 임금이 거처하는 '대내大內 궁전'을 건축하였다. 또 황성 후면의 호박 '적수담積水潭'을 운하 북쪽에서 오는 조운선이 정박하는 곳으로 삼았고, 연안의 사가斜街와 종고루鐘鼓樓 일대를 가장 번화한 상업 시장으로 발전시켜 나갔다. 원 대도성의 평면 설계는 "남쪽을 향하여 왕노릇을 한다.(面南而王)"라는 예제禮制의 전통을 체현하는 것이었다. 사실 『주례周禮』「고공기考工記」에서 "기술자가 나라의 성을 지을 때 사방이 9리에 이르고 옆에 3문을 둔다. 왼쪽엔 선조의 사당(태묘太廟)을 두고 오른쪽에는 사직단社稷壇을 두며, 조정을 남쪽에 두고 시장은 북쪽에 둔다.(匠人營國, 方九里, 旁三門, 左祖右社, 面朝後市.)"라고 했는데, 결국 이러한 관념 속에서 제왕의 도시는 모두 위와 같은 원칙에서 설계되었다 할 수 있다. 원조는 또한 대도 서북의 백부천白浮泉을 옹산박甕山泊(지금의 곤명호昆明湖의 전신)에 끌어오는 동시에 적수담과 서로 통하게 하였다. 적수담이 동쪽 경계를 향해 있는 까닭에 패하壩河·통혜하를 지나면서 남북의 대운하를 서로 연결시켰다. 이는 곧 대도 내부에 충분한 수원을 확보하는 것뿐만 아니라 남방의 물자 및 자원을 수로를 통해 끊임없이 수도에 이르게 하는 효과를 낳았으며, 나아가 도시의 수요를 더욱 원활하게 만드는 역할을 했다.

대도성에는 모두 열한 개의 성문이 있었는데 이 열한 곳 각 성문의 배치와 명명은 모두 주역의 '건곤乾坤'의 글[1]을 활용했다. 이는 곧 중국 고대의 도가 계열의 천인 관념이 도시 건설에 투영되고 있음을 의미한다 할 수 있다. 각 성문 안에는 넓고 곧은 큰 거리가 구축되어 있고, 이는 도시의 주요 거리가 되었다. 큰 거리 사이에는 동서로 평행하게 거리를 횡단하도록 안배해 두었는데, 몽골어로 이를 '호동胡同'이라고 한다. 대도성 도시의 주요 거리는 너비가 25m이고 호동은 6–7m이며 호동 간의 거리는 79m인데, 호동 사이에 건축된 실제 거리는 70m로 '삼진三進 사합원四合院' 주택을 건조하기 적합하게 했다. 사합원의 주거하는 방은 호동의 남북 양측으로 배열되어 있는데, 이는 일조량을 더욱 많이 확보할 수 있어 북방의 거주 환경에 적합하기 때문이다.

2. 전통과 실용의 결합

원의 대도는 통일제국으로서의 정치적 상징과 중국 전통 문화인 '유불도儒佛道' 삼교합일 사상을 국도國都 계획 설계상에 집중적으로 구현하였다. 동시에 대도성의 설계자는 성터를 선택함에 하호河湖가 분포된 지방을 선택하고 건축에 앞서 지형을 측량하고 배수 처리 장치를 설치하였다. 이어 거리의 분포와 더불어 중국 북방 건축이 보여 주는 '피한채광避寒采光(찬 기운을 피하고 햇볕을 찾는다.)'의 관습에 근거하여 방옥房屋의 방향을 계획했다. 또 중국인의 실무 정신과 한숙嫻熟한 축성 기술을 활용하여 체현했다.

명초에는 남경으로 도읍을 정하였고, 원대의 대도를 고쳐 북평부北平府라고 하였으며, 북성의 담장을 남쪽으로 5리쯤 줄여서 비교적 광활한 북부 지역을 버리고, 또한 남성의 담장을 남쪽으로 2리 이동시켰다. 영락제

1 『日下舊聞考』 권30 「宮室」, 北京古籍出版社, 1981년, 431쪽; 侯仁之 主編, 『北京城市歷史地理』, 北京燕山出版社, 2000년, 101–103쪽 참조.

그림 12-1 영락제 초상화. 궁중화원 작품. 명 왕조.

永樂帝 주체朱棣(그림 12-1)가 국난을 평정한 후, 1403년(영락 원년) 북평을 북경北京이라 고쳤으며, 1406년(영락 4)에는 북경 궁전을 건축하였는데, 무려 14년 만에 완공한 후 천도하였다. 명조는 원조의 대내大內 궁전을 버리고 원대 연춘각延春閣의 옛터에 만세산萬歲山(지금의 경산景山)을 쌓아서 이전 조정에 압승한 뜻을 표출하게 하였는데, 이에 따라 도시는 기하학 중심 구조상에 시각적 충격을 주는 방식으로 우뚝 세워졌다. 북경의 북쪽 담장 때문에 남성 안쪽 담장이 줄어들었고, 동시에 원조의 대내 남쪽 담장 사이의 공간도 좁아져 비교적 많은 빈 땅이 새로운 궁지로 변모하게 되었다. 또한 원 대도 남성 담장을 폐기하고 북경의 남성 담장을 신축하면서 남쪽으로 2리가량을 이동하여 이에 '삼문지제三門之制'를 보유하게 되었다. 명조의 신궁은 남향으로 이동하여 건축되었다. 외조外朝에 3대전大殿, 즉 황극皇極(청에서는 태화太和라고 함) · 중극中極(청에서는 중

화中和라고 칭함)·건극建極(청에서는 보화保和라고 함)을 세웠고, 내정內廷에 삼대궁三大宮(건청궁乾淸宮·교태전交泰殿·곤녕궁坤寧宮)을 세웠다. 바깥에 남북으로 길이가 961m와 동서로 너비가 753m에 달하는 담장을 둘러 쌓았으니, 이를 자금성紫金城이라 일컫기도 한다. 자금성의 안팎으로 금수하金水河가 관통하여 흐르고, 남북의 대문은 오문午門과 신무문神武門으로 똑같이 가로 9칸, 세로 5칸으로 황제의 '구오지존九五之尊'에 부합하게 만들었다. 또 동서의 화문華門과 그 안의 문화전文華殿·무영전武英殿은 '좌보우필左輔右弼'을 상징하게 하였다. 황성의 남쪽 승천문承天門(천안문天安門) 앞에 남북으로 쭉 뻗은 거리가 있는데 이를 천가天街라 하였다. 이것은 동서로 횡단하는 거리(長安街)와 'T' 자형 궁정 광장을 형성하여 남으로 향한 대명문大明門 사이의 두 측면은 천보랑千步廊이 되었는데, 이런 점은 당대 장안성과 송대 동경인 개봉성開封城의 옛 제도를 따른 것이다. 자금성의 서쪽에 서원西苑을 세웠는데, 이는 북해와 중해·남해라는 세 호박湖泊을 포괄하고, 둘레에 황색 기와와 홍색 담장을 쌓아 둘러서 황성을 형성하였다. 1432년(명 선덕宣德 7), 황성의 담장 동·남·북 삼면을 모두 장차 옥하玉河(원래 이름은 통혜하通惠河)를 황성 동쪽 담장 안으로 포괄하였고, 이로써 자금성과 황성 사이의 거리를 벌렸다. 또 황성 남쪽 면에 '좌조우사左祖右社'를 안배하였는데, 이는 곧 태묘太廟와 사직단社稷壇을 둔 자리이다. 명대 북경의 자금성과 황성의 설계는 모두 명의 중도中都(지금의 안휘성 봉양현鳳陽縣)와 남경의 규모와 제도를 모방하여 건축하였다.

북경의 황성 북문(지안문地安門) 밖에 중건된 종루鐘樓와 고루鼓樓는 원대의 종루와 고루를 따라 도로를 동쪽으로 이동시켜 중심각의 위치에 서게 하였고 남북으로 서로 마주하여 건립했다. 방향은 자금성 궁전의 축선과 일치하는데, 전체 성의 중심축선의 기점이 되었다. 1420년(영락 18), 옛 제도를 본받아 남교南郊에서 제천행사를 열었고, 정양문 남쪽을 예제

禮制의 중심으로 만들었으며, 동쪽에는 천단, 서쪽에는 산천단山川壇(뒤에 선농단先農壇)을 조성했는데, 중심축선을 남쪽으로 연장하여 양측으로 나누었다. 가정嘉靖 연간에는 천체天體의 운행인 '조일석월朝日夕月(아침에 해가 뜨고 저녁에 달이 뜬다)'의 규칙을 따라 북경성 교외의 동·서·북 세 방향으로 일단日壇(동쪽)·월단月壇(서쪽) 그리고 지단地壇(북쪽)을 조성했다. 이 다섯 개의 단에서는 국가 제사를 지냈다.

명조 수도의 중앙관청은 명 선종 선덕 연간에 건조되었다. 이는 남경 황성의 거의 모든 관청 배치를 모방하였는데, 승천문(천안문) 앞 'T' 자형 궁정광장 밖 양측에 건축하여 큰 조회와 제사의 수요에 부응하도록 하였다. 명조에서 황성 앞에 중앙관청을 만든 방식은 당송 시대의 예제를 따랐으나 여기에는 얼마간의 특수한 변경이 있었다. 곧 광장의 동쪽 측면에 둔 중앙의 관청 6부에서 형부를 뺀 것이다. 그 원인을 고찰해 보면, 명 태조 주원장은 금의친군도지휘사사錦衣親軍都指揮使司(금의위錦衣衛)를 설치하여 황실의 경계와 보위를 전담토록 했는데, 이 금의위가 이후 순찰·체포·형벌을 관할하는 권한을 겸하여 부여받아 오군도독부五軍都督府에서 독립하여 그 권세가 삼법사三法司(형부刑部, 도찰원都察院, 대리시大理寺)의 제약을 받지 않는 데에 이르렀다. 금의위가 남경에 있을 때, 오군도독부와 함께 황성 중앙축선상의 홍무문洪武門 서쪽에 설치하였고, 삼법사를 황성의 바깥쪽 현무호玄武湖 연안으로 이동시켰던 것이다. 그래서 1442년(명 영종英宗 정통 7) 북경 역시 남경의 예에 따라 삼법사를 황성에서 멀리 떨어진 선무문宣武門 안 서쪽 거리에 세웠고, 이후 이곳에 '구형부가舊刑部街'라는 이름이 남았다.

명대 북경에 성이 처음 건설되었을 때의 성곽 윤곽은 방형方形이었고 이전 왕조의 역대 도성의 형식과 부합했으며, 이러한 방형의 성곽 형태는 130년간 보존되었다. 그러나 실제로는 지리적 상황 때문에 균질화하는 것이 불가능하였다. 북경성은 원의 대도大都 시기부터 지형과 하호河湖의 수계의 제약을 받았다. 이것은 이상적인 모범과 현실 사이에서의 조화의 산물이었다. 명대 북경성 서북의 모서리 부분은 고량하高粱河와 적수담積水潭 수면의 영향을 받았다. 그래서 이곳의 성곽 담장을 동북쪽에서 서남쪽으로 기울어지도록 하여 직각으로 할 수 없었는데 이것은 인위적인, 이른바 '풍수'이념으로 할 수 있는 것이 아니었다.

명조는 북방의 유목민족으로부터 부단히 위협을 받고 있었는데, 이에 1533년(가정 32) 외성을 증축하기에 이른다. 이때 정양문正陽門·숭문문崇文門·선무문 밖은 이미 사람과 물자가 번잡했고, 또한 이곳은 나라의 제사를 지내는 곳이 있었기 때문에 외성을 먼저 남쪽부터 쌓았다. "임금께서 정양외문을 영정永定, 숭문외문을 좌안左安, 선무문외문을 우안右安, 대통교문大通橋門을 광거廣渠, 창의가문彰義街門을 광령廣寧이라 명명했다.(上命正陽外門名永定, 崇文外門爲左安, 宣武外門名右安, 大通橋門名廣渠, 彰義街門名廣寧.)"[2]라는 기록이 있다. 성문의 명명에 대해 자세한 것을 살필 수 없지만, 북경외성의 증수는 방어력을 높이고 안녕을 기원하기 위한 것으로 추정된다. 명이 망해 가던 시기였기 때문에 그 재정 형편이 다른 삼면의 외성을 완성하기까지 다 댈 수가 없었다. 이에 명조 가정 연간의 흥기로 북경은 더욱 특색 있는 '철凸'자형 성 담장과 윤곽을 갖추게 되었다.[3] 그러나 외성의 거리는 내성과 같은 모양으로 통일된 체제를 갖추지 못하였고 내성의 정제된 구역과도 서로 대비되어, 모양과 구조에 자못 차이가 있다.

명대 북경성의 중심축선은 남쪽으로 펼쳐진 길이가 8km에 달하여 북경성에서 가장 명료한 표지가 되었다. 중심축의 확정은 성내의 도시 분포를 더욱 정돈되게 하였는데, 형태는 "남쪽을 향하여 왕노릇을 한다.(面南

2 『明世宗實錄』 권403, 嘉靖 32년 10월 辛丑.

3 1903년 독일에서 인쇄된 1:17,500 북경성 지도에는 元의 大都城 光熙門으로부터 난 길 하나가 표시되어 있는데, 동쪽 성 담장에서 2리 거리에 있고, 기본적으로 평행의 남북향 흙 담장으로 된 殘迹으로, 明朝에 완공되지 못한 외성의 동쪽 담장 유적일 수 있다.

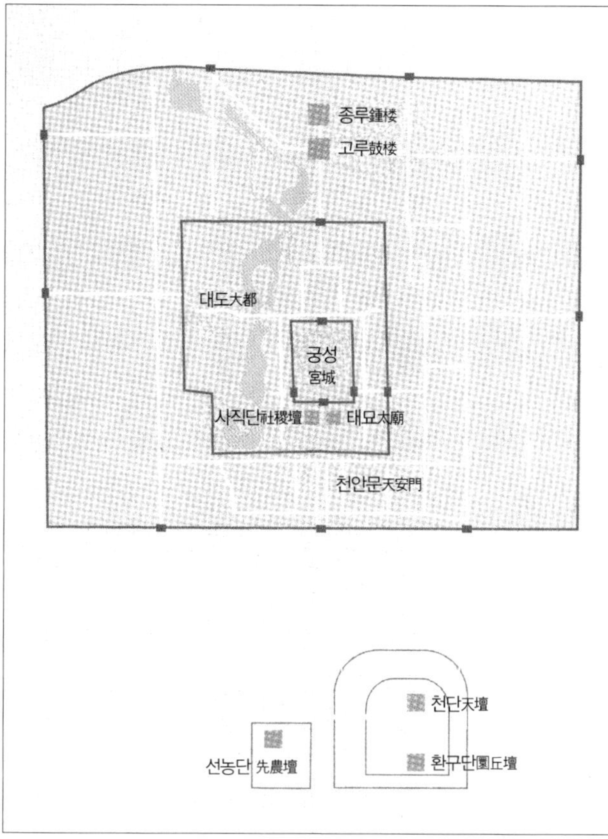

그림 12-2 명청 시대의 수도인 북경의 주요 장소 구성도.

而王)"라는, 곧 유아독존적 제왕의식을 강화하였다. 더욱이 구체적인 상징적 의의는 곧 황궁이 중심축선에 자리하게 되면서 중심축 양측에 중앙 관청들을 배열하게 되어 도시에 있어 전제 황권은 국가의 통제력이 이러한 모양으로 집중되는 상징성을 갖게 되었고 이러한 면모를 적극적으로 표출시켜 나갔다.(그림 12-2)

청대 북경성의 윤곽과 거리의 계획은 대대적으로 대체되지 못하고 발전되지 못한 채 다만 본래 있던 터에 건물을 고치거나 이름을 바꿔 쓰는 정도였다. 청조는 금의위와 오군도독부를 폐기하고 천안문 광장 서쪽에 있는 빈 공간의 한 부분에 민간인들의 거처를 개축하고 다른 부분에 구 형부刑部 거리로부터 옮겼던 삼법사三法司를 안치했다. 청조는 북경 서쪽 교외의 풍경이 좋은 곳에 원림園林 지구 개발을 진행하였다. 그리하여 순차적으로 삼산三山과 오원五園을 조성해서 도시의 중심에서 떨어진 북경의 서쪽 교외를 왕조 정치활동의 별도 중심지가 되게 하였다.

정확히 드러나진 않지만, 800년의 역사 과정 속에서, 더욱이 중국 왕조만년의 도성에 있어서 북경성의 조성은 '천인합일天人合一'의 이념을 사물事物로 드러내는 과정이었다고 할 수 있다. 거주의 중심인 황성의 궁궐은 중앙관청들이 긴밀하게 자리해 있었고, 상당히 넓은 공간인 육해六海의 호박湖泊과 원림園林을 차지하고 있었으며, 그 도시 공간에 수천 년간 형성된 중화의 전통문화 속 '도성都城 예제禮制' 관념을 융합하여 펼쳤을 뿐만 아니라, 시각적인 공간면에서도 중국의 독특한 심미적 정서를 잘 표출했다 할 수 있다.

3. 사합원四合院

북경의 사합원은 명청 시기 북방 평원지역 도시주택의 전형적인 형식으로 명청 양대에 반포되었던 주택 등급제도의 기초가 되었다. 북경 전 지역에 두루 보급된 사합원四合院 민간주택은 황가皇家 궁궐의 위엄을 부각하고 도시를 구성하는 세포 단위에 거류하고 있는 사람들에게 평범하지 않은 깊은 인상을 주었다. 사합원은 북경 사람들의 전통적인 주택이다. 형식적으로는 동남서북에 방을 만들어 중앙의 뜰을 조성하고 그 밖에 담장을 두른 하나의 원자院子이다. 원자의 바깥 담장에는 대문을 제외하고 다른 통로와 서로 연결되는 호동胡同(민간인 거리)이 없는, 안전과 안정, 봉폐를 조성한 개인의 세계였다. 표준적인 사합원은 남북의 세로 축선을 따라서 방옥房屋과 원락院落을 대칭으로 배치하고 대문은 동남쪽 모서리에서 열게 한 것이다. 이것은 전통적인 중국의 상택설相宅說 중의 방위법칙에서 생긴 것인데, 손괘巽卦(동남쪽)의 방위각은 길상吉祥을 상징하고 재운財運의 이익이 있다는 것이다. 대문은 소박한 가운데 저택의 장엄함을 뚫어 볼 수 있게 했고, 문 안쪽에는 맞이하는 면에 영벽影壁(눈가림용 병풍)을 우뚝하게 세워 바깥사람으로 하여금 집안의 사적인 생활을 엿볼 수 없게 했다. 문으로 들어가 서쪽으로 돌아서 두 번째의 문을 지나면 전원前院(앞뜰, 곧 첫 번째 뜰)에 이른다. 남측에 배열한 문과 창은 하나같이 북쪽을 향해 열게 했는데, 이를 '도좌방倒座房'이라 부르고, 또 '하방下房'이라고도 부른다. 이곳은 통상 객실이나 서숙으로 활용하고 또는 여러 가지 물건을 쌓아두거나 청사聽事(남자 종)가 머무는 공간으로 쓰인다. 원 앞에는 정북正北에 제삼도문第三道門을 설치해 두었는데, 보통 장식이 화려한 수화문垂華門이고, 문 안은 거듭하여 영벽 또는 목제 병풍을 우뚝 세워 방문객의 시선을 차단한다. 이것은 곧 외부인이 집안 내부의 깊숙한 곳을 헤아리지 못하게 하는 것을 느끼게 하고, 주인을 침착하게 하여 긴박하지 않게 하는 것이다. 수화문을 지나면 비로소 정원正院(원의 중앙 공간)에 들어가게 된다. 정원 북쪽의 정방正房은 높고 시원하게 딕 드어 있고 통풍이 좋을 뿐만 아니라 겨울에는 따뜻하고 여름에는 시원해서 거주에 가장 적합한 구조이다. 때문에 나이가 든 사람이 살기 좋고 또한 가정 구성원들이 집중적으로 활동할 수 있는 곳으로 속칭 '상방上房'이라고도 부른다. 정방 앞에는 회랑이 나와 있고 뒤편 담장은 문과 창을 내지 않으며 동서에는 이방耳房을 둔다. 정원의 동서에는 각기 상방廂房을 만들었는데, 이는 곧 젊은이들이 머무는 공간이다. 또한 그 앞에는 사랑방을 두고 뒤쪽에는 문과 창을 내지 않는데 이것은 곧 안전을 도모하고 상오와 하오에 내리쬐는 햇볕을 피하기 위한 것이다. 완정된 개별 원자院子는 회랑으로 이어져 있어 눈과 비를 염려하지 않고 왕래하는 데 편리하며 집

전체의 구성에서 핵심 부분이다. 정방의 한쪽 측면에 둔 이방은 과도過道와 천당문穿堂門(집 전체를 남북으로 통할 수 있게 하는 작은 문)을 통해서 후원에 도달한다. 후원의 북쪽에는 후조방後罩房을 만들어 집안의 여성과 여자 하인이 거처하도록 하거나 저장실로 활용하는 곳으로 이른바 '심규장수深閨藏秀(깊은 규방에 규수를 감춘다.)'라고 하는 방이다. 또한 어떤 부호들은 정원의 상방을 주인의 서재, 또는 손님과 회담하는 공간으로 설계하고, 와실臥室을 후원의 북방 쪽에 옮겨서 좌우에 동과 서의 상방廂房으로 사용하였다. 이것은 곧 양진兩進, 혹은 삼진三進의 사합원을 조성하기 위한 것이었다. 주방은 통상 동쪽 상방 한켠에 설치하고 화장실은 반대편 모서리에 세우는데 이를 '동주서측東廚西廁(주방은 동쪽에 화장실은 서쪽에)'이라고 한다. 이러한 관료나 대호大戶는 가실家室과 재산이 많아 방을 부족하지 않게 사용하였다. 곧 주가 되는 사합원락四合院落의 중원 양측에 별도로 과원跨院·별원을 세워서 표준적인 사합원의 양식에 따라 남북의 세로축 선상에 대칭으로 가옥을 배치하였다. 게다가 주택의 원락院落 내부에는 화원을 조성하기도 했다. 이러한 주원主院·과원跨院·별원 혹은 화원의 사이에는 보통 모두 담을 쌓아 간격을 확보하고, 또 수시로 열고 닫는 문으로 서로 연결하여 중국의 전통적 가족의 분방分房으로 적용시켰는데, 이것은 '분방은 하되 분가하지 않는다'는 전통적 관습을 유지하는 것이다.

북경 사합원의 설계는 봉건사회의 가족 종법宗法사상, '장유유서長幼有序', '주차유별主次有別' 등의 이상을 강렬하게 반영하고 있다. 가정의 구성원들은 매일 모두 정원庭院 안에서 서로 만날 수 있는데 저 사방원자四方院子 정상의 하늘처럼 영원히 이 가족에 자기가 속해 있음을 확인하는 것이다. 사합의 건축설계는 환경과 기후의 영향을 충분히 반영하였다. 원院의 높고 큰 담장은 주로 도로의 소음들을 막아 주고, 정원 내에서 재배되고 있는 화목들은 무한한 생기를 가져다주어 안정적이고 편안한 거주

환경을 만들어 준다. 집의 뒤쪽 북면의 남향 방은 원칙적으로 곧장 축선 위를 따라가며 상대적으로 전통적 배치를 따른다. 대문의 방향 선택에 관해서는 정밀하게 생각하는데, 황하 유역에서 처음 원시취락을 지어 거주했던 세대의 전통을 계승하고 있다. 북경의 사합원은 풍부한 문화적 의미를 내포하고 있다. 이것은 정제된 가정의 성기聲氣가 상통하고 또 상대적으로 개인적인 것을 보호받을 수 있는 특징을 가지고 있다. 제도帝都 북경은 바로 민중이 거주하는 사합원이라는 국한된 건축물의 높이와 회색빛 정조를 통해서 홍색 담장을 두르고 황색 기와를 얹은 황실 궁궐의 웅장함과 고귀함 그리고 존엄을 드러내고 있는 것이다.

4. 공간의 분할과 관리 기구

순치 원년, 청조는 북경을 수도로 정했다. 북경 도성의 관리제도는 만주 귀족이 입관入關하면서 수반된 만주 귀족의 팔기군사제도와 밀접하게 일치된 것이다. 동시에 중원에 들어 주인이 된 소수민족이 필연적으로 따른 한인들의 통치 경험을 수용했다. 청조 전기의 관리제도에서 북경성은 지역이 분할되어 기인旗人들이 거주하는 내성(북성)과 한인이 거주하고 있는 외성(남성)으로 구분되었다. 이러한 민족 간의 격리 정책은 한 도시 공간에 만주족의 제도와 한족의 제도가 서로 엉키는 현상을 빚었고, 그 때문에 두 종류의 관리 계통이 중첩되었던 것이다. 이러한 분리 국면은 바로 도광道光 후기 만족과 한족의 거주 지역 경계가 점차 소실되면서 비로소 변화를 보였다. 광서 말년 새로운 정책이 수립되면서 청 정부는 관리 방법면에서도 이를 조정하게 되는데, 근대적 도시 경영과 관리제도가 북경에 실행되기 시작한 것이다.

도성의 관리가 일반적인 도시의 관리와 가장 크게 다른 점은 도성의 경우는 중앙의 행정관리 계통상에서 중앙관리 기구의 직접적인 지휘가 닿을 수 있도록 하는 것에 있다. 청대 북경의 관리는 순천부順天府와 완평宛平·대흥大興 두 현의 관아 외에도 공부와 병부 같은 중앙 관서가 도시의 관리 직능을 겸유하였다. 그리하여 도성 속 황제의 생활 또한 이때를 맞아 상시로 도시의 관리 상황에 대해 점검하게 되었고, 도성의 관리기구 또한 전과는 상이하게 다양성을 갖추게 되었다.

순천부의 관아는 지안문 밖 고루 동쪽 교차점 입구에 있었는데, 원대의 대도로총관부大都路總管府의 구 관청으로 운영되었던 것으로 경부京府의 정령政令으로 관장했다. 사람들을 교화하고 농업을 권장하고 풍속을 물으며, 공부貢賦를 균등하게 하고 제사를 신중히 하고 호구조사를 철저히 하며, 난폭한 토호세력들을 바로잡고 빈곤을 다스리기 위해 심혈을 기울였다. 또 송사 사건과 같은 민사를 공정히 해결하는 등 순천부 부윤은 이에 총력을 다했다. 부승府丞과 기타의 관원들과 학교를 관리하고 양곡과 마정馬政·군장軍匠·신탄薪炭·하거河渠·제도堤涂의 일들을 구분하여 다스렸고, 이외에도 관리의 형명刑名을 추측하여 관리들을 감찰하게 했다.[4] 대흥현과 완평현은 순천부 두 부속 곽현郭縣이 되었는데 중앙축선을 경계로 삼아 서쪽은 완평현으로 편입시켰고, 동쪽은 대흥현에 속하였다. 즉 대흥과 완평 이 두 현의 관아는 비록 성내에 있었지만 관할 지역은 도리어 북경성 교외였던 것이다.

이외에도 북경 중앙관청은 또한 도시의 부분으로서의 직능 역시 갖고 있었다. 공부 아래에는 영선사營繕司가 세워졌는데 주요 책임으로는 북경 성원城垣·아서衙署·창광槍廣 등 건물의 수리와 관리 업무를 맡고 있었고, 우형사虞衡司는 요야窯冶·산택山澤의 채목과 보수 등의 업무를 주로 했다. 또한 도수사都水司는 하도河道·구거溝渠·수리水利·교량·도로와 같은 공공시설에 대한 사업을 도맡았고, 둔전사屯田司는 능침陵寢 수선

4 『明史』 권74 「職官」 3, 中華書局點校本, 1,816쪽.

과 아울러 서산의 광산 채굴을 담당하고 있었다. 병부에는 차가사車駕司가 장마전掌驛傳·구목廄牧의 일 등을 담당했고, 이외에도 회동관會同館·태복시太僕寺 등의 기구 역시 북경의 역전驛傳과 마정馬政에 대한 책임을 지고 있었다. 직능별로 기능이 진행되면서 순천부는 대흥과 완평 두 현을 통솔하게 되었고, 북경성 시민의 정치와 경제·문교·위생·치안 다방면에 걸친 일들을 주관했다. 더불어 공부와 병부는 건축에 대한 수선과 축조 그리고 하천수리 및 역전·마정 등의 구체적인 도시 건설 및 공정 그리고 운영의 연결을 원활히 하는 업무를 관장했다.

5. 수도의 일상과 운영

도성은 황제를 필두로 많은 소비인구를 감당해야 했기에 향촌이나 보통 도시와는 구별되는 것이었다. 그 일상생활은 물질의 유동과 전개로 둘러싸여 있는데, 날마다 사람마다 처한 다방면에서의 수요와 조합이 함께 도시 운용의 기본적 시스템을 구성하고 있는 것이다. 도시의 관리는 시정과 민정 그리고 문교·위생·공상工商·치안 등 제반 방면과 결합되었고 북경성 안의 많은 소비인구의 일상의 생산활동이나 생활과 공동으로 유지되었다.

물은 도시 생활의 근본이다. 원대 이전부터 끌어 쓴 연화지蓮花池 수계, 원대 이후에 점차 개발해 이용한 고량하高粱河 수계와 서교西郊의 옥천산玉泉山 수계의 풍부한 수원은 북경성에 있어서 모두 중요한 요소였다. 청대 북경성의 수계는 원명 시기 내외성에 구축한 도랑의 배수 계통을 계속 이어 사용하였다. 또한 서산西山에서 곤명호昆明湖를 거쳐 북경성으로 물을 끌어들이는 돌로 된 저수조貯水槽를 수축하여 북경 황성궁원의 용수와 조량운하漕糧運河에 공급되는 공수供水를 위한 안정적인 수원을 확보하였다. 식수 방면에서는 전문 인력이 책임을 지고 매일 서직문西直門을 출입하며 서산에서 황궁으로 길어 오는 황제용 용수를 제외하고 북경성 주민들이 주로 의지한 것은 여전히 우물물이었다. 청대 북경성의 배수는 원명 시기 구축된 시설의 기초 위에서 날로 향상되어 갔다. 성내의 큰 거리와 주요한 호동胡同(일반인 거주지의 거리)의 곁에는 모두 배수를 위한 명거明渠 또는 암거暗渠를 두어 북경의 오수 배출 시스템을 조성하였다. 이러한 하수도랑을 통해 도시의 오수와 폐수가 점차 등급별로 모여서 성 담장 아래의 수문을 통과하여 성시를 두르고 성을 보호하고 있는 성하城河에 배출되었다. 막힘이 없는 배수를 보증하기 위해서 매년 음력 2, 3월에 관례에 따라 쌓인 진흙을 깨끗하게 청소하고 물길을 준설하였다.

도로 및 교통의 방면에서, 청대 북경의 내성에는 각 성문의 안쪽에 직선으로 탁 트인 큰 길을 냈고, 호동 대부분은 동서쪽 방향에 배열했는데, 그 사이에 혹 남북 방향으로 나 있는 작은 길은 몇 줄기의 호동을 관통하면서 종횡교차의 도로망을 형성하였다. 외성의 가도街道는 축성하기 전에 자연히 형성된 것으로 규칙적인 계획성이 결핍되어 있지만 정양正陽·숭문崇文·선무문宣武門 등 3문의 방향을 향해 난 사가斜街 위주로 되어 있다. 이 가도는 비록 내성에 비해 정돈되지 못한 측면이 있지만 동문(광거문廣渠門)-서문(광안문廣安門) 두 방향으로 북경으로 들어가는 주요 간선도로가 닦여졌다. 이외에도 청대에는 서교西郊의 개발에 힘을 들였는데, 이를 위해 두 줄기 전용도로를 냈다. 한 길은 서직문西直門을 나와 북쪽으로 고량교高梁橋를 지나 해전海淀에 이르는 가도인데 이 석판로石板路를 따라서 원명원圓明園에 도달할 수 있게 되었다. 다른 한 길은 부성문阜城門을 나와 서쪽으로 팔리장八里莊·모식구模式口를 거쳐 서산의 석탄 채굴지역 도로와 통하게 되어 있는데 또한 석판로이다. 서산의 석탄은 이 길을 따라서 물이 흐르듯이 끊임없이 운반되어 북경성에 이르러 도시를 위해 연료를 제공하였다.

민국 이전의 북경성 안쪽 도로는 흙길이 대부분이었다. 1663년(청 강희

2)을 전후로 독리가도아문어사督理街道衙門御史 · 가도청街道廳 · 오성사五城司와 같은 기구들이 설치되어 도로의 구축을 담당하게 되었고, '때에 맞춰 수리한다(修治以時)'고 하여, 규정하기를 "모든 돌길과 흙길은 평탄하고 단단하게 하여 지저분한 흙이 쌓이지 않게 하라. 움푹 들어간 곳은 수시로 메우고 쌓는다. 큰 거리 중간에 토방을 헤아려 북돋우되 서너 촌 두텁게 하고 서너 자 넓게 한다. 가벼운 수레는 토방 위를 따라 달리고 무거운 수레는 양쪽 곁을 따라서 가게 한다.(凡石道, 土道皆令平坦堅固, 毋許堆積穢土. 有窪下者, 隨時塡築. 大街中間量培土埂, 厚數寸, 寬數尺. 輕車從土埂上走, 重車從兩傍行走.)"라고 하였다. 아울러 때때로 가도에 물을 뿌려 먼지가 나는 것을 면하게 하였다.[5]

6. 상업구역

명청 대를 지나면서 북경성은 점차 상업 집중 지역으로 거듭났다. 이들 대부분은 성내의 큰길 교차로 입구에 분포했는데, 예를 들어 지안문 밖 큰길 · 동사패루東四牌樓 · 서사패루 · 기반가棋盤街 등이 대표적이다. 성안에 있는 사묘寺廟에서는 정기적으로 행사가 거행되었는데, 이를 통해 일종의 시장 형식의 도시 상업활동이 이루어졌다. 청대의 동성東城 융복사隆福寺, 서성西城의 호국사護國寺, 남성의 토지묘土地廟와 화아시花兒市(꽃시장) 등을 '사대묘시四大廟市'라고 불렀다.[6] 청조의 내 · 외성 분치로 말미암아 앞의 삼문三門 도로가 날로 중요해졌고, 외성에 많은 각지의 상인과 한족 거주민이 자리잡으면서 상업적 매매가 나날이 번성하여 전문前門 밖은 상업지구를 형성하게 되었다.(그림 12-3) 이외에도 건륭 시기 『사고

5 吳廷燮 等,『北京市志稿 · 建置志』권1「道路」, 北京燕山出版社, 1998년, 144쪽.

6 『北京成市歷史地理』제7장「城市商業與市場分布」, 北京燕山出版社, 2000년 5월판, 239쪽에서 인용하였다.

그림 12-3 「경사춘생시의도京師春生詩意圖」. 1767년(건륭 32), 건륭제의 「어제생춘시御制生春詩」 20수 가운데 '새의 눈으로 보는 수도'에서 묘사된 한 장면. 궁정화가 서양徐揚이 그림. 건륭제가 봄에 대해 쓴 시가 족자 안에 기록되어 있다. 청 왕조.

전서四庫全書』 편수의 수요로 관신館臣이 서점에 이르러 책을 찾는 것 등이 선무문 밖 유리창琉璃廠 문화거리의 번영을 자극하였다. 대자인보국사大慈仁報國寺 묘회廟會의 쇠락으로 말미암아 그 묘회 주변의 서사(서점)들이 지속적으로 유리창으로 옮겨가 흥성한 서점업은 많은 문인과 관원들로 하여금 유리창에 와서 책을 사도록 하였다. 1773년(건륭 38), 조정에서

『사고전서』를 편수할 많은 학자들을 집중시켰는데, 수서修書에 참여하는 많은 학자들이 선남宣南에 모여들어 이 서점들을 전에 없이 번영시켰고, 동시에 이와 관련된 문화용품 사업도 발전을 하였다.

숭문문崇文門 밖 꽃시장 거리는 곧 북경성 세관이 있어서 발전하게 되었다. 명대가 시작되고서 원대에 대도성 안에 두루 설립했던 세무법을 고쳐, 북경성 밖 동남쪽에 '숭문문선과분사감崇文門宣課分司監'을 설치하여 상세商稅를 거두었던 것이다. 청대에는 '숭문문 감독서'로 고치고 숭문문 밖 거리 동쪽에 위치시켰다.[7] 오랫동안 남방에서 북경으로 들어오는 사람들과 화물은 모두 광거문廣渠門과 광녕문廣寧門을 통해 들어오게 된 영향으로 숭문문 밖에서 세를 받는 관례가 형성되었다. 그리고 외지의 화물상인들이 북경에 진입하면서 먼저 꽃시장 지구를 선택하는 이상적인 물류의 집산지가 되었다. 선남과 숭외崇外 지역의 번다한 행상 좌판들은 또한 외성 밖에 상업회관과 동향회관을 조성하였는데 그것은 매우 크고 집중적인 것으로 건축상에서 내성의 '사합원'의 구조와 비슷하지만 실상은 다른 풍격을 형성하였다.

상업적 무역 이외에도, 도시에는 사람들의 생활과 관련된 또 다른 건축물이 있었다. 창고는 사람들에게 크게 주목 받지 못하는 도시의 건축물이다. 명조는 북성의 담장을 남쪽으로 이동시켰고, 북경에 진입하는 조운과 육로는 그 양변에 있었다. 그러므로 중요한 창고는 동서 두 성의 동남부와 서북부에 많이 배치되었다. 초료장草料場은 북경성 서북부에 배치되었는데, 이는 응당 초료가 서북부에서 오는 것과 관련 있다 할 수 있다. 청조 정부는 몽골의 왕족과 귀족들과의 관계를 원만히 해결하여 몽골 지역에 군대를 보낼 일이 다시금 필요하지 않았고, 북경성 교외에도 몽골

7 『日下舊聞考』 권63 「官署」, 『大淸一統誌』, 北京古籍出版社, 1981년 2월판, 1,031쪽에서 인용.

의 기병이 침탈하는 일이 일어나지 않았다. 북경성의 서쪽에는 반드시 창장廠場을 만들 필요가 없었기에 성 밖에 건축하였다. 이외에도 청조의 식량물자는 북경으로 들어오는 조로漕路가 기본적으로 북경성 동쪽의 통주에 고정되어 운용되었다. 성안에 많은 왕부王府를 안배한 목적은 이 때문이었다. 청조는 원래 북경성 서역에 있던 명대의 초료장과 화약창, 총포창, 창고들을 모두 철수하여 동쪽으로 이관하였다. 중요한 창고를 전부 동성에 안배한 것은 동성의 담장 가까운 곳에 명조의 해운창과 옛 태창太槍 등의 창고 옛터가 있기 때문이었다. 동성 담장에 가깝지 않다는 이유로 태기창台基廠은 폐기하고 사용하지 않았다. 동시에 동쪽 성 담장 밖 동직문東直門에서 동편문東便門 사이에 만안창萬安倉과 태평창을 새로 지어 성안의 창고 부족 문제를 해결하였다.

7. 호적과 치안

이때의 도시에는 목조 구조로 된 건축물들이 매우 많았는데, 화재는 가장 위험한 재해였다. 청대 북경성의 화재 방제는 군사제도와 밀접하게 결합되어 있었다. 청 정부의 규정에는 모든 성 안에는 보군步軍과 기영旗營 등에서 실화가 목격되면 바로 근처의 기분旗分에 이를 통지하고 그 근원에 접근하는데, 이는 곧 기영만이 화재를 막아낼 수 있었기 때문이다. 예를 들어 황성 안에 실화가 일면 곧 "익령 두 기가 화재를 구호하는 것이다.(每翼令二旗救護)"라고 했다. 또한 만약 우연히 기旗의 경계 및 다른 구역과 맞닿은 땅에 이르러 실화를 신칙하지 못하게 되면 곧 실화 지점에 임해 있는 양 변의 기영旗營에서 모두 "관병의 절반으로 반을 만들어 구호를 나가고, 그 나머지 관병은 그 반에 머물러 있으면서 쓰임에 대처한다.(値班官兵之半往救, 其餘官兵仍留該班處備用.)"[8]라고 하였다. 이것은 팔기군 방어구역을 나누어서 진행한 분공分工 방식으로 가장 효과적인 방식이었는데, 그것은 구호할 수 있는 병사가 화재 현장에 한번에 도달할 수 있는 것을 보증하는 제도였다.

북경 내·외성의 만주족과 한족을 분리한 거주 정책은 청대 북경성에 거주하는 시민들의 호적에 대해 서로 다른 관리 문제를 야기했다. 내성은 북경의 팔기가 기에 따라 나누어 모여 살았고, 외성은 기적旗籍이 없는 거주민들이 분산되어 살았다. 이 밖에도 몇 곳에 기영旗營이 분산되어 있었다. 내성의 만주·몽골·한족 팔기군의 거주 지역은 권옥圈屋의 구조가 서로 같지 않았는데, 곧 만주 팔기군의 거주지는 자금성 내권內圈에 가장 접근한 곳에 있었고, 몽골 팔기군이 그 밖을 에워싸고 있었으며, 한족 팔기군은 가장 바깥 권역에서 생활하였다. 성 안에서부터 바깥까지 팔기군을 구분하여 거주하는 형식은 북경 내성의 호적 통계와 관리에 유리하게 작용했다. 청대의 규정은 곧 "팔기는 남녀노소 구분이 없이 모두 기에 적을 둔다.(八旗無分長幼男女, 皆注籍于旗.)"라고 했다. 기旗 아래 참령參領 몇 명이 있었고 참령의 아래에는 우령佐領 약간을 두었다. 우령은 팔기의 호적관리와 기본적 통계를 내는 단위라고 할 수 있다. 내성 팔기의 인구통계는 바로 이에 근거하여 아래에서 위로 진행되었다. 황실 호구의 관리는 종인부宗人府에 예속되었는데, 이들은 종실조지과 팔기호적 두 종류의 방식을 채용했고 종실 우령과 각라覺羅 우령을 단위로 하여, 팔기호적의 체계에 따라 정리하였다. 외성의 거주민에 대해서 청조는 명대 오성방五城坊 보갑保甲 호적제의 관리 방법에 따라서 활용했는데, 장차 외성은 '동서남북중' 다섯 구역으로 분리되었고 성마다 방坊이 있고 각 방 아래에는 사방관司坊官이 설치되어 방내의 민사를 나누어 담당했다. 방 아래에는 패牌를 두었고 패 아래에는 편호編戶가 있어, 이에 따라 북경 외성의 성·방·패의 층급 그리고 호적관리와 호구통계가 형성되기 시작했다.

8 吳廷燮 等, 『北京市志稿 · 民政志』 권10 「警察」 2, 北京燕山出版社, 1998년판, 414쪽.

북경성의 치안은 다층의 관서에서 책임을 졌다. 그 가운데 제독구문순포삼(오)영보군통령提督九門巡捕三(五)營步軍統領과 오성찰원五城察院의 순성어사巡城御史가 총책임을 지고, 순천부윤과 협조하여 도시의 안전 보장을 관장했다. 청대 북경의 치안관리는 황성과 황성 이외의 양대 부분으로 구분되는데, 황성 이외의 부분은 또한 내외 분치의 원칙을 따라서 구별하여 대응했다. 『대청회전사례大清會典事例』의 기록에 따르면, "자금성 안은 양황기 · 정황기 · 정백기 3기가 교대하면서 반을 맡고, …… 그 자금성 밖 주위는 정홍기 · 양홍기 · 양백기 · 정남기 · 양남기 5기가 교대하면서 반을 맡는다.(紫禁城內系鑲黃 · 正黃 · 正白三旗輪流直班, …… 其紫禁城外圍, 系正紅 · 鑲紅 · 鑲白 · 正藍 · 鑲藍五旗輪流直班.)"[9]라고 했다. 위 3기의 만주인들은 황궁 안에서 오가는 사람들의 순라巡邏를 진행하고, 아래 5기의 만주인들은 황성 안 나머지 부분의 치안을 담당했다. 황성 바깥 북경의 내성은 팔기의 보군步軍이 주둔하여 지키는 구역의 위치에 따라 대응하여 신汛(방위구역)과 책란柵欄(철조, 목조로 만든 울타리)을 나누어 방수계사防守稽查와 야순보경夜巡報更(밤에 순찰을 돌며 시간을 알리는 것)을 진행하였다. 황성 안은 신을 90구역으로 나누고 책란 116개를 배치하였으며, 내성은 신을 모두 625구역으로 나누고, 책란은 1,199개를 배치하였는데, 매 신에는 보군 12명, 매 책란에는 보군 3명을 두었다. 책란과 성문은 똑같이 야간에는 문을 잠그고 대낮에 문을 열어 주민의 활동시간을 통제하였다. 북경 외성의 치안은 순성어사와 병마사가 지휘책임을 지고 북경 녹영綠營의 마보병순포馬步兵巡捕의 오영五營을 통솔하여 치안을 위한 순라를 진행했다.

1900년 '경자庚子의 난' 이후, 청 조정은 '선후협순총국善后協巡總局(후에 내외성공순국內外城工巡局으로 개칭)'을 설립하여 외국 군대가 점령한 후

9 『淸會典事例』 권1,150, 中華書局, 1991년, 제12책, 447쪽.

의 경사의 치안문제를 처리하게 했다. 1905년(광서 31) 청 정부는 순경부巡警部를 설립하여 본래의 '내외성공순국'을 '내외성순경총청內外城巡警總廳'으로 바꿔 직접 순찰부 관할로 예속시켰고 경사 내외성의 일체 경찰업무를 관리하게 하였다. 이듬해 국민정부가 성립되면서 순경총청은 민정부에 귀속되었다. 북경성 시市 경찰제도를 통해 1세기가량의 발전에 점차 가속도가 붙어 경찰기관은 보다 진보적으로 설립되었고, 경찰 분국과 파출소와 같은 최초의 경찰 지회를 수반해 왔다. 최종적으로는 독립적인 '지구地區'·'거리사무소' 등의 행정관리 단위로 변모했는데, 이는 북경 도시제도가 근대적 방향으로 진보해 가고 있음을 보여 주는 것이었다.

북경은 국가의 도성으로서 건설된 도시였다. 우선 황제가 조정을 다스리고 생활하는 것에 맞도록 해야 했다. 다음은 왕조 중앙기구의 운영 및 황제권력과의 소통에 편리해야 했고, 그 다음은 도시주민의 생활을 유지하기 위한 공공시설이 필요하였다. 북경의 도시 건설은 통치집단의 정권 유영과 매우 밀접한 관계가 있을 뿐 아니라, 문화적 이념과 시대정신을 드러내야 했다. 이 때문에 도시의 설계계획과 상징성이 매우 강조되었다. 북경성은 중화문명의 상징으로서 내려다보는 평면적인 배치는 물론 동시에 입체적인 스카이라인에 있어서도 모두 질서의 이념을 충분히 강구하였다. 북경성 내부의 건축물, 즉 궁전·왕부王府·사묘寺廟·민택民宅 등은 서로 다른 기능을 가지고 점유한 면적도 서로 상이하며, 거기에 사용된 재료와 색채 또한 커다란 차이를 보인다. 그러나 어떤 점에서는 도리어 일치된 의도를 내보이고 있다. 그것은 바로 똑같은 '사합원락四合院落'의 조합 형식을 채용하고 있는 것이다. 또한 공통적으로 북경을 저와 같이 정제된 획일성을 보이게 하면서도 현란한 아름다움을 잃지 않는 건축물을 구축하여 제왕을 상징하는 위엄과 장엄 안에다 민중의 활력을 가진 도시의 심상을 배어들게 하였다. 이러한 균질성과 이질성을 대비하는 과정에서 우리는 중화문명의 전승과 변혁을 확실하게 체감하게 된다.

제2절

연해도시의 발전과 방사放射 작용

예로부터 중국은 기다란 해안선과 넓은 해역을 갖고 있다. 현재 중국의 판도는 1만 8천여km의 해안선과 1만 4천여km의 도안선島岸線에, 연해의 일반적인 섬과 바위섬은 대략 6,500여 개에 이른다. 4대 해역의 해양국토는 300여 만km^2에 달하여 육지국토 면적의 3분의 1에 상당한다. 기다란 해안선에는 여러 가지 조건을 가진 천혜의 항구가 분포되어 있다. 중국 연해 항구의 우월성은 항구의 수가 비교적 많고 분포 범위가 난온대·북아시아 열대·중아시아 열대·남아시아 열대·열대 등 5개 유형의 기후대에 걸쳐 있어 자연환경이 각기 다른 지역적 발전의 수요에 부응한다는 점이다. 대부분의 항만은 1년 내내 얼지 않고, 수심 조건 또한 기본적으로 해운의 수요를 만족시키며, 항구의 유형도 다양하여 하구형河口型·내해만형內海灣型·외해만형·협만형狹灣型과 해안도항형海岸島港型 등이 있다. 하구형과 해안형 항구의 수도 각기 절반가량을 점유하고 있는데 그 가운데 하구형 항구는 고대로부터 시종일관 중국 경제·사회의 발전을 가져오는 데 매우 중요한 작용을 하였고, 해안형 항구에서 일어나는 작용은 더욱 뚜렷하다.

역사상 중국은 비교적 일찍 선진적인 조선 기술과 항해 기술을 발전시켜 왔다. 그러나 객관적으로 보면 중국은 해양상에서 발전하여 새로운 세계로 진입한 적이 없다. 농업을 근본으로 삼은 국가에서 연해의 광대한 영토는 물고기와 소금으로 얻는 이익을 제외하면 농업발전에 비해 어떠한 우세점도 없었고, 심지어 지세가 낮고 평평한 늪지와 수토여서 염도와 알칼리성분이 지나치게 높아 어느 정도 열세에 있었다. 이로 인해 역대 중앙정부는 해안 지역의 도시들을 그리 중요하게 여기지 않았고 행정관리와 경제적 발전을 위한 열정을 심도 있게 기울이지도 않았다. 그런 점을 가장 구체적으로 표출한 것이 명청 이전인데, 연해 지역에는 영향력을 가진 도시는 매우 적었고, 항구에 의지해 발전을 일으킨 도시는 단지 조공체제의 수요 때문에 정책상의 특별한 비호 아래서 발전한 특례가 극소수 있었을 뿐이다.

1. 해금海禁과 개항

명대는 연해 지역의 발전 역사에 있어서 하나의 중요한 시기였으나, 명조의 해안과 연해의 정세에 대응하는 인식이 이전 왕조에 비해서 크게 부각된 부분은 없는데, 당시 상황이 그렇게 만든 것이다. 바로 명조의 개국황제 주원장 같은 경우는 해금海禁을 여는 태도에 대해서 다음과 같이 발했다.

> 이익을 얻는 데 힘을 다하는 것은 장사가 하는 일이고, 변경을 여는 것은 제왕의 깊은 성심에서 나온다. 지금 진기한 것과 특별한 산물이 중국에 어찌 없겠는가! 짐이 그것을 모두 끊은 것은 이 길이 한번 열리면 소인들이 이익을 엿보게 되어 백성들을 수고롭게 하고 재산상의 손실을 입게 하여 그 해가 매우 클 것이 염려되기 때문이다.(盡力求利, 商買之所爲, 開邊啓釁, 帝王之深誡. 今珍奇異産, 中國豈無! 朕悉閉絕之, 恐此途一開, 小人規利, 勞民傷財, 爲害甚大.)[10]

해역을 막아 버린 이러한 태도는 명조 이후 역대 황제의 바꾸기 어려운 '조종지법祖宗之法'이 되었다. 명조가 이러한 정책 방향을 취한 데에는 충분한 이유가 있었다. 명대는 해상의 위협과 소요가 이전의 역대 왕조에 비해 엄중한 때가 많았다. 일찍이 1369년(홍무 2)에 '왜구의 난'이 있었고, 가정 연간에서부터 연해의 간교한 상인들이 왜구와 홍이紅夷(중국 동남 지역에 출몰한 서양인)를 끌어들여 변경의 우환을 키웠으며, 연해 지대를 자주 습격하고 소요를 일으키는 일이 전후 100여 년에 이르도록 오래 계속되어 조정 및 백성들에게 극심한 불안감을 가지게 하였다. 이 때문에 명 정부는 해역 폐쇄의 조치를 취했던 것이다. 다만 객관적으로, 명 정부의 이 한결같은 정책은 도리어 연해 지역 도시의 생장과 발육의 남상이 되었다.

명 조정에서 해역을 봉쇄한 구체적인 조치에는 둘이 있다. 그 하나는 지속적으로 '조공'제도를 엄격하게 실행하면서 외국과의 교류를 관방에서 허락할 수 있는 범위 내에서 조절하는 것이었다. 명초에는 본래 태창太倉황도黃渡(지금의 상해시 가정구嘉定區 황도진黃渡鎭)에 시박사市舶司를 설치하였고, 후에는 절강의 영파寧波, 복건의 천주泉州(후에 복주로 옮겼다.), 광동의 광주廣州 이 세 곳에 시박사를 설치하였다. 이를 통해 영파寧波는 일본과 통하게 했고, 천주는 유구琉球와 통하게 했으며, 광주는 점성占城·섬라暹羅·서양 여러 나라와 통하게 했다. 이러한 정책을 기반으로 도시의 상거래가 유통되면서 도시가 더욱 발전할 기회를 얻게 되었다는 점은 의심할 수 없다. 사실상 영파와 복주 그리고 광주는 명대에서 가장 번화한 연해 항구도시가 되었다. 명 조정의 해역을 봉쇄한 두 번째 조치는 바로 연해의 많은 곳에 위소衛所를 설치하여 해상에서 오는 위협을 막는 것이었다. 이러한 명대의 위소는 연해의 많은 지역에 도시적 의미를 갖춘

---

10 『明太祖實錄』 권144, 洪武 15년 4월 辛巳.

취락을 처음 출현시켰고, 연해의 성진城鎮의 수가 늘어나게 했다. 그 가운데 많은 위소는 지역에서 상당히 좋은 위치를 점유하고 있었는데, 비유하면 항구를 건설하기 적당한 곳이었다. 위소가 구축된 곳은 본래 적을 피해서 착지를 얻어 육지에 오르기 위한 곳이었는데 도리어 이후 도시의 발전으로 항만 건설의 중요한 기초가 되었다. 비록 이러한 위소의 기능이 최초에는 단순한 군사적인 보루였지만 해역의 안정에 따라 위소의 기능은 점차 다양하게 변화하여 최종에는 중국 연해에서 상당한 영향력을 갖춘 도시로 조성되었다. 명대 위소衛所는 이전에 이미 발전했던 성회省會·부치府治 및 현치縣治와 함께 중국 연해에 구축된 지역의 중심이 된다.

청조 전기의 해양강역 정책은 봉쇄와 개방 사이에서 흔들리는 형국이었다. 강희 연간 정성공鄭成功 세력을 타격하여 대만을 수복한 이후 천해령遷海令(복건, 광동의 연해지역 주민을 강제로 내륙으로 옮긴다는 명령)을 반포하여 연해무역을 완전히 금지하자 연해 지역은 쓸쓸한 형국을 드러내게 되었다. 대민 통일 이후, 청 조정은 금해령을 취소하고 강소의 송강松江·절강의 영파·복건의 천주·광동의 광주 등에 대한 개방을 선포하여 대외무역의 창구로 삼았고, 아울러 강江·절浙·민閩·월粵에 네 개의 해관을 실시했다. 해금이 풀리면서 동남 연해의 해외무역에도 전에 없던 번영이 일어났는데, 점성占城(베트남 중남부에 있던 나라)·섬라暹羅(태국)·진랍眞臘(캄보디아)·만라가滿剌加·발리渤泥(부르나이)·여송呂松(필리핀)·일본·소록蘇祿·유구와 같은 여러 국가들과 상선들이 끊이지 않을 정도로 활발한 교역을 해 갔다. 다만 이와 동시에 청 정부는 해외무역을 강력하게 제한하기도 했다. 그 주요한 조치는 이와 같다. 먼저 해양을 통해 나가는 무역은 반드시 지방관에게 보고하게 하여 그 성명을 기록하고 보증인을 찾아 증서를 작성하게 하였으며, 면허증을 발급하여 선박에 각기 호수와 이름을 새기게 하였고, 무역 물자의 입출에 관한 관변官弁의 조사에 대해 비밀을 지키게 했다. 또한 보갑保甲제도를 해상에까지 확대하여 일종의 행상行商 보갑제도를 시행했다. 둘째로 염초·유황·군기·식량과 같은 물자들의 해양 출입을 금지시켰다. 셋째로 해선들은 중량을 500석을 초과할 수 없으며, 더불어 해선은 다만 돛대의 고도를 제한하고 건조하는 선박은 등록하는 제도를 만들었다. 연해 지역에서 빈번하게 소동이 일어나자, 청 조정은 다시 연해 지역을 봉쇄하였다. 1757년(건륭 22) 청 정부는 기타 부두에서의 무역을 취소하고, 다만 광동 한 곳의 통상을 허용했다. 연해 지역에 대한 봉쇄로 연해 지역 도시들의 발전은 커다란 제약을 받았고, 연해의 성진(도시)들은 텅 비어 한산해졌다. 비록 광주가 정책적으로 편향된 결과를 얻었다 해도, 해외무역의 전체적인 수준이 내려가 광주라는 도시의 전진도 발걸음을 멈추게 하였다.

19세기 아편전쟁 이후의 개항은 중국 연해도시의 발전에 있어서 중요한 전환점이었다. 서방열강은 경제적 이익과 해상 약탈에 대한 심사를 내보이며 중국의 항구도시 하나를 강제로 구해서 대외 개방을 실행하고, 아울러 이러한 도시에 조계구租界區를 건립하고 그에 따라서 개항도시에 대하여 가장 먼저 서방의 도시건설 이념과 접촉하게 하였다. 서방의 도시관리, 경제적 모델, 문화적 형태가 침투하자 개항도시는 가장 먼저 중국의 전통적 정치도시의 모델을 탈각하고 솔선하여 근대화를 향하여 움직이기 시작한 것이다.(그림 12-4)

1841년 8월 29일, 청 정부와 영국은 '남경조약'에 서명하고 다섯 곳의 통상 항구의 개방을 선포하였다. 1843년 7월 27일에는 광주 개항, 1843년 11월 1일에는 하문廈門 개항, 1843년 11월 17일에는 상해 개항, 1844년 1월 1일 영파 개항, 1844년 7월 3일 복주항이 개방을 하였다. 이것은 중국의 해역과 주권이 파괴된 첫걸음이 되었고, 동시에 그것은 중국 연해도시가 근대화를 향하여 첫걸음을 내딛는 것이기도 했다. 중국의 연해도시들은 이로부터 내륙의 도시들과는 크게 다른 발전의 궤적을 그려냈다.

이후 1850년대부터 불평등조약에 의거하여 영구營口와 산두汕頭·천진

그림 12-4 항구 개방 후의 상해 부두 정경.

天津 · 한구漢口 · 중경重慶 등 연해와 내륙의 장강 연안도시들은 대외개방을 하고 통상항이 되었다. 신해혁명 전야까지 전국에서 차례로 통상항 또는 상항으로 개방된 도시가 이미 107곳에 달했고, 그 가운데 연해지대에 분포된 것으로는 상해 · 항주 · 닝파 · 온주 · 복주 · 하문 · 광주 · 칭도 · 친진 등 23곳이나 되었다. 외부의 압박에 의한 개항은 이러한 도시의 근대적 출발점이 되었고, 이로 인해 대외경제 관계가 건립되고 조계租界가 건립된 것 역시 이것과 직접적인 관련이 있다.

강압에 의해 개방된 연해의 도시들은 대외경제 관계의 건립이 비교적 빨라서 도시의 근대화 정도 또한 상대적으로 빨리 진행되어 근대사의 진보의 과정에서, 경제 · 문화적 방면 등 도처에서 중국 근대화의 선행적 지위를 갖게 되었다. 산업적 각도에서 보면, 적지 않은 화상華商들이 창건한 기업이 연해의 개항도시에서 탄생된 것은 바로 하나의 분명한 증거이다. 그중 방적紡績 · 알화軋花 · 직마織麻 · 복장 · 제지 · 인쇄 · 관두罐頭(통조림)식품 · 기기제조 · 제혁製革 · 전등업 등은 상해 · 광주 · 하문 등을 거점으로 가장 먼저 발달하였다. 이러한 기업의 탄생은 중국 근대기업의 맹아와 발전의 표준이라 할 수 있는데, 이러한 기업들을 잉태하여 기른 연해의 개항도시들은 의심할 여지 없이 또한 경제 발전의 선행자로서의 '주연'을 담당했던 것이다.

중국 근대문화사 속에서 이른바 '최초'는 역시 연해 부두도시에서 탄생되었다. 예를 들어 중국 최초의 중문 잡지는 1883년 광주의 전교사에 의해 탄생한 『동서양고매월통기전東西洋考每月統記傳』이었고, 최초의 과학 잡지는 1876년 상해에서 창간한 『격치휘편格致彙編』이었으며, 최초의 여자 소학교는 1844년 전교사가 영파寧波에서 창립한 영파여숙寧波女塾이었고, 최초의 사범학교는 1896년 상해에 창립한 남양공학사범원南洋公學師範院이었다. 1843년 상해에 만들어진 묵해서관墨海書館은 중국 대륙에서 최초로 세워진 신식 출판사였고, 1844년 영파에서도 전문으로 성경을 인쇄하는 '화화성경서방華花聖經書房'이 출현했고, 또 미국인의 수중에 장악되긴 했지만 전각자모電刻字模 기술이 도입되었으며, 1872년에는 상해 서가회徐家滙에 최초의 근대 천문대가 세워졌고, 상해에서는 근대 과학 기술과 사상을 전파하는 서적이 대량으로 인쇄되었다.

2. 연해도시의 방사 작용

연해도시의 경제와 문화상의 발전은 내지 도시의 탄생에도 강력한 영향을 미쳤다. 이러한 영향은 점차 경제·사회·문화·기술 그리고 생활습관 등의 각개 방면에까지 미쳐 학자들은 그것을 세 층위로 재편하였다.

1) 생산, 판매와 유통

이것은 연해도시의 내지 경제에 대한 넓은 영향으로 가장 기본적인 형식이다. 연해도시들은 수입한 물자를 내지에 판매할 뿐만 아니라, 현지에서 생산된 국산제품도 내지로 수송하여 판매하고, 동시에 내지의 토산품을 구매하여 수출하였으며, 혹은 농업부산품을 연해도시로 운송하여 가공하였다. 자금을 융통하여 연해도시와 내지 경제와의 연계를 밀접하게 한 것이다.

2) 접수와 전달

이것은 주로 연해도시가 내지의 문화, 과학기술, 생활 습속에 준 영향을 가리킨다. 그 가운데 상당부분은 기술과 설비 등 물질적인 방면에 나타난다. 연해도시가 이러한 기능을 갖춘 것은 당시의 중국이 세계의 선진국과는 과학기술과 설비 등의 방면에서 큰 격차가 있었고, 연해도시는 중국과 외국의 물자·문화가 교류하는 합류점에 위치하기 때문에 종종 기풍의 선단을 접촉하여 자연히 외국으로부터 선진적인 기술을 받아들여 소화하고, 또한 그것을 넓은 내지까지 전달하는 책임을 담당하는 것이 가능했기 때문이다. 광주 한 항구에서 통상을 할 때 '광주 제품'이 상해 및 연해 각지로 가 판매되면서 이후 상해의 국산품과 기술 및 문화가 내지로 전달되는 것은 모두 이런 기능의 본질을 드러내는 것이다.

3) 시범과 방사형의 넓은 영향

이것은 주로 연해도시들이 산업전환과 경제구소, 정치세도, 시징운영, 사회생활 등 다방면에 걸쳐 내지에 끼친 영향을 나타낸다. 연해도시들은 근대화의 정도가 비교적 높았는데, 특히 상해와 같은 대도시는 산업의 전환에 있어서도 또한 정치·경제제도 또는 사회생활까지도 내지를 선노하는 역할을 했다. 일종의 '새로운 사물'이라 할 수 있는 것이 종종 상해와 같은 연해도시들에 의해 선도되었고, 내지가 그 뒤를 긴밀하게 따라갔다. 그래서 연해도시들이 선도적인 역할을 해내고 있었던 것이다. 이렇듯 제도적 측면에서 모범과 영도의 역할은 연해도시의 내지에 대한 고차적인 영향 형식인 것이다.[11]

---

11 張仲禮, 『東南沿海成市與中國近代化』, 上海人民出版社, 1996년, 18-20쪽에서 인용하였다.

제3절

연해도시의 발전과 지역 차이

국내외의 각국을 종람해 보면, 항해용 선박에 열에너지가 쓰이기 이전의 연해 항구는 하나같이 모두 대륙 연해에서 받아들이는 밀물과 썰물의 하수가 흐르는 하구 부근에 하구형 항구도시가 형성되었다. 19세기 말 이전의 중국 연해의 항구도시 또한 모두 큰 강 입구의 언덕에 있고, 전통형 정치도시와 외항이 조성되어 있다. 이러한 하구형 항구도시의 선택 조건에는 세 방면의 우세가 중요한 근거가 되었다. 먼저, 해구에 임해 있어 해상무역과 무역의 발전에 용이해야 한다는 점이다. 둘째로 바람과 돛에 의지해 동력을 삼았던 선박이 밀물과 썰물을 빌려 나아가니 상대적으로 안전을 신뢰할 수 있었다. 셋째로, 내지에서 연장된 하류에 의탁하여 광대한 물자 및 자원 그리고 시장의 공급이 가능해져 항구도시 발전의 산실이 되었다.

다만 하구형 항구도시는 또한 피할 수 없는 불리한 원인들이 있었는데, 바로 이 하류가 진흙으로 막혀 있어 선박의 항선에 장단점이 있었다. 그런데 이러한 불리한 점들은 연해도시가 이를 가져와 착안하여 중심도시로서의 기능을 발휘하지 않을 수 없게 한 것이다.

1. 동북 지역 연해 항구도시의 성쇠 – 영구와 대련

영구營口의 흥기는 1861년(함풍 31)부터였다. '천진조약'에 근거하여 요동반도의 우장牛莊은 동북의 개항도시로 정해지고 말았는데, 그러나 요하의 선박 길이 막혀 있고 외져 있다는 이유로 영국 정부가 청 조정에 각서를 제출하고 영구를 통상의 부두로 바꿔 줄 것을 요청하였는데 관습적으로 '우장牛莊'이라고 이름하였다. 영구라는 이름은, 1830년(도광 10) '몰구영沒拘營'으로 바뀌었다. 1866년(동치 5), 위치상 중요성으로 인해 영구 해안청을 설립하게 되었다. 이 성의 건설은 "영구는 동북 삼성의 인후에 해당하는 땅이다. 또한 고려와 훈춘 등의 지역과도 통한다.(營口乃東三省咽喉之地, 兼通高麗·琿春等處.)"[12]라는 이유에서였다. 영구는 하구 도시에 속하는데 강과 바다의 중간에 위치해 있고 요하 전 유역의 물질과 토산품의 입구이며, 광대한 배후지로 활용할 수 있어, 마땅히 이 유역의 물산과 상품들은 이 땅을 통과해야만 했기에 영구는 존재의 가치를 증명 받았고 또 이로 인해 발전해 갈 수 있었다. 그러나, 요하 하류의 하도가 막힌 길을 잘 헤쳐 갈 수 있었던 것도 영구의 발전에 영향을 끼친 한 요소이다.

1861년(함풍 31)에서 1898년(광서 24)까지, 내략 30여 년의 시간 동안 요하의 선박무역은 극성하여 요하는 이미 동북과 동부 몽골 지역의 가교로서 가장 중요한 경제의 대동맥이 되었다. 영구를 경유하여 요하로 들어오는 선박은 "물이 많을 때 작은 기선은 요양으로 통할 수 있고, 돛단배가 800리를 거슬러 올라가 창도의 통강자에 도달하면, 누런 콩·콩기름·콩떡 등을 가득 실어 영구로 내보냈다.(水大時, 小汽船可通之遼陽, 帆船上溯八百里達昌圖之通江子, 滿載黃頭·豆油·豆餅輸出營口.)"고 하였다. 그래서 "내지 용품의 공급은 모두 범선에 의지하여 보내니, 앞으로는 또한 영구

12 『營口雜志』, 『小方壺齋輿地叢鈔』 第9秩에서 수록하였다.

가 전국 바다의 항구 중에서 중요한 지위를 차지할 것이다. 이외에도 영구는 동북 삼성 내지와의 관계도 밀접하며, 또한 국내 기타 각지의 큰 상항과 기선으로 연계하는 것도 용이하다. 나아가 중국의 기선과 범선이 싣고 오는 재화의 태반이 영구를 종점으로 삼고 있어 이곳은 나날이 상승세를 이어가 동북의 상업과 무역의 중심이 될 것이다.(內地用品的供給全賴帆船爲之輸, 將抑營口在全國海港中所占的地位, 營口一方面既與東三省內地聯系密切, 另一方面又與國內其他各大商港有輪船爲之聯絡, 而且我國汽船, 帆船之貨載太半以營口爲終點, 所以能够蒸蒸日上, 執東北商務之牛耳者.)"[13]라고 하였다. 영구는 더욱 걸출해졌고 동북 삼성에서 가장 중요한 상업항구가 되었다.

대련大連의 굴기와 영구의 쇠락은 동시에 같은 걸음으로 발생했다. 대련은 해만海灣형 항구에 속하는데 하류에 회입滙入하는 것이 없어서 대련 지역의 항만은 진흙으로 막힐 걱정이 없었다. 1880년, 북양 해군이 여순에 머물고 있을 때 대련 지역은 더욱 강력한 방어 업무가 구축되었는데 이로써 이 지역은 매우 빠르게 북양 해군의 중요 기지가 되었다. 1898년, 제정러시아가 강제로 여순과 대련에 세금을 부과하자 대련의 물굽이 쪽의 청니와淸泥窪는 새로운 항구이자 시구市區로 거듭났고, 1902년 항구가 건설됨과 동시에 동북의 중동철도와 직접 여순으로 통하는 철도가 놓였다. 1905년 러일전쟁이 끝나자, 일본은 제정러시아가 행했던 남만南滿에 관한 일체의 권리를 가져왔고 대련을 '자유항'으로 선포하여 세계 각국의 선박들을 수용하기 시작했다. 대련항의 부두는 합리적으로 설계되어 방어에 용이했고, 나아가 남만철도가 있어 직접 흑룡강의 남부와 길림·요녕성의 중심으로 곧장 나아갈 수 있었다. 이로 인해 대량의 대두·목재·약재와 동북 특산품이 나와 대련으로 출항되었다. 1910년 이후 일본이 남만

13 「東三省經濟實況攬要」, 『歷史地理』 80집, 2002년, 50-61쪽에 실려 있는 張大偉, 「鐵路乾造對清末東北城市的衝擊」에서 인용하였다.

南滿철로를 중심으로 경봉京奉 · 사조四洮 · 안봉安奉철로를 연계 운용하여 종횡으로 관통시키자 화물이 물처럼 흘러들고 상인들은 구름처럼 모여들었으며 화물은 하루 만에 대련大連까지 도착할 수 있게 되었다. 남만철로의 화물운송은 속도가 빠르고 운임도 저렴하였으며 내륙 하천의 선박 운송 속도보다 다섯 배 이상 빨라졌다. 철로를 통한 연계 운송 때문에 하류지역 선박 운송의 이익이 격감하게 되었고, '일본남만철로주식회사日本南滿鐵路株式會社'가 해구海口로 진출하면서, 대련항은 이때까지 동북의 중심항구인 영구항을 압도하고 동북에서 가장 큰 항구가 되었다. 1913년을 예로 들면, 대련항의 해외 상품 수입 총액은 이미 영구항의 네 배에 육박하였다.[14] 동북 지역의 수출용 농산품 또한 이전의 요하－영구의 수로운송에서 남만철로－대련의 육로운송으로 점차 옮겨갔다. 남만 지역의 수출입무역은 이미 '만철滿鐵(일본남만철로주식회사)'에 의해서 조종되고 있었다.

일본의 중국 동북 지역에 대한 식민지화와 약탈은 인위적으로 영구항의 쇠락을 가속화시킨 것이다. 일본인들은 "만주의 상업을 대련을 중심으로 경영한다.(經營滿洲商務以大連爲中心)"라는 정책을 달성하기 위해 국내외 상인들에게 화물의 수출입에 있어 대련을 통한 중계운송을 장려하고 동북 각지의 수출품도 모두 대련에 집합하도록 하여 요하이 선운船運과 영구항의 수출에 중대한 타격을 가하였다. 이외에도, 1906년 일본은 요하에 '신민단거류하교新民段巨流河橋'를 만들 때, 다리의 높이를 낮추도록 하여 대형 운송선의 통과를 어렵도록 만들었고, 나아가 요하를 통한 운송에 불리한 영향을 끼치게 만들었다.

물론, 영구항의 쇠락 원인에는 요하 자체의 문제도 있었다. 청말, 서쪽 요하 상류 몽골의 각 맹기盟旗들이 황무지를 개간할 사람들을 모집하여 많은 초원이 경작지가 되면서 수토가 유실되어 수로(물길)에 토사가 쌓여

14 同上.

서 요하를 통한 선박 운송에 불리하게 되었다. 영구에서 바다로 들어가는 하천의 흐름은 혼하渾河와 태자하太子河가 만나서 합쳐진 물인데, 수량이 많지 않았다. 그 지역 사람들은 "8할은 서쪽으로 향하고, 2할은 남쪽으로 흐른다.(八分向西, 兩分向南.)"[15]라고 했다. 요하의 지지를 잃으면서 영구가 흡수하는 범위는 크게 축소되어 그 쇠락은 이미 필연적인 상황임을 드러냈다.

2. 화북 지역 연해도시의 대표—천진·청도·연태

천진天津은 금나라 때 직고채直沽寨에서 기원한다. 원이 금을 멸망시킨 이후 새로운 도읍을 건설하여, 1272년(지원 9) '원元 대도大都(지금의 북경)'로 개명했다. 당시 강남에서 대도에 이르는 교통운수의 실은 물론 남북으로 관통된 대운하이고, 또한 연해의 바닷길을 따라 북상하여 발해만渤海灣에 이르는 길이었다. 그런 뒤에 해하海河를 거쳐 운하로 들어가게 되면 모두 반드시 직고直沽를 지나게 되어 있다. 직고채는 우월한 지리적 위치를 차지하고 있기 때문에 수도와의 거리가 가장 가까운 조운선이 중계 수송하는 운송 기지이자 조량漕粮의 저장 기지가 되었다. 그러나 천진이 진실로 도시적 면모를 구축하게 된 것은 현재 중국의 역사와 더불어 출현했는데, 이는 명대 영락 연간의 일이었다. 연왕燕王 주체朱棣가 '정난지역靖難之役'(1399–1402)을 일으키고, 직고로부터 (황하를) 건너 남쪽으로 내려가니 그 땅이 해운상선 왕래의 요충지이기 때문에 군위軍衛를 설치하는 것이 마땅하다고 여기고, 1404년(영락 2) 직고에 성을 축조하고 비로소 천진위天津衛를 설치하였다.[16]

---

15 同上.
16 李賢(明) 等(撰), 黃永年(校), 『大明一統誌』 권2 '天津衛', 三秦出版社, 1990년, 40쪽.

명대 중엽 이후, 천진의 도시경제는 비교적 빠른 속도로 발전해 나갔는데 그 까닭을 찾아보면 주로 대운하의 모든 노선이 잘 소통되었던 것에 있다고 할 것이다. 명 순천 연간(1457-1464) 이후, 대운하는 남북의 물자가 교류하는 중요한 상로商路가 되었고, 조선漕船은 또한 그 모습을 바꿔 상단이 되었다. 상인과 온갖 물화가 운집하여 "양곡선과 상선이 물고기를 꿴 것처럼 들어오는데 거의 쉬는 날이 없었다.(糧艘商舶, 魚貫而進, 殆無虛日.)", "하간河間(지금의 하북성 창주滄州)과 보정保正의 상고商賈가 그 길에 많이 나온다.(河間保定商賈, 多出其途.)"[17]라는 말이 회자되었다. 이에 따라 천진은 "선박운송의 이익을 통하게 하고 천하의 곡식을 모아 천하의 재화를 이르게 하여 북경을 이롭게 한다.(通舟楫之利, 聚天下之粟, 致天下之貨, 以利京師.)"[18]라는 위치를 조성하였다. 나날이 많아지는 거주 인구가 상업활동을 촉진하면서 천진은 매우 빠른 속도로 북방 신흥의 상업도시로 성장하였다.

개항 이전의 천진은 시종 수도 북경을 보조하는 도시로서 존재하고 또 발전해 나갔다. 비록 천진이 우월한 자연적 지위를 갖고 있지만, 만약 북경 방위의 필요성과 조운漕運의 양곡을 중계하는 수요가 없었다면, 천진은 강과 바다의 요충지로서의 지리적 장점을 충분히 발휘할 수 없었을 것이다. 이는 바로 군대의 주둔, 그리고 조운과 소금산업의 발달이 비로소 천진의 상업적 번영을 자극한 것이다. 청대, 천진의 해염海鹽(바닷물 소금)은 대규모로 개발되어 장로염구長蘆鹽區(천진시 발해 연안에 있는 염전)는 전국의 10대 소금 산출 지구의 하나가 되었고, 염상鹽商 또한 천진에서 가장 큰 규모의 상인이 되었다. 지방의 부호들과 금융업의 전신이었던 산서표호山西票號가 천진의 낙호落戶에 있었다는 것은 천진의 도시경제가 진일보하

17 『松窓蒙語』 권4, 中華書局, 1985년.
18 『天津縣志』 권21 「藝文」, 乾隆 4年(1739) 刻本.

고 발전을 이루었음을 상징한다. 그러나 개항 직전까지도 천진은 시종 대규모의 근대적 제조업이 출현한 적이 없고, 거기다 화북 지역의 농업생산도 낙후되면서 상품경제도 발달하지 못했는데, 이는 모두 천진 상업의 진일보한 발전을 제한하는 것이었다. 당시, 천진의 상품경제는 북경에 부속되었을 뿐만 아니라, 또한 봉건경제의 범주에 귀속되어 있었다.

1860년 제2차 아편전쟁 이후, 천진은 압박에 의해 개항되었다. 이것은 도시로서의 천진 발전사의 전환점이었음을 의미한다. 이로부터 천진은 북경에 부속된 위상을 성공적으로 벗어버리고 스스로 화북 최대의 해항이자 상공업도시의 지위를 굳혀 화북 지역의 중심 도시가 되었다. 천진은 개항 후, 화북의 전통시장과 국제시장을 연계하여 소통시켰다. 천진항은 몽골 지역, 직례·산서 두 성과 하남 그리고 산동 북부로 통하는 천연의 출입구였기 때문에, 개항이 되자 각종 외래의 여러 상품이 갈수록 천진을 통해 화북 각지로 운송되었다. 또 그중 공업 제품은 해마다 증가세를 보였다. 직례에서의 얼마 되지 않는 판매를 제외하고 산서의 태원太原·태곡太谷·평양平陽·포주蒲州·노안潞安·분주汾州·대동大同·삭평朔平, 섬서의 서안·동주同州·흥안興安, 하남의 창덕彰德·회경懷慶·위휘衛輝, 산동의 제남濟南·임청臨淸·동창東昌 등 부와 현의 중급 혹은 초급 시장 등은 모두 천진에서 중계 운송된 상품을 갖추었다. 이와 동시에 중국 북방의 특유한 농업 부산물과 특산품도 수출무역의 수요 때문에 개발이 끊이지 않았다. 수출입 무역의 발전에 따라 천진이란 도시의 상공업 또한 점차 번성하기 시작했다.

천진은 하구형河口型 항구도시다. 도시는 구하九河(황하) 꼬리 부분의 수망水網지대(여러 개의 강줄기로 얽혀 있는 곳)에 위치해 있어 "굽어 흐르는 여러 하천을 받아들인다.(受群川之委流)"[19]라고 하였다. 도시의 주위가 모

19 『讀史方輿紀要』 권13, '靜海縣小直沽', 中華書局, 2005년, 565쪽.

두 물이어서 수상운송에 용이하므로 천진을 거쳐 흐르는 대운하는 더욱 남북 교통의 간선이다. 바다와 강을 잇는 수운교통은 천진을 화북 지역의 광활한 경제 배후지가 되게 만들었고, 또 남양과 북양으로 통하는 항로의 바다로 나가는 입구가 되어 "말이 끄는 수레가 폭주하고 돛을 단 배가 왕래하며 교착하는 일이 밤낮으로 그치는 일이 없었다. 나라의 창고로 운송하고 백성들이 교역하니 방법은 여기서 취할 일이다.(輪蹄輻輳, 舳艫揚帆, 往來交錯, 盡晝夜而無止. 天庾之挽運, 蒸民之懋遷, 道取諸此.)"[20]라고 했다. 실제로 천진은 화북 지역 수륙 교통의 중추 지역이다. 개항 이전부터 천진은 이미 비교적 우월한 선박운송 시스템을 가지고 있었다. 더욱이 천진의 서북과 남부 지역은 수로가 그물망처럼 교착하는 지역이어서 여름과 가을에 운송선은 상품을 싣고 천진의 주변에서 산동·하남 지역까지 갈 수 있다. 개항 이전의 천진 지역의 근해 운송은 겨우 식량·목재·특산품과 같은 상품의 교류만이 행해졌고, 해외 각국과는 기본적으로 직접적인 연결이 없어 항구는 지리적 이점을 충분히 발휘할 수 없는 상황이었다. 개항이 되자 천진은 북방에서 가장 먼저 개방한 항구도시가 되었고 천진 상품시장이 해외 원양운송을 통해 이동하면서 세계시장과의 관계가 시작되어 천진은 세계시장 체계 속의 지역성을 담지한 상품운송의 중심이 되었다. 그 다음으로 천진과 배후지 사이의 내륙하천 수로운송이 다섯 개의 노선으로 발전되었는데 주요 항로는 1,251km였고, 화북 지역 약 22만 5천 km^2에 달하는 구역을 가졌다. 이런 배경에서 천진 개항 초기 해관 세무사는 이러한 상황을 "중국에서 상해 그리고 광주를 제외하면 어떠한 해안도 천진처럼 내지와 같이 양호한 수로교통을 보유할 수 없을 것이다.(在中國, 除去上海或許還有廣州, 沒有任何一個口岸像天津這樣有着同內地如此良好的水路交通.)"[21]라고 평했다. 수로와 육로가 서로 결합하면서 천진은 근대적 교

20 『續天津縣志』 권2 「形勝疆域」, 同治 9년(1870) 刻本.

통체계의 형성 이전에 상당히 광대한 규모의 경제적 배후지를 가지고 있었다. 천진은 경진京津(북경, 천진) 지역뿐만 아니라 북쪽의 장가구長家口·몽골까지를 포괄하고, 남쪽으로 깊이 들어가 하남성 북부와도 닿아 있으며, 서쪽으로는 산서성의 각 부와 현, 심지어 섬서의 관중關中 일대까지 망라한다.[22] 20세기 초, 천진의 경제적 배후지는 황화 이북의 중국을 반분하는 지역을 포괄하고 있다. 예전에 가지고 있던 상업무역 유통체제의 기초 위에 새로운 상업무역 유통기제를 형성하여 천진이란 도시의 경제적 영향력을 극대화시킬 수 있었다. 서구의 기기와 상품들이 천진을 거쳐서 기冀(하북)·진晉(산서)·노魯(산동)·예豫(하남)·봉奉(봉천)·길吉(길림)·흑黑(흑룡강)·섬陝(섬서)·감甘(감숙)·몽蒙(내몽골)·신新(신강위구르) 등의 각 성과 구로 보내졌고, 또한 각 경제적 배후지의 농업부산특산품 역시 모두 천진을 경유하여 수출하거나 혹은 가공하여 해외로 운반되었다. 19세기 말 이래로 화북 지역의 광산이 채굴되고 철로가 개통되면서 민족공업의 흥기와 금융업의 번성까지 이끌었는데 이런 점은 모두 천진에 다기능적 중심도시의 지위를 부여하게 하였다. 천진이 이러한 지위를 획득하는 과정에서, 다음으로 북경에 부속되었던 지위를 점차 벗고 북경을 대신해서 화북 지역 최대의 상업경제 중심으로 변신했다.

청도靑島와 연태烟台는 천진 경제의 배후지와 겹친 항만들이다. 항구로서의 됨됨이는, 작게 보면 지리적 조건에서 그것들은 천진보다 우월하다. 천진은 토사가 쌓이기 쉬운 하항河港(하천을 끼고 있는 항구)이지만 청도와 연태는 모두 해만형海灣型 항구로서 매우 좋은 조건을 가지고 있다. 그러

21 張思, 「十九世紀末天津的洋紗洋布貿易」, 『天津史誌』, 1987년 제4기, 23쪽에서 인용하였다.

22 철로 건축 이전, 천진에서의 洋布 매매 범위와 노선을 직접적으로 살펴보면 이곳이 경제 중심지로서의 범위를 갖고 있음을 알 수 있다. 羅澍偉, 『近代天津城市史』, 中國社會科學出版社, 1993년, 174쪽 참조.

나, 청도와 연태는 크게 보면 구역으로서의 지리적 위치는 모두 천진에 미치지 못한다. 19세기 중엽 이전에는 운수조건에 제약이 있었고, 배후지가 대단히 좁았다. 때문에 도시로서의 발전은 모두 천진에 미치지 못했다.

연태煙台는 '발해만의 목구멍과 같은 요충'이라고 할 수 있는데 중국 북양 해항로의 적절한 위치에 있다. 연태항은 항만을 건설하기 위한 조건이 우수하다. 암반으로 된 굽은 해안선이 길고 앞 연해의 일반 수심이 대략 4-10m가 되고 가장 깊은 곳은 16m이다. 또 만의 해안선은 굽어 있고 갑岬(산허리)과 만灣(물굽이)이 서로 떨어져 있다. 또한 지부도芝罘島 · 공동도崆峒島 · 편담도扁擔島 등이 천연의 병풍 역할을 하고 있다. 만 내부의 물결도 비교적 고요한 수준이고 진흙과 토사로 인한 퇴적도 적은 편이며 수역도 넓다. 더욱이 지부도 동쪽의 만은 수심이 깊고 수역이 넓어 만 톤급 기선이 정박할 수 있다. 그리고 얼지도 않고 진흙도 쌓이지 않으며 안개도 없는 천연적으로 좋은 항만이다.

연태항이 개항한 뒤, 서방 열강은 이쪽에 우선적으로 영사관을 설치했고 대평만大平灣의 부두, 동서 방파제와 북쪽 부두를 구축하고, 또 연태산 위에 항로 표지를 세웠으며, 아울러 해관을 설치했다. 1872-1877년 연태의 대외무역은 비교적 크게 발전하였고, 여기에서 수출되는 주요 특산품에는 식량 · 화생花生 · 과일 · 명주실 등의 농업부산품과 화변(레이스), 탁자보 등의 수공예품까지 포함되어 있었으며, 수입품에는 경공업산품과 석유 · 화학약품 등이 있었다. 19세기 후반에서 20세기 초, 연태항은 산동 유일의 통상항구로 발해와 황해 연안의 중요한 상업 중심지였다. 1890년대에 민족공업이 발흥했는데 1882년 '장유포도양주공사張裕葡萄釀酒公司'에서 근대화된 포도주 공장을 건설하였고, 이후 밀가루 공장 · 통조림 공장 등을 계속 짓게 되어 연태는 중국 경공업 발상지의 하나가 되었다.

청도항은 교주만膠州灣 안의 동안에 자리 잡고 있다. 이곳은 산동반도의 남쪽 연해로 중국 북양 항로의 중심이며, 항구를 건설하기에 자연적 조건이 매우 유리하다. 교주만은 입구는 좁고 안은 넓어 동서의 폭은 15해리, 남북으로 길이는 18해리이며, 면적은 446km²이다. 내륙으로 들어가는 절반은 봉쇄되는 효과를 가진 해만海灣이며, 천연적으로 물이 깊고 해항로의 수심은 10－15m 정도이다, 청도항은 모래나 진흙의 퇴적이 거의 없고 겨울에도 보통 결빙이 일어나지 않아 매우 양호한 조건을 갖고 있으며 바람과 물결도 안온한 천혜의 좋은 항구이다.

1901년, 독일인이 청도에 작은 항구를 건설하고 또 교제膠濟철도(청도에서 제남까지의 산동 철도)를 건설하기 시작하였다. 1904년 교제철도가 준공되어 개통되자 동시에 청도역과 사방에 기차와 차량 공장이 건립되었다. 1906년 네 개의 부두를 연이어 만들어 상항과 군항을 고려한 계획을 실현하였다. 도시 건설에 있어서, 독일인이 점거하고 있던 청도의 동남연해 환경은 매우 아름다운 지역으로 여기에 지형적 모양이 결합되어 유럽식 건축들이 건조되기 시작하여 '붉은 기화 · 푸른 나무 · 누런 담장 · 푸른 바다 · 쪽빛 하늘'의 도시 스타일이 형성되었다. 교제철도로 인해 열차가 통하고 큰 대형 항구가 건설되면서 청도는 상업무역에 급속한 증가세를 보였고, 1902년 1만 5,593명에 불과했던 인구가 1913년에는 5만 3,312명에 달했다.

3. 동남 연해의 하구형 항만도시

절강浙江은 구릉산지 위주의 평원이 비교적 적은 성省이다. 절강성의 해안선은 길고 굽이져 있으며, 연해에는 도서가 매우 많다. 성 안의 하천은 본디 '팔대수계八大水系'라고 하였는데 대개 서부 또는 서남부의 산간 지역에서 발원하여 동쪽 바다로 흘러 들어간다. 그 가운데 전당강錢塘江이 가장 길어 주류의 전체 길이는 410km에 달하고, 유역 면적은 4만 2천

km^2에 달한다. 그 밖의 하천은 수원이 짧고 급하게 흐르며 수위의 변화가 비교적 커서 뚜렷한 산계성山溪性 하천의 특성을 갖추고 있다. 고대의 전통적인 농업경제 시대에 절강은 배가 다니는 하천의 유역이 비교적 크지 않아서 도시경제 기능의 발전에는 매우 불리하였다. 그래서 절강성의 각 하천의 하구河口는 모두 도시로 발전하였으나, 그것을 변화시켜 방대하고 풍부하게 하기는 어려웠다. 유역에 걸쳐 배후지와 영향력을 가진 대도시로 발전해 나가기는 더욱 어려웠다. 다만, 항주는 매우 특별한 사례이다.

항주는 비록 똑같은 지리적 조건의 제약을 받았지만, 정치 분야와 지역 경제조건의 지지로 말미암아 절강성의 각 지역에 절대적인 영향력을 갖춘 대도시가 되었다. 항주의 발전은 다음과 같은 몇 가지 지지에 근원이 있었다.

제1. 항주 땅은 풍부한 항가호杭嘉湖 평원에 처해 있어 집약적 경영의 수준이 매우 높은 농업이 도시의 발전을 위해 견실한 기초가 되었다. 그것은 항주로 하여금 주변 도시나 심지어 중국 전역의 도시에 비해 더욱 좋은 발전 조건을 구비하도록 하였다. 게다가 항주는 절강성에서 가장 큰 하천인 전당강 입구에 위치하고 있어 그 경제적 배후지가 성내의 다른 하구 도시보다 상대적으로 더욱 광활하였다.

제2. 항주는 줄곧 정치적 우위를 가진 지역이었다. 항주는 한당 이래 여러 차례 지방할거정권地方割據政權의 수도가 되었고 남송 시기에는 또한 국도國都가 되었다. 정치적 우위는 도시의 발육과 성장을 촉진하였고, 항주는 전국 도시 시스템 중에서 최고의 위치를 차지했다.

제3. 그렇다고 해도 절강은 산지가 많은 땅이다. 그러나 항주는 상대적으로 드넓은 평원과 우월한 교통지역을 활용할 수 있는 위치에 있다. 가장 중요한 교통편은 '운하'인데 대운하와 절동浙東운하를 포괄하고 있어서 전자는 장강의 삼각주·화북평원 등의 지역과 긴밀하게 연결할 수 있게 하고, 후자는 항가호 평원과 영소평원寧召平原을 항주 스스로의 가장 믿을 만한 배후지로 삼을 수 있게 하였다. 더욱이 전근대에 있어서 해양은 출구로 여겨지지 않았던 때이고, 일체의 연계 또한 육지로 기울어지는 중심 지향성을 갖추고 있었던 때였다. 이러한 때 이러한 배후지는 더욱 뚜렷한 합리성을 점유한 것이다.

그러나 명청 이후, 특히 19세기 중엽 이후 상해와 영파가 일어남에 따라서 상해와 영파는 각기 다른 정도로 항주의 배후지를 잘라 갔으며 항주가 가졌던 중국 도시 시스템 중에서의 지위는 점차 하강의 길을 걸었고, 최후에는 상해의 돈 있는 사람들이 쉬는 '후원後院'으로 변하고 말았다.

영파성寧波城은 항구의 시로 흥성하였는데, 이곳은 성을 처음 건설했을 때 하구형 항구도시였다. 영파항은 용강甬江 · 여요강余姚江 · 봉화강奉化江 등 세 강이 만나는 지점에 위치하고 있다. 동쪽은 큰 바다에 임해 있는데, 항구의 성쇠에는 영파라는 도시가 발전할 수 있는가 없는가에 대한 결정적인 요소가 있다. 그 외항인 진해鎭海와 북창北倉은 주산舟山군도가 병풍처럼 가리고 있고, 항은 넓고 수심도 깊으며, 바람은 잔잔하고 물결은 고요하며, 연중 어느 때도 얼지 않는다. 손중산孫中山은 '건국대망建國大綱'의 이상이 담긴 '동방대항東方大港'이라 표현하기도 했다.

당송에서 명대에 이르기까지 영파는 중국에서 조선과 일본 등으로 가는 선박이 운용되는 중요한 시발점이었다. 일본과 조선이 견당사遣唐使와 견송사 · 견명사를 파견하여 올 때 수백 년간 상당수는 영파에서 상륙하였다. 명대, 영파는 이미 전국 3대의 시박사市舶司(해상무역 담당 관청) 가운데 하나가 되었으며, 청대에는 해관이 설치되어 전국 4대 해관 가운데 하나가 되었다. 제일 먼저 통상의 입구 부두가 된 영파는 개항과 동시에 근대화의 길로 나아갔다. 영파의 근대화 과정 중에서 가장 주목을 끄는 특색은 상업의 근대화이다. 영파의 상업적 근대화는 세 단계로 구분할 수 있다.

제1단계는 신식 상업의 '맹아' 단계다. 아편전쟁이 끝난 뒤, 영파에는 각종 전통적 상업과는 상이한 신식 상업이 출현했는데, 면모棉毛(메리야스)·니융呢絨(나이론)부터 서양 의약·서양 의복·상교橡膠(고무)·오금五金·파리玻璃(유리) 등의 각 부문으로 확장되었고, 19-20세기의 사이에는 영파성 안의 신식 상업 부문은 최소 80여 종에 달했다.

제2단계는 제2차 아편전쟁(1856-1860)과 갑오전쟁(1894) 사이인데 이때에 현저하게 드러난 특성은 상품을 유통하는 경로에 변화가 생겨났다는 점이다. 영파항은 싱가포르·마육갑馬六甲(말라카) 등과의 무역을 하는 중요한 창구가 되었으며, 이와 함께 세계시장과 접촉하며 그 위세가 뚜렷하게 증가하고 있었다.

제3단계는 갑오전쟁 이후 특별히 드러난 것은 외국 상업기구가 뚜렷하게 증가하여 중국과 외국의 상업이 병존하는 추세를 드러냈다. 1860년대 미국 기업 기창양행旗昌洋行이 최초로 영파에 세워지고 난 후, 각국은 분분히 영파에 '양행洋行(商社)'을 설치하였는데, 기선汽船 업무 외에도 이러한 양행은 통관수속·보험保險·연초·석유·일용품 등의 각 영역을 광범위하게 발전시켜 갔다. 이와 동시에 화상華商의 상업업무 또한 발전하여 상점이 크게 증가했을 뿐만 아니라 종류도 매우 많아졌고, 또 외상外商과 양행과의 관계 또한 진일보하여 밀접해졌다.

영파 상업의 근대화에 있어 가장 직접적인 성과는 영파의 상업적 도약이다. 영파는 상업 전통을 갖추고 있었고 명청 시기 영파 상인의 활동 범위는 상당히 넓어져서 그들의 족적이 산동과 요동·민광閩廣·호광湖廣·사천·북경과 변경까지 확대되었다. 근대 상업의 영향을 수용한 이후, 영파의 상인은 생활력이 증가되었고 당시에는 "영파가 없으면 상업이 되지 않는다.(無寧不成商)"라는 말이 나오기도 했으며, '영파방寧波幇' 상인들은 상해의 상업 발전을 촉진하는 데 적지 않은 영향을 미쳤다고 할 수 있다.

비록 영파는 개항 이전에 비해 장족의 발전을 했지만, 그러나 그 협소한 배후지와 근처 상해와 항주에 지나치게 의지할 수밖에 없는 지리적 위치는 영파의 발전에 시종 매우 큰 제한을 받게 하였다. 상해가 중심도시로서 나날이 돌출되어 감에 따라 각종 상업적 기구와 자금 그리고 인력은 모두 영파에서 상해로 이주하였고, 영파는 최종적으로 상해에 부속된 하나의 항구가 되었다.

복건은 해양의 큰 성이다. 그 해안선은 굴곡진 형태로 뻗어 갔는데 길이는 3,323.6km에 달하며 중국에서 3위에 해당한다. 구불구불한 해안에 다수의 항만이 형성되었는데, 성 전체에 크고 작은 자연적인 항만이 120개가 있고 그 밀도는 전국에서 으뜸이며, 또한 천연적으로 수심이 깊은 좋은 항만으로, 하늘의 두터운 혜택을 입은 항구 자원을 보유한 것이다. 복건은 절강과 유사한 지리적 환경을 가지고 있는데 물길이 짧은 하천은 그 유역의 도시에 광활한 배후지를 제공하는 것을 어렵게 한다. 이러한 배치 방식은 또한 복건성이 상해나 광수·천신과 유사한 대도시를 형성할 수 없게 하였다. 결국 하나의 주요 하천유역을 배후지로 삼는 여러 개의 소지역 중심도시를 형성할 수 있을 뿐이었다.

복건성 연해의 항구도시 발전의 한 특징은 지역의 항구도시의 발전적 지속성과 항구도시의 중심적 지위가 교체되거나 전환이 일어났다는 것이다. 복건성 연해의 중심도시들은 북쪽에서 남쪽으로 전이되는 과정을 거쳤다. 복주福州→천주泉州→장주漳州→하문廈門의 순으로 이동한 것이다. 이러한 항구도시의 성쇠와 교체는 복건 지역 사회경제의 주기적 변화를 뚜렷하게 보여 준다.

복주는 중국 역사에서 가장 유구한 역사를 가진 연해 항구도시 중의 하나이다. 일찍이 진한 시기에는 민閩 중의 군치郡治와 민월閩越의 왕도로서 이곳은 이미 하나의 지역적 성격의 정치·경제 및 군사의 중심이 되었고, 중심도시와 중요한 대외무역 항구로서의 기능을 발휘하였다. 비록 명조 초년에는 전과 같이 유구琉球가 조공朝貢하는 도발항到發港(도착과 출발 항구)을 천주泉州로 규정했다. 그러나 1403년(영락 1) 여름, 시박사를 다시 설치할 때, 유구에서 중국으로 올 때 복주에 직접 도착하는 것이 먼 천주에 도착하는 것보다 편리하고, 또 민강閩江으로 들어가 북상할 수 있기 때문에, 그래서 시박사가 복주로 옮겨 가고, 복주는 조공무역으로 당시 가장 활력 있는 항구 중의 하나가 되었다.

청조에 이르러, 복주항은 해금을 푼 뒤에 개방하였는데 주로 국내 연해 각 항구 사이를 오가며 왕래하였고 국외에 직접 항해무역을 하는 일은 비교적 적었지만 일정한 활력을 유지하였다. 청 중엽 복주와 국내 남북 각 항의 무역 수출은 차·죽순·줄菰 등이 대다수였고, 복삼福杉(복건에서 나는 삼)과 건지建紙(복건에서 나는 종이) 등도 복주항을 통해 산동과 동북으로 운송하여 판매하였다. 수입은 동북의 대두와 절강의 면화·주포綢布 등이었다. 해외로 운송하여 파는 상품 중에서는 찻잎의 판로가 가장 넓었다.

오구통상五口通商(1842년 남경조약을 체결하면서 광주, 하문廈門, 상해, 영파寧波, 복주 등 5개 항을 개방하여 자유무역을 하게 된 것) 이후, 서방의 상인들이 계속해서 복주항에 당도하였고 그들은 농업부산품을 구입하였다. 차를 예로 들면, 복주는 1854년 차시장을 연 이래로 수출무역이 빠른 속도로 발전하였다. 복건에서 생산된 찻잎은 늘 중요한 수출품이었다. 복주가 개항되기 이전부터 무이산武夷山의 홍차는 이미 국제적으로 향유되는 일정한 영예를 누리고 있었다. 그러나 청나라 정부가 해금정책을 실행하면서 무이산의 차는 민강閩江을 따라서 복주로 나올 수가 없어 반드시 육로로 광주에 운송되어 수출하였다. 태평천국운동으로 무이차가 광주와 상해로 운송되는 통로가 단절되자, 무이산의 찻잎은 민강을 따라서 복주까지 내려와 수출할 수밖에 없었다. 복주는 이로 인해 드디어 세계적인 찻잎 집산지로 명성을 날렸다. 1866년부터 1886년까지, 복주 찻잎의 수출은 매년 상승하였을 뿐만 아니라, 늘 전국 찻잎 수출 총량의 3분의 1 이상을 점유하고, 전국 찻잎 수출의 수위에 올랐다.

천주泉州라는 지명은 수나라 시기 민북閩北의 복주를 가리키는 것이었고, 당대 중엽 대외 도발到發 중심항이 민남閩南으로 옮겨감에 따라 천주라는 이름은 또 '민북에서 민남까지'라고 했다. 천주는 송·원 교체기에 광주를 대신해 동방 제일의 대항구가 되기에 이르렀다. 명초 홍무 3년, 천주에 시박사를 설치했는데 도리어 '금통번禁通蕃(외국과 교통하는 것을 금한다.)'의 주된 목적 때문에 무역을 주동적으로 이끄는 기능을 잃었다. 거기다 진강晉江의 하류가 짧고 불편하였기 때문에 천주는 대외적 해항으로서의 지위가 그에 따라 크게 약해졌다.

명대에 비록 천주의 관영 항해는 쇠락했지만 민간 상인들의 사무역(밀무역)이 흥성하여 항구의 중심은 천주만 입구의 후저后渚에서 안해安海로 바뀌었고, 더불어 이러한 분산적 상황을 더욱더 드러냈다. 위두만圍頭灣 안의 저항渚港은 개인 상인들의 항해가 빠른 속도로 일어났는데 그중에서도 안해항이 가장 독보적이었다. 안해항(곧 안평安平)은 군치郡治와의 거리가 있고 멀리 떨어져 있었다. 그래서 관부의 통제력이 상대적으로 약해 개인 상인과 외국 상인들이 무역하기에 편리했기 때문에 월항月港(장주漳州)과 함께 17세기 상인들이 '범해통번泛海通蕃(바다에 떠다니며 외국과 교통한다.)'하는 중심 기지이자 '자매항姊妹港'으로 여겼다.

명말청초, 천주의 안해항은 정지룡鄭芝龍과 정성공鄭成功의 해상집단의 경영하에 놓이게 되는데, 이로써 이곳은 중국 동남부 해외교통과 무역의 중심항이 되었고, 항해·상무역의 발달은 안평진安平鎭의 번영을 촉진하여 "성 밖 소도시는 번화하였고 무역은 집결되어 성의 수도에 못지않다.(城外市鎭繁華, 貿易叢集, 不亞于省城.)"[23]는 말이 돌았다. 청대 초기 안평은 전쟁과 '천계령遷界令(연해민들을 내륙으로 강제 이주한 명령)'으로 인해 무너졌다. 천주의 항해로는 진흙과 토사로 막히고, 항태港埭(운행하는 선

---

23 江日升, 「臺灣外記」 권4·8, 『鄭成功收復臺灣史料選篇』, 福建人民出版社, 1962년, 26-27쪽에 수록되어 있다.

박에 통행세를 받는 물막이 건축물)도 무너져 버렸으며, 정박용 언덕도 함몰되고 부두도 붕괴되어, 그 영향력은 점차 협소해져 갔다. 연해 항구도시가 계속해서 근대화 과정으로 나아갔는데, 천주는 또한 가장 먼저 나아가지 못하였고, 나중에는 복건 지역의 중심이라는 그 지위도 잃게 되었다.

천주가 몰락한 뒤, 장주漳州가 민남 발전의 핵심이 되면서 해징현海澄縣의 월항月港이 더욱 중요해졌다. 명대에는 비록 해금이 시행되었지만 민간에서는 사적으로 바다를 통한 무역이 활발히 이루어졌다. 월항은 성회省會(성의 수도)와 멀리 떨어져 있고 그 땅이 한쪽 모퉁이에 있는 지리적 위치 때문에 "관사에 바로 앉아 있는데도 두려운 명령이 이르지 않네.(正座官司, 威令不到.)"라는 말이 있었다. 이것은 개인 상인들이 항해와 해운으로 충분히 번영을 이루고 있는 까닭을 언급한 것이다. "복건 사람들이 외국과 교통하려면 모두 장주의 월항에서 바다로 나간다.(閩人通蕃, 皆自漳州月港出洋.)"라고 했다. 인가가 집중되고 상인들이 집중한다는 것이다. "성화·홍치 연간에는 작은 소주와 항주(成弘之際, 稱小蘇杭)"라고 했다. 매년 여기에서 출항 선박이 많게는 100여 척에 달하고, 적어도 60-70척 이하로는 내려가지 않았다. 정덕 연간 광주항은 잠시 폐관閉關되었는데 중국과 외국의 상선은 "모두 장주부의 바다를 바라보는 지방으로 개인적으로 머문다.(皆往漳州府海面地方, 私自駐扎.)"라 했고 월항은 이미 광주와 복주를 초과하여 중국에서 가장 큰 번영을 누린 외국무역 항구가 되었다. 『동서양고東西洋考』 등의 기록에 의하면, 당시 월항에서 무역으로 왕래하는 국가와 지역은 40여 곳에 달하였다. 또한 여송呂宋을 중개지로 삼아 구미 각국과 간접무역을 하였기 때문에 월항은 발전하여 민남閩南의 한 대도시가 되었다.[24]

---

24 唐曉, 「略論明代月港的海外貿易」, 福建省歷史學會厦門分會 等編, 『月港研究論文集』, 1983년에서 인용하였다.

만력 연간, 월항은 성盛에서 쇠衰로 바뀌었다. 그 원인은 크게 세 가지가 있다. 첫째, 세관의 횡포한 수렴은 상선으로 하여금 항구로 들어오는 것을 기꺼워하지 않게 했다. 둘째, 1604년(만력 32) 이후 네덜란드의 식민植民이 팽호도澎湖島를 점령하고 하문廈門으로 들어가 규서圭嶼를 침범하니, "서양과의 무역은 통하지 않고 해운의 길은 막혔다.(洋販不通, 海運梗塞.)"[25] 연해의 거주민들은 그 바람만 보고도 도피해 버려 월항의 저잣거리는 더욱 더 쓸쓸해졌다. 셋째, 월항은 내하항內河港이었기 때문에 항구의 통로가 굴곡이 많고 항지의 수심이 얕아 큰 선박들이 정박하여 화물을 내리는 데 적당하지 않았다. 17세기 이후 항해업이 발달하면서 선박들이 갈수록 커진 것은 오히려 월항의 발전에 장애요인이 된 것이다.

청조에 들어 월항은 '작은 소주·항주'로 떨어져 쓸쓸한 작은 항구가 되었는데, 하문은 도리어 명말청초 무인도로부터 노약하여 민남 항구도시의 중심이 되었다. 하문항은 민남의 구룡강九龍江에서 바다로 들어간 도서島嶼에 위치하고 있는데, 항구의 수심은 20미터에 달해 천연의 좋은 항구이다. 1387년(홍무 20), 중좌천호소中左千戶所를 설치하여 장주의 월항에서 바다로 나오는 상선들은 여기서부터 돛을 달고 운항했으니, "중좌소는 일명 하문으로 …… 종전에는 이곳에서 상선을 점검하고 점검을 마치면 증가오로 옮겨 머물며 바람을 기다려 출항한다.(中左所, 一名廈門, …… 從前賈舶盤驗于此, 驗畢移駐曾家澳, 候風開駕.)"[26]라고 했다. 월항에서의 해외무역이 날로 흥성해 감에 따라 하문항 또한 나날이 발전해 갔다.

1516년(정덕 11), 포르투갈 상선이 수차례 하문에 도착하여 오서浯嶼에 정박하며 동시에 하문에 공행公行(상인들의 조합)을 설치했다. 1547년(가정 26) 스페인 상선이 또한 하문에 도착하여 하문과 일본 나가사키 사이를

25 「膨湖平夷功次殘稿」, 『鄭成功收復臺灣史料選篇』, 福建人民出版社, 1962년, 16-17쪽에 나온다.

26 『東西洋考』 권9, 中華書局, 1981년.

직접 잇는 항로를 열었다. 하문은 하나의 군사적 요새에서 상업항으로 변모해 가며 점차 쇠락해 가는 장주의 월항을 대체해 갔다. 명말청초, 정성공鄭成功이 하문을 항청抗淸기지로 삼으며 "해양으로 교통하여 나라를 살찌우고, 상업으로 군대를 양성한다.(通洋裕國, 以商養兵.)"라고 하는 정책으로 각국의 해상海商을 모집해 크게 힘을 들여 하문의 무역에 가담하게 하였다. 이와 동시에 대형 선단을 동남아 지역과 일본에 먼저 파견하여 '하문-동남아-일본'을 연결하는 삼각 수상 항로를 열어 하문항을 국내외의 수상운송의 중계항이 되게 하고, 동남 연해 지역 무역의 중심이 되도록 했다.

청조가 하문과 금문金門을 수복하면서, 1683년(강희 22) 해금을 취소함과 아울러 하문에 '민해관정구閩海關正口'를 설립하였으나 오래지 않아 다시 해금을 하였다. 1727년(옹정 5)에 다시 해금을 해제하고 하문항을 복건에서 바다로 나가는 정구正口로 정했다. 이것은 하문항이 복건성 대외무역의 유일한 창구 역할을 맡게 되었다는 뜻이며, 결국 이로써 하문항은 새로운 발전 기회를 얻게 되었다.

하문을 중심으로 하는 연해 지역의 해상운송 네트워크에는 세 가지가 있었다. (1) 하문에서 북쪽으로 운항하면 영파 · 사포乍浦 · 상해 · 천진 · 금주錦州 등의 연해 부두와 이어지는데, 그 상선을 '북조北艚'라 일컬었다. (2) 하문에서 남쪽으로 운항하면 조주潮州 · 산두汕頭 · 광주 등의 연해 부두와 이어지는데, 이 상선을 '남조南艚'라 일컬었다. (3) 하문에서 해협을 통과하면 대만의 녹이문鹿耳門 등에 이르는데 이 상선을 '횡양선橫洋船'이라 일컬었다.

하문을 기점으로 하는 원양 해상운송에도 당시 세 가지가 있었다. (1) 하문에서 칠주양七州洋 · 외라산外羅山 · 대모주玳瑁州 · 압주鴨州 · 곤륜산崑崙山을 거쳐 안남 남부(베트남 중부)로 들어가면, 이곳에서 길이 갈라지는데, 한 길은 간포채柬埔寨 · 섬라暹羅로 가고, 또 한 길은 말레이반도 등의

그림 12-5 풍경화가 그려진 촛대. 청색 밑칠 장식의 도자기로 유럽시장을 위해 만들어졌다. 숭정제 치세. 명 왕조.

땅을 거쳐 유불국柔佛國 · 갈라파噶喇把(지금의 자카르타와 자바섬 북서부)와 마진馬辰(지금의 보르네오섬 남부) 등의 땅에 이른다. (2) 하문에서 팽호열도澎湖列島를 지나 여송도呂宋島로 남하하는데, 이 여송에서 이자발利仔發 · 소록蘇祿 · 파라주婆羅州 · 과와瓜哇 · 소문답석蘇門答臘 등의 지역으로 갈라진다. (3) 하문에서 보타산普陀山(영파)을 거쳐 큰 바다로 나가 동으로 항해하면 일본의 장기長崎(나가사키) 등의 땅으로 간다.[27]

하문이 개항한 이후 '무역과 이민'이라는 두 가지 큰 요인의 자극으로 국내 무역은 총체적으로 줄곧 발전의 추세를 유지했는데, 이것은 일정 정도 하문의 도시상업 · 교통운수업 · 금융업과 근대공업을 대동하였다. 해

27 張仲禮, 『東南沿海成市與中國近代化』, 上海人民出版社, 1996년, 176쪽에서 인용하였다.

외 이민은 근대 하문의 발전에 더욱 커다란 영향을 끼쳤다. 그들은 하문을 위해 자금, 기술 및 시장을 가져왔고,(그림 12-5) 더욱이 도시건설의 풍격에도 해외 이민의 흔적을 깊이 남겼다. 하문의 우뚝한 성장은 하문을 19세기 말 복주와 동등할 정도로 중요한 동남 연해의 근대화된 항구도시가 되게 했다.

4. 상해와 광주의 차이

근대 중국의 역사에서 연해의 항구 가운데 가장 먼저 해외를 향해 대문을 크게 연 곳은 광주廣州였다. 그러나 도시에 가장 큰 변화를 일으킨 것은 신속하게 성장한 상해上海만 한 곳이 없다. 이와 맞물려 광주의 지위가 내려간 것이다. 그래서 두 연해도시의 지위가 뒤바뀐 것에 대해 비교할 필요가 있다.

명청 시기 상해는 보통의 작은 현에 불과할 뿐이었다. 그러나 1842년 개항 이후 놀랄 만한 빠른 속도로 발전했는데, 불과 20여 년이 지난 1865년에 이르러 상해는 이미 해외무역과 국내무역의 선두 자리를 안정적으로 확립하였다. 장강의 연안항구에서 개항한 때로부터 1937년 중일 간의 전면적인 전쟁이 발발할 때까지 상해의 대외무역액은 시종 중국의 대외무역 총액의 절반에 가까운 금액을 차지하였다. 이에 당시 사람들은 "대외무역의 심장은 상해이며, 다른 항구들은 혈관에 지나지 않는다.(對外貿易的心臟就是上海, 而其他口岸不過是血管罷了.)"[28]라는 평가를 내렸다. 1920년대 초반이 되면, 모든 면에서 상해는 이미 금융과 무역 그리고 공업과 가공업의 중심이 되었고 중국 최고의 도시로 도약하기에 이른다.

28 『北華捷報』, 1869년 6월 2일. 羅玆 墨菲(Rhoads Murphey), 『上海-現代中國的鑰匙』, 上海人民出版社, 1986년, 156쪽에서 인용하였다.

청조 중엽 이전, 광주는 영남嶺南 지역 정치 · 문화의 중심이었고, 또 원동에서 가장 저명한 무역항이었다. 광주는 오랜 기간 중국 최대의 무역항이라는 지위를 유지했는데, 특히 1757년(건륭 22) 다른 지역의 무역항을 취소하고 광동 한 곳만의 통상을 허용한 적이 있는데, 이로 인해 광주는 중국에서 유일하게 해외무역이 허용된 도시가 되어 이른바 '독령풍소獨領風騷(홀로 풍소를 거느린다.)'라는 말이 출현하기도 했다. 아편전쟁 전의 광주는 수공업 · 상업 · 서비스업 · 해상송업 · 금융업 등 제 방면에서 이미 상당한 수준을 가졌고, 전 분야에 대한 종합적 기능을 갖춘 도시였다. 당시 광주 인구는 이미 100만에 가까운, 중국에서 가장 번화한 도시였다. 그러나 아편전쟁 이후, 광주의 대외무역 지위는 시간이 지날수록 내려갔다. 1850년대 중엽, 광주의 대외무역액이 상해에 뒤지기 시작하였고, 20세기 초에는 천진에까지 뒤졌으며, 이후에는 한구 · 대련 · 청도 등의 항구도시보다도 한 단계 떨어졌다. 중국 최대의 통상항구로부터 2류 항구로 가라앉아 오랫동안 누렸던 중국 대외무역 중심의 지위를 잃게 되었다. 이뿐만 아니라, 홍콩이 우뚝 성장하면서 중국 남부 대외무역의 중심이라는 지위도 잃게 되었다.

그렇다면, 상해와 광주 두 곳의 경제와 무역상의 지위를 서로 바뀌게 만든 원인은 어디에 있는가?

광주 자체의 경제적 배후지는 기실 비교적 작다. 그것의 가장 직접적인 배후지는 주강珠江 삼각주인데 조금 범위를 확대하여도 영남嶺南 권역이다. 영남은 상대적으로 지리적 경계가 막혀 있는 형국이다. 이 때문에 광주는 실제상 인근의 호남 · 호북 · 사천 · 귀주와 교통하는 것이 모두 상당히 불편했다. 운항 조건이 뛰어난 하천과 연접되어 있지도 않고, 육로 교통은 산을 뒤집고 고개를 넘어야 했다. 다만 위에서 언급한 지역에 다른 출구가 없을 때는 그 지역들이 곧 광주의 경제적 배후지였던 것이다. 그러나 하루아침에 상해가 개항되고, 장강 유역 각 성의 물산은 모두 어떤 것보다도 편한 장강을 따라 내려오게 되면서, 그 지역들은 상해의 경제적 배후지와 생산물 시장으로 바뀌어 간 것이다.

근본적으로 제한을 가진 영남 지역에도 광주에 그 배후지를 떼어 주고도 무역의 흐름을 분산시킨 적지 않은 경쟁 상대가 있었다. 예를 들어 홍콩은 우수한 항구의 조건을 가지고 있을 뿐 아니라, 특수한 정치적 요인에 의해 광주를 대신해 화남(중국 남부) 지역에서 가장 큰 무역항이 되었다. 이 밖의 산두汕頭·조주潮州 등의 도시도 있다. 산두는 광동성 동부에 위치해 있는데 한韓·용榕·연練 세 강이 바다로 나가는 곳에 있다. 이곳은 중국 동남 연해인 황금해안의 중간 부분에 있어 중국의 연해 지역과 동남아 각지를 연결하는 데 용이하다. 영남 연해의 각 항구 안에 있는 산두의 경제적 배후지는 상대적으로 넓어서 내륙의 하천 네트워크를 통해서 월동粵東(광동성 동부) 지역과도 밀접하게 연결하는 것이 가능해 이 지역의 물자 집산지와 중국인들의 해외 이민의 출발지가 되었다. 동시에 이곳은 공남贛南(강서성 남부)과 민閩(복건성) 서남부 지역에서 바다로 나가는 출구가 되었다.

1858년 '중영천진조약中英天津條約'에 조주潮州를 통상항으로 삼는다고 규정하였다. 그러나 조주는 바다와 40여 km나 떨어져 있었기 때문에 기선이 직접 닿을 방법이 없었고, 또한 조주 사람들은 성문을 단단하게 닫고서 서양인과의 접촉을 반대하였다. 이때 산두는 상선이 운집하는 항구였고 지리적 조건 역시 조주에 비해 우수하여, 1861년 조주를 대체해 산두를 대외통상항으로 삼는다고 고쳤다. 산두는 개항한 이후 외국 기선의 왕래가 끊임없이 증가하여 조산潮山평원에서 나는 특산품들이 산두를 거쳐 홍콩과 동남아 그리고 중국 동북 연해의 각 지역으로 운송되어 갔다가 또 동남아에서 대미大米를 운송해 왔고, 북방에서는 각기 말린 과일과 잡화를 운송해 와 무역은 날로 증가했다. 20세기 초, 조산潮山철도가 개통됨에 따라 산두에서 광주·조주와 그 부근 각 현의 공로를 서로 이어서 지역 내외의 경제적 연계를 소통시켜 산두의 경제를 신속하게 발달하게 하였고 대외무역을 날로 도약하게 하였다. 1936년에 이르면 산두 항구의 화물 취급량은 상해와 광주 다음으로 전국에서 세 번째 큰 항으로 도약하여 있었다.

홍콩과 산두 항구의 융성에 의해 광주의 경제적 배후지는 축소되었고, 무역량도 감소되어 최종에는 광주의 지위가 하락되었다. 광주와 비교하면, 상해는 이러한 면에서도 뚜렷하게 우세하였다.

상해는 태평양 서안의 중부에 위치해 있는데, 중국이 태평양 지역으로 진입하는 가장 중요한 문호이다. 중국 연해항로에서 보면, 상해는 중국 연해 남북 양 항로의 중간에 자리 잡고 있다. 상해는 중국에서 가장 긴 하천인 장강이 바다로 흘러들어가는 입구에 위치해 있는데, 풍요로운 장강 유역은 상해에 광활한 경제적 배후지를 제공하였다. 상해의 경제적 배후지는 네 단계로 나눌 수 있다. 제1단계는 도시 주변의 장강 삼각주이다. 제2단계는 약간 먼 장강 하류의 소蘇(강소) · 절浙(절강) · 환皖(휘주) 등의 3성, 제3단계는 전 장강 유역, 제4단계는 중국 전부를 포괄하고 있다. 이런 이유에서 미국 학자 라자 묵비羅玆墨菲는 상해의 지리적 조건을 다음과 같이 형상적으로 묘사하였다.

> 상해란 도시는 지형학상에서 말하면, 서쪽면과 북쪽면으로부터 상해를 향해서 합류한 화동의 저지대와 장강 유역 전체가 모이는 초점에 자리를 잡고 있다. 장강과 그 지류는 중국의 산물이 풍요로운 핵심 지대의 많은 하천에 주입된 물을 받아들여 아래로 흘러가다가 마지막에 황포강에 모두 쏟아져 들어간다.(上海城市, 從地形學上講, 位于那從西面和北面向它匯合的華東低地和整個長江流域的焦點. 長江及其支流, 把中國物産豊饒的核心地帶百川注入的水源收容下來, 最後都傾瀉到黃浦江口.)[29]

29 同上書, 56쪽.

1850–60년대 중기에 형성된 근대 동남 연해도시의 교통 네트워크는 주로 상해를 중심축선으로 봉황의 날개 같은 연해 수상운송 시스템이었다. 장강을 축선으로 삼아 남쪽의 한 날개인 남양 항로는 절浙·민閩·월粵·계桂와 안남 등의 항구와 연결되었다. 북측의 한 날개인 북양 항로는 소蘇(강소)·노魯(산동)·직례直隸·성경盛京(심양)·조선·일본과 연결되었다. 동시에 상해는 바다를 넘어 유럽 항로도 구축하였다.[30]

장강 항로와 상술한 연해 항로는 'T' 자형의 구조로, 이는 상해 발전사에 있어 매우 극적이고 중대한 의의를 갖는다고 할 수 있다. 우선 장강 하류를 포괄하면서 내부적으로 화중 지역 무역항의 역할이 광주에서 점차 상해로 이전되었다는 점이다. 이에 앞서, 화중 지역 수출 물자는 두 루트의 수륙 연락운송을 거쳐 광주로 들어왔는데, 하나는 상강湘江을 거슬러 올라가 기전령騎田嶺을 넘어 100여 리를 육상으로 운반하여 비로소 북강北江에 진입하는 루트였다. 또 다른 하나는 공강贛江으로 거슬러 올라가 매령梅嶺을 넘어서 북강 지류인 성수湞水를 거쳐 남하하는 루트였다. 광주는 위에서 언급한 두 루트가 통과하는 화중 지역에서 생사生絲와 찻잎 등의 무역물자를 얻었다. 다만 상해가 개방되자 화중 지역의 물자는 더욱 편리하게 장강의 천연 항로를 거쳐 직접 상해에 노날하였다.

양호한 교통망의 연결은 상해로 하여금 청조 말엽에 광대한 무역 네트워크를 구축하게 했다. 대략 40여 개의 항구와 상해는 긴밀한 관계를 맺으며 물자를 교왕하였고, 내지와 상해의 상업무역 역시 활발했으며, 연해의 장강 유역 일대 항구의 발달을 견인하였다. 이곳 항구들은 상해의 대내 무역의 중요한 거점이 되었는데, 그 가운데 장강 유역의 한구漢口·화북의 천진·동북의 영구營口·화남의 광주는 상해항 무역의 4대 기둥을

---

30 1864년(同治 3) 湖北官書局에서 간행한 『南北洋全圖』 참조. 이 책 안의 『南洋全圖』와 『北洋全圖』에 長江에서 갈라지는 항로와 항구에 대한 자세한 그림이 있다.

상징하게 되었다. 이러한 항구들과의 연결 관계는 또한 각 지역에 단계적인 시장을 형성하게 하여 상해를 중심으로 하는, 중국 전토에 두루 미치는 상품유통 네트워크를 구축하였다. 이것은 근대 중국에서 가장 중요한 국내 무역 네트워크였다.

바로 중국의 연해 항구도시의 발전에서 그것들의 다른 층위와 지리적 환경의 차이가 이런 연해의 항구로 하여금 지역의 중심도시가 되도록 하였고, 각 지구는 그 장점에 의지하여 중국 왕조 말기의 수백 년 동안에 점차 연해 지역 간에 정치 · 경제 · 문화적 차이를 조성하였고, 또한 중화문명발전 과정에서 연해와 중 · 서부 내륙 사이에 계층적 차이를 더욱 뚜렷하게 돌출시켰다.

제13장

변혁과 부강의 도모: 근대 문명의 촉진

아편전쟁의 폭발은 시대에 획을 그은 사건이 되어 중국 사회는 이로부터 근대에 진입하기 시작했다. 중국 사회는 이전에 비해 커다란 변화가 발생했다. 사회적 성격의 면에서는 반식민지 봉건사회로 진입하기 시작했고, 계급적 구조의 면에서는 농민과 지주로 구성된 양대 계급이 농민과 지주, 그리고 자산가 계급과 노동자 계급으로 확대되었다. 중국 사회의 주요 모순도 아편전쟁 전의 봉건지주와 농민 간의 모순에서 아편전쟁 뒤에는 외국자본제국주의와 중화민족의 모순, 그리고 봉건주의와 인민대중의 모순으로 점차 바뀌어 갔다. 이에 상응하여 중화의 전통적인 고전문명도 19세기 중엽에 일찍이 없었던 도전을 받게 되었다. 그것은 곧 서방 근대문명에 의해 전면적인 충격을 받게 된 것이다. 이전에도 중화문명은 시대에 따라 변천이 있었는데, 그것은 주로 중화문명 내부의 정돈과 총합이었고, 이역 문명의 영향을 받은 것도 주로 동방문명이었다.(인도의 불교나 아랍의 이슬람교, 당나라 시기의 경교景教—기독교의 이단으로 기독교 동방교회에 속하는 일파—와 같은 것이다.)

근대 이후의 상황은 이와는 완전히 다른 양태가 되었다. 지리상의 대발견 이후, 인류문명의 지역 간 연계는 더욱 밀접한 전 지구적 교섭이 되었고, 자본주의의 발전과 공업혁명이 진행됨에 따라 서방문명이 일종의 패권적 문명이 되어 세계적으로 범위를 확장해 갔다. 중국과 서방 양대 문명이 교류하고 충돌하는 형세 아래, 한편으로 중화 전통문명에는 변화가 일어나 그중의 어떤 부분에는 변이와 쇠락이 발생하였으나, 중화문명 속에 더 많은 다른 문명, 특히 서방문명을 받아들이고 흡수하여 중화문명은 더욱 긴밀하게 세계의 다른 문명과 서로 융합되면서 함께 진보하게 되었다. 다른 한편으로 중화 전통문명의 어떤 요소는 끊임없이 고수되고 전승되어 중화문명의 의연한 민족적 특색을 갖추었다. 그 사이 중화문명에는, 강국으로 변천해 가는 역사적 배경 아래 근본적인 전환이 발생했는데, 이는 고대문명에서 근대문명으로 나아간 것이었다.

제1절

사이師夷 · 제기制器 · 자강自强

1. 아편전쟁의 참패

1840년 6월 21일, 영국의 동방원정군이 광동성 광주의 주강구珠江口 밖에 이르자, 아편전쟁은 폭발하고 말았다. 처음 중국에 들어온 영국군은 7천에 불과했지만 병력은 계속 증강되어 전쟁이 끝났을 때는 약 2만에 달했다. 청조의 군대는 모두 10만의 병력으로 적과 조우했는데 이는 영국의 병력에 비해 크게 우세한 수치였다. 그러나 전쟁의 결과는 당시 나라(중국) 사람들에게는 전혀 생각할 수 없는 예상 밖의 일이었다.[1] 모든 싸움에서 영국군은 종횡무진으로 돌격하여 도시를 공격하고 함락시켰다. 청조는 전국 각지에서 정예 병력을 조달하고 가동할 만한 무기를 갖추어 운용하였지만 한 번의 승전도 알리지 못했고, 중요한 진지를 지키지 못했다. 영국군은 전쟁 중에 사망자가 겨우 500명에 불과했고, 그 가운데 절대다수는 중국군과의 전쟁 중에 죽은 것이 아니고, 영국이 중국을 점령한 기간에 발생한 풍토병으로 사망한 것이었다.(그 당시 참전한 영국 해군장교의 통계에 따르면, 1840년 7월 13일부터 12월 31일까지, 절강 주산舟山 한 곳에서

---

1 茅海建,『天朝的崩潰』, 三聯書店, 1995년, 48 · 56쪽.

병사한 영국군은 모두 448명이었다.)[2] 그러나 청군 측은 사망자가 아주 많아 직접 전사한 사람 수만 2만에 달하였고, 더욱이 민간인의 생명 및 재산상의 손실은 계산조차 할 수 없었다. 이 전쟁은 왜 중국에게 이토록 혹독한 결과를 빚어냈는가? 중국인이 전쟁에서 패배한 가장 중요한 원인은 어디에 있었는가?

2. 기불여인器不如人

당시 사람들이 낸 비교적 일치된 결론은 '기불여인器不如人'이었다. 이때 양광兩廣(광동과 광서)과 직례直隸의 총독으로서 영국과 교섭했던 기선琦善(1790-1858)은 영국군 함정에 대해 다음과 같이 조사하였다.

> 지금 도착한 영국의 이양선은 길고 둥근 양식으로 모두 3종으로 나뉜다. 그중에 큰 것은 …… 배 안을 3층으로 구분하여 설계했는데 층마다 화포 100여 문이 있다.(당시 청군 수군의 전함에 배치된 화포는 일반적으로 10문 내외였다.) …… 층마다 앞뒤로 대포가 설치되어 있는데, 무게는 약 7-8천 근이다. 화포의 아래에는 돌마반(멧돌 모양의 돌로 된 받침대)이 설치되어 있고, 가운데에는 기축이 있어, 마반을 돌려야만 포신이 곧 향하는 곳을 따른다. 그 다음 2층에도 포가 적지 않다. 그 다음 것은 중간이 두 층으로 나뉘어 있는데 배의 흘수선은 비교적 얕고, 포 또한 적지 않게 배치되어 있다. 또 다음 것은 이름을 '화도선'이라 부르는데, …… 그 뒷부분 양쪽에는 안팎으로 풍륜을 갖추어 놓고 중앙에는 화지를 설치했으며 위에는 풍두(환기통)가 있다. 불이 바람을 타고 일어나고 연기가 검게 올

2 奧塞隆尼(Ouchterlony J.), 『對華戰爭記』, 中國第一歷史檔案館編, 『阿片戰爭在舟山史料選編』, 浙江人民出版社, 1992년, 558쪽. 이 밖에 Public Record Office, *British Foreign Office Record*, 17/61 참조.

라가면 윤반(물레바퀴)이 곧 물을 치며 스스로 돌아가 바람이 없고 조수가 없어도 물결을 따르거나 거스르면서 어떤 경우에도 날아가듯 능히 넘어갔다.(이는 당시 새로 발명한 지 얼마 되지 않은 증기기관으로 동력을 삼은 함선을 가리킨 것이다.)[現到英吉利夷船, 式様長圓共分三種. 其至大者. …… 舱中分設三層, 逐層有炮百餘位(當時清軍水師戰船配炮一般在10門之內), …… 其每層前後又各設有大炮, 約重七八千斤. 炮位之下設有石磨盤, 中具機軸, 只須轉移磨盤, 炮卽隨其所向. 其次則中分二層, 吃水較淺, 炮亦不少. 又其次據稱名爲火焰船, …… 其後梢兩旁, 內外俱有風輪, 中設火池, 上有風斗. 火乘風起, 烟氣上熏, 輪盤即激水自轉, 無風無潮, 順水逆水, 皆能飛渡.(此地當時新發明不久的使用蒸氣機爲動力的艦船)][3]

이것은 당시 함선의 상황과 무기 탄약의 방면에서 영국군이 우세했던 것을 뚜렷하게 보여 주고 있다. 1842년 1월 7일, 광주廣州 호문구虎門口 밖에서 크고 작은 포대가 싸울 때 처음으로 영국군 포화의 위력을 직접 목격한 광동廣東의 고관들이 크게 동요하기 시작했다. 특히 영국군이 사용한 개화탄開花彈은 청의 관병들에게는 매우 큰 공포감을 조성하여, "지금 저 오랑캐들이 사용하고 있는 비포(포탄) 안에는 화약이 저장되어 있어 폭발하면 주위를 불살라 버린다. 아군에는 없는 것일 뿐 아니라 저들 오랑캐의 무기 중에서 전에 보지 못한 것이다. 이번에 저들의 폭거를 겪고 나면 아군의 기세가 더 꺾이고 말 것이다.(該夷現在所用飛炮子內藏放火藥, 所至炸裂焚燒, 不獨爲我軍所無, 亦該夷兵械中向所未見. 經此次猖獗之後, 我師勢必益形氣餒.)"[4]라고 하였다.

이러한 군사력의 차이는 뚜렷하고 쉽게 드러났다. 그러므로 아편전쟁

---

3 中國第一歷史檔案館編, 『鴉片戰爭檔案史料』 제2책, 天津古籍出版社, 1992년, 290쪽.
4 『鴉片戰爭檔案史料』 제2책, 771쪽.

이후, 당시 선각자들은 국세를 만회하기 위한 제일의 방책으로 "오랑캐의 '뛰어난 기술(장기)'을 스승 삼아 오랑캐를 제압하자.(師夷長技以制夷)"는 안을 제출하였다. 이른바 '장기'는 곧 기술과 기물器物을 주로 가리킨다. 이때 중국인들은 중국 정신문화인 전장典章제도에 어떠한 결함이 있는지 생각하지 않았다. 결함은 단지 기술적 영역에만 있다고 여겼던 것이다. "오랑캐는 화포를 제외하면, '장기'란 하나도 없다.(該夷人除炮火以外, 一無長技.)"[5]라고 하면서, 오랑캐를 스승 삼아 기물(무기, 전함 등)을 제작하여 자강하는 것, 이것이 곧 서양문명에 대한 중국인 관리들의 초기 인식이었다.

제2차 아편전쟁(1856-1860)이 일어나 영국과 프랑스 연합군이 북경을 공격하여 점령하자 함풍 황제는 놀라 도주하였고, 원명원圓明園은 불에 타고 말았다. 커다란 치욕 속에서도 어떻게 손쓸 방도가 없었다. 조야에서는 "기술은 사람만 못하다.(技不如人)"라는 생각을 더욱 깊이 체감하였다. 태평천국운동이 발발할 당시 상군湘軍과 태평군의 격돌이 안휘安徽·안광安廣에서 벌어졌는데, 상군 중에서 증국번曾國藩(1811-1872)의 다음 위치에 있는 인물인 호림익胡林翼이 군사를 시찰하기 위해 말을 채찍질해 제일 높은 곳인 용산龍山에 올라 관찰하다 기뻐하며, 다음과 같이 말했다.

> '이곳에서 내려다보니 안경 땅이 솥 밑과 같아서 적이 강하다고는 하나 이곳을 평정할 수 없을 것이다'라 하고, 다시 말을 달려 강가에 이르러 두 척의 서양배가 서쪽으로 올라가는 것을 흘깃 보니 내닫는 말처럼 신속하고 표풍처럼 빨랐다. 문충(호림익)이 얼굴빛이 변하며 말을 못하고 말을 채찍질해 군영으로 돌아오는 도중에 피를 쏟고는 거의 말에서 추락할 뻔하였다. 문충은 앞서 병을 얻었는데, 이로부터 더욱 심해졌고 몇

5 中國近代史資料叢刊『鴉片戰爭』(1), 神州國光社, 1954년, 122쪽.

달이 되지 않아 군중에서 사망하였다. 그는 광동에 쳐들어온 적을 반드시 섬멸하기 위해 전략을 짜놓았다. 그러나 서양 군대의 세력이 바야흐로 치성한 것을 보게 되자, 오래된 병에 손을 쓸 수 없었고, 우려를 없애려고 하였지만 어찌할 수 없었다.('此處俯視安慶, 如在釜底, 賊雖強, 不足平也.' 既復馳至江濱, 忽見二洋船鼓輪西上, 迅如奔馬, 疾如飄風. 文忠(胡林翼)變色不語, 勒馬回營, 中途嘔血, 幾至墜馬. 文忠前已得疾, 至是益篤. 不數月, 薨於軍中. 蓋粵賊之必滅, 文忠已有成算. 及見洋人之勢方熾, 則膏肓之症, 着手爲難, 雖欲不憂而不可得也.)[6]

태평군이 중국의 태반을 점거하게 되었어도 그들은 크게 근심하지 않았고, 오히려 두 함선이 곳곳에 침투하면서 그들은 비로소 심각하게 우려하였는데, 귀결점은, "내닫는 말처럼 신속하고 표풍처럼 빨랐다.(迅如奔馬, 疾如飄風.)"라고 한 것과 같은, 기술상의 진보에 의한 충격이었다. 또한 1861년 증국번은 일기에서 다음과 같이 말했다.

4경에 잠을 이뤘으나 5경에 다시 깼다. 생각하면 (오랑캐가) 중원을 마음대로 짓밟는데도 막을 방법이 없으니 그 때문에 근심이 된다.(四更成眠, 五更復醒. 念縱橫中原, 無以御之, 爲之憂悸.)[7]

이홍장李鴻章 또한 "오랑캐에 대한 일에 가장 손을 쓰기가 어렵고 끝내 어찌할 바가 없으니, 속히 태평천국군을 평정하고 서양 기술을 강구해야 할 뿐이다.[夷務最難着手, 終無辦法, 惟望速平賊氛(太平天國), 講求洋器.]"[8]라고 하였다. 1860년대가 되면, 정권을 담당한 인물들이 중화문명이 본래

6 薛福成, 『庸庵筆記』, 『庸庵全集十種』, 光緒 14년 刻本.
7 『贈文正公手書日記』, 同治 元年 7월 초4일.
8 「上曾相」, 同治 2년 4월 초4일, 『李文忠公全書』(朋僚函稿) 권3, 金陵光緒乙巳年刊本.

가지고 있는 체계 안에 서방의 물질문명(양기洋器)을 주입하는 것에 대해 점차 공통된 인식을 하게 된다. 증국번은 외국의 해양 선박을 구매하면서 이것이야말로 시대적 국면을 구할 '제일 중요한 일'이라 했다. 이홍장 또한 "서양인들은 오로지 그들의 총포와 윤선의 예리함을 믿고 우리 중국에 횡행할 수 있게 되었는데, 중국은 전에 쓰던 활·창·작은 총을 쓰기에 저들을 대적하지 못하게 되니, 이 때문에 서양인들에게 제압을 받은 것이다.(西人專恃其槍炮輪船之精利, 故能横行於中土, 中國向用弓矛小槍小炮, 故不敵于彼等, 是以受制於西人.)"[9]라는 입장을 밝혔다. 이러한 개명한 인물들의 추동 아래 중국 역사상 최초의 근대화 운동인 양무운동洋務運動이 이로부터 시작되었다.

3. 근대 기계공업의 출현

'자강自强'을 요지로 한 양무운동은 먼저 군사 분야에서 발걸음을 시작하였다. 1860년대로부터 중국 최초로 서양식 무기를 장전하고 서양식 훈련법을 채용한 육군－상군湘軍·회군淮軍이 잇따라 출현하였다. 중국에 최초의 근대 해군－북양·남양 해군이 출현하였고, 중국 최초의 공병청－안경군기소安慶軍機所·천진기기국天津機器局·산동기기국山東機器局이 출현하였으며, 중국 최초의 근대식 선박제조청－복주선정국福州船政局·강남제조국江南制造局이 출현했다. 또 중국 최초의 근대군사학교－구시당예국求是堂藝局·천진무비학당天津武備學堂과 중국 최초의 군사적 측량을 통한 근대 통신설비시설－진호전보선津滬電報線·천진전보총국天津電報總局이 세워졌다. 그중의 군수공업 기업은 설립 초부터 수준이 비교적 높아 상당한 규모를 갖추게 되었다. 예를 들어 강남제조국

---

9 『籌辦夷務始末』(同治朝) 권5, 古宮博物院, 1930년 影印本.

은 1867년(동치 6) 상해 고창묘高昌廟 새 부지로 이전했는데 그 지역 70무를 점유하였고 그곳에 열철창熟鐵廠, 기호창氣搗廠, 기기창機器廠, 목공창, 주동철창鑄銅鐵廠, 양창루洋槍樓, 매잔煤棧, 윤선창輪船廠 등을 두었다. 아울러 진가항陳家巷에는 화전분창火箭分廠을 설립했다. 그 후 기추창氣錘廠, 창창槍廠, 포창炮廠, 포탄창炮彈廠, 수뢰창水雷廠, 연강창鍊鋼廠, 율색화약창栗色火藥廠, 무연화약창無煙火藥廠 등을 연속해서 만들었고, 용화진龍華鎭에 흑약창黑藥廠, 창자창槍子廠을 만들었고, 송강松江에 화약고 등을 건립했다. 제품은 더욱 새롭고 속도 또한 상당히 빨랐다.

> 동치 4년 초, 창업 초기 창(공장)에는 시설이 아직 완비되지 않았었다. 먼저 본래 있던 기계를 확장하여 크고 작은 기계 30여 좌를 만들어 총포와 탄약을 주조했다. 동치 6년에는 처음 윤선(기선)을 만들었다. 13년에는 모조 흑색화약을 만들었다. 광서 4년에는 모조 9파운드와 40파운드 전당쾌포를 만들었으며, 5년에는 전당포 48파운드, 80파운드에 달하는 각종 개화실심탄을 제조했다. 7년에는 개별적인 100파운드 화약을 만들었고 팽전열철부전과 생철침전을 만들었다. 10년에는 임명돈중침창을 만들었고, 11년에는 윤선의 제조를 정지하고, 남·북양 각 성의 군사용 선박을 오로지 수리했다. 16년에는 전강신식쾌포를 모조하였다. 17년에는 쾌리신포를 개조하여 연강 재료를 시험하였다. 또 각종의 신식 후당쾌포를 만들었다. 나아가 32톤, 47톤 대포를 만들었고, 19년에는 밤색화약을 제조했다. …… 21년에는 무연화약을 제조했다. 24년에는 9밀리 구경 모슬총을 만들었다.(同治四年創辦之初, 廠中機器均未全備. 先就原有機器推廣, 造成大小機器三十餘座, 用以鑄造槍炮炸彈. 六年始造輪船. 十三年仿制黑色火藥. 光緒四年仿造九磅子·四十磅子前膛快炮. 五年更造前膛四十八磅·八十磅各種開花實心彈. 七年造筒式一百磅藥, 碰電熟鐵浮雷及生鐵沈雷. 十年造林明敦中針槍. 十一年停造輪船, 專修理南北洋各省兵輪船只. 十六年

仿造全鋼新式快炮. 十七年改造快利新槍, 試煉鋼料, 又造各種新式後膛快炮, 及五十二吨 · 四十七吨大炮. 十九年仿制栗色火藥. …… 二十一年試造無煙火藥. 二十四年造七密里九口徑新毛瑟槍.)[10]

4. 군수산업 문화의 전진

서방문명을 도입하고 배우는 방법은 다른 방면에서가 아니라 바로 군수산업 문화에서 시작한 것이다. 중국의 근대화운동은 군사 방면에서 아주 큰 수준으로 견인되었고, 근대화의 개혁에서도 군사 방면에서 많이 개혁되었다. 이것은 중국 근대화의 역사 과정에서 규칙성을 띠는 현상이 되었다. 군사개혁은 종종 기타 방면의 개혁과 비교되어 거론되는데(1860년대 양무파는 군수산업에서 시작하였으나, 민간산업의 창업은 1870년대에 시작되었다. 청말의 '신정新政' 또한 이와 같은데, 신정의 기타 방면에서의 개혁은 1901년 이후 비로소 열렸으나, '신군'으로 고쳐 건립한 것은 1895년에 시작하였다.) 기타 방면의 개혁도 매번 군사개혁에서 견인되어 펼쳐진 것이다.(근대 군수산업에는 대형기계 생산체계가 필요했는데, 이로 말미암아 민간산업도 견인되어 창업되었다. 군대를 양성하는 데는 자본이 필요했는데, 이로 말미암아 재정개혁과 근대적 은행체계의 건립이 견인되었다. 사병을 훈련하기에 앞서 장교를 훈련해야 했는데, 이로 말미암아 근대적 군사교육이 처음 시작되었다. 신식 군대 훈련은 서양에 대한 공부가 필요했는데, 이로 인해 제도나 사상적 측면의 변화가 견인되었다.) 그러나 중국의 근대화가 군사적인 면에 의해 견인된 것은 중국 사회에 상당한 부담이 되는 작용을 하였다. 그것은 중국의 사회가 전환을 넘어서 현대사회에 이르렀을 때, 군사 부문의 작용이 점차 줄어들면서, 군사체제 속에 그런 것이 층위화·제도화·기율화·통일화가 발생하

10 『江南制造局記』, 中國近代史資料叢刊 『洋務運動』(4), 上海人民出版社, 1961년, 124쪽.

도록 하였고, 또 어떤 반현대적 성향도 많이 가지도록 하였다. 이러한 것들은 중국 근대화의 진행 과정에 영향을 끼칠 수밖에 없었다.[11]

이러한 현상이 발생한 것은 확실히 당시 청 정부가 직면했던 태평군과 외국 침략자들의 이중의 군사적 공격에 따른 급박한 시국과 관련이 있었다. 또 전통적 사유에 국한된 당국자들이 이런 현상을 이르게 한 것이다. 그들은 당시 성행한 '경세치용經世致用' 학설의 영향을 많이 받아 견식상에 어떤 실용과 공리, 그리고 근시안적 색채를 드러낸 것이다.

5. 근대 민간산업과 민족자본주의

1860년대에서 1890년대 중기의 양무운동은 물질문명을 건설하는 데 치중되어 있었다. 그럼에도 얻은 성과가 비록 많다고는 할 수는 없지만 압도했다고 기술할 수 있다.

근대 대형 기계공업은 하나의 조합된 시스템인데 군수용 공업은 오랫동안 독립적으로 발전할 수 없어 그 형세상 필연적으로 다른 산업과 연관되지 않을 수가 없다. 선박 및 총포 등의 제조는 기계를 필요로 하고, 기계의 제조는 강철을 필요로 하며, 강철을 제련하는 데는 석탄광석을 필요로 하고, 석탄광석을 채취한 뒤에는 운반이 필요하며, 제조업 · 강철업 · 채광업 · 운수업 · 동력업 등이 서로 물이 흐르듯이 길을 이루게 되어 그 하나라도 빠뜨릴 수 없는 것이다. 이홍장 등은 다음과 같은 사실을 알았다.

> 서양의 기계는 밭을 갈고 베를 짜는 것, 인쇄와 도자기 등 여러 가지 기계를 모두 제조할 수 있어 인민의 일상생활을 돕고 있다. 본래 군사용 화력만을 위해 설비한 것은 아니다.(洋機器于耕織 · 印刷 · 陶埴諸器, 皆能製

11 趙中孚, 「近代中國軍事因革與現代化運動」, 臺灣 『近代史研究所集刊』 12기 참조.

造, 有裨民生日用, 原不專爲軍火而設.)

이에, 다음과 같이 말했다.

1874년 동치 13년 해방海防(해면 방위)에 대한 의론이 일어나자, 이홍장은 석탄광을 반드시 채취해야 하고, 전선·철로를 반드시 설치해야 하며, 각 바다 입구에 반드시 서양식 격치(물리, 화학 등 자연과학) 학교를 증설해서 인재를 양성할 것을 차례로 개진했다.(自同治十三年海防議起, 鴻章卽歷陳煤鐵鑛必須開挖, 電線鐵路必應仿設, 各海口必應添設洋學格致書館, 以造就人才.)[12]

군사용 공업을 제외하고, 민간에서의 광공업鑛工業 흥기에 일정을 끌어올린 것은 양무운동 기간에 창업한 기업이다. 이러한 기업 가운데 규모를 갖춘 기업에 상해윤선초상국上海輪船招商局, 대만기륭매광臺灣基隆煤鑛, 직례개평매광直隸開平煤鑛, 상해기기직포국上海機器織布局, 난주직니국蘭州織呢局 등이 있다. 이때 초보적이지만 중국 대형 기계공업 시스템의 기초가 구축되었고 중국 민간 기계공업도 촉진되어 상해발창기기창上海發昌器機廠, 광동계창융소사창廣東繼昌隆繅絲廠 등 중국의 민족자본주의 공업은 이로부터 발생했다.

중국 근대의 운수運輸 시스템 또한 철로를 구축하는 것에서 일어났지만 이것이 자연스럽게 이뤄진 것은 아니었다. 1873년, 영국인 난손일서벽蘭遜一瑞碧 공사는 동치제의 혼례를 축하한다는 의미로 '혼례철로婚禮鐵路'를 청조에 선물로 보냈으나 거절당했다. 3년 후, 영국의 이화양행怡和洋

12 「置辦鐵廳機器折」, 『李文忠公全書』(奏稿). 「光緒3年復郭筠仙星使書」, 『李文武公全書』(朋僚函稿) 권17.

行은 상해에 머물며 강만江灣에서 송구淞口에 이르는 철로 30리를 스스로 구축하였는데, 이는 중국인에게 '이물異物'로 비추어져 양강兩江 총독 심보정沈葆楨은 28만 5천 냥의 백은을 들여 이를 거둬들인 뒤 제거해 버렸다. 그러나 근대문명의 발전 추세를 막을 수는 없었다. 1878년 이홍장은 당산唐山에 개평탄광開平炭鑛을 열어 운반에 박차를 가하며 작은 철로를 놓았다. 당시 그는 민중들의 불만을 우려하면서 최초로 견인 동력으로 움직이는 마차를 만들었고, 이를 고쳐 작은 기관차를 만들었다. 1886년에 이르면 레일의 폭을 넓혔고, 레일은 4척 8촌 반으로 이것은 중국 철도궤도의 정례가 되었으며, 또한 기관차를 견인하는 데도 사용되었다. 갑오전쟁(청일전쟁) 시기에 이르러 중국은 이미 천진에서 대고大沽, 난주灤州에 이르는 철로를 놓고, 관외까지 연장된 철로를 놓아 모두 705리에 달했다.

인쇄업 또한 괄목상대할 진보를 보였다. 인쇄술은 일찍이 중국 고대의 4대 발명 가운데 하나였다. 그러나 근대에 들어와서는 대열에서 낙오되었다. 1798년, 제코의 말넝가 색니비이딕塞尼費爾德(Alois Senefelder)은 석판인쇄술을 발명하였다. 아편전쟁에 앞서 그것이 광주에 전해졌고, 영향력이 커진 것은 『신보申報』의 관주館主인 영국 상인 미사美查(E. Major)의 중국에 있는 사업체인 점석재석인국點石齋石印局으로 인해서였다. 미사는 1884년 5월 상해에서 『점석재화보點石齋畫報』를 창간하였는데, 그 후 20년간 중국을 풍미했다. 중국 민족자본가 서윤徐潤은 근대 중국 최대의 석판인쇄기업인 동문서국同文書局을 창업하여 『이십사사二十四史』, 『도서집성圖書集成』 및 『전당시全唐詩』 등 수만 종의 거대한 진본珍本을 석판인쇄로 출간하였다. 서양식 석판인쇄술은 중국식 목각에 비해 장점이 매우 많다. 1883년 황식권黃式權은 『송남몽영록淞南夢影錄』에서 "서양의 석판은 갈린 것이 마치 거울과 같아 전경영상법으로 돌 위에 글자의 자취를 옮긴 다음 거기에 교수(아교풀)를 바르고 유묵으로 박아 낸다. 천백만 쪽의 책도 하루에 마치는 것이 어렵지 않다. 그것은 소털처럼 세밀하고, 물소뿔처럼 명료하다.(西國石板, 磨平如鏡, 以電鏡映像之法, 攝字跡於石上, 然後傅以膠水, 刷以油墨, 千百萬書不難竟日而成就. 細若牛毛, 明如犀角.)"라고 했다. 그러나 석판인쇄술과 거의 같은 시기에 나타난 중문 연인술鉛印術(활자판인쇄술)은 당대 중국의 인쇄술과 더욱더 직접적인 연관성을 갖는다. 인쇄술의 개선은 특별히 물질문명과 정신문명을 동시에 진보시키는 이중의 효과를 뚜렷하게 갖추고 있었으며, 석판인쇄와 중문 연인술鉛印術의 채용은 서적 및 간행물을 매우 빠른 속도로 대량 인쇄가 가능하게 하였다. 또한 인쇄비용을 크게 낮추었고, 문화서적의 보급화 및 평민화를 위해서 더욱 우월한 조건을 창조하였다. 요공학姚公鶴은 『상해한화上海閑話』에서 다음과 같이 기록했다.

> 듣자니 점석재에서 석판인쇄업으로 가장 먼저 이익을 본 책은 바로 『강희자전』인데 처음에는 4만 부를 인쇄해서 몇 달이 안 돼 팔았다고 한다. 두 번째는 6만 부를 인쇄했는데 마침 과거 준비하던 자들이 회시를 보러 북상하여 호강가(상해)를 지날 때 매 사람이 5-6부를 구매하여 스스로 쓰고 벗들에게 주었기 때문에 몇 달이 안 돼 곧 품절되었다고 한다.(聞點石齋石印第一獲利之書爲『康熙字典』, 第一批印四萬部, 不數月而售罄; 第二批印六萬部, 適某科舉子北上會試, 道出滬上, 每名率購備五六部, 以作自用及贈友之需, 故又不數月而罄.)

여기서 상인들이 근대적 인쇄술을 활용하여 물질적 부를 축적함과 동시에, 문화적 대중화와 전에 없던 전파가 이뤄진 것을 볼 수 있다.

양무운동 시기 중국은 신식의 관립 학당을 설립했다. 이러한 종류의 학당은 1862년 양무운동파가 창설한 북경동문관北京同文館에서 시작되었는데, 설립 초기에는 담대한 포부를 가지고, "오대주五大州의 학문을 장악하여 조정을 도와서 성교가 하나 되게 한다.(掌通五大洲之學, 以佐朝廷一聲

敎.)"라고 밝혔다. 그러나 실제로는, "선비를 소집하여 계산(산수)과 서양의 문자와 언어를 익힐 수 있도록 서양인을 고용해 교습을 시켰다.(招集士子學習推算及泰西文字語言, 而雇西人敎習.)"[13]는 것뿐이어서, 다만 그것이 초급 외국어학교였던 것을 추정할 수 있다. 갑오년 청일전쟁 전에 양무파가 설립한 외국어·군사·실업 등류의 학당은 30개소에 못 미친다. 이 사이에 또한 제일차로 미국과 유럽에 파견된 유학생들은 가장 먼저 과학기술 서적을 번역했다.

6. 전통사회에 대한 분석과 상업계의 성황

대형 기계공업의 작동 아래, 중국 사회의 전통적 계급 및 계층에 그 구조적 파열과 변화가 발생했다. 전통사회의 농민과 지주 계급 외에도, 양무운동 시기에 처음으로 먼저 본국 기업에서 일하는 산업 노동자가 출현하였다. 중국 최초의 근대기업가도 출현하기 시작하여, 신사紳士 계층의 일부가 근대 기업 및 이와 상관된 각종의 근대 문화교육기구에 투신하니, 이른바 '신상신新商紳'이 있게 된 것이다. 그들이 간단하지 않은 것은 사·농·공·상이란 전통사회의 네 계층이 합해 조직한 계층에 있으면서 근대 공업과 관련되는 것이기 때문에 봉건체제와는 본질적으로 다른, 전면적으로 새로운 계급적 취향이 탄생한 것이다. 청대 말기의 중상주의적 분위기 아래서 '상商'의 사회적 지위는 매우 빠르게 상승하여 "국세의 강약과 인종의 성쇠는 실로 상업이 좌우하며 생사를 가른다.(國勢之强弱, 人種之盛衰, 實惟商業左右之, 生死之.)"라고 했다.[14] 상업을 경영하는 것 또한 당시 유행하는 일이 되었다. 과장科場에서 대기만성했던 장건張謇(1853-1926)

13 王之春, 『淸朝柔遠記』 同治 6년 춘3월, 中華書局, 1989년, 314쪽.

14 「抵制美約餘論」, 『東方雜志』 제3년 제2기.

은 일찍이 다섯 차례나 과거에 낙방하고서 향시에 급제하고, 또 네 차례의 실패를 거친 다음 진사에 올랐다. 그는 또 1894년 갑오과甲午科에서 간난신고 끝에 장원을 획득하여 과장의 정점에 올랐다. 그 후 탄탄대로의 벼슬길이 열렸지만, 그는 쉽지 않은 관리로서의 길을 돌연 포기하고 의연하고도 결연하게 '실업계'에 매진하였다. 청말 한구漢口 거주민의 생업 상황에 대한 통계에 따르면 총 거주민 9만 9,833명 가운데 '상업계'에 있는 사람이 3만 990명이다. 여기에 '소무小貿'를 경영하는 사람 9,464명을 더하면, 총 거주민 가운데 상경업계 사람이 거의 절반을 차지한다.[15]

7. 신자유직업 집단

양무운동은 당시에 또한 제조업 · 교통업 · 금융업 · 우편업 · 출판업 등 일련의 근대적 직업을 탄생시켰다. 근대의 지식인 무리들은 이러한 업종을 통해 약화시킬 수 없는 세력으로 우뚝 일어났다. 이러한 언론인 · 편집인 · 서양의사 · 기술전문가 · 과학자 및 신식학당의 교원 등으로 구축된 새로운 자유직업군이 국가와 가진 관계는 이미 전통적인 사대부들이 조정과 가졌던 관계와는 전혀 다른, 중국 최초의 근대적 '문화인' 무리가 되었다. 그들의 생활을 위한 수입의 원천 또한 이전과는 매우 달랐다. 그중에서도 원고료 제도의 형성은 전형적인 예이다. 1878년 3월 7일, 상해『신보申報』신문사는 "만약 원근의 군자들께서 간행하지 못한 저작이 있어 장차 문세하려고 한다면 본 신문사에서 원고를 구매하여 대신 조판하여 인쇄해 드립니다.(如遠近諸君子, 有已成未刊之著作, 擬將問世, 本館願出價購稿, 代爲排印.)"라는 알림 기사를 냈다. 1884년 6월 4일『점석재화보』의 원고 모집 알림 기사는 더욱이 원고 값을 명시하고, 만약 작품 그림이 있을

15『漢口小志 · 戶口』, 3쪽.

경우, "기묘하고 핍진하여 화보에 넣는 데 충분한 것이라면 붓값(원고료)으로 매 폭 2원을 드립니다.(惟妙惟肖, 足以列入畫報者, 每幅酬筆資洋兩元.)"라고 했다. 원고료 제도는 근대적 매체산업을 위해서 확실히 믿을 만하고 끊임없는 정보를 제공하였을 뿐 아니라, 하나의 새로운 직업집단(기자·편집인·자유투고자·근대형 작가와 화가 등)을 형성하고 안정시키기 위해 현실적인 기반을 제공하였다.

사회생활, 특히 도시생활에도 새로운 모습이 나타났다. "해가 뜨면 일하고 해가 지면 쉰다.(日出而作, 日入而息.)"라고 하는 농업사회의 자유롭고 산만하며 규칙성이 없는 생활 방식이 산업사회의 빠른 리듬으로 규율화하고 제도화한 근무와 휴식의 방식으로 점차 교체되었다. 도시인들은 출퇴근제도와 일요일 및 정해진 휴일과 축제일에 휴식하는 제도에 습관화되었다.

근대적 도시행정 건설이 시작되었다. 1867년, '상해수룡공소上海水龍公所'가 이루어졌는데 이것은 중국 최초의 도시 전문 소방대이다. 1881년, 영국인이 상해에 수도 회사를 설립하면서 도시인들과 잠시도 떨어질 수 없는 식수는 더욱 깨끗해질 수 있었고, 편리하게 되었다. 1886년 상해는 비로소 하수관을 놓아 거리에 오수가 횡류하는 상황을 개선하였다. 또 1882년, 상해시 거리에 중국 최초로 15개의 호광등弧光燈(아크등)이 설치되었는데 창시자는 서양인 덕리德里였다. "이 사업을 처음 의논할 적에 중국인이 듣고는 기이한 일로 여기고 한때 노래를 지어 비방하고 분분하게 전하며, 이것은 벼락을 맞을 거라고 하니, 인심이 흉흉해져 누를 수가 없었다. …… 이후 시험해 본 뒤 해로움이 없자 금지가 풀렸다.(創議之初, 華人聞者以爲奇事, 一時謠諑紛傳, 謂爲將遭電擊, 人心洶洶, 不可抑制 …… 後以試辨無害, 其禁乃開.)"[16]라고 했다. 근대 과학기술문명의 밝은 불빛 아래 근

16 徐珂輯, 『清稗類鈔』 제12책, 中華書局, 1986년, 6,038쪽.

그림 13-1 19세기 후반 북경 거리의 가스등 사진.

대로 걸어 들어간 문명인들은 시가의 화려한 등불 아래서 풍부하고 다채로운 야간 생활을 향유할 수 있게 되었다.(그림 13-1) 이 해 여름 전화電話[이때 영어의 음(telephone)을 번역하여 '덕률풍德律風'이라 했다.]가 상해의 호빈滬濱(조계지)에서 전시되었는데 『송남몽영록淞南夢影錄』에서는 이에 대해 뚜렷하게 묘사하기를, "상해에 '덕률풍'이라 하는 것이 있는데, 임오년 늦여름에 시작되었다. 그 방법은 길을 따라 나무 기둥을 세우고 가는 선 두 가닥을 위에 매어 둔 것인데 이런 점은 전보와 다름이 없다. 오직 그 중의 핵심은 멀면 서로 통하지 못한다. 뜻을 전하는 방법은 자모를 사용하지 않고 단지 전선 끝을 향해서 말을 전해야 할 뿐이다.(上海之有德律風, 始於壬午季夏. 其法, 沿途豎立木桿, 上系鉛線二條, 與電報無異, 惟其中機括則迥不相同. 傳遞之法, 不用字母拼裝, 只須向線端傳語.)"라고 했다.

8. 도시인들의 소비구조와 관습의 변천

중국인의 소비구조에도 중대한 변화가 발생했다. 개항 이후, 값도 싸고 품질도 좋으며 내구성이 있는 박래품舶來品이 막아낼 수 없는 형세로 전통의 토산품을 파는 고유시장을 침탈하였다. 1850년, 상해의 대외상품 수입 총액은 390만 8천 원元에 달했는데 1860년에 이르면 3,666만 7천 원으로 9배 이상 대폭 증가했다.[17] 천진은 1865년 대외상품 수입 총액이 772만 4,571해관냥海關兩(당시 세관의 장부에 기록된 화폐 단위)을 보였는데, 5년 후에는 1,193만 5,176해관냥으로 증가했다. 이러한 주요 항구의 상황을 보면, 이렇듯 1870년대 이래 대외상품은 더욱 큰 규모로 더 빠른 속도로 중국 전 지역에 널리 퍼졌다. 1871년부터 1873년의 수입치가 100%라면 1891년에서 1893년에는 206.6%까지 증가되었다.[18] 1899년, 근대 일본 중국학의 주요 창시자인 내등호남內藤湖南(1866-1934)이 중국 북방을 유람한 적이 있는데, 그가 북경에서 장가구張家口로 가는 길의 남구南口 소진에서 본 것에 의하면, "남구의 여관에는 의외로 서양식의 욕조가 있고, 거기에는 치졸한 필법으로 'Bathroom'이라 적혀 있으며, 또 서양식 변기를 갖춰 놓아, 이 길은 외국인 여행객이 많음을 알 수 있고 또한 영국인에게 감화되었음을 족히 알 수 있으니, 경시할 수 없다.(南口旅店竟然有西洋式浴盆, 以稚拙筆法寫道 Bathroom, 并具備西洋便器, 可知一路外國遊客之多, 亦足知英國人之感化, 不可小看.)"[19]라 하였다. 이처럼 해외제품이 대량으로 수입된 방면에서는 전통산업이 쇠락하고 노동력이 새롭게 배치되었다. 다음 글에서 이런 점을 알 수 있다.

---

17 張仲禮, 『近代上海城市研究』, 上海人民出版社, 1990년, 108-114쪽.

18 嚴中平 主編, 『中國近代經濟史統計資料選輯』, 科學出版社, 1955년, 72쪽.

19 內藤湖南 · 青木正二, 『兩個日本漢學家的中國紀行』, 光明日報出版社, 1999년 中譯本, 84쪽.

양포(서양 베)·양선(서양 비단)·양화변(서양 레이스)·양말·양건(서양 수건) 등이 중국에 들어오자 베를 짜던 여성들은 실업을 하고, 등유·양초·전등이 중국에 유입되자 동남쪽 몇 성의 오구목은 모두 버려져 재목으로 쓰이지 못했다. 또한 양철·양침·양못 등이 들어오자 제련업에 종사하는 이들은 일이 없어 노는 일이 많았다. 이것은 큰 것들이고, 오히려 작은 것들은 하나하나 다 거론할 수 없다. …… 중국인의 생계를 모두 빼앗겨 버린 것이다.(洋布·洋線·洋花邊·洋襪·洋巾入中國,而女紅失業；煤油·洋燭·洋電燈入中國, 而東南數省之桕樹皆棄爲不材. 洋鐵·洋針·洋釘入中國, 而業冶者多無事投閒. 此其大者, 尙有小者, 不勝枚擧. …… 華人生計, 皆爲所奪矣.)

다른 한편으로, 도시에 거주하는 사람들의 소비용품에 대한 선택의 폭도 전에 없이 넓어졌다. "내륙의 작은 시와 시골에 이르면 국산 무명옷을 입는 자는 10분의 2, 3이고, 외국산 무명옷을 입는 자는 10분의 7, 8이었다."[20]라고 했다. 새로운 것을 좇고 기이한 것을 구하기 위해 서양을 따라하는 것이 시대의 유행이 되었는데, 외국 제품은 사람들이 점차 추구하는 대상이 되었다.(그림 13-2) 복장은 인류의 생활문명 변천의 한 항목으로 구체적이면서도 미묘한 것이다. 이것은 또한 외재적으로 구별하기 쉬운 지표가 되는 특징을 가지고 있다. 중국 전통의 펑퍼짐한 옷은 점점 몸에 꼭 달라붙는 것이 되었고, 특히 공장에서 일하기에 적당한 옷으로 대체되었다. 도시 사람들에게 있어서 '서양 복식'과 '서양 장식'의 영향은 더욱 뚜렷해졌고, 천진위天津衛의 "서양인들의 하인이나 마부들은 대개 짧은 윗옷에 달라붙는 바지를 입고 머리에는 소초모를 쓰며, 궐련담배를 입에 물고 시곗줄을 특별히 앞가슴에 걸고서 거울 속의 모습을 보고 스스로 안

20 鄭觀應,『盛世危言』권7, '紡織', 圖書集成局, 1986년 刊本.

그림 13-2 1800년대 후반 상해에 있는 가장 유명한 서양풍의 중국음식점에서 종업원들에게 서빙을 받고 있는 세 여인을 보여 준다. 청 왕조.

타까이 여기며 서양인과 비슷하지 못할까 거정한다.(洋人侍童馬夫輩, 率多短衫窄袴, 頭戴小草帽, 口銜煙卷, 時辰表練, 特掛胸前, 顧影自憐, 惟恐不肖.)"[21] 라고 했다.

상해탄上海灘의 시류를 좇는 모던파는 다음과 같이 말했다.

> 여성계에서 빠뜨릴 수 없는 물건은 상등품 가죽으로 만든 앞이 뾰쪽한 하이힐 1켤레, 검은색 담비 토시 1개, 금강첩 혹은 보석 금구침 2·3개, 흰 융단 줄 또는 가죽 띠로 둘레를 두른 모자 1조, 신식 금테 안경 1폭,

21 張燾, 『津門雜記』 권하, 天津古籍出版社, 1986년, 137쪽.

그림 13-3 중국 기생이 서양식 쌍안경을 사용하는 것을 보여 준다. 이 이미지는 새로운 서양의 기술과 오락 형태를 덜 위협적으로 보이도록 하기 위한 홍보로서 보여 주었다. 광서성. 청 왕조.

물굽이 모양의 상아 빗 1개, 줄모자 1방이다. 남자가 빼놓을 수 없는 것은 양복 · 대의(코트) · 서양모자(중절모) · 가죽신 · 겉에 꽃무늬를 새긴 지팡이 1개, 협비안경 1폭, 중국식 서양말(영어) 몇 구절이다.(女界所不可少的東西, 尖頭高低上等皮鞋一雙, 紫貂手筒一個, 金剛鉆或寶石扣針二三只, 百絨繩或皮圍巾一條, 金絲邊新式眼鏡一幅, 彎形牙梳一只, 絲巾一方. 再說男子不可少的東西, 西裝 · 大衣 · 西帽 · 革履 · 手杖外加花球一個, 夾鼻眼鏡一副, 洋涇話幾句.)[22]

22 「西裝嘆」, 『申報』, 1912년 4월 22일.

이러한 사람들이 걸친 옷차림과 장신구는 가까운 도시나 시골에서부터 온 것이 아니라, 저 머나먼 대양의 피안인 유럽과 미주에서 온 것이었다. 그들은 이미 '세계공민世界公民'의 이미지를 갖추고 있었다. 소비생활은 점차 봉건계급제도의 구속을 타파하여 개성화와 대중화, 그리고 서양화의 특징을 드러냈고, 더욱이 그것은 외국을 숭배하는 것으로 근대적 소비의 중요한 기조가 되었다.[23](그림 13-3)

9. 근대도시의 물결

공업화와 함께 진행된 것은 도시화였다. 중국에 처음으로 근대 도시화의 물결이 출현한 것이다. 중국의 도시화는 평균적으로 결정적인 발전을 해 왔다. 곧 도시는 대부분 정치와 통치 위주로 각기 독립적이었고, 이 때문에 도시 간의 연계성이 부족했다. 이러한 정치와 통치 위주의 전통적 모형의 중국 도시는 근대에 이르러 경제와 무역을 위주로 한 연락망과 연계된 근대적 모형으로 변천하였다. 그리고 도시의 생활방식 또한 더욱 단일하고 폐쇄적이며 느린 리듬의 농업사회 형태에서 다원적이고 개방적이며 빠른 리듬의 공업사회 형태로 바뀌었다. 도시는 경제적으로 갈수록 넓은 농촌지역에 대한 지배적 지위를 점유해 갔다. 이로 인해 이른바 "서쪽 촉땅의 동산銅山이 무너지니 낙양의 대종이 동쪽에서 호응한다.(銅山東崩, 洛鍾西應.)"라고 하는 경제적 연계 현상이 출현했다. 이것은 바로 농촌이 작은 도시를 따르고 작은 도시들이 대도시를 따르며, 대도시는 통상의 항구를 따르고, 통상의 항구는 또한 세계 각지의 대형 상업시장의 상황을 따르게 되는 것으로 중국은 세계 경제와 한 몸이 된 물결로 처음 움직이

23 譙珊, 「近代城市消費生活變遷的原因及其特點」, 『中華文化論壇』, 2001년 제2기에 실려 있다.

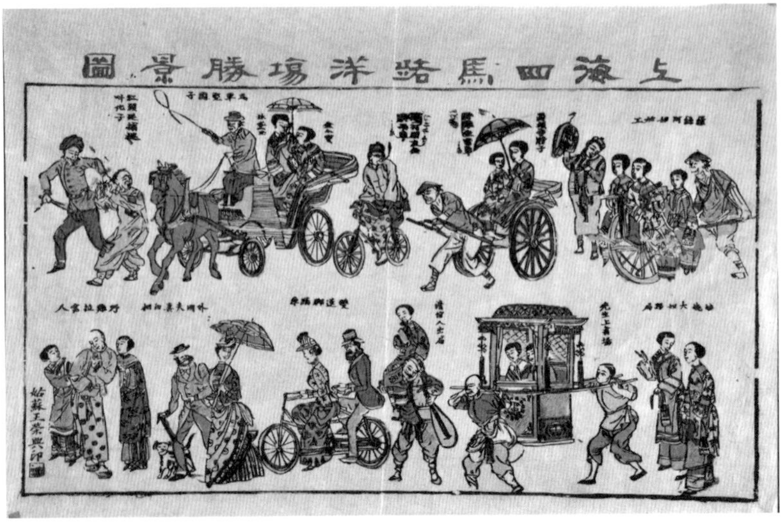

그림 13-4 상해 4번가의 극적인 장면들. 이 그림은 현대와 전통적인 방식의 교통수단과 외국인들로 북적거리는 거리를 보여 준다. 청 왕조 후기.

게 된 것이다.

또한 점차 장강 하류·주강 삼각주와 화북 지역이 3대 소도시 밀집지역을 형성하여 갔다. 특히 상해는 장강 하류 도시로서 우뚝 성장하였다. 1843년 개항 전, 상해현의 인구는 50만에 불과했다. 그 가운데 30만은 먼 교외에서 온 인구이고, 20만은 실제의 현성縣城과 근교의 인구로 그 수는 중급 규모의 도시에 해당했다. 그 당시 상해는 남경(1852년 인구 90만)·항주(아편전쟁 전 인구 60만)뿐만 아니라 소주(아편전쟁 전 인구 50만)에 비해서도 인구 등급이 낮았다. 그러나 1862년에 이르러 상해시의 인구는 300만에 도달했다. 이로써 상해는 단번에 중국, 나아가 세계에서도 매우 큰 도시로 성장하게 되었다.[24](그림 13-4) 상해 등 도시의 비약적인 발전은 또한 더욱 더 외향형 경제무역의 견인과 도시 자체의 공업무역·금융·교통

24 『北華捷報』, 1862년 2월 21일, 1863년 3월 12일.

운수 등에서 급격한 발전의 효과를 드러냈다. 이로 인해 시장의 통일화·생산의 사회화·이민의 귀속화·관리의 과학화 등을 가져왔고, 도시 거주민의 생활방식과 가치관에도 근본적인 변화를 가져왔다. 1893년, 중국에는 대만과 동북지방 외에도 이미 1,779곳이 넘는 소도시가 있었고, 도시 인구는 2,351만 3천 명에 달했으며, 이는 총인구의 6%를 차지했다.[25] 요컨대 30여 년에 걸쳐 진행된 '동광신정同光新政' 시기에 중국의 국력은 대폭 상승한 것이다.

10. 갑오전쟁(청일전쟁) 실패의 영향

그러나 중국 근대화의 진보는 1894년에 폭발한 갑오전쟁(청일전쟁)을 겪으면서 좌절되었다. 이것은 동아시아에 형성되어 있던 본래의 국제관계를 근본적으로 바꾸어 놓은 대전쟁이었다. 그것은 중국과 일본, 그리고 조선의 이후 역사에 대해 어떤 '역전逆轉 의식'이 영향을 조성하였다. 이는 중국 근대화 역사에서 수차례에 걸친 외국 군대와의 전쟁(두 차례의 아편전쟁과 팔국연군八國聯軍 전쟁 등)과는 크게 달랐다. 갑오전쟁 때 물질적 측면에서만 보면, 중국은 일본과 대등한 수준이었다. 교전하기 직전의 중·일 양국의 역량을 비교해 보면 국토의 면적과 인구 수, 병력과 국민의 총생산량에서 중국이 모두 절대적인 우세를 점유하고 있었다. 직접 교전한 해군 또한 강세를 드러내고 있었다고 할 수 있다. 1886년부터 자희태후慈禧太后(서태후)가 해군의 군비를 이화원頤和園 보수비용으로 옮겨 쓸 계획을 가지고, "곤명호를 발해로 바꾸고 만수산을 난양으로 바꾼다.[以昆明(湖)易渤海, 萬壽山換灤陽.(이는 난수灤水 중류인 승덕承德의 피서산

25 施堅雅(G. William Skiner) 主編, 『中華帝國晩期的城市』, 中華書局, 2000년 中譯本, 264쪽.

장避暑山莊을 가리킨다.)」"[26]라고 하였다. 그리고 1888년에는 북양 해군에 "한 척의 전함도 더하지 말라.(未添一船)"고 명하기도 했다.[27] 그러나 이와 같은 상황에서도 청일전쟁 직전에 중국은 크고 작은 군함 78척과 어뢰정魚雷艇 24척, 총 8만여 톤의 배를 보유하고 있었고, 일본은 크고 작은 군함 32척, 어뢰정 37척, 그리고 상선을 개조한 군선 4척, 총 7만 2천 톤가량의 배를 보유하고 있었다. 상대적으로 비교해 보면 중국은 이미 군선의 톤수나 철갑의 두께에서 우위를 점하고 있었고, 일본은 군선이 적었으나 대략 조금 빨랐으며, 화포의 사거리도 보다 길었다. 육군 방면에서도 중국군의 장비 또한 차이를 보이지 않는다. 당시 조선 등지에 증원된 북양 육군은 모슬창毛瑟槍(모젤총)과 극로백포克虜伯炮(크루프포)와 같은 장비를 갖추고 있었다. 이것은 일본군이 사용한 촌전창村田槍과 청동포의 성능보다 더 우세했다. 그러나 전략상의 실패와 지휘의 오류, 그리고 청소 통치집단의 부패 등이 더욱 심층적인 원인으로 작용해 중국은 결국 패전에 이르고 만다.

갑오전쟁에서 북양 해군은 거의 몰살을 당했고 상군湘君과 회군淮軍도 부진하였다. 이로 인해 양무운동은 종언을 고하였다. 갑오전쟁은 또한 양무운동이 단지 기물器物 측면의 개혁 노선에만 주의하여 실패한 것임을 드러낸 것이다. 단순히 '서양의 기술(西技)'과 '서양식 도구(西器)'(그림 13-5)를 가져와 "오랑캐를 제압한다.(制夷)"라고 하는 것은 허상에 불과했던 것이다. 이로 인해 엄복嚴復(1853-1921)은 전후에 쓴 「원강原强」에서 다음과 같은 소결에 이르렀다.

바다에 대한 금지가 풀려 크게 열린 뒤 우리가 해야 할 것이 적지 않은

26 『翁同龢日記』 제4책, 中華書局, 1992년, 2,060쪽.
27 「檢閱海軍竣事折」, 『李文忠公全書』(奏稿) 권78.

그림 13-5 청말의 소주蘇州 상해의 기차역 풍경.

데, 역서譯署(청말에 설립한 총리각국사아문總理各國事衙門. 주로 외교를 관장하던 관서)가 하나이고, 동문관同文館(청말의 외교통역 학교)이 둘이고, 선정船政(조선을 담당하던 기지)이 셋이고, 출양사업국出洋肆業局(해외 점포)이 넷이고, 윤선초상輪船招商(기선운항회사)이 다섯이고, 제조製造가 여섯이고, 해군이 일곱이고, 해서海署가 여덟이고, 양조洋操(서양식 군사·체조 훈련)가 아홉이고, 학당이 열이고, 출사出使(외교사설의 파견)가 열하나이고, 광물이 열둘이고, 전보와 우편이 열셋이다. 이 외에도 끊임없이 많아 일일이 거론할 수가 없다. 이 가운데 태반이 서양을 부유하고 강하게 한 기초이다. 그러나 앞으로 우리가 해야 할 것은 회남의 귤나무도 회북에 심으면 탱자나무가 되고 마는 것처럼, 있는 듯 없는 듯이 하면 실질적인 효과를 거둘 수 없다.(海禁大開以還所興發者亦不少矣. 譯署一也, 同文館二也, 船政三也, 出洋肆業局四也, 輪船招商五也, 製造六也, 海軍七也, 海署八也, 洋操九也, 學堂十也, 出使十一也, 礦務十二也, 電郵十三也, 拉雜數之, 蓋不止一二十事, 此中大半, 皆西洋以富以強之基, 而自吾人行之, 則淮橘爲枳, 若存若亡, 不能實收其效.)

"회남의 귤나무도 회북에 심으면 탱자나무가 된다."라고 말한 것은 그렇게 될 수밖에 없는 사회적 환경의 결핍을 말한 것이다. 이것은 또한 갑오전쟁의 실패에 따른 심층적인 사회적 원인을 가리킨 것이다. 중국은 단지 '기불여인器不如人(기물은 사람만 못한 것)'이었을 뿐만 아니라, 매우 큰 수준의 '인불여인人不如人(사람이 사람 같지 못한 점)'이 있었다. 그리고 봉건적 전통의 질곡 아래서 사람들의 정신이 억압을 받아, 사람들의 재주와 능력이 충분히 펼쳐지기 어려웠고, 사람들의 사고가 신속하게 제고되기 어려운 바가 있었다. 그러나 이것은 절대로 '기술의 개혁'만으로 해결할 수 있는 것이 아니었다. 중국의 근대화 개혁은 이 때문에 더욱 넓고 더 급격한 방향으로 바뀌어 간 것이다.

제2절

서학 · 계몽 · 구국

1. 서학의 충격

아편전쟁 후, 서학西學은 전면적으로 동쪽으로 점차 들어왔다. 이 과정은 비교적 완만한 것이었고 또 지속적이고 심각한 것이었다. 서학의 침투는 통상항구로부터 시작하여 점차 연해 지역으로 파급되었고, 또 내지의 여러 도시로 들어갔다.

서학은 먼저 사상적으로 예민한 사람들 중에서 반응하기 시작했다. 이러한 사람들의 신분은 제각기 다르지만 도리어 대개 '문화인'의 배경을 가지고 있었는데, 이른바, "선비는 서학을 배워서 남보다 낫고자 한다.(士子學西學以求勝人)"[28]라고 했다. 선비들이 뜻을 둔 것은 자연스럽게 사상문화의 영역에 있었다. 서학이 흘러들어와 전파되는 것은 근대 중국에 있어서는 얕은 것에서 깊은 것으로, 한 점에서 전면으로 미치는 과정을 겪는 방식이었다.

28 劉大鵬, 『退想齋日記』, 山西人民出版社, 1990년, 102쪽.

2. 세계로 시선을 돌린 선구자

아편전쟁 당시와 아편전쟁 이후의 시간대에 사대부들의 서방에 대한 인식은 혼돈된 표상에 정체되어 있었다. 한편으로, 솔선해서 세계로 시선을 돌린 선구자들은 자신을 인식하는 데 한계가 있었다. 임칙서林則徐의 『사주지四洲志』· 위원魏源의 『해국도지海國圖志』· 서계여徐繼畬의 『영환지략瀛環志略』, 요영姚瑩의 『강유기행康輶紀行』 등은 모두 초기 중국인이 서방의 상황을 스스로 찬술하여 소개한 저작물들로 매우 소중한 자료라고 할 수 있다. 그러나 이들이 소개한 서방의 상황이 상당히 초보적이고 잡다한 것이며, 심지어 적지 않은 착오도 있다. 외부세계에 대한 이해는 반드시 제한적일 수밖에 없는데 이러한 저술들은 주로 변법을 통해 자기 체계를 구축하는 방법들을 간단히 제시한 것이다. 위원은 이러한 방법을 "서양인으로서 서양을 담론한다.(以西洋人譚西洋)", "이렇게 함이 좋을 것이니, 외역인으로서 외역을 담론한다.(斯純乎, 以夷人譚夷地也.)"[29]라고 하였다. 그가 한 일은 주로 번역과 편집 배열에 있었다. 서계여는 더 솔직하게 "서양 제국의 강역과 형세, 연혁 및 산문, 시사 등의 정보는 모두 유럽의 잡지에서 구했다.(泰西諸國疆域 · 形勢 · 沿革 · 物産 · 時事, 皆取之泰西人雜書.)"[30]라고 밝혔다. 발췌 인용된 대상도 당시 접촉할 수 있었던 몇몇 서양인들의 저작을 간단히 정리해서 인용했다. 예를 들어 『사주지』는 영국인 모서慕瑞(H. Murry)의 『세계지리대전世界地理大全』의 일부를 번역했고, 『해국도지』는 이밖에 영국의 런던선교회(London Missionary Society)의 전교사 마례손馬禮遜(Robert Morrison)의 『외국사략外國史略』,[31] 미국 미부회美部會

29 魏源, 『海國圖志』(上), 岳麓書社, 1998년 校注本, 1,286쪽.

30 徐繼畬, 『瀛環志略』(凡例), (臺灣)近代中國史料叢刊 續編本.

31 魏源自己就承認, "『海國圖志』 60권, 何所據?一據前兩廣總督林尙書所譯西夷之『四州志』, 再據歷代史志及明以來島志及近日夷圖夷語, 鉤稽貫串." 『海國圖志 · 原敍』.

(American Board of Commissioners for Foreign Missions)의 전교사 비치문裨治文(E.C. Bridgman)의 『미리가합성국지략美理哥合省國志略』 등의 책을 참고했다. 『영환지략』에 있는 지도는 모두 미국 전교사 아비리雅裨理(David Abeel)의 세계지도책에서 채용한 것이다. 이런 사람들 중에는 교회 인사가 많은데 이들은 전문적인 인사가 아니라, 과학에 대해서는 체계적으로 이해하지 못하고, 또한 종교적으로 속박된 이들이었다. 상술한 것처럼, 눈을 크게 뜨고 세계를 보았던 선구자들도 여러 번 헤아리며 애써 번역하였지만, 당연히 결루와 오류를 피하기 어려웠다.

다른 한편, 곧 이러한 평가절하된 작품들은 아편전쟁 뒤의 상당 시간 그 사회적 영향력이 매우 한정적이었다. 당시 사람들이 이해한 '서방' 세계는 보편적으로 약간 흥미로운 소문이나 야사, 호기로운 자들의 말과 천방야담天方夜譚(아라비안나이트)과 같은 측면에 정체되어 있었다. 예를 들어, 당시 청조 사람들이 '영이英夷(영국 오랑캐)'의 사정에 대해서 가장 관심이 많았던 것은 곧 '여주女主(여왕)'의 습속이었다. 1832년(도광 12)에 쓰인 소영유蕭令裕의 『영길리기英吉利記』에는 "영길리인(영국인)은, …… 시집갈 때 여자의 선택을 들어주며, 여왕은 재물이 풍성하고, 남편은 처와 여종이 없으며, 나라에서는 왕 이하 여자를 중시하고 남자를 경시하지 않는 사람이 없다.(英吉利人, …… 婚嫁聽女自擇, 女主貲財, 夫無妻媵, 在國王以下莫不重女而輕男.)"[32]라고 했다. 강소의 문인 진봉형陳逢衡의 『영길리기략英吉利紀略』과 안휘의 생원 왕문태汪文泰의 『홍모번영길리고략紅毛番英吉利考略』은 당시 영국의 사정을 소개한 얼마 되지 않는 저작 중의 하나인데, 또한 특별하게 "지금의 국왕은 이 여주이다.(現今國王系女主)", "그 나라 소속 이웃나라의 두 왕자를 사위로 삼았다.(贅所屬隣國之二王子爲婿)"라고 했다.[33] 1840년 8월 영국군이 먼저 천진의 백하구白河口에 이르고 직

32 蕭令裕, 『英吉利記』, 中國近代史資料叢刊 『鴉片戰爭』(1), 20쪽.

례총독直隸總督 기선琦善이 사람을 파견해, 영국의 "국왕이 죽은 지 4년이 되었으며, 또 뒤를 이을 왕자가 없고 공주 한 사람뿐인데, 나이가 아직 성년이 되지 않았지만, 그가 곧 지금의 여왕이다.(國王已物故四年, 并無子嗣, 僅存一女, 年未及笄, 即爲今之國王.)"라는 사정을 알고서, 여주를 왕으로 삼은 것은 체통이 없는 것이라고 보았다. "또 이 사람이 왜 시집을 가지 않았는지 알아보고서, 지난번 그 나라 여자가 결혼한 것은 모두 스스로 선택했다는 말에 근거하여, 이것 또한 그 스스로에게 맡긴 것이다.(又詢以此人何不適人, 據稱向來該國女子許嫁, 均系自行選擇, 玆亦任其自主.)"라고 하였다. 그렇게 스스로 대상을 선택한다는 것은 더욱 기선 등으로 하여금 이들이 금수와 같다고 인식하도록 한 것이다.

> 이러한 까닭에 오랑캐 나라는 개나 양 같은 성질을 가졌으며, 애초에 예의나 염치를 알지 못하니, 또한 어찌 군신과 상하를 알겠는가라고 하였다. 또 나이 어린 여자가 오히려 짝을 선택하는 것을 기다린다면 나라가 나라답지 못할 것이고, 강토를 보존하는 데 뜻이 본래부터 있지 않은 것이다.(是故蠻夷之國, 犬羊之性, 初未知禮儀廉恥, 又安知君臣上下. 且系年輕弱女, 尙待擇配, 則國非其國, 意本不在保玆疆土.)[34]

'남경조약南京條約' 체결 당일, 흠차대신 기영耆英(1787-1858)은 약정서 조항을 조정에 상주할 때, "영국 오랑캐는 여자를 중히 여기고 남자를 가벼이 여겨, 남편은 부인에게 제압당한다.(英夷重女輕男, 夫制于婦.)"라는 한 문장을 일부러 삽입하였다.[35] 그 당시 강소포정사江蘇布政使 이성원李

---

33 胡秋原 編, 『近代中國對西方及列强認識資料彙編』 第1輯, (臺北)近代史研究所, 1984년, 860-862쪽.

34 『鴉片戰爭檔案史料』 제2책, 393쪽.

35 『鴉片戰爭檔案史料』 제6책, 158-159쪽.

星沅(1797-1851)이 남경조약을 봤을 때 최초의 반응도 역시 "오랑캐 부인과 대황제가 나란히 글을 써서(夷婦與大皇帝竝書)" 사인을 한 것에 대해 이해할 수 없다고 하였다.[36] 전쟁 이후 광동순무 황은동黃恩彤(1801-1883)은 중국과 영국 쌍방의 우열을 면밀히 비교하고서 영국인에게 있어 불리한 조건 중 하나는 "남편은 부인에게 제압당한다.(夫制于婦)"[37]는 것이라고 하였다. 광주에 나타난 「전월의사의민공격全粵義士義民公檄」이라는 전단지에도 "영국에만 있는 것으로 그 임금은 여자를 함부로 대하고 남자를 함부로 대하며, 그 사람들은 날짐승과 같고 들짐승과 같아 흉악한 성격이 호랑이보다 심하다.(乃獨有英吉利國, 其主忽女而忽男, 其人若禽而若獸, 凶殘之性, 甚于虎狼.)"[38]라고 하였다. 아편전쟁은 중국과 서양이 벌인 최초의 대규모 충돌이었다. 조정과 민간은 이로 생긴 상처와 깊은 아픔, 크고 많은 문제에 대해 못 본 체하고 합의도 못하였는데, 오히려 영국 여왕에 대해서는 대단히 강한 흥미를 갖고 있었다. 이것은 어떤 종류의 '여색 사냥'과 호기심을 만족시키는 것 이외에도 잠재적인 심리, 곧 여자 군주가 정치에 간섭하는 상황은 오래 지속되지 못한다고 하는 전통적인 심리와도 관계가 있다. 당시 중국인 대다수는 이것을 여인이 정치를 어지럽힌다고 하거나 암탉이 새벽에 운다(여성이 정권을 쥐고 암탉이 아침을 알린다는 뜻으로 나라가 망할 징조를 비유한 것, 『서경書經』「목서牧誓」에 보임)고 표현했는데, 이것은 중국의 전통적인 이념이 여성을 멸시해 온 것임을 상징할 뿐 아니라, "오랑캐의 행동은 금수와 같다.(夷人行同禽獸)"거나 "사람과 금수는 다르다.(人禽之辨)"라고 하는 유교적 성인의 명제가 진실이라는 것을 증명하려고 한 것이다.

패전 후의 교훈을 총괄하여 중국과 서양을 비교하는 것은 물론 좋은 방

---

36 『李星沅日記』 上冊, 中華書局, 1987년, 428쪽.

37 黃恩彤, 『撫吏論』, 中國近代史資料叢刊 『鴉片戰爭』(5), 435쪽.

38 佐佐木正哉, 『鴉片戰爭의 研究』(資料編), (東京)近代中國研究會, 1964년, 303쪽.

법이었다. 그러나 시야가 좁았기 때문에 이러한 총괄에서 나온 결론은 오히려 우매함만을 드러냈고, 시야 역시 전통문화가 오랫동안 축적되어 형성한 틀에서 벗어날 수가 없었다.

3. 기독교와 태평천국

서양 문화가 중국 사회에서 비교적 큰 반향을 불러일으킨 것은 '서교西敎(기독교)' 때문이었다. 1850년대를 전후로 '서교'는 먼저 사회의 하층에 위치한 문인과 민중 속에서 효력을 발휘하였고, 더 나아가서는 사회적 사건인 태평천국운동을 일으켰다. 중화문명사에서 태평천국처럼 서양 종교의 영향을 받아 일어난 대규모 민중운동의 역사적 사례는 거의 찾아보기 힘들다. 홍수전洪秀全(1814-1864)은 '천부天父'라는 상제에 의해 '진명천자眞命天子'로 인정을 받아 '태평천왕대도군왕전太平天王大道君王全'에 봉해졌음을 자처하였다. 홍수전 외에도 한 지도자인 양수청楊秀淸(1821-1856)이 1848년(도광 28) 음력 3월 3일에 "천부를 대신하여 말을 전하는(代天父傳言)" 자격을 얻어 상제(신)의 명의로 선포한 최초의 명령은 "고로산산령준정高老山山令遵正, 십자유일필기기十字有一筆祈祈"라는 것인데, '고로高老'는 상제를 가리키고, '산산山山'은 조합하면 '출出' 자가 되고, "십 자에 한 획을 긋는다.(十字有一筆.)"라고 한 것은 '천千' 자가 되니, 조합하면 "상제께서 내린 영에 천 번 기도하며 바르게 따를 것입니다.(上帝出令千祈遵正)"라는 뜻이다. 말하자면 상제가 모든 것을 지배한다고 하는 패자로서의 기개를 분명히 한 것이다. 또 다른 지도자 소조귀蕭朝貴(1820?-1852)도 같은 해 9월 9일에 "천형을 대신하여 말을 전하는(代天兄傳言)" 자격을 획득하고, 예수의 화신이 재현했다고 일컬어졌다. 이들이 차례로 인간계에 불러 모은 기독교 세계의 지도자들은 "하느님을 받드는 종교(拜上帝敎)"를 국교로 정하고, 상제를 유일의 진신眞神으로 받들어, 다른 우상숭배가 없는 엄격한 일신교를 실행했다. 상제는 지극한 곳에 존재한다고 하는 성전聖典과 상제 앞에서 사람들은 똑같은 원죄를 가지고 있다고 하는 평등관을 신봉하며, 안식일과 각종 종교의식을 준수하고, 나아가서는 국가·군대·전 인민의 종교화까지도 실제로 행하였다. 1851년 초, '배상제회拜上帝會'라는 서양 종교와 중국 농민을 결합한 기묘한 집단은 '금전기의金田起義'를 발동하고 '태평천국'을 세웠다. 태평군은 종교로 대중을 모으고 사기를 고무시키는 정신적인 원동력을 가져서, 그 장병은 청군의 포로가 된 후에도 "고문의 형벌을 가해도 두려워하거나 애원하며 죽음을 면케 해 달라고도 하지 않고, 그들의 천부·천형이 말했다는 삿된 말에 의지하여 죽음에 이르러도 변치 않았다.(加之刑拷, 毫不知所驚懼及哀求免死情, 仗其天父天兄邪謬之說, 至死不移.)"[39]라고 전해진다. 초기 태평군은 마치 노도와 같은 힘을 가진, 녹아 흐르는 쇳물처럼 강한 군대로 향하는 곳마다 필적이 없었다. 1853년 3월 19일, 50만의 태평군은 남경을 공격하여 점령하고 '천경天京'이라고 고쳐 불렀다. 홍수전은 수재秀才로 과거에 낙방한 서생이었는데, 그 자신도 완전히 이해하지 못한 서양종교의 힘을 빌려 사회의 모순이 격화되는 중국 땅에서 권세를 믿고 그 세력을 타고서 청 정부에 결연하게 맞서 신정부를 구축하였다.

홍수전은 '상제교'라고 하는 큰 깃발을 걸고 도관·사원·용왕묘·공자묘 등의 파괴를 개시하고, 공자·맹자와 같은 성현의 서책조차도 "불속에 던져 태워도 시원치 않고, 그것을 태우고 물에 쏟아버려도 시원치 않다. 그것을 읽는 자도 베고, 가진 자도 베고, 사는 자·파는 자도 함께 벤다.(拋之不及以火燒, 燒之不及以水澆. 讀者斬, 收者斬, 買者賣者一同斬.)"[40]라고 하였다. 기독교는 본래 강렬한 배타성을 지닌 문화체계로 유학을 주체

---

39 Public Record Office, British Foreign Office Record, 931/1265.

40 馬壽齡, 『金陵癸甲新樂府』, 中國近代史資料叢刊 『太平天國』(4), 神州國光社, 1952년, 735쪽.

로 하는 중국의 전통적 문화구조와 직접적으로 충돌하였는데, 이것이 홍수전이 채용한 문화 단속 정책의 중요한 출발점이었다. 1853년, 남경이라는 의례儀禮가 번영한 땅을 수도로 정하고, 홍수전은 유교를 금지하고 불교를 파괴하며 도교를 궤멸시키고 풍속을 조사하는 태도를 점점 격화시켜서 태평천국이 편찬한 것과 '발행 인가(旨准頒行)'를 받은, '참 도서(眞道書)'만을 세상에 유통할 수 있다고 규정하고 "지금의 진도서는 3종, 다름 아닌, 『구유조성서舊遺詔聖書(구약성서)』, 『신유조성서新遺詔聖書(신약성서)』, 『진천명조서眞天命詔書(또는 진약眞約)』 등과 홍수전 등 태평천국 지도자들의 저작이다.[當今眞道書者三, 無他也, 舊遺詔聖(聖經舊約), 新遺詔聖書(聖經新約), 眞天命詔書(又稱眞約), 爲洪秀全等太平天國領導人的著作也.]"[41]라고 하였다. 그 외의 모든 서적은 단속 대상이 되었다. 이러한 엄격한 사상 통제정책의 근원은 기독교에서 이단을 배척하는 일신교 사상 때문이었다. 홍수전과 그의 전우들이 부패한 청나라 정권에 저항하며 널리 민중을 불러 모은 것은 일종의 역사적 진척이 드러난 것이기도 했다. 그가 기독교를 무기로 삼아 수도의 문을 처음 열었을 때 국민들의 서학에 대한 일반적 인식 수준을 드러냈던 것 또한 중국인이 서방에서 진리를 찾으려고 했던 일종의 노력이었다. 그러나 홍수전이 채택한 여러 가지 정책 가운데, 특히 중국의 전통문화에 대한 배척은 시대와 군중으로부터 유리되어 그를 실패로 향하게 한 중요한 문화적 요인이 되었다.

---

41 『眞約』은 두 방면으로 서적이 구성되어 있다. 첫째는 천부 · 천형의 聖旨와 이하 활동을 기록한 전적으로 현재 7종 8부인 『天條書』, 『天命詔旨書』, 『天父上帝言題皇詔』, 『天父詩』, 『天父聖旨』, 『天兄聖旨』와 『天父下凡詔書』(전후 서로 관련된 2부를 포괄함) 등으로 알려져 있다. 두 번째는 洪秀全이 하늘에 올라가 명을 받고 내려와 무릇 主가 된 것과 이른 시기의 행적을 기록한 책인데, 현재 알려진 것은 『王長次兄親目親耳共證福音書』, 『太平天日』 2부이다. 합해 9종 10부임.

4. '중체서용'이라는 서양관

태평천국이 실패로 끝나고, '중체서용中體西用'관은 서학에 대한 중국인의 중심적인 인식이 되었다. 태평천국 후기의 지도자인 홍인간洪仁玕(1822-1864)은 일찍이 실시해 본 적이 없는, 서양으로부터 배우자는 하나의 청사진인 『자정신편資政新篇』을 입안하였다. 그것의 역사적 유명遺命은 적이었던 증국번과 이홍장 등 양무파洋務派에 의해 계승되었다. 증국번과 그 동료들은 『자정신편』에서 말하는 '서양으로부터 배우는 방책'을 완전히 답습한 것은 아니어서 다른 점이 있다. 양무파는 '서교(서양의 종교)'나 '서정西政(서양의 정치)'에는 흥미가 없었다. 그들이 서양문명의 도입에 크게 관심을 가졌던 것은 대부분 '서기西器(서양식 도구: 기선, 무기류 등)', '서기西技(서양의 기술)'의 측면에 머물렀는데, 그러한 문화관을 설명한 것이 '중체서용'이다.(비슷한 말로 '중본서보中本西輔', '중도서기中道西器', '중도서예中道西藝', '중본서말中本西末' 등이 있다.) 중체서용론자가 강하게 주장한 것은 청조의 정치제도, 정부의 이데올로기, 중국의 정통문화는 뭐든 최고이고 최선이며, 서양문명이 중국에 대해 우세한 것은 강한 군함과 강한 함포, 자연과학과 기술 정도에 지나지 않는다는 것이있다. '체용관體用觀'을 이론화한 장지동張之洞(1837-1909)은 엄격하게 '중체'와 '서용'의 경계를 정하고, 이른바 "오륜의 요지, 백행의 근원은 대대로 전해 온 것으로 수천 년에 걸쳐 다시는 이의가 없다. 성인이 성인이 된 까닭, 중국이 중국이 된 까닭은 실로 여기에 있다.(五倫之要, 百行之原, 相傳數千年更無異義. 聖人所以爲聖人, 中國所以爲中國, 實在于此.)"라고 하였다. 이 '체體'의 범주에 속하는 것은 서양에서 배울 필요는 없다고 하였다. 한편 "학교, 지리, 탁지(재정), 부세(조세), 무비(군비), 율례(법률 예규), 권공(공업권장), 통상(무역), …… 산술, 회화, 광물, 의학, 성, 광, 전, 화(學校, 地理, 度支, 賦稅, 武備, 律例, 勸工, 通商, …… 算, 繪, 礦 ,醫, 聲, 光, 電, 化)" 등 '용用'의 범주에 속하는 것은 서양 것에서 배우는 것이 좋다고 하였다. 간단히 말하면 "중국학은 내학內學이고, 서양학은 외학外學으로, 중국학은 신심身心을 다스리고, 서양학은 세상 일에 대응한다.(中學爲內學, 西學爲外學, 中學治身心, 西學應世事.)"라는 것이다. 이리하여 "시대에 뒤처져 무용하다는 비방을 면하고, 또한 다스림을 벗어나고 도를 등지는 폐단을 근절하는 것(旣免迂陋無用之譏, 亦杜離經叛道之弊)"[42]이 가능했다. 19세기 후반기의 정부 혹은 준정부에서 주류가 된 이데올로기나 정치문화관으로서 '중체서용'이 선택되지 않을 수 없었던 것은, 실제로 지극히 큰 시대적 과제였다. 즉, 어떻게 전통과 근대, 중국학과 서양학의 관계를 처리할 것인가 하는 것이다. 이것은 명청 시대에 예수회 전교사가 중국에 온 이후, 특히 아편전쟁 이후, 또 특히 양무운동이 시작되고 나서부터 늘 중국인을 고민하게 한 큰 문제였다. 1900년의 의화단사변義和團事變 이후, '중체서용'관은 점차 쇠퇴하였다. 그러나 주어진 문제는 전혀 해결되지 않은 상태에서, 전통의 고수인가, 전면적인 서양화인가, 혹은 중학도 있고 서학도 있는 것인가, 그렇지 않으면 서학중원西學中源(서양 학문의 원류는 중국이라는 생각)인가 등 다양한 이론이 많이 나왔지만 모두 '중체서용'관이라는 뿌리에서 퍼져서 각 시기에 그 양태를 변형한 것에 지나지 않았다.

5. 구국과 계몽의 이중 사명

청일전쟁에서의 패전은 양무운동의 종결을 고하고, '중체서용'관의 부족함도 분명하게 드러냈다. 이 자리를 대신한 것이 '무술사조戊戌思潮'인데, 그것은 서학에 대해 개방적으로 바라보려는 사회 사조였다. 청일전쟁

42 張之洞, 『勸學篇』, 『張之洞全集』, 제12책, 河北人民出版社, 1998년, 9,715 · 9,740 · 9,767쪽.

에서 '가장 작은 소국'인 일본은 당당한 대청왕조를 패배시켰다. 비통하고 고통스런 전쟁이 준 교훈 중의 하나는 일본이 결연하게 '탈아입구脫亞入歐(아시아를 벗어나 유럽의 경지에 든다.)'를 실행하여 국력을 급격히 강화시킨 것이었다. 일본인이 달려간 길은 더 큰 수준에서 서학을 받아들인 것으로, 단지 '용用'의 측면에서만 서양을 학습한 것이 아니라 '체體'의 측면에서도 서양을 본받을 필요가 있다는 것이었다. 청일전쟁 후 수년간은 중국사상계의 중요한 전환기였다. 이때부터 중국은 비로소 자각적이고 지혜롭게 외국을 향해 학습하는 역사적 도정에 비교적 정식으로 매진하였다. 중국인의 서학에 대한 이해도 감성적인 '힘'이라는 낮은 수준에서 이성적인 '지智'의 수준까지 깊이 파고 들어가 근대 문화의 정신인 근대인문주의와 계몽정신에 대한 자각을 드러냈고, 또 진일보하여 서양의 사상문화와 중국의 전통적 사상문화가 최초로 대융합을 일으켰고, 이에 '유신사조維新思潮'가 탄생하였다. 국가의 위급존망을 구하기 위해서는 중국인의 자각을 불러일으키는 것부터 시작해야 했고, 계몽과 구국은 무술 시기의 사람들에게 이중의 역사적 사명이 되었다.

6. 박학한 선비와 배움이 없는 이의 순간적인 변화

유신사상의 가장 대표적인 인물은 강유위康有爲(1858-1927)이다. 강유위는 어린 시절에 경학을 익히고 고향인 광동성 남해南海(지금의 광동성 불산시佛山市)의 백운동白雲洞에서 불교·도교를 배웠지만 사상적인 활로를 찾을 수 없었다. 이후, "홍콩을 잠시 탐방했을 적에 서양인 가옥의 아름다움, 도로의 청결함, 경찰의 엄격함을 눈으로 보고 처음으로 서양인이 나라를 다스림에 있어 법률이 있음을 알았다. 옛날의 오랑캐처럼 그들을 보아선 안 된다.(薄遊香港, 覽西人宮室之瑰麗, 道路之整潔, 巡捕之嚴密, 乃始知西人治國有法度, 不得以古舊之夷狄視之.)"라고 생각했다. 중국과 서양의 차이는 그의 사상에 큰 충격을 초래하였고, 거기에서, "점차 서학을 다룬 책을 손에 넣고 서학을 익힐 기초로 삼았다.(漸收西學書, 爲講西學之基矣.)"[43]라고 하였다. 1890년에 강유위가 광주의 운구서옥雲衢書屋에 이주하면서 양계초梁啓超(1873-1929) 등이 내방하였다. 다음은 양계초의 기억이다.

> 그때 나는 젊은이로서 과거시험을 위해 당시 중히 여기던 훈고사장을 공부하여 자못 아는 바가 있었고, 이내 자만에 빠졌다. 선생(강유위)이 큰 바다와 같은 소리로 사자후를 토하였는데, 내가 끼고 있던 수백 년 동안의 쓸데없던 구학문을 조목조목 들어서 분명하게 비판하여 미루어 함몰시키고 환히 트이도록 말끔히 쓸어냈다. 아침부터 면회하여 밤이 되어 나오니 등에 냉수를 끼얹고, 머리에 몽둥이를 얻어맞은 것 같았다. 하루아침에 옛 요새를 모두 잃게 되니 망연하여 어찌 할 줄을 몰랐다.[時余以少年科第, 且於時流所推重之訓詁詞章學, 頗有所知, 輒沾沾自喜. 先生(康有爲)乃以大海潮音, 作獅子吼, 取其所挾持之數百年無用舊學, 更端駁詰, 悉舉而摧陷廓清之. 自辰人見, 及戌始退, 冷水澆背, 當頭一棒, 一旦盡失其故壘, 惘惘然不知所從事.][44]

이에 양계초는 곧 절하고 강유위를 스승으로 삼았다. 이것이 '신학新學'의 힘이었다. 서학의 조류에 의한 충격으로 구학을 많이 배웠던 이들이 순식간에 무지한 사람이 되어 버렸다. 이른바 지식이 순식간에 없어진 심신을 체험한 것은 양계초뿐만 아니라 전통적인 지식인이 새로운 지식계층으로 바뀌어 가던 때, 그 한두 세대의 사람들이 공유했던 심리적 변화의 과정이었다.(그림 13-6)

---

43 康有爲, 『康南海自編年譜』, 中國近代史資料叢刊 『戊戌變法』(四), 上海人民出版社, 2000년, 115쪽.

44 丁文江 · 趙豊田, 『梁啓超年譜長編』, 上海人民出版社, 1983년, 23쪽.

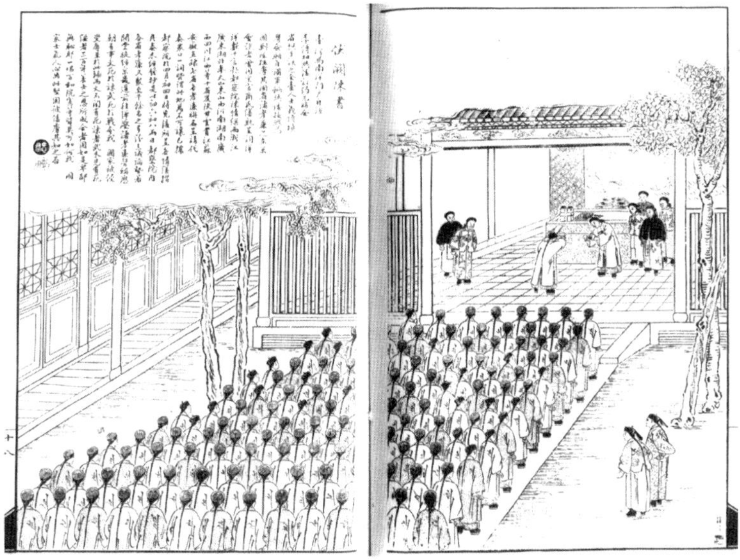

그림 13-6 『점석재화보點石齋畫報 · 공거상서도公車上書圖』. 지방의 졸업생들이 법원에 탄원서를 제출하는 그림. 광서 말 상해 동아사東亞社 석판인쇄.

7. 무술 시대의 사조

강유위를 영수로 하는 유신파는 광서제光緖帝를 받들고 '제당帝黨'과 제휴하여 청일전쟁 후 나타난 서구열강이 중국의 영토를 분할하려는 미친 조류에 격분하고 '보국保國', '보종保種', '보교保敎'란 기치를 들고 1898년 6월 11일부터 9월 21일까지 3개월의 짧은 기간에 위로부터 아래로의 전면적인 개혁을 실시했다. 개혁은 급진적인 것이었고 또한 취약한 것이었다. 유신파는 전환기의 아직 꼴을 갖추지 못한 모임의 분파로 그들 가운데는 매우 방잡厖雜한 사상을 가진 강유위가 있었고, 공양학公羊學 · 송명이학 · 불교의 대승사상 등과 같은 전통을 계승한 이들이 있었으며, 사회진화론 · 삼권분립의 정치체제론 · 근대의 민족민주관념 등과 같은 서학에서 얻은 것으로 반도 익지 않은 이론을 가진 이들도 있었다. 이론의 미성숙은 개혁파(유신파)의 변법방안의 구상을 극히 미숙한 것으로 만들었다. 백일유신(무술변법)의 103일 동안에 광서제는 개혁에 관계된 칙유를 230여 조나 공포하였고, 각 방면에 영향을 미쳤는데 결과를 서둘렀기에 변법의 칙령으로 공포된 수많은 것들은 지리멸렬하였으며, 선후책이 없고 기능성이 갖춰져 있지 않았다. 또, 소수의 사람들이 힘을 다해 널리 퍼뜨리는 시책은 별안간 많은 사람에게 직접적인 이익을 가져왔지만 개혁의 대립적 국면도 확대시켰다. '무술 6군자' 중의 한 사람인 강광인康廣仁(1867-1898)은 정변이 일어나기 전부터 위기의 기미를 발견하고서, 다음과 같이 말했다.

> 백형(강유위)은 규모가 심히 크고, 지기가 심히 예리하며, 속에 품은 것이 심히 많고, 뜻을 함께하는 이는 매우 적다. 거행하는 것은 심히 크다. 이때를 당하여 배격하는 자, 꺼리는 자, 해치는 자, 비방하는 자가 거리에 넘치고 골목에 가득하였다. 그러나 위로는 또한 권력이 없으니 어찌 능히 일을 이룰 수 있었겠는가?[伯兄(康有爲)規模太大, 志氣太銳包攬太多, 同志太孤, 擧行太大. 當此排者 · 忌者 · 擠者 · 謗者盈街塞巷, 而上又無權, 安能有成?][45]

자희태후(서태후)와 보수파가 손을 잡고 개혁파를 피의 강에 던져 버렸다. 하나의 정치운동으로서의 백일유신은 단명하여 실패로 끝나버렸으나, 넓은 의미에서의 사회문화운동으로서 그 공적은 당연히 존재한다. 무술운동은 중국 역사상 최초의 자산계급에 의한 대규모 사상계몽운동이었고, 중국 근대사상 최초의 사상해방운동이었다. "그때 지혜가 갑자기 열려서 온 세상의 물길이 끓어올라 막을 수 없을 것 같았다.(斯時智慧驟開,

45 張元濟 編輯, 『戊戌六君子遺集』 제6책(上海) 商務印書館, 1917년.

如萬流沸騰, 不可遏抑.)"[46]라고 할 정도였다. 운동 중 유신의 지사들은 서양 학문을 계몽의 무기로써, 서양의 강한 군함과 강한 함포를 배우려고 하였을 뿐만 아니라, 서양의 사상문화를 배울 것도 요구하였다. 그들은 자연선택의 진화론을 가지고 변법의 필요성과 긴급성을 논하였고, 자유평등은 천부인권이라는 계몽학설을 가지고 군주와 민중의 관계에 대해 새로운 이념을 상세하게 만들었다. 그리고 구국에는 변법이 필수이고 변법에는 서양의 새 사상을 배우는 것이 필수라는 생각을 가지고 전면적인 서학 도입의 중요성을 논증하였다. 이 모든 것은 깊고 넓으면서도 완전히 새로운 것이어서 그 이전 서양으로부터 배우자는 것으로의 자발적인 태도나 수동적인 국면을 전환시켜 "청말 사상계의 혁명을 전개했던 것은 더욱 중요한 일이었다.(開出晚淸思想界之革命, 所關尤重.)"[47] 어떤 의미에서는 유신의 지사들에 의한 주된 역사적 공헌은 정치면에 있지 않고 문화면에 있었는지도 모르고, 또 무술변법에 있지 않고 무술사조에 있었는지도 모른다. 무술 시기에 초보적으로 결정된 신문화의 구소체세도 중화문명이 고대에서 근대로 들어오는 역사적 과정에서 결정적인 의의를 가진 중요한 역할을 발휘하였다. 또 중국의 전통문명이 근대문명으로 주체적인 변화를 한 것이 이 시기이고, 중국 근대의 문화교육사업의 각 부문이 출현한 것도 거의 모두 무술 시기에서 그 원류를 찾을 수 있다.[48]

8. 근대적 문화교육사업의 원류

교육 분야에서 중국의 근대적 신식 학당은 서양인에 의해 최초로 창설되었다. 1834년 영국 국적의 온사특溫斯特(Wanstall)이라는 여성이 자신의

---

46 無涯生, 「論政變爲中國不亡之關係」, 『淸議報』 제27책, 光緖 25년 8월 11일자 기사.
47 梁啓超, 『中國近三百年學術史』, (上海) 中華書局, 1936년, 193쪽.
48 吳廷嘉, 『戊戌思潮縱橫論』, 中國人民文學出版社, 1988년 참조.

거처에 세운 '오문여숙澳門女塾'이 중국에 세워진 최초의 서양식 학당이다. 1860년대가 되면 기독신교가 중국에 창설한 각종 학교가 적어도 50개소가 되었고, 천주교 학교에 대해서는 통계가 없지만 기독교 학교의 수보다 적지는 않았을 것이다. 중국인이 스스로 창설한 새로운 학당은 양무파에 의해 시작되었는데 이들 학당은 일반적으로 규모가 작고 과거科擧라는 정도正道에서는 멸시를 받았다. 사회적으로도 이단 취급을 받았고, 주로 군대, 혹은 기업에 부속된 전업 훈련적 성격을 가진 간이학당이었다.

갑오전쟁 이전 중국의 전체 유학생 수는 200명이 되지 않았고, 1896년 중국에서 일본으로 유학한 학생은 겨우 13명이었다. 이와는 상대적으로 당시 중국의 구식 서원은 약 4,500개소가 있었고 수재秀才는 90만 명, 동생童生은 200만 명이 있었다. 유신운동 시기에는 과거의 구제도에 대해 개혁을 공포하고 동시에 전국적인 신식학교 체계를 구축하였다. 중세와 근대의 교육체제 사이에는 근본적인 차이가 있는데, 옛 학문은 과거시험을 목표로 하여 주로 통치자를 위한 신하를 육성하는 것이었다면, 새로운 교육체계는 사회를 향하여 사회 전체를 위한 인재를 육성하는 것을 목표로 하였다. 거기에 새로운 사람들은 모두 명확한 인식을 가지고 교육이란 "선비에게만 미치지 않고, 평민에게도 미치도록 하고, 도성에만 세울 것이 아니라, 널리 향촌에도 세울 것(不當僅及于士, 而當下達于民, 不當僅立于國, 而當遍及于鄉)", "반드시 전국 4억 민중이 모두 배움에 나오게 하는 것(必使四萬萬之民皆出于學)"[49]이라고 하여 국민 모두 교육을 받는다는 관념을 깨우치도록 했다. 신식 교육은 이때부터 크게 일어났다. 1896년 1월, 어사 진기창陳其彰이 우선 서양을 모방할 것을 제안하여 소학·중학에서 '상학上學(대학)'까지의 새로운 학교체제를 만들어 올렸다. 조정은 전국에 소학·중학에서 대학까지 국제사회와 연계된 근대 3급 학제[50]를 보급하

49 『中國近代史資料叢刊·戊戌變法(2)』 220쪽.

였다. 1909년이 되면 새 학교는 이미 5만 9,117개소에 달하였고, 학교에 다니는 학생의 수는 160만 명을 넘었다. 또 1905년에는 일본에 유학하는 학생만 8천 명을 넘어서 "수천 년 역사를 이어온 나라로서, 동아시아 문명의 영수로서, 얼마 되지 않은 사이에 일변하여 신하가 되어 가르침을 받고 제자 나라라 칭하게 되었다. 천하의 수치로 어느 것이 이보다 심하겠는가!(以數千年之古國, 東亞文明之領袖, 曾幾何時, 乃一變而北面受學, 稱弟子國. 天下之大恥, 孰有過于此者乎.)"[51]라고 기록되어 있다. 이것은 괴로운 과정이었고 또 필요한 과정이었는데, 중국의 교육은 이 성쇠나 전환의 과정 속에서 하나의 시대를 열었다.

무술 시기는 교육뿐만 아니라 특별히 기록할 만한 두 가지 큰 사건이 있었다. 하나는 중국인이 스스로 창설한 최초의 여학교인 경정여학당經正女學堂의 출현이다. 인구의 반 이상을 차지한 여성에게 근대교육을 위한 문호를 크게 열어준 것은 중국의 새 세대 여성의 탄생을 상징하는 것이다.[52] 두 번째는 중국 최초의 근대 국립대학인 경사대학당京師大學堂의 출현이다. "대학당은 각 성의 모범이 되어 만국에서 우러러보는 바, 규모에 있어서 지극히 크고 조리에 있어서 지극히 자세하고 세밀하다.(大學堂爲各省之表率, 萬國所瞻仰, 規模當極宏遠, 條理當極詳密.)"라고 하였는데,[53] 중국 근대 고등교육 체계는 여기에서부터 구축되어 왔다.

50 朱壽朋 編撰, 『光緒朝東華錄』 제4책, 中華書局, 1958년, 4,093쪽.

51 胡適, 『非留學篇』, 周質平 編, 『胡適早年文存』, 臺北遠流公司, 1995년, 353쪽.

52 「上海創設中國女學堂記」, 『萬國公報』 제125권.

53 北京大學與中國第一歷史檔案館編, 『京師大學堂檔案選編』, 北京大學出版社, 2001년, 26쪽.

9. 문화의 전파 수단, 새로운 미디어

근대 중국의 미디어사업은 외국인에 의해 개시되었다. 1815년 8월 5일 런던 전교회의 전교사인 미련米憐(William Milne, 1785-1822) 등이 말라카에서 최초로 중국인을 대상으로 한 중국어 잡지 『찰세속매월통기전察世俗每月統記傳(Chinese Monthly Magazine)』을 창간하였고, 1822년 9월 12일 천주교회가 오문澳門(마카오)에서 『밀봉화보蜜蜂華報(Abelha da China)』를 간행했다. 이것은 중국 땅에서 최초로 나온 외국어(포르투칼어) 잡지이다. 1890년대 중기까지 중국에는 이미 12개의 신문, 잡지가 존재했는데 기본적으로는 외국인이 취급하였고, 주로 상해 등의 지역에 집중되어 사회적인 영향에는 한계가 있었다. 무술 시기가 되면 중국에서 근대 미디어의 역사가 발흥하는 국면이 시작된다. 새로운 사상은 새로운 전달수단을 필요로 했고 새로운 논의는 새로운 미디어를 조장하여 양자는 서로 힘을 맞춰가며 발전해 갔다. 1895년부터 1898년 사이에 다양한 새 신문, 새 잡지 약 60종이 출현하였고, 대부분 중국인이 스스로 창간하여 무역항뿐만 아니라 성도, 서안, 계림 등의 내륙 도시까지 보급되었다. 그 가운데 영향이 가장 큰 『시무보時務報』는 15개 성과 일본, 동남아시아까지 판매대리점이 67개소나 설치되었고, 판매량은 1만 부를 넘어 "중국에 신문과 잡지가 나오고 나서 일찍이 없었던 일(爲中國有報以來所未有)"이라고 하였다. "이 신문은 지극히 유명하여 지식인 중에 즐겨 읽지 않은 이가 없고(此報名貴已極, 讀書人無不喜閱)", 주필인 양계초는 이에 의해 명성을 얻었다.

> 당시 『시무보』가 성행하면서 양계초의 이름은 별안간 높아져 사대부들은 그 언어나 문장의 훌륭함을 사랑하였고 다투어 그에게 몸을 던졌다. 대도시에서 아래로는 비루한 시골구석까지 새 도회(지금의 광동성 강문시江門市)의 양씨(양계초)를 모르는 사람이 없다.(當時務報盛行, 啓超名重一

時, 士大夫愛其語言筆札之妙, 爭禮下之. 自通都大邑, 下至僻壤窮陬, 無不知有新會梁氏者.)[54]

양계초는 이처럼 중국 최초의 근대 미디어의 힘을 빌려서 순식간에 유명인이 된 선례로 알려져 있다. 당시 외국인이 창간한 『자림서보字林西報(North China Daily News)』는 일찍이 무술 시기의 신문미디어 사업이 흥륭한 것을 평가하여 그 이후에 신문, 잡지를 읽는 것이 중국인의 '관습'이 되기 시작하였고 사회생활에 있어서 하나의 불가결한 요소가 되었다고 서술하였다.

유신운동은 중국인이 근대적 출판기관을 창설하는 새로운 기풍을 일으켰고, 구식 출판사나 서점은 거의 모습을 바꾸었으며, 외국인이 중국의 새로운 출판계를 독점했던 상황도 바로 과거의 일이 되어 버렸고, 중국인이 새 매스미디어 업계에서 발언권을 주도하게 되었다.(그림 13-7) 2, 3년 사이에 상해에만 역서공회譯書公會, 대동서국大同書局 등 십수 개의 새로운 출판사가 개설되었고, 그중에서도 1897년 상해 상무인서관商務印書館을 설립한 것은 중국의 근대 민족 출판업이 성숙기에 들어갔음을 의미한다. "시점에는 시무(시세)에 관한 책이 한우충동하였다.(書肆中時務之書汗牛充棟)"라 하였고, 새로운 책을 구독하는 사람은 "개미가 누린내에 달라붙은 것 같다.(如蟻附羶)"[55]라고도 이야기되었다. 책에 대한 독자층이 신식 출판기관과 함께 나아간 것은 사회적 면모의 새로운 변화를 미리 보인 것이다.

---

54 胡思敬, 『戊戌履霜錄』, 南昌退廬 民國 2년 刻本.

55 「論考試之弊」, 『申報』, 1897년 9월 5일.

그림 13-7 청 왕조 말기의 상해에 있는 상업 인쇄출판소 사진.

10. 학문 분야의 체계와 재편성

농업사회를 바탕으로 구축된 전통적인 지식체계는 포괄적이지만 애매한 특징을 가지고 있었다. 중국의 전통적인 경經·사史·자子·집集의 4부部 분류법은 세상의 모든 지식을 망라할 수 있을 것 같았다. 당연히 중국뿐 아니라 중세 이전 서양의 지식도 기본적으로 철학이 아니면 신학의 범주에 들어갔다. 그러나 과학이 발전하고 지식이 축적되어 감에 따라 철학 혹은 신학神學(중국에서는 대부분 경학經學)에 모든 학문 영역의 지식을 집어넣는 것은 어려워졌고, 각 학문 분야는 부문별로 분류되기 시작하면서 저절로 체계화되어 갔다. 근대에 노동 분업이 세밀화·전문화됨에 따라 근대 과학체계도 분류화·전문화가 진행되었다. 이러한 과학의 분류화 과정도 처음에는 서양에서 시작되었다.

근대 이후 중국인이 과학기술에 대해 더 깊이 전면적으로 이해함에 따라, 중국 전통의 "문류로 나누지 않으면 거칠고 자잘한 것은 변별되지 않는다.(門類不分, 粗細不辨.)"라고 하는 옛 학문이 신학문을 받아들여 적응해 나가면서 발전하는 것은 어려운 일이라고 깊이 느꼈다. 서양의 지식체계에 의거하여 중국의 학문을 재구축하는 것은 이미 상황이 그렇게 하도록 했다. 서양 지식체계를 중국에 최초로 도입한 것은 역시 교회였다. 1839년 11월 4일에 오문(마카오)에 창립한 교회학교인 '마례손학당馬禮遜學堂(Morrison School)'에서는 수업과목 중에 중국어, 영어, 체육, 산술, 기하학, 생리학, 지리학, 대수학, 기계학 등이 이미 포함되어 있었다. 1873년 미국장로교회(American Presbyterian Mission) 전교사 적고문狄考文(C.W. Matter, 1836-1908) 부부가 설립한 산동의 '등주몽양학당정재登州蒙養學堂正齋'에 개설된 교과과정은 거기에 더해 측량제도測量製圖, 대수비지代數備旨(대수학), 항해법, 자연과학, 지석학地石學, 화학, 동식물학, 미적분, 천문게요天文揭要(천문학), 부국책富國策, 만국통감萬國通鑑(세계사) 등이 포함되어 있었다.[56] 그러나 이러한 근대적 학과 분류는 기본적으로 소수의 교회학교에 한정되어 있었던 것이고, 대다수 중국의 학교들과는 관계가 없었다. 1862년 창설된 '경사동문관京師同文館'이 1867년에 개설한 교과과정에는 영어, 프랑스어, 러시아어 등의 외국어 외에 산학, 화학, 만국공법, 의학생리, 천문, 외국사지外國史地 등이 있었다. 그러나 경사동문관과 같은 '준신학準新學'은 당시 교육체계에서는 또한 소수파에 속해 있었고, 정통적 지위에 있는 것은 당연히 전통적인 옛 서원과 경학을 중심으로 한 구식 학과였다.

전체적인 변모는 무술 전후에 일어났다. 1897년 항주 고경정사詁經精舍의 주재자인 유월俞樾(1821-1907)은 학생들을 향해 "최근 3년 동안 시국

56 郭衛東, 『中土基督』, 雲南人民出版社, 2001년, 209 · 216쪽 참조.

은 일변하고 기풍도 크게 열려 사람마다 다투듯 서학을 말하고 있다. 나와 학생 제군은 오래되고 낡은 경서를 손에서 놓지 않고 있는데 이것은 선인들께서 말씀하신 바와 같이 세상의 변화에 정통하지 못한 비루한 선비인 것이다.(最近三年中, 時局一變, 風氣大開, 人人爭言西學. 我與各位同學抱着古老的遺經不放, 這是前人所說的不通世變的鄙儒.)"[57]라고 개탄하였다. 중세 말기에 신앙체계의 이론 기반은 이미 붕괴되기 시작했다. 이 해 절강순무 요수풍廖壽豊(1836-1901)이 상주하여 고경정사·학해당學海堂 등 6개소의 옛 서원을 고쳐 중국과 서양의 실학을 전문으로 가르치는 구시서원求是書院으로 만들자는 청원을 하면서 이 시대 경학의 큰 스승이었던 유월은 사직을 했다. 시국의 형편은 이미 변할 것은 변하고, 변하지 않는 것도 변해야 한다는 단계까지 와 있었다. 1898년 엄복嚴復이 북경의 통예학당通藝學堂에서 연설을 했을 때 서양 학문의 두 가지 대분류, 즉 '공가지용公家之用(기초지식)'과 '전문지용專門之用(전문지식)'[58]에 대해 구체적으로 소개했다. 같은 시기 양계초의 『서학서목표西學書目表』 속에 있는 분류는 더 분명하다. 제1부는 '학부學部'로 산학, 역학(중학重學), 자연과학(전학電學, 화학, 성학聲學, 광학), 기학汽學, 천학天學, 지학地學, 전체학全體學, 동식물학, 의학, 도학圖學이 포함되어 있다. 제2부는 '정부政部'로 사지史志, 관제, 학제, 법률, 농정, 광정礦政(광업), 공정工政, 상정商政, 병정兵政, 선정船政이 포함되어 있다. 제3부는 '잡류雜類'로 유기遊記, 보장報章, 격치총格致總(자연과학 총합), 서인의론西人議論 등이 포함되어 있다. 이것이 비교적 완전해진 근대 과학지식의 분류, 편성체계였다. 무술 이후 신학新學에 관한 서적 목록 편성, 신학에 관한 총서의 편찬, 새로운 학교의 교과과정 제정 등이 많이 행해졌는데 모두 편성의 차이가 있었고, 합의된 것 같은

57 劉大年, 「評近代經學」, 北京大學和故宮博物院 合編, 『明淸論叢』 제1집, 紫禁城出版社, 1999년, 35쪽에 실린 내용을 인용하였다.

58 『嚴復集』 제1책, 中華書局, 1986년, 94·95쪽.

새로운 학문 분야의 체계를 채용했다. 1902년 장백희張百熙(1847-1905)가 중심이 되어 제정한 「흠정경사대학당장정欽定京師大學堂章程」 중 '대학분과문목표大學分科門目表'에는 정치, 문학, 격치格致(자연과학), 농업, 공예, 상무, 의술이 들어 있다. 옛날에 조정에서 숭배되었던 경학은 단독 학과로 두지 않고 문학과 속에 7종의 세목, 즉 경학·사학·이학·제자학諸子學·장고학掌故學·사장학詞章學·외국언어문자학이 함께 들어 있다.[59] 이전의 정통 학문은 날마다 주변으로 몰렸고, 후에 경학은 순식간에 격하되어('經'을 내려 '史'로 삼음) 뿔뿔이 흩어져 버리는 운명을 맞아 역사학, 철학사, 문학사 등의 학문 분야로 들어가 구체적인 연구 영역이 되었다. 한편 이전에는 주변에 있었던 신학 혹은 서학이 점차 정통의 지위를 얻게 되었다. 1903년 정부는 '계묘학제癸卯學制'를 발표하여 정치적 명령이라는 형식을 통해 전국의 모든 학교는 통일된 학급 분류의 학제를 실시하고, 통일된 교과과정 분류를 설치해야 한다고 규정하였다. 여기서부터 분과교육과 연수체계가 공식인 제도로 정해져 정식으로 확립되었다.

문학예술이 전통에서 근대로 향한다고 하는 궤도의 변경도 무술 시기에 시작되었다. 갑오전쟁 이후 유신의 명사들은 시계혁명詩界革命을 준비했는데, 1898년 황준헌黃遵憲(1848-1905)이 먼저 '신파시新派詩'의 대기치를 내걸었고,[60] 양계초·하증우夏曾佑·담사동譚嗣同·구봉갑丘逢甲 등이 여기에 응해 외쳤다. 그들은 당시의 시단을 이끌던 '동광체同光體'라는 의고시풍에 의한 속박에서 벗어나려고 노력하였다. 그렇기에 그들이 창작한 '신체시新體詩'는 청신淸新하면서 통속적이었고, 시문은 실록實錄으로 넘쳤으며, 새로운 어휘를 대량으로 사용하였고, 시대의 흥취가 풍부했다. 이런 점에서 이들은 '5·4신시가운동五四新詩歌運動'의 선구자라고 말

59 『京師大學堂檔案選編』, 150쪽.

60 黃遵憲, 「酬曾重伯編修」, 『人境廬詩草』 권8, 上海古典文學出版社, 1957년.

할 수 있다.

소설 방면에서는 통속소설이 문학사에서 특수한 지위를 점하고 있었다. 아편전쟁 이후부터 무술운동 전까지의 긴 시간에 실제 중국에서는 거론할 만한 소설작품이 별로 없다. 1897년 엄복과 하증우가 문장을 짓고, 소설의 역할을 크게 높여서, "거의 경학·사학의 경지를 넘어섰다.(幾幾出于經史之上)"[61]라 하여 묘당廟堂(왕조의 문장을 관장하던 곳)에 들지 못했던 소설이 자리를 잡고 문학전당의 정존正尊이 되었다. 새로운 갈래의 소설(신파소설)이 차례로 나타나며 1905년에 『관장현형기官場現形記』, 『이십년목도지괴현상二十年目睹之怪現狀』, 『노잔유기老殘遊記』, 『얼해화孼海花』 등 4대 견책소설譴責小說(사회나 정치를 비판하는 소설)이 문세하였고, '견책소설'을 따라서, 또 '흑막소설黑幕小說' 등 제 유파가 탄생했고, 뒤를 이어서 한 시대를 풍미한 '원앙호접파鴛鴦胡蝶派'도 청말의 '언정소설言情小說(연애소설)' 속에 그 단서를 찾을 수 있으며, '신소설', '수상소설綉像小說', '보재소설報載小說' 등 새로운 유파도 이 시기를 전후로 개벽하였다.

이와 동시에 번역도 지극히 융성하였다. 양무운동 시기의 '광방언관廣方言館(상해에 만들어진 최초의 외국어 전문학교)'과 같은 종류의 번역기관이 많았는데 "상위(천문)에서 여도(지리), 격치(물리, 화학), 무예, 병법, 의술까지 망라하지 않은 것이 없으니 진실로 서학을 모아 놓은 대관(自象緯·輿圖·格致·器藝·兵法·醫術, 罔不收羅畢備, 誠爲集西學之大觀)"이라고 자화자찬하였다. 유신파의 눈으로 보면 그 이전의 번역은 "순서도 없고 층차도 없고(無次第, 無層次)", "정치학의 강요와도 맞지 않는(不合政合綱要)" 것들이었으며 특히 '철학', '이법' 등의 면에서는 "그 큰 근본이 있는 곳에 도달할 수 없는 것(達其大本所在)"[62]들뿐이었다. 1893년 개신교 교회가 중국

61 阿英, 『晩淸文學叢鈔·小說戲曲硏究卷』, 中華書局, 1960년, 12쪽.

62 叶瀚, 「論譯書之弊」, 轉引自柳詒徵, 『中國文化史』 하권, 東方出版中心, 1988년, 796-797쪽에서 인용하였다.

에 설립한 가장 큰 문화기관인 광학회廣學會가 번역서로 거둬들인 수입은 800원元이었는데 겨우 수년 후인 1898년에는 1만 8천 원까지 대폭 증가했고, 1911년에는 더 증가한 22만 5,579.48원이 되었으니 20년도 지나지 않은 사이에 200배 이상 팽창한 것이다.[63] 이 시기 "서적을 번역하여 출판하면 사람마다 다투어 구입하므로 판매만 하면 품절이 되었다.(飜譯書籍出版者, 人人爭購, 市之爲空.)"[64]라고 할 정도였다. 엄복, 마상백馬相伯(1881-1940), 뇌분雷奮(1871-1919), 조필진趙必振(1873-1956), 마군무馬君武(1881-1940)는 모두 당시 이름을 다투던 번역가들이었다. 1899년 임금남林琴南(林紓)이 소중마小仲馬[Alexandre Dumas(fils)]의 『춘희椿姬』를 번역한 『파려다화녀유사巴黎茶花女遺事』는 외국의 염정소설이 중국에서 판로를 열기 시작한 것으로, 엄복은 다음과 같은 시를 남겼다.

가련하구나, 한 권의 다화녀여,	可憐一卷茶花女,
중국 탕아의 애를 다 끊누나!	斷盡支那蕩子腸.

임금남은 외국어에 통달한 것은 아니지만 다른 사람의 힘을 빌려 외국 작품을 모두 206종, 합계 1,200만 자를 번역하였고, '엄역명저嚴譯名著(엄복이 번역한 명저)'와 나란히 독특한 풍격을 가진 '임역소설林譯小說(임금남이 번역한 소설)'이라는 말을 만들어 냈다.

19세기 말 중국인은 '서예西藝'와 '서정西政'이라는 호칭으로 서양의 자연과학과 인문과학(이후의 이과와 문과와 같음)을 구별하였다. 두 학과 속의 각 분류에는 무술 시기 전후를 전환기로 하는 변화가 있었다. 철학 영역에서는 중국에서 독일의 고전철학·논리학(당시에는 '명학名學'이라고 불

63 『文史資料選集』 제43집, 文史資料出版社, 1964년, 5쪽.
64 中國近代史資料叢刊, 『戊戌變法』(3), 156쪽.

렀음) · 윤리학 · 근대적 방법론에 대한 모색이나 니채尼采(니체) · 숙본화叔本華(쇼펜하우어) · 노사盧梭(루소) 등에 대한 연구는 모두 무술 전후부터 시작되었다. 그러나 이것이 가장 중요한 사건은 아니고, 무술 시기 학술계에서 주목해야 할 현상은 경학과 철학의 지위가 뒤바뀌었다는 것이었다. 등실鄧實(1877–1951)은 청조(실제로는 청조에 한하지 않음)의 학술에 대해 "본조의 학술은 실로 경학이 가장 성대했고, 그 나머지 여러 학문도 모두 경학에서 나왔다.(本朝學術, 實以經學最盛, 其餘諸學, 皆由經學而出.)"[65]라고 개괄하였다. 근대 철학에 대해서는 전통적으로 경학이 위치하고 있던 '학문 위의 학문'이라는 지위와 얼마간 비슷한 점이 있었다. 그러나 등실이 이야기한 청조 학술에 대한 개괄은 대략적인 것이었고, 무술 이전의 중국 학술에 대해 이야기한 것이라면 아직 괜찮은 것이지만, 무술 후에는 경학의 지위가 이미 괴멸 직전의 상태가 되어 두 번 다시 다른 학문의 근원 역할을 담당할 수 없게 되었고, 철학, 더 나아가 철학사의 연구 분야 중 일부가 되어 버린 것이다. 1906년 왕국유王國維(1877–1927)는 「주정경학과대학문학과대학장정서후奏定經學科大學文學科大學章程書後」를 짓고, 경학을 단일한 학문 분야로 나란히 놓은 것과 반대로 오히려 철학과 개설을 주장하였다.[66] 경학과 철학의 지위는 이미 역전되어 있었다.

사회학 영역에서는 1842년에 프랑스 학자 공덕孔德(August Comte)이 『실증주의철학대강實證主義哲學大綱』을 완성하여 처음으로 '사회학(Sociology)'이라는 말을 사용했다. 이 말이 중국에서 처음 번역될 때는 '군학群學'으로 번역되었는데 엄복이 1895년에 「원강原強」에서 새롭게 만들어 낸 말이었다. 무술 시기 전후로 '군학'은 당시의 시국과 합치되어 순식간에 전파되었고 하나의 '현학顯學(사회에 큰 영향력을 가진 학파)'이 되었다. 1896년

65 鄭實, 「國學今論」, 『國粹學報』, 제1년 제5기.

66 『王國維學術經典集』 하책, 江西人民出版社, 1997년, 154–161쪽.

부터 1897년, 엄복은 『군학이언群學肄言』이라는 이름으로 영국의 사회학자 사빈새斯賓塞(H. Spencer)의 『사회학연구』 1 · 2장을 번역 · 간행하였고, 1901년부터 1902년, 엄복은 또 이 책의 각 장을 모두 번역하여 서양의 사회학 이론을 완전히 소개하였다. 엄복이 번역한 서양의 명저는 중국의 상황과 연결하여 역술하는 양식이었는데, 그에 의해 사회학은 중국에 널리 전파되었고, 그때가 바로 그 학문 분야가 중국화한 날이기도 했다.

역사학의 영역에서는 1902년 양계초가 쓴 「신사학新史學」이라는 글이 근대사학의 기초를 정한 선언서가 되었다. 유신파는 사학의 효용에 대해, 사학은 "학문 중 가장 넓고 큰 것이며, 가장 중요한 것(學問之最博大, 最切要者)"일 뿐 아니라, "국민의 밝은 거울(國民之明鏡)"이고, "애국심의 원천(愛國之源泉)"이기도 하다고 하였다. 또한 중국의 전통적인 사학을 통렬히 비판하면서 당당히 "24사는 역사가 아니라 스물네 개 성씨의 족보일 뿐이다.(二十四史非史也, 二十四姓之家譜而已)."라고도 했다. 양계초는 사학 혁명의 도래를 소리 높여 외치며 "사학계에 혁명이 일어나지 않으면 우리나라는 결코 살아나지 않을 것이다. 만사 느긋하니 그저 이것을 크다고만 할 뿐(史界革命不起, 則吾國遂不可救. 悠悠萬事, 惟此爲大)"[67]이라고 하였다. 사학은 이미 학문일 뿐만 아니라 국난을 이겨내는 계몽의 사명을 지고 있는 것이었다. 장태염章太炎(1869–1936)도 옛 사학의 결점에 대해 다음과 같이 구체적으로 기술하였다.

> 중하의 고전은 그 기사를 귀히 여겼지만, 문명사에는 상세하지 못하였다.(中夏之典, 貴其記事, 而文明史不詳.)

> 사물의 변화에 통달해서 만물이 모두 여기에서 나오는 것임을 알지 못하

67 梁啓超, 『飮冰室合集 · 文集』 9, 中華書局, 1989년.

고, 크고 작은 것에 질서가 없다면 문명사라 할 수 없는 것이다.(非通于物化, 知萬物皆出于此, 小大無章, 則弗能爲文明史.)[68]

문명사 연구에 대한 찬술을 역사학을 위한 가장 중요한 표본으로 보고, 문명사가 상세하지 않으면 그 밖의 역사를 확실하게 밝히는 것도, 그리고 역사의 이면을 탐구하는 것도 할 수 없다고 생각한 것이다. 이때부터 역사학계에 혁명의 풍조가 점차 솟아올라 전통적인 사학은 근대의 궤도에 들어갔는데, 그것은 형식면으로도 큰 변화였고 "그 체계는 근대의 역사 저술 방법에 제법 들어맞는 것(其體例頗合近代著史之法)"[69]이었다. 새로운 방법과 새로운 시야에 의한 발견이나 관찰이 행해졌는지, 사학(사학만에 한정된 것은 아니지만)의 연구 자료와 대상도 크게 개척되어 약간의 새 자료, 혹은 이전부터 있었지만 새롭게 발견된 사료가 사학연구를 뒤엎은 일련의 현상이 생겨났는데, 그중에서도 가장 주목을 받았던 것은 은대의 갑골문, 한진漢晉의 목간, 돈황 천불동(막고굴)의 문서, 청조 궁중에 있었던 명청 시대의 당안檔案(공문서) 및 중국 국경 내외에 존재했던 고대 이민족의 유문 등의 발견과 이용이었다.[70] 사람들의 주목은 더 이상 서적이나 금석에 한정되지 않고 야외의 지하에 잠들어 있는 문물로까지 넓어졌다. 잠시 뒤에는 중국의 전통적인 금석학이 변천하여 근대의 고고학으로 전개되었고 인류 자체의 역사에 대한 이해도 수천 년에서 수십만 년, 더 나아가 백만 년까지 연장되었다. 동시에 거의 모든 자연과학의 학문 분야에 대한 근대적 체계도 예외 없이 무술 시기 전후에 중국에서 구축되기 시작했다.

생물학의 영역에서는 1858년에 『식물학(Elements of Botany)』이 출판되었

68 『章太炎全集』 제3책, 上海人民出版社, 1968년, 313쪽.
69 劉禺生, 『世載堂雜憶』, 中華書局, 1960년, 43쪽.
70 王國維, 「最近二三十年中中國新發見之學問」, 『靜安文集續編』 참고.

다. 이 책의 원서는 영국의 식물학자 임덕리林德利(John Lindley)의 저작으로, 그것을 영국에서 온 전교사 위염신韋廉臣(Alexander Williamson) · 애약슬艾約瑟(Joseph Edkins) 등과 근대 중국의 저명한 과학자 이선란李善蘭(1811–1882)이 공동으로 초역하여 출판했다. 이 책은 중국인을 대상으로 현미경이 아니면 볼 수 없는 식물세포학설을 먼저 소개하고, 근대적 실험을 기초로 하여 확립된 식물체의 각 기관의 생리기능에 관한 이론을 제시하고, 지구상의 다른 위도의 식물의 분포상황 및 근대 식물분류학을 소개하였다. 그중에서도 '식물학(botany)'과 식물의 분류 단위인 '과科(family)' 등의 전문용어는 이 책에서 처음으로 쓰였다.[71] 그러나 근대생물학이 하나의 계통적인 학문 분야로 설치된 것은 무술 후의 일이었다.(1902년까지 중국에 소개된 생물학 서적은 적어도 19종이었다. 거의 동 시기에 중국 근대 식물학의 창시자인 종관광鐘觀光 등은 이미 이 학문 분야를 조직하여 처음으로 세우고 수업에서의 교육, 식물채집 조사를 진행하였다. 또 중국에서 1세대 근대적 지식을 가진 생물학자인 병지秉志, 전숭팽錢崇澎, 진환용陳煥鏞, 진정陳楨, 대방난戴芳蘭, 호경보胡經甫 등도 차례로 유학을 떠났다.)

무술운동 중 모든 과학 분류 중에서 가장 사회적 영향이 컸다고 말할 수 있는 것이 생물학이다. 다윈의 진화론에 기초하여 확립된 근대 생물학은 그저 단순히 자연과학적인 의미의 진화론뿐 아니라, 사빈새(스펜서)의 사회다윈주의가 섞여 있는 사회진화론이었다. 1898년 엄복은 혁서려赫胥黎(T.H. Huxley)가 1893년에 출판한 『진화와 윤리(Evolution and Ethics)』를 초역하여 당시 중국의 정치 상황에 맞춰 분석하고 자신의 논술도 대량으로 짜깁기해 넣은 『천연론天演論』을 출판하였다. 이 책은 진화론의 활용 범위를 극한까지 넓혀서 생존경쟁, 자연선택, 약육강식은 영원히 변하

71 汪子春, 「我國傳播近代植物學知識的第一部譯著」는 『自然科學史研究』, 1984년 제1기에 실려 있다.

지 않는 '천연天演(진화)'의 법칙이라고 하고, 중국은 이미 '약육弱肉'의 운명에 놓여 있으니 만일 다시 강해지지 않는다면 반드시 나라는 멸망하고 말 것이라는 통절한 뜻을 기술하였다. 당시 『천연론』은 구국과 계몽이라는 두 가지 존재를 유기적으로 매우 훌륭히 통합하였고, 누구든 각성시키려는 듯한 『천연론』의 강력한 언설은 한번 간행되자마자 전국에 유행하였다. 양계초는 이 책에 대해 "몇 번이나 반복해 읽어도 차마 손에서 놓질 못했다.(循環往復誦數過, 不忍釋手.)"라고 칭찬하였다. 자만심이 강한 강유위도 이 책을 읽은 후에 "아직까지 이만한 인물이 눈에 들어온 적이 없다.(亦謂眼中未見此等人)"라고 할 정도였다고 한다. 이 책의 가장 직접적인 효과는 사람들의 눈을 전통과 고대에서 당대와 근대로 전환시킨 것인데, "수천 년에 걸친 중국 학술의 큰 판은 대부분 보수주의를 취하여 문명세계는 고대에 있었다는 식의 생각은 날이 더해갈수록 소멸해 갔다.(中國數千年學術之大體, 大抵皆取保守主義. 以爲文明世界在于古時, 日趨日下.)"라 하고, 진화론이 널리 퍼진 이후에는 "문명세계는 미래에 있다는 생각이 날로 성행하였다.(以爲文明世界在于他日, 日進而日盛.)"[72]라 하게 되었다. 하나의 과학이 사회의 의식·관념에 대해 혁명적인 변화를 일으킨 것은 학술사상사에서 거의 없는 일이다.

양계초는 또한 엄복의 계몽번역서에 대해 역사적인 지위를 부여하고, 유신의 인사들에 대해 다음과 같이 기술하였다.

> '변법유신'을 큰 기치로 하여 사회에서 운동을 시작하고 그 급선봉에는 강유위·양계초의 동료들이 있었다. 그들은 중국의 학문에 대해서는 기초가 있었지만 외국의 문장은 조금도 해석하지 못하였다. 그들은 "외국

72 梁啓超, 「與嚴幼陵先生書」·「南海康先生傳」은 『飮冰室集·文集』 之一·之六에 각각 나온다.

학문이란 어떠한 것인가, 어떻게 배워야 하는가?"라는 것을 사람들에게 전해 주지 못하고 그저 날마다 소리 높여 "중국의 옛것은 안 되고, 외국인이 가진 많은 뛰어난 것을 배워야 한다."라고만 외쳤던 것이다. …… 이 시기 학문에서 가장 가치 있는 작품으로 엄복의 번역 몇 가지를 추천할 필요가 있을 것이다. 이것들은 19세기에 있어 주요한 사조의 일부를 소개했다고 할 수 있다.(拿'變法維新'做一面大旗, 在社會上開始運動, 而急先鋒就是康有爲 · 梁啟超一班人. 這班人中國學問是有底子的, 外國文却一字不懂. 他們不能告訴人'外國學問是什麼, 應該怎样學法', 只會日日大聲疾呼, 說 : '中國舊東西是不行的, 外國人許多好處是要學的.' …… 這一期學問最有價値的出品, 要推嚴復翻譯的幾部書, 算是把十九世紀主要思潮的一部分介紹進來.)[73]

여기서 말하는 '가장 가치 있는' 몇 가지의 서적이란 『천연론』 외에 아당사밀亞當 斯密(Adam Smith)의 경제학 저서를 번역한 『원부原富(국부론)』, 맹덕사구孟德斯鳩(C.L.S. Montesquieu)의 정치학 저서를 번역한 『법의法意(법의 정신)』, 목륵穆勒(J.S. Mill)의 논리학 저서를 번역한 『명학名學(논리학 체계)』 등이 있다. 엄복이 갑오전쟁 후에 발표한 「논세변지기論世變之亟」, 「원강原强」, 「구망결론救亡決論」, 「벽한闢韓」 등 일련의 문장도 역시, 인민을 높이고 임금에게 등을 돌리며 현재를 높이고 옛것에게서 등을 돌린다는 이념을 확실하게 고취시킨 것이었다. 엄복은 근대 중국에서 서양자본주의라는 신문화를 학습하고 보급시킨, 가장 두드러진 대표적 인물이었다고 말할 수 있을 것이다.

중국의 전통적인 학문 분야인 수학은 14세기 이후 그 발전이 분명히 선진국에 뒤처지게 되었다. 근대의 중국 수학은 서양에서 발흥한 근대수학

---

73 梁啓超, 「五十年中國進化概論」, 『飮冰室合集』.

의 주류로부터 멀리 떨어져 있었다. 중국에서 근대수학을 발전시키려면 고대 전통을 답습하지 않고 다른 방법을 택하는 수밖에 없었다. 1904년, 중국 근대 수학교육의 개척자인 풍조순馮祖荀(1880-1940) 등은 국외연수를 떠났다. 신해혁명 전까지 중국에서는 진분秦汾(1887-1973)이 미국 하버드대학에서 수학과 천문학으로 석사학위를 취득하였고,(1909) 호돈胡敦은 미국 코넬대학에서 이학 학사학위를 취득하였다.(1909) 그 1년 후에는 정지번鄭之蕃(1887-1963)도 같은 대학에서 같은 학위를 취득하였다. 이 선구자들의 성실한 노력 아래 중국 근대수학은 발전하기 시작했다.[74]

물리학 영역에서는 근대물리학이 갈릴레이나 뉴턴 시대에 시작해 400년 가까이 발전을 하여 기본이 형성되었다. 그러나 무술 시기 전에는 엄격한 의미에서의 고전물리학을 아는 중국인은 거의 없었다. 유신운동에 의해 물리학이 하나의 학과로 비교적 광범하게 학교 과목에 들어가게 되면서 이에 따라 내단奈端(뉴턴)을 지향하는 이들이 등장하였다. 1899년 전난아傳蘭雅(J. Fryer)가 구술로 번역하고 왕계열王季烈이 기록한 『통물전광通物電光』 4권이 강남제조국江南制造局에서 출판되어, 중국인에게 X선의 원리를 체계적으로 소개했다. 그 이전에 중국에 소개된 물리학 각 분야, 예를 들어 역학 · 광학에 관한 서적은 이미 약 50종이 있었다. 1900년에는 처음 서양 고전물리학을 소개한 중국어 번역서 『물리학(일본어 역의 중역)』도 출판되었는데, '물리학'이라는 표현은 이것을 기점으로 이전에 사용하던, 범위가 애매한 '격치학格致學'이란 말을 대신하여 정식으로 중국어 명사가 되었고, 또 동시에 이것은 근대물리학이 중국에 정착한 것을 의미했다. 이 해에 극이克爾(J. Kerr)의 중국어 번역서 『무선전보無線電報』도 출판되어, 물리학의 새 분야가 중국에서 널리 퍼지게 되었음을 알 수 있다.

---

74 中國科學技術協會編, 『中國科學技術專家傳略』 數學 권1, 前言, 河北教育出版社, 1996년.

1906년, 『역학과편力學課編』이 출판되었는데 이 책에서 주목해야 할 점은 번역자가 원서 속의 서양 사례를 중국의 실례를 사용하여 대신하였다는 점, 또 처음으로 역학의 공식을 가로쓰기로 인쇄하였다는 점이다. 이것을 전후로 하여 중국에서 최초로 물리학을 전문으로 한 유학생 이복기李復幾(1881-1947), 하육걸何育傑, 하원율夏元瑮, 이요방李耀邦, 장이혜張貽惠, 오남훈吳南薰 등이 해외로 나갔다. 1907년 1월 이복기의 「늑납勒納(러너)의 알칼리 금속 광보光譜(스펙트럼)이론의 분광경 실험연구에 대하여」라는 논문은 구두시험을 통과하여, 독일의 라인 프리드리히 빌헬름 대학(본 대학)의 박사학위를 취득하였는데, 그는 중국에서 최초로 물리학 박사학위를 취득한 사람이 되었다. 그 후 국외에서 물리학 학위를 취득한 자는 날로 늘어났고 이러한 사람들은 귀국 후 이복기, 이요방뿐만 아니라 모두 경사대학당 등의 학교에서 물리학 교육이나 과학연구에 종사했다. 엄제자嚴濟慈는 "하육걸 · 하원율은 우리나라에서 초창기에 가장 뛰어난 물리학자이다.(何育杰 夏元瑮是我國之最早最好的物理工作者)"라고 평가하였다.[75]

화학 분야에서는 18세기와 19세기 사이에 원소론과 원자론이 등장했다는 점에서 근대화학의 기반이 정해졌다고 할 수 있다. 19세기 후반 서양에서는 서서히 무기화학, 분석화학, 유기화학, 물리화학 등 4대 학과 부문이 확립되어 거기에 의해 근대화학의 양상이 처음으로 정리되었다. 1867년 경사동문관은 이미 화학 과정의 수업을 시작하였고, 1880년 상해의 격치서원格致書院에서는 중국의 화학자 서수徐壽와 전교사 전난아(프라이어)가 공동 번역한 『화학감원化學鑑原』 등의 서적을 교재로 하여 화학 지식을 강의하고 화학 실험을 행하였다. 서수는 또 전碘(요오드) · 패鋇(바륨) · 맹錳(망간) 등 24개 원소의 명칭을 번역어로 처음 정하였다. 무술

75 戴念祖, 「物理學在近代中國的歷程」은 『中國科學技術史料』 1982년 제4기에 실려 있다.

이후 화학은 정규 학문 분야로 국내 각급의 학교에서 널리 전개되었고, 1904년 중국에서 근대 화학교육의 창립자인 유동규俞同奎(1876-1962) 등이 외국으로 갔는데, 1907년 중국 화학의 선구자들은 파리에서 '중국화학회 구주지부(중국화학회의 전신)'를 설립하였고, 1910년 경사대학당에 화학과를 전문적으로 설치하여 유동규 등이 주로 무기화학과 물리화학을 강의하였는데, 이는 중국에서 가장 빠른 고등화학 교육기관이었다.

의학 분야에서는 1543년 유살유사維薩留斯(Andreas Vesalius)의 『인체구조』가 출판되어 근대 서양의학의 최초 저서가 되었다. 그 후 합유哈維(William Harvey)가 혈액순환을 발견하였고, 파루巴累(Ambroise Paré)가 외과수술로 결정적인 진전을 완수하였으며, 열문호극列文虎克(Antonie van Leewenhoek)은 현미경을 발명하였고, 뇌나극雷奈克(René-Théophile-Hyacinthe Laennec)은 청진기를 만들었고, 파사덕巴斯德(Louis Pasteur)은 미생물을 발견하는 등 …… 이렇게 해서 근대 서양의학의 체계는 확립되어 갔다. 서양의학의 중국 도입은 명청 시대에 이미 예수회 전교사에 의해 시작되어 그 후에도 계속되어 왔다. 그러나 중국인들에게 널리 공인된 것은 역시 무술 시기 전후였다. 1897년 양계초는 『시무보』에 발표한 「의학선회서醫學善會序」에서 "대저 세계문명의 최고의 모범에는 의학이 있을 뿐이다. …… 의학은 순수하게 인민의 일이니, 따라서 인민을 보호한다고 하는 것은 반드시 의학에서 시작한다.(凡世界文明之極軌, 惟有醫學, …… 醫者純乎民事者也, 故言保民, 必自醫學始.)"라고 기술하였다. 의학은 이미 단순한 하나의 과학이 아니라 문명의 극치로 인민을 보호하고 인종을 강화하기 위한 방법으로 변화했다. 이러한 관점은 당시 유행한 사회진화론에서 가져다 붙인 것으로 당시에 널리 퍼진 공통인식이 되었다. 1904년에 일본에 가서 의학을 배운 노신魯迅(1881-1936)은 "번역의 역사에서 일본의 유신이 대부분 서양의학에서 발단되었다는 사실을 알았다.(從譯出的歷史上, 又知道了日本維新是大半發端于西方醫學的事實.)"[76]라고 기술하였다. 무술 이후, 특히 러일전쟁 이후에는 일본 유학이 비상하게 성행하여 당시 가장 인기 있는 학문 분야는 군사와 의학 두 분야로 모두 '구국구민救國救民'이라는 관점에서 주목되었다.

지학地學 연구는 중국에서는 오랜 전통이 있었고, 또 가장 빨리 서양과 연결된 학문이었다. 그러나 그것은 주로 전통적 의미에서의 지학이었고, 게다가 주로 지학의 2대 분야인 지리학과 지질학의 하나만 학문 영역에 속해 있었다. 1830년 영국의 뢰이이賴伊爾(C. Lyell)가 출판한 『지질학원리』는 지질학을 근대의 한 과학체계로 승격시켰다. 1872년 중국 근대 초기의 과학자 화형방華蘅芳(1833-1902)은 중국 지학 분야의 시초라고 할 수 있는 두 권의 책, 즉 뢰이이의 『지리학강요(중국어판 제목은 '지학천석地學淺釋'으로 출판)』와 미국의 단납丹納(J.D. Dana)의 『광물수책礦物水册』을 번역·출판했다.

지학의 근대적 체계가 중국에서 확립된 것은 무술 전후였다. 1896년 추대균鄒代鈞 등이 무창武昌(지금의 호북성 무한시武漢市)에서 중국에서 가장 빠른 지리학 연구기구인 '역인서문지도공회譯印西文地圖公會'를 설립하였다. 공회의 장정은 "천하의 뜻있는 지리학자는 동등하게 사社에 들어와 함께 서로 질차切磋할 수 있다.(天下有志輿地學者, 均可入社共相切磋.)"[77]라고 적혀 있다. 이에 이어 중국지학회中國地學會가 천진天津에서 성립을 선언하였고, 거기에 맞춰 중국 최초의 지학 전문 학술간행물을 발행하였다. 지학회는 포괄하는 분야의 규모가 큰 순수한 전문 학술기관으로 그 모임의 헌장에는 "본회는 동지를 연합하여 본국의 지학 연구를 종지로 삼아 널리 세계 각국에 미치더라도 범위 이외의 일에는 간섭하지 않는다.(本會以聯合同志, 硏究本國地學爲宗旨, 旁及世界各國, 不涉範圍以外之事.)"[78]라고 규

76 「吶喊」自序, 『魯迅全集』 제1권, 人民文學出版社, 1973년, 270쪽.

77 張靜廬, 『中國近代出版史料』(2편), 群聯出版社, 1954년, 76쪽.

78 「中國地學會簡章」, 『地學雜誌』 제1년 제1호.

정하였다. 1901년 장상문張相文(1866-1933)이 『초등지리교과서』와 『중등본국지리교과서中等本國地理教科書』를 간행하였는데 "중국에 지리교과서가 있게 된 효시이다.(中國有地理教科書之嚆矢)"[79] 그 후 근대지리학의 체계를 창시했다고 하는 서적이 다수 출판되었는데, 도기屠寄의 『중국지리교과서』, 장상문의 『신찬지문학新撰地文學』, 사홍뢰謝洪賚의 『영환전지瀛環全志』 등이 있다. 중국의 각 고등·중등 교육기구도 널리 새로운 지리학 과정을 개설하였고, 경사대학당의 문과 지리학 과정에는 지리학연법·중국금지리中國今地理·외국금지리外國今地理·정치지리·상업지리·교섭지리·역사지리·지도학·지문학地文學·해륙교통학海陸交通學·전국토지민물통계학全國土地民物統計學 등이 포함되었다. 무술 전후에는 근대 과학체계를 중국의 상황과 연결하는 전문지리학專門地理學이 출현하여 이전의 "번역은 많고 자저는 적다.(多翻譯, 少自著.)"라고 하던 상황에서 "홀로 깃발을 꽂고, 일체의 예증은 모두 중국의 사실을 가지고 근본을 삼았다.(獨樹一幟, 一切例證, 悉以中國之事實爲本.)"라고 하는 새로운 단계로 진화했다.[80] 이렇게 중국의 근대지리학 체계는 기본을 구축했다고 할 수 있다.

지질학 체계의 구축은 약간 늦은 것이지만 중국에서 근대 최초의 지학가인 장홍조章鴻釗(1877-1951), 정문강丁文江(1887-1936), 옹문호翁文灝, 축가정竺可楨 등도 무술 이후에 해외에 유학했다. 1911년 동경제국대학에서 지리학사 학위를 취득한 장홍조와 영국 글래스고(Glasgow) 대학에서 지질학과 동물학 두 개의 학사를 취득한 정문강은 청조 정부가 집행한 '유학졸업시험'에 참가해 '격치과진사格致科進士'를 취득하고 또 경사대학당 등에서 지질학 강의를 시작했다. 이것은 무술 이후에 자연과학과 사회과학의 학문 분야에서 대대적인 '이식'을 출현시켰을 뿐만 아니라, 더 나

79 郭雙林, 『西潮激蕩下的晩淸地理學』, 北京大學出版社, 2000년, 132쪽 참조.
80 陳學熙, 「中國地理學家派」, 『地學雜志』 제2년 제17호.

아가 중국 고유의 학문 분류의 개조와 재구축을 이끌어 내었고, 또 중국 문화에 대해 자각적으로 반성을 행했다는, 이른바 "길은 반성하여 구하는 데 있다.(道在反求)"[81]라는 경지에 들어간 것이었다. 또 중요한 것은 이러한 점에 의해 '서학'이 유기적이고 계통적으로 '중국학' 속에 융합되기 시작하였고, 중국에도 서양에도 없는, 또 중국에도 서양에도 있는 근대의 '신학新學'을 만들어 내어, 중국과 서양의 학술이 하나의 새 학술의 틀 속에서 초보적으로 조정이 이루어졌다.

문화의 평민화·사회화라는 작업도 이 시기 전개되었는데, 그것은 백화문白話文과 영화라는 두 분야에서 두드러지게 나타났다. 근대 한자개혁은 무술 전후부터 시작되어 신파의 인사들은 문자가 중국을 "약하게 한 기반(致弱之基)"임을 통감하고 문화를 보급시키기 위해 우선 문자를 "농부, 공인, 부녀자, 어린이에게 가장 편리한 것(甚便于農工婦稚)"[82]으로 만들어야 한다고 생각했다. 1892년 노공장盧戇章(1854-1928)의 『일목요연초계一目了然初階』(자서自序)에서는 한자의 병음화(알파벳에 의한 발음표기법) 문제를 솔선해서 제기하였고, 자신이 창작한 55개의 "절음을 글자를 삼아(切音爲字)", "모든 글자를 스승 없이도 스스로 능히 읽을 수 있음(凡字無師能自讀)"을 실현하고, "수개월도 되지 않아 전국 방방곡곡의 남녀노소가 문자를 읽지 못하는 자가 없어지고 고래의 일대 문명국이 될 것이다.(不數月, 通國家家戶戶, 男女老少, 無不識字, 成爲自古以來一大文明國矣.)"라고 하였다. 이에 이어서 1895년부터 1897년의 2년여 사이에 다섯 개의 서로 다른 절음 방안(오경항吳敬恒의 「두아자모豆芽字母」, 채석용蔡錫勇의 「전음쾌자傳音快子」, 심학沈學의 「성세원음盛世元音」, 역첩삼力捷三의 「민강쾌자閩腔快字」, 왕병요王炳耀의 「병음자보拼音字譜」)이 연달아 세상에 나왔다. 왕조王照

81 馮桂芬, 『校邠廬抗議·制洋器議』, 中國近代史資料叢刊 『戊戌變法』(1), 30쪽.
82 王炳耀, 『拼音字譜』 '序', 文字改革出版社, 1956년.

(1859–1933)는 이것과 같은 시기에 보통화普通話(공용어)의 병음자모를 만들었는데 왕씨의 방안은 각지의 관부에서 제창되어 북경, 천진, 산서, 동북 등의 지역에 보급되었다. 노내선勞乃宣은 또 왕씨의 자모에 대해 간략화를 진행하였다. 중국의 근대 문자개혁운동은 이로부터 시작된 것이다.[83]

1897년, 중국에서 가장 빠른 두 종의 백화신문이 출현했다. 1898년 봄, 강소성 무석無錫의 구연량裘延梁(1857–1943)은 상해의 『소보蘇報』에 「백화를 유신의 근본으로 삼을 것을 논하다」라는 문장을 발표하여 처음으로 "백화를 높이고 문언을 폐하자.(崇白話而廢文言)"라는 구호를 분명히 내걸며 곧바로 중국 근대화에 비교적 큰 영향을 준 백화신문—『무석백화보無錫白話報(후에 '중국관음백화보中國官音白話報'로 개명)』를 창간하였다. 그 이후 계속해서 크지도 작지도 않은 백화신문들이 붐을 이뤘는데, 임해林獬(1874–1926)가 연이어 『항주백화보杭州白話報』와 『중국백화보中國白話報』를 창간하였고, 진독수陳獨秀가 고향에서 『안휘속화보安徽俗話報』를 창간하였고, 또 각지에서 『영파백화보寧波白話報』, 『연의백화보演義白話報』, 『계몽백화보啓蒙白話報』, 『소주백화보蘇州白話報』, 『지군백화보智群白話報』, 『백화白話』 등이 생겨났다. 1911년에는 발행된 백화신문이 적어도 130종류 이상이 되었다. 『대공보大公報』는 1905년 8월 21일부터 「어떤 시시한 것도 큰 일이 된다(敝帚千珍)」라는 명목으로 정기적으로 백화로 된 부록 페이지를 편집하였고 그것을 무료로 신문에 붙이는 서비스를 시행하였다.[84] 언어개혁면에 있어서는 양계초가 가장 강력한 주장자였다. 그는

83 汪林茂, 「戊戌興西學活動與文化結構的更新」은 『戊戌維新與近代中國的改革』(社會科學文獻出版社, 2000년, 128쪽)에 보인다.

84 曹德仁, 「淸末白話文運動」 참조. 『歷史知識』, 1984년 제6기에 실려 있음. 『辛亥革命時期期刊介紹介』(5), 人民出版社, 1987년, 493–538쪽; 李孝悌, 『淸末的下層社會啓蒙』, 河北教育出版社, 2001년, 18쪽 참조.

『시무보』 제4기(1896년)에 게재된 심학沈學의 '성세원음盛世元音'에 쓴 서문에서 사회를 변혁하고 근대문명에 들어가기 위해서는 바로 "문자를 고쳐 소통을 하게 하는 것이 선결 문제다.(以變通文字以先)"라고 지적한 것 외에도, 또 실제 스스로 그것을 실행하고자 문어와 백화를 혼합해 이해하기 쉬운 '보장체報章體'를 만들었다. 이 문체는 고어의 구조에 제한을 받지 않고, "쉽고 뜻이 잘 통할 수 있게 하는 데 힘쓰고, 때로 잡스러운 속어·운어 및 외래어법으로 붓 가는 대로 쓰고 검속하지 않는다. 배우는 자들은 다투어 그것을 모방하는데, '신문체'라고 부른다. …… 그 글은 조리가 명석하고, 붓끝은 늘 감정을 담고, 독자에 대해 특별한 일종의 마력을 준다.(務爲平易暢達, 時雜以俚語, 韻語, 及外來語法, 縱筆所至不檢束. 學者競效之, 號'新文體'. …… 其文條理明晰, 筆鋒常帶情感, 對於讀者, 別有一種魔力焉.)"[85]라고 하였다. 사상적인 면에서 오래된 것을 제거하고 새 것을 발전시킴과 동시에, 고대의 문체도 근대의 문체로 신진대사를 시작하였다.

1895년 12월 28일 프랑스 청년 노미애이盧米埃爾(Louis Lumiére)가 파리의 카프시누 거리의 인도 살롱에서 「담장(墻)」, 「영해갈탕嬰孩喝湯(어린아이가 밥을 먹다)」, 「수요원정水澆園丁(물 뿌리는 사람)」 등 세계 최초의 영화를 정식으로 상영하여 영화시대의 도래를 알렸다. 겨우 8개월여 이후인 1896년 8월 11일에는 완전히 새로운 이 대중예술이 중국에 도착하였는데, 이른바 '서양영희西洋影戱(서양영화)'는 상해 서원徐園의 '우일촌又一寸'에서 관중의 눈을 즐겁게 만들었다.[86] 1897년 7월 미국 영화상영 상인인 존슨(Lewis M. Johnson)은 상해의 천화다원天華茶園, 기원奇園, 동경다원同慶茶園 등에서 영화를 상영했다. 천화다원의 광고에는 "이 극은 오로지 기계를 사용해서 움직이는데 영혼이 살아 움직이는 것 같고, 또한 희목

85 『飮氷室合集·專集』 34.

86 『申報』(附張), 1986년 8월 10-14일.

(상영목록)도 번다하여 보는 자로 하여금 산음 가는 길에 들어가 있는 것처럼 느끼게 하고, 응접에 틈을 내지 못하도록 하는 상황이다.(此戲純用機器運動, 靈活如生, 且戲目繁多, 使觀者如入山陰道上, 有應接不暇之勢.)"라고 하였다. '상영목록도 많다.'라는 구절은 결코 빈말이 아니었으니, 광고에 나열된 영상 프로그램에는「러시아 황제 프랑스 파리에 노닐다[俄國皇帝遊歷法京巴里府(巴黎)]」,「로이 · 플라 지방의 뱀춤(羅依弗拉地方長蛇跳舞)」,「마드리드 거리풍경(馬鋒尼鋒名都街市)」,「스페인 댄스(西班牙跳舞)」,「큰길의 기마병(騎馬大道)」,「트릴비 사람들의 수면(拖里露比地方人民睡眠)」,「펜싱으로 도박을 하다(以劍術賭輸贏)」,「곤란한 로마(騾馬困難之狀)」,「서부 지방의 처형(西方野蠻刑人)」,「네덜란드의 거인 여자의 웃기는 몸짓[和蘭(荷蘭)大女子笑柄]」,「인도인의 봉춤(印度人執棍跳舞)」등이 있었다.

영화는 탄생과 함께 보급성이 있는 대중예술이 되었고, 중국의 초기 영화 상영에도 이러한 특징이 반영되었다. 티켓 값은 1각角(1원元의 10분의 1)이라는 낮은 요금이었는데 시민들은 다투어「서양의 풍물(西洋景)」[87]이란 영화를 감상하였다. 천변만화하는 영화 화면은 중국 관중에게 박진감과 즐거움을 주었다. 1897년 9월 5일 상해의『유희보遊戲報』제74호에 게재된「미국 영화 관람기」라는 제목의 문장에서는 물질문명과 정신문명이 한데 합쳐지면서 발전하여 나타난 영화를 마음속 깊이 찬탄한다.

> 관람을 마치고 감탄하게 된 것은 아래와 같다. 천지 사이에 천변만화하는 것이 신기루와 같으니 지나가는 그림자와 무엇이 다르겠는가? 전기를 사용하는 법이 시작되고 나서 고금에 없는 기묘한 광경을 열어 보이고, 조물주의 끝없는 비밀을 누설한다. 영화와 같은 것은 수만 리를 지척에 있도록 하여 그런 곳을 일부러 찾을 필요도 없게 한다. 천상백태를 분

87『申報』(附張), 1897년 7월 27일.

분하게 드러내는 것이 성왕이 세상의 금을 거두어 온갖 것을 다 만들어 사라지게 했다가 나타나게 하는 것과 어찌 다르겠는가? 사람살이란 꿈속 같고 물거품과 같을 따름이다. 모두 이와 같이 됨을 볼 수 있다.(觀畢, 因嘆曰, 天地之間, 千變萬化, 如蜃樓海市, 與過影何以異? 自電法既創, 開古今未有之奇, 泄造物無窮之秘. 如影戲者, 數萬里在咫尺, 不必求縮地之方, 千百狀而紛呈, 何殊乎鑄鼎之像, 乍隱乍現, 人生眞夢幻泡影耳, 皆可作如是觀.)

아편전쟁 후, 서방의 "신문명 세력은 바로 바람을 끼고 파도를 치며 하늘을 가리고 와서 우리의 빗장을 두드리고 우리의 내실을 엿보았다. 우리는 수천 년 옛 문명으로 이에 대항했지만, 시든 나뭇잎이 질풍을 만난 것처럼 어느 곳에서나 패배하지 않은 적이 없었다.(新文明之勢力, 方挾風鼓浪, 蔽天而來, 叩吾關而窺吾室, 以吾數千年之舊文明當之, 乃如敗葉之遇疾風, 無往而不敗衄.)"[88] 두 문명의 싸움의 결과는 중국의 전통적 정신문명이 무술 시기를 전후로 그 모습을 크게 바꾸도록 하였다. 전통문명의 여러 가지 양식은 혹은 쇠퇴하고 혹은 진화하였으며, 동서 문명은 전에 없던 절충을 진행하였다. 서양문명을 대규모로 흡입해서 중국의 고대문명을 구조적으로 변화하게 한 것이니, 외연을 확장하고 내용을 늘리면서도 쌓여 있던 것을 진화시켜 근대 중국 문명의 전체적인 모양을 설계하고 구축하기 시작한 것이다.

88 『胡適早年文存』, 353쪽.

제3절

제도 · 입헌 · 공화

1. 헌정 시스템 도입의 비동시성

말하자면, 양무운동이 물질문명의 구축에 무게를 두었고, 무술운동이 정신문명의 구축에 무게를 두었다고 한다면, 입헌운동과 신해혁명이 무게를 둔 건 제도에 관한 문명의 구축이었다.

서양의 근대적 정치체제에 대한 중국인의 초기 인식은 주로 세 방면에 있었다. 곧 의회제도, 헌법체계, 책임내각 등으로 하나로 하면 헌정사상이다. 또 하나의 흥미 깊은 현상은 근대 중국에서 서양의 헌정사상을 도입하거나 소개한 것은 결코 한 번에 행해진 것이 아니라, 내용상으로 전후가 있었고, 시기적으로도 동시적이지 않았다는 점이다.

최초로 중국에 널리 보급된 것은 '국회사상'이었다. 앞서 이야기했던, 1840년대에 임칙서林則徐가 중심이 되어 편집한 『사주지四洲志』와 위원魏源의 『해국도지海國圖志』는 가장 최초로 서양 의회제도에 대해 언급한 서적이다. 그중에서 프랑스의 중의원衆議院은 '점마아부아문占馬阿富衙門'이라고 번역되었으나 구체적인 해설은 되어 있지 않다. 영국 국회에 대한 소개는 꽤 분명하게 다음과 같이 서술되어 있다.

나라 안에 큰일이 있으면 왕과 관민이 함께 파리만아문巴厘滿衙門(議會, Parliament의 음역) 회의에 이르러 공의하고 곧 대사를 행한다. …… 비록 국왕이 결재를 해도 또한 반드시 파리만의 의논에 붙여 허락을 받는다. 국왕이 행사함에 잘못이 있으면 왕을 받들어 행한 사람들을 장차 파리만에서 벌할 것을 논한다.(國中有大事, 王及官民俱至巴厘滿衙門會議, 及行大事 …… 雖國王裁奪, 亦必由巴厘滿議允. 國王行事有失, 將承行之人巴厘滿議罪.)

미국 국회에 대해 소개한 장이 가장 상세한데 "곤액리사아문袞額里士衙門(議院, Congress의 음역)을 설립하고 나라 법령에 관한 일을 맡겼는데 두 등급으로 나누었다. 하나는 서업西業(參院, Senate의 음역)이라 하고, 다른 하나는 이발리선호사里勃里先好司(衆院, House of Representatives의 음역)라고 한다.[設立袞額里士衙門(Congress 議院音譯)一所, 司國中法令之事, 分列二等, 一曰西業(Senate 參院音譯), 一曰里勃里先好司.]"라고 하였다. 양원 의원을 선출하는 방법은 "서업(상원)에서 집행하는 것을 서나다西那多(參議員, Senator의 음역)라고 하는데, 지역마다 두 명을 선거로 뽑아 6년마다 고쳐 대신한다.[在西業執事者, 曰西那多(Senator 參議員音譯), 每部落公擧二人承充, 六年更代.]", "이발리선호사(하원)에서 집행하는 것은 특저보特底甫(衆議院, Representative의 음역)라고 하는데, 각 지역에서 총 4만 7,700명 중에서 1명을 선거로 뽑아 2년마다 다시 바꾼다.[在里勃里先好司執事者, 曰特底甫(Representative 衆議員音譯) 由各部落核計四萬七千七百人中公擧一人承充, 二年更易.]"라고 하였다. 경제무역, 조세징수, 법률소송, 군사와 국정 대사 등은 모두 반드시 양원이 "의논하여 시행을 허가(議允施行)"[89]해야만 하는 것이다. 서계여의 저작(『영환지략瀛環志畧』)에서는 자세하게 영국의 작방爵房(상

89 魏源 『海國圖志』 권60.

원)과 향신방鄕紳房(하원)에 대해 더 상세하게 다음과 같이 소개하였다.

> 작방은 작위를 가진 귀인과 서교사(성직자)를 여기에 둔다. 향신방은 서민 중에서 재주와 식견, 그리고 학술이 있는 자를 뽑아서 여기에 둔다. 나라에 큰일이 있으면 왕은 재상(대신)에게 유시하고, 재상은 작방에 고하여 무리를 모아서 공의하되 조례를 참고하여 그 가부를 결정한 다음, 다시 향신방에 고하여 반드시 향신 대중이 윤허한 뒤에 행하되, 거부하면 그 일은 묻어 놓고 논하지 않는다. 그 민간에 이로운 일이나 병든 일이 있어 일으키거나 없애고자 하는 것이 있으면 먼저 향신방에서 연설을 하고 향신이 작핵(토의와 심사)하여 이것을 작방에 올린다. 작방은 이를 작의(짐작하고 의론하는 것)하여 행할 만한 것은 그것을 재상에게 올리고, 왕에게 아뢰고, 부결된 것은 알리지 않는다. …… 일반적으로 형상(상벌), 정벌(출병), 조례의 모든 일은 작위를 가진 자가 주로 의논하고, 과세의 증감, 탕향(재정과 봉록)의 주판(운용과 실행)은 모두 향신들이 주로 의논한다.(爵房者, 有爵位貴人及西敎師處之, 鄕紳房者, 由庶民推擇有才識學術者處之. 國有大事, 王諭相, 相告爵房, 聚衆公議, 參與條例, 決其可否, 復轉告鄕紳房, 必鄕紳大衆允諾而後行, 否則寢其事勿論. 其民間有利病欲興除者, 先陳說於鄕紳房, 鄕紳酌核, 上之爵房, 爵房酌議, 可行則上之相而聞於王, 否則報罷. …… 大約刑賞, 懲罰, 條例諸事, 由爵房主議; 增減課稅, 籌辦帑餉, 則全由鄕紳主議.)[90]

1880년대가 되면 의회사상은 더욱 광범하게 보급되었다. 1884년에는 조야朝野에서 일반적으로 고취하는 것 외에도, 심지어는 조정에 있는 관원이 직접 건의하는 일조차도 나타났다. 이 해에 (한림원) 편수編修 최국

90 徐繼畬, 『瀛環志略』 권7, 上海書店, 2001년 點校本, 235쪽.

인崔國因이 조정에 의원을 설치할 것을 주장하는 상소문을 올렸고, 역량이 매우 컸던 회군대장淮軍大將이자 양광총독兩廣總督이었던 장수성張樹聲(1824-1884)도 유서 중에서 의원설치 건의가 보이는 등 조정에서의 의논을 불러일으켰다.[91]

의미가 있는 점은 의회와 헌법은 서양의 정치제도에서는 일체화된 것인데 중국에서는 분리되어 있었다는 점이다. 의회라는 사고방식이 제일 먼저 보급되었다는 것과 대조적으로 헌법에 대한 생각의 확산은 아주 더디게 일어났다. 중국인의 헌정사상에 대한 이해는 우선 의회제도에서 시작되었는데, 의회가 구체적이고 비교적 이해가 쉬웠던 것이다. 헌법은 여기에 비해 추상적이어서 이해가 어려웠을 것이다. 또 헌법은 의회에 비해 군주의 권력에 대해 국가의 기본법으로 제약을 가하고, 더 나아가 '주권재민', "법률 앞에 사람은 모두 평등한 점(法律面前人人平等)", '헌법제일', '제헌', '위헌' 등의 내용을 법률화·제도화·신성화하는 것을 강조하였기 때문에 전제정치가 강한 시대에는 가장 보급하기 어려운 것이었다. 돌아보면 1895년 이전 헌법 문제를 제기한 사람은 매우 소수였다. 중국에서 가장 먼저 이 문제를 제기한 것은 초기계몽사상가인 정관응鄭觀應(1842-1922)이라고 한다. 그는 1895년에 쓴「신차량부랑에게 드리는 글(與陳次亮部郎書)」에서 "국회를 열고 헌법을 정하는 것(開國會, 定憲法)"을 구국을 위한 주요 방책으로 제시하였다.[92] 같은 시기 제출된「치안5책治安五策」의 마지막 1항도 '제헌'이었다. 그는 다음 시에서도 반복하여 주장하였다.

의회는 참으로 설치돼야 마땅하고	議院固宜設,
헌법 또한 편찬되어 정해져야 한다.	憲法亦須編.

---

91 孔祥吉,「清廷關于設立議院的最早爭論」,『光明日報』, 1988년 8월 24일.

92 鄭觀應,『盛世危言後編』권4, 民國 9년 鉛印本.

그림 13-8 영국에게 주는 대청제국의 신임장. 1905년 유럽의 입헌군주제 시찰을 위해 광서제에 의해 발행. 중국어와 만주어로 된 손으로 쓴 편지. 청 왕조.

헌법을 안 행하면 전제가 엄해지고 憲法不行專制嚴
관리 권한 무거워져 인민이 천해지며, 官吏權重民太賤
국정을 망담하면 무거운 죄 부과하고, 妄談國政罪重科
상하가 불통되면 민심이 흩어진다. 上下隔閡人心渙.[93]

후에 일어난 유신파는 앞에서 이야기한 사상을 더욱 풍성하게 만들었다. 1898년 1월 강유위는 광서제에게 보낸 다섯 번의 의견서에서 "이제부터 나랏일은 국회에 붙여 논해 행하소서.(自玆國事, 付國會議行.)"라고 하거나, "만국의 율례를 채택하여 헌법으로 공사의 분을 정하소서.(採擇萬國律例, 定憲法公私之分.)"라고 명확하게 제기하였다.(그림 13-8) 입헌군주제 사상은 여기에서 처음으로 모습을 갖추었다. 1901년 6월 일본에 파견된

93 侯宜杰,「關于首倡君主立憲者之我見」,『文史哲』1989년 제5기에서 인용하였다.

대신 이성탁李盛鐸(1859–1934)은 다음과 같이 보고하였다.

각국의 변화를 조사한 바 우선 법률을 중히 여기지 않음이 없고, 그것을 건국의 기초로 삼습니다. 국체·정체에는 모두 군주, 민주의 구별이 있지만, 그 변천이나 연혁에는 우여곡절이 있어 반드시 입헌에 의거한 후에 안정되었습니다.(查各國變化, 無不首重憲綱, 以爲立國基礎. 惟國體, 政體有所謂君主, 民主之分, 但其變遷沿革, 百折千回, 必歸依于立憲而後底定.)

그는 청 조정에 "각국의 헌법을 참고로 하여(參考各國憲法)", "강제적으로 규약을 정하고, …… 만세토록 드리워 지켜야 한다.(勒爲定章 …… 垂爲萬世法守.)"[94]라고 청하였다. 20세기 초 헌정사상이 성행하면서 이 시기에 출판된 전문교과서에도 문서를 추가해 주장하였다. 1902년에 출판된 『세계지리』에는 다음과 같이 기록되어 있다.

지금 세계에 행해지는 정치체제에는 두 가지가 있다. 군주정치와 민주정치다. 군주정치란 군주가 위에 서서 일국을 통치하는 것이다. 그중에서도 둘로 나뉘는데 그것이 바로 전제군주제와 입헌군주제다. 민주정치란 국민이 선출한 대의사(의원)가 국정을 처리하고 그 행정부의 장은 대총통이라 칭한다.(今世界所行之政體有二, 君主政治與民主政治是也. 君主政治, 乃君主在上統治一國, 其中亦分爲兩種, 卽專制君主制及立憲君主制也. 民主政治, 則以國民所選擧之代議士, 辦理國政, 其行政府之長, 稱曰大總統.)

같은 해 출판된 오계손吳啓孫이 번역한 『세계지리학』에는 입법·행정·사법의 삼권분립 학설을 소개할 뿐만 아니라 일본의 책임내각제에 대해

94 「追錄李木齋星使條陳變法折」, 『時報』, 1905년 11월 28일.

서도 전문적으로 소개하였다.

> 행정부는 내각총리대신을 수장으로 하고 그 아래에 외무 · 내무 · 대장 · 육군 · 해군 · 사법 · 문부 · 농상무 · 체신이라는 아홉 개 성에는 각각 대신이 있다.(行政府內閣總理大臣爲首, 其下外務 · 內務 · 大藏 · 陸軍 · 海軍 · 司法 · 文部 · 農商務 · 遞信凡九省, 皆有大臣.)[95]

약간 나중에 나온 시론에는 이에 대해 더욱 명확히 "이른바 책임내각의 '책임'이라는 두 글자는 군주에 대해 말하는 것이 아니라 의회에 대해 말하는 것이다.(所謂責任內閣者, 此責任二者, 非對于君主而言, 對于議會而言也.)"[96]라고 언급하였다. 의회제도, 헌법체제, 책임내각이라는 서양 헌정사상의 세 내용은 이 시기에 이미 전면적으로 중국에 전해져 날로 확산되어 사회에 영향을 주었다. 당시 사람들은 점차 기물器物과 사상문명을 개조함과 동시에 제도문명을 고쳐 건설해야 함도 깊이 이해하였다.

> 자강을 꾀하려 한다면 반드시 먼저 법을 바꾸어야 한다. 법을 바꾸고자 한다면 반드시 먼저 정치체제를 개혁해야 한다. 정치를 위한 계획에는, 단지 헌법을 제정해 거행할 때, 망하는 것을 구할 수 있을 것이다.(欲圖自强, 必先變法, 欲變法, 必先改革政體. 爲政之計, 惟有擧行立憲, 方可救亡.)[97]

청말 근대화 개혁은 기물 · 사상의 두 방면에서 제도적으로 추진되었고, 근대에 여러 가지 제도가 전면적으로 시작되었다.

---

95 郭雙林, 『西潮激蕩下的晚淸地理學』, 215-217쪽에서 인용하였다.
96 「論國會不與內閣竝立之弊」, 『時報』 1908년 3월 9일.
97 岑春煊 1904년 奏折, 「岑督春煊奏議」, 北京大學圖書館藏抄本.

2. 군사제도-새로운 군대의 재건

크게 말해서, 청대 군사제도의 연혁은 3단계를 거쳤다. 우선 함풍 연간(1851-1861) 이전의 팔기八旗·녹영綠營, 그 다음 함풍·동치 연간의 상군湘君과 회군淮軍, 그리고 갑오전쟁, 특히 경자년(의화단사변) 이후 널리 퍼진 신군新軍이다. 그 이후는 중국 근대 군사제도의 초보적인 형태가 정해진 기간이었다. 1901년 청조 정부는 신군 체제를 전국에 확산시켰다. 같은 해 무과武科 정지의 명령이 내려지고 구식 군대는 축소되었는데 녹영은 7할, 방위군은 3할 정도 축소되었다. 1902년에는 북양신군北洋新軍을 모범으로 하여 군영제의 일신을 계획할 것을 명했다. 그 이전 청조의 군영제는 매우 혼란한 상태여서 일부는 팔기·녹영의 영제營制를 답습하였고, 대부분은 상군·회군의 영제를 채용하였다. '영'을 기본 단위로 각 영에 500명을 두었고, 모든 영의 관계는 대등하게 하였다. 이 군사 편제 방법은 국내 전쟁에서 평민을 진압하기에는 적합하였지만 단위가 너무 작았기 때문에 대규모의 대외전쟁에 대해선 적합하지 않았다. 그래서 신군 영제를 세계의 근대적 군대에서 행해지는 편제라 연결 짓고, 군軍(상설은 아님)·진鎭(사단)·협協(여단)·표標(단)·영營·대隊(연대)·배排, 붕棚(班)으로 나누어 설치했다. '진'을 보통 상비군의 최고 단위로 하고 아래에 보병협步兵協을 2개, 마대표馬隊標를 1개, 포대표砲隊標를 1개, 공정영工程營을 1개, 치중영輜重營을 1개, 군악대를 1개 설치하였고, 각 진은 1만 2,512명을 편제로 정했다. 1903년 중앙에 '연병처練兵處'를 설치하여 전국의 신군을 편제·훈련하는 최고기관으로 정하여, 일정 기간이지만 신군을 편제·훈련하는 권한이 직례총독直隷總督을 시작으로 하는 각 성의 독무督撫에게 분할되어 있던 상황을 형식면에서 종지부를 찍었다. 1904년 '육군상비학동판법陸軍常備學童辦法'을 공포하고 군교軍校를 소학당, 중학당, 관병학당, 대학당의 네 수준으로 규정하고, 각 성에 강무당講武堂을 설치, 변목弁目(반장) 이상의 사관은 모두 각 수준의 군교에서 양성훈련을 받아야 하는 등 군인의 지식구조는 이때부터 분명히 변화해 갔다. 청조가 멸망할 때까지 중국에는 이미 각종 군사학당이 80개소 이상 있었고, 초기 단계의 근대 군사교육 체계가 기본적으로 형성되어 갔다. 그중에서도 가장 영향력이 있었던 것은 '보정군교保定軍校' 계통인데, 그것은 북양군계의 교육기지로 참모, 측량제도, 육군사범 등이 있는 전문학당이었고, 개설된 것 외에도 오로지 옛 장교에 대해 깊이 연구하는 '북양행영장변학당北洋行營將弁學堂'이 있었다. 그중에서도 가장 명성이 높았던 것은 '북양속성무비학당北洋速成武備學堂'인데 훗날 '보정군교'의 전신이 되는 곳으로 황포군교黃埔軍校 이전에 가장 중요한 중국 근대 군사사관 양성기지였고, 1920년대 북벌전쟁 시기까지 "혁명군의 중견장교는 대부분 '보정군교'의 동창생(革命軍中的中堅將校還多半是'保定軍校'同學)"[98]이라고 하였다.

「육군학술유학장정陸軍學術遊學章程」의 공포와 함께 국외에서 군사를 배우는 것도 일시 성행했다. 청말 일본에 가서 군사를 배우는 유학생만 천 명을 웃돌았고, 각 성의 독무督撫도 또 귀국한 학생을 다투어 초빙하였다. 그중 유명한 인물로는 호광총독湖廣總督 장지동張之洞이 초빙한 오록정吳祿貞(1880-1911), 동삼성(봉천성 · 길림성 · 흑룡강성) 총독 조이손趙爾巽이 초빙한 장방진蔣方震, 운귀총독 이경희李經羲가 초빙한 채악蔡鍔 등이 있었다. 군인의 대우와 사회적인 이미지도 매우 크게 개선되었다. 이전에 청 조정은 문관이 무관을 통솔하였고, 같은 등급의 문관과 무관이라고 해도, 설사 총독과 제독이라고 해도 상주의 권한, 조정으로부터의 중시 정도, 서민들에게의 인상이 크게 달랐다. 그러나 신군의 등급은 최상위에 위치되었고, 더 나아가서는 문관보다도 중시되었는데, 예를 들어 신

98 『李宗仁回憶錄』 상책, 南寧中國人民政治協商會議廣西壯族自治區委員會文史資料研究委員會, 1980년, 339쪽.

군의 소대장은 정7품으로, 문관인 현지사縣知事와 동급으로 취급되었다. 이것은 문을 중시하고 무를 경시하던 관습에 의한 편견을 바로잡았다는 것 외에도, 무를 높이고 나라를 강하게 한다는 시대의 우의가 들어 있는 것이었다. 이러한 정책은 이전에 "좋은 쇠로는 못을 만들지 않고, 좋은 인재는 군대에 들어가지 않는다.(好鐵不打釘, 好人不當兵.)"라고 하던 세간의 인식을 크게 변모시키고 많은 우수한 청년들이 학문을 멈추고 군에 들어가 "입신출세의 길은 군공 쪽이 과거급제보다 빠르니, 곧 무인이 중시되는 것이고, 궁극을 중시하는 것이다.(進身之階, 軍功捷于科擧, 則是武人之重, 其重極也.)"[99]라고 할 정도의 현상까지 등장했다. 게다가 근대 중국에서 전쟁이 빈발했던 환경이었기 때문에 군인은 점차 국가의 입신출세의 중심적 존재가 되었고, 군대도 사회의 주변에 머물러 있던 집단에서 국가의 중심적 위치로 이동하였다.

나라의 군을 다스리는 자가 신식 무기나 새로운 병종에 대해 가지는 흥미도 다시 없을 정도로 강해졌다. 1903년 하늘에 중점을 둔 항공기계가 세상에 나왔고, 1909년 비행기 제작 전문가 풍여馮如(1884–1912)가 총기계사總機械師를 맡아 광동기기제조공사廣東機器製造公司가 창립되었다. 이것은 중국 최초로 비행기를 제조하는 기업이었고 2년 후에는 개명하여 광동비행기공사廣東飛行機公司가 되었다. 1910년 중국에서 처음으로 항공에 관한 논문인 「연구비기보고研究飛機報告」가 『동방잡지東方雜誌』에 발표되었다. 군자부軍咨府(최고군사참모기관) 대신인 재도載濤(1887–1970)의 주도하에 북경남원비기수조창北京南苑飛機修造廠이 중국 최초로 비행기를 시험제작하였으나, 시험비행에 성공하진 못했다. 또한 '파르망식(法曼式)'의 쌍익비행기를 한 대 구입해 그것을 모방해 제작하기도 하였다. 1911년 이함암李緘庵 등은 미국에서 '커티스식(寇締式)' 비행기를 가지고 귀국

99 陳登原, 『國史舊聞』 제3분책, 中華書局, 1980년, 662쪽.

하였는데 그것은 중국 공군에 최초로 편입된 비행기이다. 1910년 청 정부는 정식으로 육군부와 동격인 해군부를 설립하였다. 근대의 3대 군종(육군·해군·공군)이 중국에 성립되거나 또는 그 모양을 따라가고 있었다.

3. 재정제도—해향·협향에서 근대 재정제도의 시작까지

청조의 재정체제는 순치조順治朝에서 처음 설립되고 옹정조雍正朝에 이르러 완비되었다. 계율을 엄격하게 하여 해향解餉·협향協餉을 핵심으로 한 하나의 제도를 만들었다. 소위 '해향'은 지방이 중앙 재정에 조세를 상납하는 것이고, '협향'은 부유한 성省이 중앙의 지령을 받아 곤궁한 성의 재정을 조달하는 것이다. 그러나 1840년대 이후로는 이렇게 정태적으로 고정화한 재정제도는 이미 급격하게 변동하는 시국에 적응하지 못하고 교착된 수입체계와 동태적인 지출체계 사이에 날이 갈수록 큰 격차를 조성하였다. 먼저, 아편전쟁 등 일련의 대외전쟁 경비 및 전후 조약에 의한 배상이 청조 재정에 전에 없던 지출 초과를 초래하였다. 여기에 이어서 태평천국의 봉기가 있었고, 태평군이 점령한 지역은 마침 청조의 재정과 세무의 중심지였기에 해향·협향 제도는 전면적으로 혼란을 맞았다. 대규모 전쟁은 국고를 고갈시켰다. 옹정 연간에는 중앙 재정이 보통 6, 7천만 냥의 은이 잉여로 축적되었는데, 함풍 3년 6월 12일(1853년 7월 17일)에는 호부의 정항대지은正項待支銀(정식 조세에서의 지출이 예정된 은)의 잔고는 겨우 22만 7천 냥 정도가 되었고, 국가재정은 "일찍이 본 적이 없는 군색하고 긴박한 상태가 마침내 오늘에 이르렀다.(從未見窘迫情形, 竟有至于今日者.)"[100]라고 할 정도였다. 국가의 재정붕괴를 면하기 위해서는 재

100 中國人民銀行參事室史料組編, 『中國近代貨幣史資料』 제1집 상책, 中華書局, 1964년, 176쪽.

원을 개척하고 경비를 절감하는 두 가지 방법밖에 없었고, 그 일련으로 새로운 재원이 점차 확립되었다. 그때 큰 비중을 차지하는 항목은 이금釐金(국내에서 통용하는 화물에 대해 부과한 관세)이었는데, 이것은 지정地丁(토지세와 노역세)을 제외하고 두 번째로 큰 세수가 되었다.[101] 관세는 세 번째로 큰 재원이었다.[102] 그 외에는 외채, 공채 및 국영 양무기업의 이익이나 초기 국가은행(호부은행戶部銀行·대청은행大淸銀行 등)의 수입이 있었다. 그때 이금 이외의 각 항목의 수입은 이미 근대적인 재원 형태를 충분히 갖추고 있었고, "이것은 우리 중국의 경제사에 있어 일대 전환이 되었다고 말하지 않을 수 없는 것이었다.(此在吾國經濟史上, 不能不謂爲一大轉變關鍵.)"[103]라고 했다. 근대형의 재원이 점차 확립되고 성장해 감과 동시에 근대화된 재정체제 개혁도 진행되었다. 신정新政 시기 청 정부는 법령의 형식을 가지고 전국의 재정을 통일하려고 노력하였고, 새로운 재정기구를 건설하고 근대적 재정에 밝은 인재와 이재의 전문가를 양성하고자 「청리재정장정淸理財政章程」을 공포하였으며, 중앙과 지방의 재정에 대한 조사와 정리를 행하고 국세와 지방세를 구분하였다. 서서히 과거 재정의 음성적 조작을 투명한 조작으로 고치고, 과거 재정이 정부에 의한 결정이었던 점을 대의기관이 참여해 결정하는 것으로 바꾸는 등 중국 역사에서 처음으로 국가 예산과 결산의 편성이 행해졌다. 이러한 점들은 중국이 오래 답습해 왔던 봉건적 재정체제가 점차 근대적인 재정체제로 변화하기 시작했음을 드러내는 것이다.

---

101 羅玉東, 『中國釐金史』, 商務印書館, 1936년 참조.

102 萊特(Stanley F. Wright), 『中國關稅沿革史』, 商務印書館, 1936년 中譯本, 151-152쪽. 江恒源 編, 『中國關稅史料』 제4편, 海關稅收, 上海人文編輯所, 1931년, 49쪽.

103 黃浚, 『花隨人聖庵摭憶』, 上海古籍出版社, 1983년 影印本, 367-368쪽.

4. 법률제도-'제법합체'에서 사법의 독립

중국의 봉건적 법제체계는 선진 시기부터 청대 말기까지 계속되었다. 최종적으로는 『대청률례大清律例』가 형성되었는데, 세계 각국의 중세기 법체 중에서 이것은 비교적 잘 정리된 것 중의 하나였다. 그러나 근대에 들어오면서 옛 법체계는 새로운 시대의 여러 문제에 적용할 수 없다는 점이 날로 분명해졌고, 다양한 새 법률개념이 제기되고 의논되었다. 예를 들면 개인과 사회의 이익은 어떻게 구분해야 하는가?(침해하면 안 되는 기본적 인권은 무엇인가, 사회에서 공유되는 이익과 규제를 받는 이익은 무엇인가 등), 누가 구분하는가?(누가 입법권을 가지는가), 어떤 방법을 써야 하는가?(법률인가, 행정적 명령인가), 법 이외에는 어떤 사회적 규범(예·의향·도덕)이 있는가? 사회적 규범과 법의 관계는 어떠한가?(양자는 어떻게 협조하는가, 혹시 충돌할 때는 어느 쪽이 더 권위를 갖는가), 죄와 죄가 아닌 것의 경계는 무엇인가?(동기·의향·행동), 개인과 사회가 받은 침해는 어떻게 구제되는가?(형사징벌·민사배상·도의견책), 죄는 누가 인정하는가?(법률인가, 황제인가, 관원인가), 사법수속(범죄증거의 수집·용의자의 구속·공개재판의 시비·변호인 제도), 죄와 형벌의 관계(난세와 치세에 형량 차이가 있는가, 사형의 가치는 어디에 있는가), 형벌의 목적(보복·교육·위협), 형벌과 인도人道의 관계?(혹형·사형의 평가), 사법기관·행정기관·입법기관의 관계(독립·책임관리·종속), 사법기관의 감시통제(상소·공소·사법기관에 의한 자동적인 재심리·면죄재판의 배상·행정적 구제) 등이 있었다. 중국과 서양의 방법에는 다른 점이 많았다.

일반적으로 고대 중국의 법체계는 사회집단의 조화와 안정을 비교적 중시하고 일종의 범집체주의汎集體主義적인 특징이 있었기 때문에 가족, 친족 간의 상호 보증과 연좌를 강조했다. 고대 중국의 법체계는 또 도덕적 요소를 중시하였기에 성문법 규정은 비교적 융통성을 가지고 함축되어 있었으며, 판례에 중점을 두었고, 인위적 요소가 비교적 중요시되었다. 한편 근대 서양의 법체계는 법제라는 요소를 더 중시하였고, 죄와 죄가 아닌 것을 확실히 구분하였으며, 성문법으로 더 면밀히 완비되었고, 제도적인 요소가 인위적인 요소보다 중요시되었다. 오늘날 결과적으로 말하면 두 개의 법체계는 시대(중세와 근대)의 격차가 있지만 각각 장단점이 있었다. 그러나 근대 중국의 국가적 지위가 격하됨에 따라 중국의 법체계는 서양인으로부터 인도적이지 않은 야만적이고 시대에 뒤처진 것, 간단히 말해 비민주적인 것이라고 인식되었다. 당시 중국인은 이 점에 대해 매우 공감하였고, 중국의 오래된 법체계의 가장 치명적인 천박성은 바로 민주적이지 않고 독립적이지 않은 것이라고 생각하였다. 구체적으로 말하면 사법, 입법과 형법의 면에 있어서 서양은 사법의 독립을 실시하고(3권 분립), 죄는 법으로 정해져 있고(법에 명문화되어 있지 않으면 죄가 아님), 죄는 내 몸에만 미치고(연좌되지 않음), 법권法權의 평등(의친議親, 의귀議貴 황제의 친족, 귀인에 대해선 특별한 심의를 행하여 형벌을 감면하는 것, 형은 대부에게는 집행되지 않는다는 것 등을 폐지하는 것), 법은 과거까지 소급하지 않는 것, 무죄 추정, 공민公民은 불법체포나 불법처벌을 받지 않는다는 것 등이 이야기되었다. 민법과 상법면에서 서양은 사유재산의 신성불가침을 강조하고 민사의 권리는 평등하며 계약은 자유로웠다. 소송의 수속과 형벌제도면에서 서양은 엄격한 조치와 수순을 강조했고 재판의 감독조직과 변호제도를 만들어 민사소송에서 당사자의 의사에 의한 자유처분을 보장하고 자백의 강요나 잔혹한 형벌을 금지하였다. 민주사상의 확산으로 인해 중국의 봉건적 법체계에 대한 비난도 점점 격해졌다.

1904년 청나라 조정은 '법률수정관法律修訂館'을 설립하고 심가본沈家本(1840-1913), 오정방伍廷芳(1842-1922)을 중심으로 하여 새로운 법체계의 편성에 착수했다. 신정의 법제개혁은 주로 세 가지 측면에서 작업이 행해졌다. 하나는 사법권 독립의 원칙을 초보적으로 확립하는 것이었다. 청말 각종 개혁은 모두 전통과 충돌하는 측면이 있으면서도 전통을 계승하는 측면이 있었다. 단 사법 독립만은 예부터 존재하지 않았던 것이었기에 전통과 격하게 충돌하였다. 이전 중국에서는 정치와 형벌을 분리하지 않았고 지방의 지현知縣, 독무, 중앙의 형부, 대리시大理寺, 도찰원都察院이 모두 재판권을 가지고 있었다. 1906년 중앙체제의 개혁에서 3권 분립의 원칙을 확립하고 본래 재판을 관리하던 형부를 고쳐 전문적으로 사법행정에 대한 책임을 맡은 법부法部로 변경하였다. 본래 재심을 관리하던 대리시를 대리원大理院으로 개명하고 전국의 최고재판기관으로 법령 해석의 책임을 맡게 했다. 1907년에는 동삼성, 직례, 강소에 재판소를 창설했다. 중국에서 사법행정의 분립은 여기에서 시작되었다. 1910년 조정은 재판기구는 "독립해서 법을 집행하고(獨立執法)" 어떠한 행정관원도 "위법적 간섭을 불허한다.(不准違法干涉)"라고 중하게 언명했다. 동시에 '법원편제법法院編制法' 등을 공포하고 전국 재판기관을 초급 · 지방 · 고등재판소 · 대리원의 네 등급으로 나누어 각급의 재판기관하에 독립검찰기관(초급 · 지방 · 고등 · 총검찰청)을 배치하였고, 공심公審(공개재판) · 배심 · 예심 · 회피 · 기소 · 집형 등의 제도를 규정했다. 두 번째는 옛 법을 개정하고 신법을 제정한 것이다. 20세기 이전, 청나라 성문법전은 형법을 주 내용으로 하는 『대청률례』밖에 없었는데, 법률 뒤에 판례가 붙어 있었고(율과 예를 함께 맞춰 편찬하는 것이 중국 봉건적 법전의 전통이었다.) 그 안의 법률 부분은 1727년부터 한 번도 수정하지 않았는데, 법률에 기재되지 않은 것은 판례에 근거해 해결하였다. 규정에 의하면 판례는 5년에 한 번 적은 수정(小修)을 행하였고, 10년에 한 번 큰 수정(大修)을 행하게 되어 있었는데, 1870년 이후로는 전혀 수정하지 않았다. 신정의 '법률' 개정 방침에는 구율의 수정과 신율의 제정이 동시에 행해졌기에 청말에는 두 종류의 형법이 생겨났다. 하나가 『현행형률』로 『대청률례』를 기초로 그것을 개정하여 완성한 것인데, 1910년 5월 15일에 공포되었다. 이것은 신구 병용의 과도적인 성질을 가진 법전으로 시의에 맞지 않는 약간의 옛 조문, 예를 들면 혹형이나 동성同姓의 결혼·양민과 천민 사이의 결혼 금지 같은 것을 손보았고 동시에 시세에 의해 새로운 죄명, 예를 들어 철도나 통신의 파괴죄 등을 새로 만들었다. 또 하나는 「대청신형률大淸新刑律」로 1911년 1월에 조정이 비준하여 1913년에 실시를 예정했던 중국 최초로 근대적 성질을 가진 법률이었다. 다양한 법률적 특권을 제거하고(전부를 제거한 것은 아니었지만 이 사이에 「종실각라소송장정宗室覺羅訴訟章程」 등이 완성되었고 황제에게는 약간의 특권이 주어졌다.) 죄형법정주의를 채용하여 범죄와 비범죄, 기수와 미수, 소송과 형의 집행 효력 등의 경계를 규정하였고, 근대 형법 중에서 널리 행해진 형집행유예제도나 가석방제도도 규정하였다. 이 법전에서 보여 준 다수의 개념 명칭은 현재에 이르기까지 사용되고 있다. 세 번째는 전통적인 법률 구조의 개혁이다. 고래 중국에서는 '제법합체諸法合體'를 실행하여 형법과 민법의 구별이 없었고 민법과 상법, 실체법과 정서법程序法이 나뉘져 있지 않았다. 법제개혁은 우선 상법을 독립시켜 1903년에 각종 '상률商律' 제정을 개시하였고, 「장려공사장정獎勵公司章程」·「공사율公司律」·「파산율破産律」 등이 차례로 나왔다. 그 다음에는 소송법을 단독으로 설치하여 1906년에 중국 최초로 독립된 소송법전인 『형사민사소송법刑事民事訴訟法』이 완성되었다. 마지막에는 민법을 독립시켜서 1911년에는 「대청민율초안大淸民律草案」이 완성되어, 비록 공포를 하진 못하였지만 후대에 영향을 주었다.

5. 교육제도–과거제 폐지의 시대적 의의

가장 두드러지고 중대한 사건은 과거의 폐지였다. 각종 제도변혁 동안에 교육제도의 변혁에 대한 요망은 가장 빨리 일어났다. 봉건적 교육제도의 기본적인 기능은 날로 축소되는 경향이 있었는데, 특히 수대에 과거제도가 시작되고 나서 학교교육은 과거시험의 부속물이 되었고, 각급의 관학, 사학은 예외 없이 과거시험훈련소가 되었다. 명대에는 팔고문八股文이 성행하였는데 학교 교육내용도 단일화가 진행되었다. 청대가 되면 팔고문을 폐지하고 과거를 개혁하자는 목소리가 계속되었는데, 1663년부터 여러 번 팔고문을 폐지하였지만 매번 폐지하자마자 부활하였다. 1902년 이후가 되면 정세에 이윽고 결정적인 변화가 일어나, 이 해에 청 조정은 팔고문 폐지를 선언하고 책론策論 시험을 고쳐 과거제도 자체는 정지하지 않았다. 청 조정은 본래 신구 학제를 병존할 생각이었는데 양자 사이에는 상용할 수 없는 점이 꽤 많았기에 일반인 눈에는 과거가 역시 정도였고 신학은 사도로 비쳐졌다. 1903년 독무 원세개袁世凱(1859-1916)와 장지동張之洞(1837-1909)은, 신학 제도를 저해하는 것으로 "과거보다 심한 것은 없습니다. …… 과거가 폐지되는 날이 온다면 학교가 성행하는 날이 올 것입니다. 학교가 성행하지 않으면 지식인에게 영원히 참된 학문이 없고, 국가에게는 영원히 시세를 구할 인재가 없을 것이며, 중국은 영원히 부강해질 수 없고, 영원히 다른 나라들과 승부할 수 없을 것입니다.(莫甚于科擧 …… 科擧一日不廢, 卽學校一日不能大興, 學校不能大興, 將士子永遠無實在之學問, 國家永遠無救時之人才, 中國永遠不能進於富強, 卽永遠不能爭衡於各國.)"[104]라고 통절히 호소하였다. 과거제도를 폐지할지 말지에 대한 문제는 교육뿐만 아니라 국가의 운명과도 밀접하게 관련되어 있었다. 1904년 하남에서 중국 역사상 최후의 회시會試가 실시되었는데, 그 성황한 모습은 "올해의 회시는 변중(하남성)에서 시행하는데 먼 성의 사람이 수천 리 길을 찾아오면서 이슬을 무릅쓰고 수십 일 만에 도달하는데도 사람의 수는 여전히 수만이 되어 조금도 줄었다고 듣지 못했다. 심지어는 태학의 학생도 그 유학의 규정을 버리고 과거급제의 영예를 구한다.(今歲會試, 借

104 『光緖朝東華錄』 제5책, 4,998-4,999쪽.

闈汴中, 遠省之人, 往往跋涉數千里, 冒露數十日而得達, 而人數依然鉅萬, 不聞稍減. 甚而大學某生, 棄其遊學之額而求博第之榮.)"라고 하여 과거를 폐지하지 않으면 신학이 흥하기 어렵다는 것은 분명히 드러났다. 1905년 9월 2일 청나라 조정은 드디어 과거 정지를 결심하고 이윽고 하나의 획기적인 조서를 선포하였다.

> 지금 시국은 어려움이 많아 인재 육성을 급선무로 한다. 조정에서는 최근 많은 이들이 매번 과거시험을 위해 빈 글을 익히는 것을 알기에 누차 조서를 내리고 각 성의 독무에게 칙령을 내려 널리 학당을 설치하고 진실로 전국의 사람들로 하여금 모두 실학을 지향하여 부림에 대비하려고 한다. 용의는 지극히 심후하다. 이전에 배움을 맡은 대신 등의 의론과 상주로 이미 향시와 회시 중 율로 정해진 세 과거를 나누어 줄일 것을 허하였다. 이번 담당 제독(원세개) 등의 상주에, 과거를 멈추지 말자는 자, 민간에 서로 미루어 관망하는 자, 학당을 미루어 넓히고자 하면 반드시 먼저 과거를 폐지해야 한다고 하는 자 등의 말에 의거하여 보면 사람들이 말하는 바에 들을 것이 없다고 할 수는 없다. 곧 병오년(1906) 과거를 시작으로 하여 모든 향시와 회시를 일률로 정지한다.(方今時局多艱, 儲才爲急. 朝廷以近日科舉每習空文, 屢降明詔, 飭令各省督撫, 廣設學堂, 將俾全國之人, 咸趨實學, 以備任使, 用意至爲深厚. 前因管學大臣等奏議, 已準將鄉·會試中額分三科遞減. 玆據該督(袁世凱)等奏稱, 科舉不停, 民間相率觀望, 欲推廣學堂, 必先停科舉等語, 所陳不爲無見. 著即自丙午科爲始, 所有鄉·會試, 一律停止.)[105]

과거제도의 폐지는 중국 교육사에서 혁명적인 성격을 가진 개혁으로

105 『德宗景皇帝實錄』 권548, 光緖 31년 갑진, '諭內閣', 臺灣華文書局, 1964년 影印本.

그 개혁은 중국에서 천년 이상 지속된 과거제도를 종료시키고 최종적으로 새로운 교육제도가 중국에서 승리했음을 결정지은 것이다. 1920년 황염배黃炎培(1878-1965) 선생은 다음과 같이 총체적인 평가를 내리고 있다. "최근 50년 동안 교육 변동의 가치는 실로 3천 년 모든 역사를 뒤엎는 것이라 느낀다.(覺最近五十年來教育變動, 其價值實駕三千年全史之上.)"[106]

6. 행정제도-근대 관료제도의 구축

아편전쟁 이후, 청 조정의 행정체계 변화는 먼저 외국인과의 긴밀한 접촉 부분에서 일어났다. 1850년 중국은 근대의 세관제도를 초보적으로 확립하였는데, 아쉽게도 주로 외국인에게 지배된 이른바 양관洋關에서였다. 1860년 청 조정은 '총리아문總理衙門'을 설립하고, 『청회전淸會典』에서 이 기관이 장악하는 범위에 대해 명확하게 다음과 같이 정하였다.

> 각국과의 맹약을 관장한다. 조정의 은덕과 신임을 밝혀 알린다. 모든 수륙출입에 대한 세금 부과, 주거 호시(통상) 제도, 서폐빙옹(수호왕래에 따른 각종 예)의 제도, 중국과 외국의 강역의 한계, 문역전달의 일, 민교 교섭의 단.(掌各國盟約, 昭布朝廷德信, 凡水陸出入之賦, 舟車互市之制, 書幣聘饔之宜, 中外疆域之限, 文譯傳達之事, 民教交涉之端.)

중국 관료기구의 근대화는 외교관계 기관에서 시작되었는데 그 이유에는 깊은 의미가 있다.(그림 13-9) 신정의 관제개혁도 외교기관을 출발점으로 하여, 1901년 7월 24일 청 조정은 총리아문을 대신해 외무부의 설립을 공포하였고, 세계의 외교통행기관과 연결시켰다. 이 이후 정치체제의

106 黃炎培, 「淸季各省興學史」, 『人文月刊』 제1권 제7기에 실려 있다.

그림 13-9 현판에 '중국과 바깥세계의 평화와 번영(中外禔福)'이라고 쓰여 있는 외교사무소(總理各國事務衙門)의 사진.

개혁이 전면적으로 전개되었다. 1903년 청 중앙 조정에 '상부商部'를 증설하였다. 중국의 전통적 관념에서 상商은 사·농·공·상의 네 층위 사회의 말단인데, '상부'의 득실은 시대의 발전이나 변화를 반영하고 있다. 1905년 청 조정은 '학부'를 설립하여 전국 교육을 관리하는 최고행정기관으로 삼았고, 이때부터 교육행정은 예부에서 독립되었다. 1911년 예부는 '전례원典禮院'으로 개명하여 오로지 예제제사禮制祭祀를 관리하였다. 이처럼 학부의 지위가 올라가고 예부의 지위가 낮아진 것은 전통사회에서 근대사회로 향하는 과도기에 교육의 기능이 확대되고 예제가 쇠락해 가는 것을 전형적으로 보여 준 것이다. 또 순경부巡警部·우전부郵傳部 등의 설립은 정치체제 중에서 새로운 전문 분야의 지위가 상승한 것을 반영한 것이다.

1911년 청나라 행정제도는 크게 변동하여 내각관제를 반포하고 실시하였는데, 내각은 총리대신, 협리대신協理大臣 및 외무부, 민정부民政部, 탁지부度支部, 학무부, 육군부, 해군부, 사법부, 농공상부, 우전부郵傳部, 이번부理藩部(외번에 관한 행정사무를 관리) 등의 10부를 설치하였고, 근대행정 시스템의 전면적인 건설을 위한 기반을 정했다. 어떤 학자는 "민국이 처음으로 세워져 관제관규는 때에 맞춰 개변하였어도 그 실체는 청대 말기의 관제를 따랐으니, 그저 대신의 명칭을 총리·총장으로 바꾸고 내각을 바꿔 국무원이라고 했을 뿐이다.(民國肇建, 官制官規, 時有改變, 其實大體, 亦循淸季官制, 第變大臣之名爲總理·總長, 變內閣爲國務院耳.)"[107]라고 보기도 하였다.

청조의 지방체제의 개혁은 동북 지역에서 시작되었다. 동북 지역은 청 왕조의 발상지로 1668년에 금지구역이 되었다. 행정상으로도 독자적인 체제를 이루고 청조의 지방행정 체계와는 달리 '성경장군盛京將軍'을 최고 군정장관으로 삼았다. 그러나 동북 지역에 이주민에 의한 개간開墾 사회가 확대됨에 따라 행정적 금령으로 경제적 확장을 막기가 이미 어려웠다. 1734년 동북 지역의 경지는 겨우 262만 2,722무, 1749년의 동북 총인구는 40만 6,500명에 지나지 않았지만, 1907년 동북 지역의 인구는 1,445만 7,087명까지 증가했고, 경지는 1억 983만 9,014무까지 늘어나 사람과 토지 모두 수십 배 증가하였다. 더욱이 중요한 것은 1904년에 중국 동북 지역의 지배권을 빼앗으려는 러일전쟁이 폭발하여 러시아와 일본 양국이 중국 동북부를 침략해 병탄하려는 야심을 밝힌 것이다. 그래서 동북의 행정체제를 내지와 획일화하여 분할을 허락하지 않고 중국의 일부로 삼은 것이다. 1907년 4월 청 조정은 동북 지역의 제도 개혁에 대한 조서를 내리고 정식으로 봉천·길림·흑룡강 3개의 성을 설치하였는데, 이때 중국의 행성 수는 22개에 달하였다. 또 성경장군을 고쳐서 동삼성총독東三省

107 柳治徵, 『中國文化史』 하권, 836쪽.

總督으로 삼고, 봉천·길림·흑룡강에 순무巡撫를 두어 행성의 체계 안에 넣고 청대 초기부터 시작된 '봉금封禁'을 제도상에서 근본적으로 해제하였다. 이것은 중국 본토의 지방행정제도 확대를 대표적으로 나타낸 것이고, 또 동북의 변경은 정치·사회·문화 쪽에서 중원 지역과 불가분이라는 것을 더욱 분명하게 나타낸 것이다.

청 조정의 정치체제 개혁 중에 특별히 눈길을 끄는 또 하나의 현상은 지방자치의 첫 시행이다. 1905년 상해 지방의 '신상紳商'들이 스스로 '상해성상내외총공정국上海城廂內外總工程局'을 설립해 어느 정도의 지방자치를 호소한 것이다. 1906년 천진에서 지방 당국과 '신상'이 단결하여 '천진자치국天津自治局'을 설립하였다. 1908년에는 각지에 탄생한 지방자치성 기관이 100개를 넘었다. 지방자치를 본격적으로 관리하기 위해 1909년 1월 청 정부는 「성진향지방자치장정城鎭鄕地方自治章程」을 공포하였는데, 이는 곧바로 지방자치의 작은 붐을 일으켰고, 1911년까지 각지에 설립된 도시의 '자치공소自治公所'는 1천여 개가 되었으며, 부·주·현에도 대부분 자치기구가 창설되었다.

청 조정이 지방자치를 진행한 목적은 국가와 사회, 중앙과 지방, 황권皇權과 신사권紳士權의 관계를 조절하려는 것이었다. 그런데 지방과 신상이 도리어 이때부터 사회와 정치에 대한 참여권을 확대하려고 하면서 부분적으로 '군권君權'과 '관권官權'이 감소되었고, 거기에는 이미 근대 지방자치제도에 내재한 모종의 의미가 포함되어 있었던 것이다. 청말 체제개혁 중에서 가장 '시대적 의의'를 지닌 것은 '대의기구代議機構'의 신설을 추진한 것이다. 1908년 7월 22일 조정은 「각성자의국장정各省咨議局章程」과 「자의국의원선거장정諮議局議員選擧章程」을 공포하였다. 1909년 10월 신강新疆에 실시하는 것을 제외하고, 전국 21개 행성의 대의기관인 자의국咨議局이 모두 탄생하였다. 1910년 10월에는 중앙대의기관인 자정원資政院이 성립되었다. 이를 전후로 하여 현 수준의 대의기관인 의사회議事

會도 연달아 탄생하였다. 이러한 기관은 중앙 · 성 · 현의 3단계의 의회 대행기관으로 직능을 갖추고 황권과 관권의 담장 밖에서 또 하나의 정치 중심이 되어 갔다. 이들 기관에 봉직한 '의원'도 명확하게 '근대의 정치가'라는 신분을 가졌다.

군말 할 것도 없이 청 정부가 '신정新政'을 실시한 목적은 예부터 내려온 생산관계와 상부구조를 보호하고자 하는 것이었다. 그러나 '신정'을 실시한 결과는 새로운 생산력의 탄생을 촉구하여 경제기반의 변화를 촉진한 것이 되었다. 양자가 서로 잘 맞지 않아서, 결과적으로 새로운 요소를 많이 탄생시키고, 예부터 내려온 조직을 보호할 수 없을 뿐 아니라, 오히려 그것을 없애는 작용을 하여 객관적인 효과는 신정부의 주관적인 바람과는 완전히 상반되도록 하였다. 경제개혁은 본래 왕조의 재정위기를 극복하기 위한 것이었는데 그 결과 자본주의 상공업의 발전과 자산가 계급의 성장을 인도하였다. 이러한 경제와 계급적 기반에서 손중산孫中山(손문) 등을 지도자로 하는 혁명파, 강유위 등을 지도자로 하는 해외헌정파, 장건張謇(강남의 근대적 실업가) 등을 지도자로 하는 국내입헌파가 탄생하여 점점 활발하게 활동하다가 최종적으로는 삼자가 통합하여 청나라를 전복시키는 물결을 일으켰다. 군사개혁은 본래 무장 세력을 육성해서 왕조를 방위하고 혁명을 진압하려는 생각이었지만, 결과적으로는 혁명당에게 병력을 제공하는 원천이 되게 하였다. 교육개혁은 본래 왕조를 위한 인재육성을 목적으로 삼았는데, 결과적으로는 구식 지식분자의 활로를 차단하게 되었고, 그들은 전향하여 전통적인 독서인과는 다른 새로운 지식을 가진 사회집단이 되었다. 자산가 계급 및 그들의 정치적 대표, 신군新軍, 신지식분자 이 세 무리는 '신정新政'이 조성하여 성장한 산물인데, 그들은 바로 왕조를 멸망시키는 가장 주요한 세력이 되었다. 그러나 어찌 되었든 청 조정의 신정에 의한 입헌개혁은 중국의 각종 근대적 문명제도가 처음으로 건설되고 발전으로 나아가는 데 확실한 기초가 되었다.

7. 신해혁명과 공화국

이들 중에서도 손중산(손문孫文, 1866–1925)은 중국 근대 정치문명에서 가장 중요한 상징—공화제 탄생을 촉구한 중요 인물이었다. 손문은 평생 중화문명의 진보에 대해 특별한 생각을 가지고 중국이 "과거 문명에서 근세의 문명으로 바뀌어 가는 것(由古代之文明變爲近世的文明)"은 역사의 필연이고, 근세문명으로의 전환을 실현하기 위해서는 "법을 남에게서 취해야 하고(取法于人)", 세계 역사의 흐름에 순응할 필요가 있다고 생각했다. 그의 주장은 다음과 같이 이어진다.

> 우리 중국은 이전에 중국 4천 년 문명이 매우 훌륭하다고 잘못 말하며 개혁하려 하지 않았는데, 지금은 모두 그런 말이 불필요하며 반드시 타국을 본받아야 한다는 것을 알고 있다. 지금 현재 세계에서 가장 문명적인 것을 본받지 않는다면 문명의 과도기 이전의 것을 본받자는 것인가? 우리가 결코 진화론적 변화를 따를 필요 없이 반드시 인사의 변화를 이루어내야만 그 진보가 빨라질 것이다.(我們中國先是誤於說我中國四千年來的文明很好, 不肯改革, 于今也都曉得不能用, 定要取法於人. 若此時不取法他現世最文明的, 還取法他那文明過渡時代以前的嗎? 我們決不要隨天演的變更, 定要爲人事的變更, 其進步方速.)

그는 중화문명이 나아가는 과정에서 모든 것을 하늘에 맡기거나 순응적으로 조금씩 나아가서는 안 되고 중국인 자신의 노력에 의하여 문명의 초월적인 진보를 실현해야 한다고 주장하였다. 그는 중국의 새 정치문명 건설에서 이것을 종지로 삼았다.[108]

108 『孫中山全集』 제1권, 中華書局, 1981년, 278 · 281–282쪽.

1895년 2월 손문은 「달로(만주족)를 몰아내고 중화를 회복하여 '합중정부'를 창립함(驅逐韃虜, 恢復中華, 創立合衆政府)」이란 글을 지어 '흥중회興中會'의 서사誓詞(선서의 말)로 삼았는데, 그 안의 '합중정부를 창립함'이라는 한 구절에서 미국식 공화제 건설을 목표로 한다는, 완전히 새로운 시대적 의미를 명시하였다. 그 이후 손문은 자신이 이끄는 이 혁명을 이전의 혁명과의 사이에 시대적 경계선을 그으면서 다음과 같이 말했다.

> 이전의 혁명은 명나라 및 태평천국과 같이 단지 몰아내어 빛을 되찾는 역할을 자임하였기에 이 밖에 옮길 것이 없었다. 우리의 오늘은 이전과 달리 '달로를 쫓아내고 중화를 회복'하는 것 이외에 국체와 민생을 오히려 국민들과 더불어 변혁해야 하고, 비록 이것저것 해야 할 일이 많지만 중요하게 일관해야 할 정신은 자유·평등·박애이다. 따라서 이전의 혁명은 영웅혁명이지만 오늘의 그것은 국민혁명이다.(前代革命如有明及太平天國, 只以驅逐光復自任, 此外無所轉移. 我等今日與前代殊, 于驅逐韃虜, 恢復中華之外, 國體民生尙當與民變革, 雖緯經萬端, 要其一貫之精神, 則爲自由·平等·博愛. 故前代爲英雄革命, 今日爲國民革命.)[109]

지금까지의 혁명은 그저 제위가 바뀌어 그 자리에 오른 권력자가 천하를 집으로 삼는 '영웅혁명'이었지만, 공화혁명은 국민 전체에게 눈을 돌린 참된 의미의 국민혁명인 것이다. 물론 19세기 말의 손문이 확고한 공화주의자였다고 말할 수는 없다. 유성우劉成禺의 『선총리구덕록先總理舊德錄』에서는 손문이 "나는 젊은 시절 한족을 황제로 삼아 자리에 오르도록 하는 것이 옳고, 외족인 만주족의 청을 타도하는 것을 중심에 놓아야 한다고 주장했다. 양구운楊衢雲이 내게 크게 떠들고 거의 무력을 쓸 정도

109 『孫中山全集』 제1권, 296쪽.

의 기세로 '민국이 아니면 불가하다'고 말했다. 양구운은 죽었다. 양구운은 죽었지만 나는 그의 뜻을 받들어 '민국'을 만들 것을 맹세하고, 군주제를 독자적으로 한다면, 반드시 그것을 토벌할 것이다.(予少年主張, 謂漢人作皇帝, 亦可擁戴, 以倒外族滿清爲主體. 楊衢雲與余大鬧, 幾至用武, 謂非民國不可. 衢雲死矣, 衢雲死矣, 予承其志, 誓成民國, 帝制自爲, 予必討之.)"라고 말했다 한다. 진소백陳少白도 또한 "손 선생은 의학을 배웠지만 후에 단호하게 청조 타도를 부르짖었고, 공화제에 대해서는 아직 의논이 정해지지 않았는데 양구운과 교류하고 막역의 벗이 되었다. 양구운은 반드시 인민의 국가를 만들어야 한다고 했다. 어느 날 의논에 차이가 생겨 양구운은 선생의 변발을 쥐고 무서운 기세로 때리려고 덤볐다. 나는 옆에 있다가 두 사람을 떼어 놓았다.(孫先生學醫, 後堅決排滿, 于共和制度尙有出入, 與衢雲交, 旣莫逆, 衢雲則非造成民國不可. 一日議論有出入, 衢雲持先生辮, 盛氣欲毆之. 予在旁, 分開兩人.)"라고 하였다. 1900년 혜주봉기惠州蜂起 때 손문은 청조 관리 유학순劉學詢(1855-1935)에게 보낸 편지에서 "성지를 주관하는 자가 1명이면, 혹은 총통이라 하고, 혹은 제왕이라고 하는데, 제가 족하를 받들어 거기에 오르게 할 것을 결정하였으니 그 칭위는 족하께서 재결하십시오.(主政一人, 或稱總統, 或稱帝王, 弟決奉足下當之, 故稱謂由足下裁決.)"[110] 라고 기술하고 있다. 이렇듯, 양구운을 비롯한 사람들은 중국에서의 공화제도 확립에 일조한 큰 공적이 있었음을 알 수 있다. 이것이 손문과 그 전우 단체의 공헌이었다.

이후, 손문 등은 이론적인 면과 실천적인 면에서 공화제를 전면적으로 발전시켰다. 1903년 성립한 호놀룰루 중화혁명군이나, 1904년「치공당신장致公黨新章」중에서 손문은 "민국을 창립한다.(創立民國)"라는 것을 모임의 선서의 말로 삼았다.[111] 여기서 '합중정부合衆政府'라는 표현은 계속해

110 章開沅 · 林增平 主編,『辛亥革命史』상책, 人民出版社, 1980년, 95쪽을 인용하였다.

서 중국적인 특징을 가진 것으로 바뀌었고, 또 중국의 민중에게 받아들여지기 쉬운 '국민'이라는 표현으로 전환되었는데, 그 정수는 변하지 않으면서도 역시 '민치民治'와 '평등'의 '국민국가'를 건설하는 것으로 되어 있으니, 봉건군주제를 자산계급의 공화제로 교체하자는 것이다. 1905년 중국 역사에서 최초로 전국적인 정당적 성격을 가진 조직의 동맹회가 성립되었고, 그 정책선언에 "민국을 건립해서(建立民國)", "오늘날 혁명의 경륜(今日革命之經綸)"과 "장래 치국의 대본(將來治國之大本)"으로 삼았고, 또 구체적으로 다음과 같이 풀이하였다.

> 지금 평민혁명에 의해 '국민정부'를 세우고 '국민'은 모두 '평등'하게 '참정권'을 가진다. 대총통은 국민이 '공거(선거)'하여 뽑고 '의회'는 국민이 공거한 의원으로 구성하며, 중화민국 헌법을 제정하여 사람들 모두가 함께 지킨다. 감히 군주제를 스스로 하려는 자가 있으면 천하가 모두 그를 칠 것이다.(今者由平民革命以建國民政府, 凡爲國民皆平等以有參政權. 大總統由國民公擧. 議會以國民公擧之議員構成之, 制定中華民國憲法, 人人共守. 敢有帝制自爲者, 天下共擊之!)[112]

이 이후 "감히 군주제를 스스로 하려는 자가 있으면 천하가 모두 그를 칠 것이다."라는 사상은 점점 많은 중국인들에게 받아들여졌다. 지금까지의 혁명은 천백 년 이래 그저 왕조의 정권교체라고 하는 오래된 모델과 만주족의 청조를 전복시키고 한족으로 되돌리겠다는 좁은 민족주의의 오랜 전통을 요구하는 것이었는데,[113] 동맹회에 의한 혁명은 제도의 근본적

111 『警鐘日報』, 1904년 4월 26일. 馮自由 『華僑革命開國史』, 商務印書館, 1946년, 59쪽.
112 『孫中山全集』 제1권, 297쪽.
113 1905년은 손중산의 민족사상이 바뀌는 중요한 해인데 이에 앞서 그의 '革命排滿(혁명에서 만주인을 배제한다)'설은 편협한 견해를 면치 못했다. 곧 1904년 당시 손중산

인 개선을 요구하였다. 이 시기 손문은 그 사상체계를 개괄하여 민족 · 민권 · 민생의 삼민주의三民主義라고 하였는데, 그 안의 민국공화民國共和 내용은 시대적 의미와 사회적 효과를 가장 잘 갖춘 것이었다. 공화체제라는 틀 속에서 손문은 서양의 삼권분립 학설을 중국의 전통적 제도문명 중의 훌륭한 정수와 결부시켜 창조성이 풍부한 '5권분립五權分立' 학설을 제기했다. 그것은 다음과 같다.

> 고선제(시험에 의한 선발제)와 규찰제는 본래 우리 중국 고유의 두 가지 우량한 제도였다. …… 나는 우리의 공화정치 속에서 이들의 우량한 제도를 부활시켜 5권을 분립하고 각국에 아직 없는 정치학설을 창립하여 파천황의 정치체제를 창건하길 바란다.(考選制與糾察制本是我中國固有的兩大優良制度, …… 我期望在我們的共和政治中復活這些優良制度, 分立五權, 創立各國至今所未有的政治學說, 創建破天荒的政體.)

은, "마땅히 만주인은 중국에 들어오지 못하며, 흑룡강가의 野蠻으로 유목하는 사람들에 불과하다. 늘 중국 북방의 평화스런 변경을 침략했다."고 했다. 중국 민족운동의 임무는 "만주의 오랑캐들을 우리들의 국토로부터 몰아내야 하는 것이다."라고 했다.(『孫中山全集』 제1권, 244 · 255쪽). 그러나 1905년에 이르러 손중산의 민족사상에 커다란 전변이 있었으니, 당해 동맹회의 이름 짓기 논쟁을 할 때 그는 단체 명칭을 '對滿同盟會'로 하는 것에 강력하게 반대했고, '中國同盟會'로 하는 것을 강력히 지정하였다. 1906년, 손중산은 '혁명배만'설을 더 나은 쪽으로 수정하고 설명하길, "형제들이여, 일찍이 남의 말만 들어보고 민족혁명은 만주민족을 모두 없애야 한다고 했는데, 이는 큰 착오였다."라고 했다. "우리들은 모든 만주인을 한스러워하는 것이 아니고, 한인을 해친 만주인을 한하는 것이다. 가령 우리들이 혁명을 실행할 때 저 만주인들이 우리들을 저해하지 않는다면 결코 원수로 삼지 않을 것이다."라고 하였다.(『孫中山全集』 제1권, 325쪽) 혁명을 반대하는 약간의 만주인 통치자들과 만족 인민을 구별한 것이다. 이것이 손중산이 중국 경내에 있는 각 민족에 대해 평등한 근대적 민족이념을 하나로 하는 데 매우 중대하게 공헌한 점이다. 또한 이것은 당시 혁명당 내부에 있던 지극히 한때의, 시비를 가리지 않고 만주인을 전면적으로 배척한 협애한 민족관에 대해 강력하게 시정한 것이다.

이것은 곧 다음과 같다.

> 중국에서 실시할 공화정치란 입법·사법·행정의 3권 외에 고선권과 규찰권을 포함한 5권 분립의 공화정치 체제이다.(在中國實施的共和政治, 是除立法司法行政三權外, 還有考選權和糾察的五權分立的共和政治.)[114]

이윽고 1911년 중국에 정치제도를 전환시킬 대혁명인 신해혁명이 일어났다. 1912년 1월 1일 중화민국의 성립을 선포하였고, 손문은 민국의 초대 임시대총통 취임선언서(그림 13-10)에서 "국가의 근본은 인민에 있다. 한·만·몽·회(신강)·장(서장)의 모든 지역을 합하여 한 나라로 삼으니, 즉 한·만·몽·회·장의 모든 종족을 합하여 한 사람으로 삼는다. 이것을 민족의 통일이라고 한다.(國家之本, 在于人民. 合漢·滿·蒙·回·藏諸地爲一國, 卽合漢·滿·蒙·回·藏諸族爲一人. 是日民族之統一.)"라고 선언하였다.[115]

신해혁명의 발발은 260여 년 중국을 통치한 청 왕조의 종결을 선고했을 뿐만 아니라 중국에서 2천 년 이상 지속된 봉건군주 전제제도를 바닥에서부터 뒤집어 헌법, 국회, 공화라는 근대 제도문명의 산물이 처음으로 중국 땅에 등장했음을 선언한 것이다. 그 이후 공화는 중국 인민에게는 확인하기 쉽지 않은 정치체제가 되었지만, 중국의 정치제도는 근대문명 제도로의 전환이라는 점에서 결정적인 진보를 이룬 것이었다. 중화문명

114 『孫中山全集』 제1권, 319-320쪽. 고금의 정수를 흡수하고 겸하여 동양과 서양의 장점을 받아들여 국정을 결합하고 아울러 시대와 함께하는 데 시대의 창신을 더한 것이 손중산이 문명을 건설하는 것 가운데 중요한 생각의 방향이었고, 그는 그의 학설이 "안으로 중국의 정세를 펼치고, 밖으로 세계의 조류를 살펴서 여러 가지 장점을 받아들여 창신을 더하는 결과를 가져올 것이다."라고 하였다.(『孫中山全集』 제7권, 1쪽) 그 가운데는 "우리나라 고유의 사상을 인습한 것이 있고, 유럽의 학설 사적을 법도로 삼는 점이 있으며, 내가 홀로 살펴 새롭게 얻은 바도 있다."(『孫中山全集』 제7권, 60쪽)라고 했다.

115 『孫中山全集』 제2권, 2쪽.

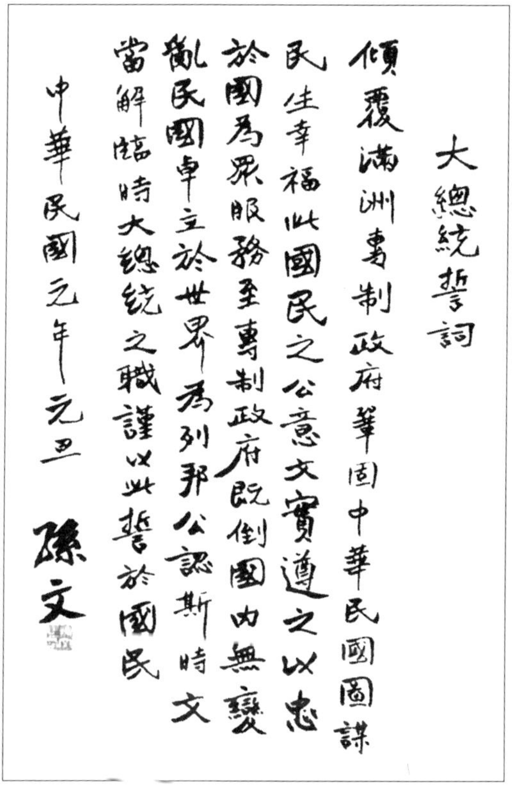
大總統誓詞
傾覆滿洲專制政府鞏固中華民國圖謀
民生幸福此國民之公意文實遵之以忠
於國為眾服務至專制政府既倒國內無變
亂民國卓立於世界為列邦公認斯時文
當解臨時大總統之職謹以此誓於國民
中華民國元年元旦 孫文

그림 13-10 손문(1866-1925)의 임시대총통 취임식을 위한 1912년 1월 1일의 총통 취임선언서. 이 글은 손문의 자필로 쓰여졌다.

은 미개의 형태, 고전적인 형태를 거쳐 근대적인 형태까지 이르렀고, 신해혁명은 이 전승·발전·변화의 과정 속에서 어떤 종류의 상징적 의의를 가지고 있다. 근대 정치문명의 확립이 의미하는 것은 모든 근대 중화문명 체계가 제도화·법률화에 의해 보장되는 것이고 신성불가침의 '정통'이 되었다는 것이다. 이에 이르러 중국 전통문명은 환골탈태의 교체를 거쳐, 중국의 근대문명 확립은 이제 대세가 되었다.

찾아보기 (인명 · 책명 · 편명 · 작품명 등)

ㄱ

『가대소歌代嘯』 83
가사家祠 137
가훈家訓 142
『가흥장嘉興藏』 30
각라학覺羅學 232
「각성자의국장정各省咨議局章程」 429
『각세경覺世經』 275
감산 덕청憨山德淸 27
감생(학생) 225
『감주이甘珠爾』(칸규르Kanjur) 30, 33
갑오전쟁(청일전쟁) 325, 351, 363, 364, 382, 415
강광인康廣仁 380
강서講書 245, 255
강순江恂 182
강약회講約會 273
강우상江右商(강서 상인) 169
『강유기행康輶紀行』 368
강유위康有爲 377, 378
강춘江春 182
강학 226
강학서원 229
강학정江鶴亭 183
강향약講鄉約 278
강회 229
『강희남순도康熙南巡圖』 108
강희제康熙帝 234, 273
『개선사지황암사관폭기開先寺至黃巖寺觀瀑記』 87
『개자원화전芥子園畫傳』 113
거사居士 29
건가학파 182
건안파建安派 101
격로파格魯派(겔룩파) 31
격조설格調說 92
격치서원格致書院 399
격치학格致學 398
『격치휘편格致彙編』 310
견책소설譴責小說 390
견태서원見泰書院 229
『겸가당고兼葭堂稿』 162
경극京劇 77, 184
경당經堂 37
「경대의학기瓊台義學記」 238
경문대학 37
경문소학 37
경사대학당京師大學堂 383
경사동문관京師同文館 387, 399
경세치용經世致用 349
경은시사驚隱詩社 208
『경의고經義考』 181

경적례耕耤禮 19
경정여학당經正女學堂 383
경정향耿定向 251
『계몽백화보啓蒙白話報』 404
계묘학제癸卯學制 389
계산서원稽山書院 227
계악桂萼 243
고경정사詁經精舍 231, 387
고곡顧曲 183
고공섭顧公燮 163
『고금소학古今小學』 251
고묘회古廟會 51
『고문관지古文觀止』 256
고반룡高攀龍 229
고산 원현鼓山元賢 27
고선제 435
고악高鶚 124
고염무顧炎武 148, 190, 226
고정신顧鼎臣 36
고헌성高憲成 229
고횡파顧橫波 151, 264
곤곡昆曲 75
곤액리사아문袞額里士衙門(議院, Congress) 409
공거貢擧 223
공과격功過格 275
공근公瑾(주유) 74
공덕孔德(August Comte) 392
공묘孔廟 21
「공사율公司律」 423
공상개본工商皆本 145, 158
공상임孔尙任 93
공생貢生 217
『공손구낭公孫九娘』 72
공안파公安派 89
공양학公羊學 379
공자진龔自珍 95, 97
공척사성학工尺四聲學 183
공화 436
공화제 433
곽성郭誠 117
관립 학당 352
관생官生 217
관섬상關陜商(섬서 상인) 169
관성제군關聖帝君 49
『관성제군각세진경關聖帝君覺世眞經』 275
『관잠官箴』 264
관잠서官箴書 257
『관장현형기官場現形記』 390
「관전가수획觀田家收獲」 91
관중서원關中書院 230
『관추편管錐編』 129
관한경關漢卿 77, 93
광간狂簡 187
『광고사狂鼓史』 84
『광물수책礦物水册』 401
광방언관廣方言館 390
광서제光緒帝 379
『광소부서廣笑府序』 67
광언예鄺彦譽 238
『광운廣韻』 181
교제膠濟철도 322
『구경쇄기舊京瑣記』 210

「구망결론救亡決論」397
구봉갑丘逢甲 389
구양덕歐陽德 228
구여직瞿汝稷 29
구연량裘延梁 404
구영仇英 106, 263
『구유조성서舊遺詔聖書(구약성서)』374
구주仇珠 263
구취求趣 59
구태원瞿蛻園 206
국문광업사國門廣業社 207
『국문광업집國門廣業集』208
국민 434
국민국가 434
「국상國殤」96
국자감國子監 216
국자감산학 235
국자학國子學 216
『국표집國表集』208
국회 436
국회사상 408
군학群學 392
『군학이언群學肄言』393
굴대균屈大均 90, 197
굴원屈原 96
권선서勸善書 275
귀양서원貴陽書院 227
귀장歸莊 91
『규간窺簡』103
『규범閨範』258
규찰제 435
극이克爾(J. Kerr) 398
『금강경金剛經』26
금농金農 113
『금병매金瓶梅』61, 64, 102, 116
금석학 205
금전기의金田起義 373
금태악가金台岳家 102
『급취急就』242
기곡 17
기독旗纛 16
기리설肌理說 92
기물器物 364, 414
기불여인器不如人 342, 366
기사幾社 207
『기사임신문선幾社壬申文選』208
『기사회의집幾社會議集』208
기서奇書 119
기선琦善 342, 370
기승한祁承㸁 268
기영耆英 370
기원寄園 211
기유취상棄儒就商 156
기윤紀昀 198
기표가祁彪佳 184
「기해잡시己亥雜詩」95
길吉 · 가嘉 · 빈賓 · 군軍 · 흉凶 5례 16
김성탄金聖嘆 70
김조연金兆燕 183
끽강다喫講茶 175

ㄴ

나교羅敎 45

나몽홍羅夢鴻 45
나여방羅汝芳 229
나유고羅有高 29
난손일서벽蘭遜一瑞碧 350
남감南監 216
남경조약南京條約 308, 370
『남공향약南贛鄕約』 271
남명왕조南明王朝 93
남북종론南北宗論 106
남시북송南施北宋 211
남양공학사범원南洋公學師範院 310
『남옹지南雍志』 218
『남장南藏』 30
『남전여씨향약藍田呂氏鄕約』 270
남회인南懷仁(Ferdinand Verbiest) 234
납란성덕納蘭性德 233
내등호남內藤湖南 357
내해만형內海灣型 304
『내훈內訓』 258
노견증盧見曾 181, 208
노공장盧戇章 403
노내선勞乃宣 404
노미애이盧米埃爾(Louis Lumiére) 405
노반魯班 53
노사盧梭(루소) 392
노신魯迅 73, 400
『노잔유기老殘遊記』 390
녹영綠營 415
『녹태제화고麓台題畵稿』 108
「논세변지기論世變之亟」 397
농업 부산물 318
뇌분雷奮 391
「늑납勒納(러너)의 알칼리 금속 광보光譜(스펙트럼)이론의 분광경 실험연구에 대하여」 399
늠생廩生 181
『능가경楞伽經』 26
니채尼采(니체) 392

ㄷ

다탁多鐸 233
단납丹納(J.D. Dana) 401
단방端方 204
『단주이丹珠爾』(덴규르Tengyur) 30, 33
달라이라마 5세 32
달뢰라마達賴喇嘛(달라이라마) 32
담불논도談佛論道 42
담사동譚嗣同 389
담약수湛若水 228, 251
「담장(墻)」 405
당견唐甄 158
당고특唐古特(탕쿠트, 西夏) 233
『당시삼백수唐詩三百首』 256
당안檔案(공문서) 394
당월棠樾 포포씨 137
당인唐寅 106, 187
당자제천堂子祭天 22
『대공보大公報』 404
대리원大理院 422
대사大祀 16
대승사상 379
대장경 29
대종사大宗祠 137

대진戴震 181
『대청률례大淸律例』 420, 422
「대청민율초안大淸民律草案」 423
「대청신형률大淸新形律」 423
『대청회전사례大淸會典事例』 302
대학분과문목표大學分科門目表 389
『대헌약臺憲約』 267
덕례격德禮格(데오도리코) 23
덕리德里 355
도기屠寄 402
도기사道紀司 34
도록사道錄司 34
도륭屠隆 29
도망령陶望齡 99
『도문십규道門十規』 35
『도서집성圖書集成』 351
도안陶安 15
『도암몽억陶庵夢憶』 117, 195
도연정陶然亭 212
도정사道正司 35
도죄徒罪 148
『도화선桃花扇』 93, 264
「도화암가桃花庵歌」 188
도회사道會司 35
독서성령獨抒性靈 97
『독소아어讀小兒語』 251
동광체同光體 389
동기창董其昌 106, 209
동림당 230
동림서원東林書院 229, 230
『동몽수지童蒙須知』 248
『동방삭절도도찬東方朔竊桃圖贊』 66
『동방잡지東方雜誌』 417
동삼성총독東三省總督 428
『동서양고東西洋考』 329
『동서양고매월통기전東西洋考每月統記傳』 310
동설董說 190
동소완董小宛 151, 195
『동심설童心說』 84
동함董含 156
두등춘杜登春 207
두보杜甫 90, 97
등붕燈棚 164
등실鄧實 392
등주몽양학당정재登州蒙養學堂正齋 387

ㄹ

라마교喇嘛教 30
라싸 3대사大寺 32
라자 묵비羅玆墨非 336
러일전쟁 314
런던선교회(London Missionary Society) 368
「로이·플라 지방의 뱀춤(羅依弗拉地方長蛇跳舞)」 406
뢰이이賴伊爾(C. Lyell) 401

ㅁ

마군무馬君武 391
마랑부馬郎婦 126
마례손馬禮遜(Robert Morrison) 368
마례손학당馬禮遜學堂(Morrison School)

387
마상란馬湘蘭 264
마상백馬相伯 391
마왈관馬日琯 180, 209
마왈로馬日璐 182, 209
마조媽祖 51
마주 38
막시룡莫是龍 106
『만력속도장』 35
만류당萬柳堂 211
『만문대장경滿文大藏經』 30
만족의학滿族義學 232
매곡성梅縠成 23
「매유랑독점화괴賣油郎獨占花魁」 65
맹덕사구孟德斯鳩(C.L.S. Montesquieu) 397
명덕서원明德書院 229
『명사明史』 16, 217, 227
『명유학안明儒學案』 237
『명직明職』 268, 269
『명청사회사론明清社會史論』 179
명학名學 391
『명학名學(논리학 체계)』 397
『명회요明會要』 225
모도母道 259
『모란정牧丹亭』 75
『모란정제사牧丹亭題詞』 75
모서慕瑞(H. Murry) 368
모양冒襄 194, 207
모용엄慕容儼 48
모종강毛宗岡 70
모피강冒辟疆 118
목륵穆勒(J.S. Mill) 397
『목진牧津』 268
『몽구蒙求』 255
『몽문대장경蒙文大藏經』 30
『몽양례蒙養禮』 245
몽학蒙學(초등교육) 236
무격巫覡 47
『무림장武林藏』 30
무사膴仕 179
무생노모無生老母 46
『무석백화보無錫白話報』 404
『무선전보無線電報』 398
무술사조戊戌思潮 376, 381
무술운동 408
무술 6군자 380
『무오고유撫吳告喻』 162
무전손繆荃孫 205
무학武學 216
무협소설 73
『묵포도도墨葡萄圖』 105
묵해서관墨海書館 310
문성공주 33
문소文昭 233
문숙文俶 263
문언소설 71
『문자몽구文字蒙求』 243
문진형文震亨 200
문징명文徵明 99, 106, 263
『문창제군음즐문文昌帝君陰騭文』 275
『문헌통고文獻通考』 50
문화인 354, 367
물리학 398
「미국 영화 관람기」 406

미련米憐(William Milne) 384
『미리가합성국지략美理哥合省國志略』 369
미부회美部會(American Board of Commissioners for Foreign Missions) 368
미사美査(E. Major) 351
미인황토 128
민상閩商(복건 상인) 169
민생民生 217
민족민주관념 379
민해관정구閩海關正口 331
밀나루密那樓 40
『밀봉화보蜜蜂華報(Abelha da China)』 384
밀운 원오密雲圓悟 27

ㅂ

박고엽자博古葉子 103
박래품舶來品 357
박산 원래博山元來 27
『박안경기拍案驚奇』 65
「반면여촉루찬半面女髑髏贊」 127
반선 5세 32
반선班禪(판첸)활불 32
반소班昭 257
반조음潘祖蔭 204
방사房祠 137
방유의方維儀 262
방자희邦子戲 184
방책본方册本 대장경 28
방택方澤 16, 17
배상제회拜上帝會 373
배서背書 245, 246
『백가성百家姓』 242
백마白馬사당 50
백여伯余 55
백일유신(무술변법) 380
백진白晋(Joachim Bouvet) 234
백천서원百天書院 230
백화白話 404
『백화白話』 404
백화문白話文 403
백화소설 79
백화신문 404
범렴范濂 172
『범장凡將』 242
범중엄范仲淹 135
범집체주의汎集體主義 420
범해통번泛海通藩 328
법률수정관法律修訂館 421
법원편제법法院編制法 422
『법의法意(법의 정신)』 397
벽하원군碧霞元君 50
「벽한闢韓」 397
보권寶卷 45
보장체報章體 405
보재소설報載小說 390
보정군교保定軍校 416
보통화普通話(공용어) 404
복건마조福建媽祖 53
복사復社 207
본교本敎 32
부문서원敷文書院 227
「부반면여촉루賦半面女髑髏」 127

부산傅山 105
『부생육기浮生六記』 118
부환傅瓛 15
북감北監 216
북경동문관北京同文館 352
북양속성무비학당北洋速成武備學堂 416
북양신군北洋新軍 415
북양 해군 314, 364
북양행영장변학당北洋行營將弁學堂 416
『북장北藏』 30
불이재不二齋 201
비치문裨治文(E.C. Bridgman) 369
『비파기琵琶記』 60

ㅅ

『사고전서四庫全書』 297
『사기史記』 125
사녀화仕女畵 263
사당祠堂 136
사당교학법四堂敎學法 243
사대묘시四大廟市 297
사대성강四大聲腔 75
사대휘반四大徽班 184
사령운謝靈運 233
사록祠祿 16
사명司命 16
사문司門 16
사문학四門學 223
사민司民 16
사빈새斯賓塞(H. Spencer) 393
『사사시말社事始末』 207
사산祠産 139
사서四書 255
『사서대전四書大典』 224
『사서집주四書集註』 225
사숙私塾 239
사신社神 49
사야비본師爺秘本(막료의 비본) 269
사온선舍蘊善 38
사왕四王 108, 113
사원詞垣 179
사인화士人畵 106
『사전회요四典會要』 39
사정司井 16
사조司竈 16
사조제謝肇淛 64
사주묘師主廟 54
『사주지四洲志』 368, 408
사중司中 16
사직社稷 16
사직단社稷壇 23
사학社學 216, 222, 236, 251
사합원四合院 290
사현도謝顯道 246
사홍뢰謝洪賚 402
사회진화론 379, 395, 400
『사회학연구』 393
산서표호山西票號 317
산천단 23
살만교薩滿敎(샤먼) 22
삼경희반三慶戲班 184
『삼국연의三國演義』 60
『삼국지평화三國志平話』 60

삼권분립 379
3급 학제 382
『삼례의소三禮義疏』16
삼문지제三門之制 285
삼민주의三民主義 435
삼백 편(『시』) 88
삼언三言 161
삼언이박三言二拍 65
『삼자경三字經』242, 255
『삼자경주三字經注』251
상군湘君 415
상무인서관商務印書館 385
상부商部 427
상온화常蘊華 38
상우常雩 17
「상월湘月」95
『상유십육조上諭十六條』273
상제교 373
상진尚眞 59
상택설相宅說 291
상해성상내외총공정국上海城廂內外總工程局 429
상해수룡공소上海水龍公所 355
『상해한화上海閑話』352
색니비이덕塞尼費爾德(Alois Senefelder) 351
색랍사色拉寺(세라Sera 사원) 30
서계徐階 159, 227
서계여徐繼畬 368
서교西敎(기독교) 372, 375
서기西器 375
서기西技 375
『서문장전徐文長傳』99
서상書商 61
『서상기西廂記』102, 103
서수徐壽 399
서양영희西洋影戲(서양영화) 405
「서양의 풍물(西洋景)」406
『서언고사書言故事』256
서예西藝 391
서원 227
서위徐渭 66, 81, 82, 105
『서유기西遊記』62
서윤徐潤 351
서일승徐日昇(Thomas Pereira) 23, 234
『서장대장경西藏大藏經』30
서정西政 375, 391
『서진정보회심집敍陳正甫會心集』85
서학西學 367
『서학서목표西學書目表』388
서학중원西學中源 376
『서호일西湖一』86
석가지釋迦智 30
석계石溪 29
석도石濤 29, 100, 203
석옥엽石玉葉 50
석월夕月 16, 17
석판인쇄술 351
석패란席佩蘭 263
선남宣南 210
선남시회宣南詩會 212
선남음사宣南吟社 212
선농先農 16~18
선농단先農壇 19

선사先師 16, 17
선서善書 257, 275
선잠先蠶 17, 18
선종禪宗 26, 27
『선총리구덕록先總理舊德錄』432
『선화유사宣和遺事』60
설교 원신雪嶠圓信 27
『설문해자說文解字』181
『설서說書』131
설서인說書人 68
설선薛瑄 266
설소소薛素素 264
설창문학說唱文學 77
성경장군盛京將軍 428
성기聲伎 183
성령性靈 88
성령설性靈說 89, 92
『성리대전性理大典』224
『성리정의性理精義』224
성명쌍수性命雙修 35
성상합일性相合一 27
「성서피범주城西陂泛舟」97
『성세항언醒世恒言』65
성신星辰 16
성심루省心樓 40
『성유육언聖諭六言』273
성정설性情說 192
「성진향지방자치장정城鎮鄉地方自治章程」 429
성황城隍 47
『세계지리대전世界地理大全』368
『세설신어世說新語』261
『소보蘇報』404
소사小祀 16
소식蘇軾 106
『소아어小兒語』251
소암 덕보笑巖德寶 27
소양우蕭良友 256
소영유蕭令裕 369
소원절卲元節 35
소조귀蕭朝貴 372
『소주백화보蘇州白話報』404
『소주죽지사蘇州竹枝詞』185
소중마小仲馬[Alexandre Dumas(fils)] 391
소품小品 86
『소학小學』250, 255
『소학사자운어小學四字韻語』250
『소학신편小學新編』251
『소학집해小學集解』250
소화문학笑話文學 66
소화집笑話集 66
『속견문잡기續見聞雜記』176
속대屬對 247
『속도장續道藏』35
속문화俗文化 60
『속장경續藏經』30
손기봉孫奇逢 230
손성연孫星衍 231
손중산孫中山(손문) 430~432
손챈감포왕 33
송균암松筠庵 212
『송남몽영록淞南夢影錄』351, 356
송독誦讀 245
송라다松蘿茶 195

송렴宋濂 15
송명이학宋明理學 230, 379
송약소宋若昭 257
송약화宋若華 257
송완宋琬 211
송응성宋應星 166
『수리정온數理精蘊』 235
수상소설綉像小說 390
수선서원首善書院 227
「수선서원기首善書院記」 226
수성壽星 16
「수요원정水澆園丁」 405
『수원식단隨園食單』 199
『수원질사隨園軼事』 192
수족收族 135
수호엽자水滸葉子 103
『수호전水滸傳』 60
숙본화叔本華(쇼펜하우어) 392
순경부巡警部 427
순제묘順濟廟 52
순치제順治帝 218, 264
숭속崇俗 59
숭인학파崇仁學派 237
숭정제崇禎帝 230
「스페인 댄스(西班牙跳舞)」 406
승강사僧綱司 26
승록사僧錄司 26
승정사僧正司 26
승회사僧會司 26
시계혁명詩界革命 389
시규장施奎章 211
『시무보時務報』 384, 400
시문時文(팔고문) 226
시박사市舶司 306
시진市鎭(소도시) 170
시화일체詩畫一體 101
『식물학(Elements of Botany)』 394
식자교육識字教育(문자학습) 242
『신각비평수상금병매新刻批評繡像金瓶梅』 102
『신간대자괴본전상참증기묘주석서상기新刊大字魁本全相參增奇妙注釋西廂記』 102
신군新軍 348, 415
『신궤臣軌』 269
『신난교愼鸞交』 70
신마소설神魔小說 62
신문체 405
『신보申報』 351, 354
「신사학新史學」 393
신상紳商 156, 429
신상신新商紳 353
신소설 390
『신안정씨통종세보新案程氏統宗世譜』 142
신운설神韻說 92
『신유조성서新遺詔聖書(신약성서)』 374
『신전전상통속연의수양제염사新鐫全像通俗演義隋煬帝艶史』 103
신정新政 348, 430
『신찬지문학新撰地文學』 402
신체시新體詩 389
신파시新派詩 389
신학神學 386

신학新學 403
신해혁명 408, 436, 437
『실증주의철학대강實證主義哲學大綱』 392
심가본沈家本 421
심개沈璿 74
『심경心經』 26
심덕부沈德符 74
심보정沈葆楨 351
심복沈復 118
심의수沈宜修 262
심인백沈因伯 113
심주沈周 106
심학心學 227
심학沈學 405
『십삼경十三經』 181
13본경本經 37
『십이루十二樓』 70
『십칠사몽구十七史蒙求』 256
십팔방十八房 226
쌍면화상雙面畵像 129

ㅇ

아굉阿訇(이맘imam) 37
아당사밀亞當斯密(Adam Smith) 397
아문화雅文化 60
아부雅部 76
아비리雅裨理(David Abeel) 369
아저협阿底峽(아티샤Atiśa) 31
아집雅集 208
아편전쟁 308, 325, 341
악진岳鎭 16
안진경顔眞卿 244
『안휘속화보安徽俗話報』 404
애약슬艾約瑟(Joseph Edkins) 395
『야의野議』 166
양계초梁啓超 78, 98, 182, 378, 385, 388, 393, 396, 400, 404
양구운楊衢雲 433
양명심학陽明心學 224
양명학陽明學 223
양무운동洋務運動 346, 349, 376, 408
양무파洋務派 375
양선糧船 177
양수청楊秀淸 372
양신楊愼 262
『양정도해養正圖解』 251
양주팔괴揚州八怪 113
양주학파 182
『양주화방록揚州畵舫錄』 209
양지良知 276
양진어梁辰魚 75
어기창御器廠 54
억어체憶語體 117
언정소설言情小說 390
『얼해화孽海花』 390
엄복嚴復 78, 364, 388, 392, 396
엄숭嚴嵩 36
엄역명저嚴譯名著 391
엄제자嚴濟慈 399
『여계女誡』 257
여곤呂坤 245, 251, 258, 259, 267
『여논어女論語』 257, 258

여대균呂大鈞 270
여득승呂得勝 251
『여범女範』 258
『여범첩록女範捷錄』 258
여본중呂本中 265
여사서女四書 258
『여씨향약呂氏鄉約』 271
여악厲鶚 180
여영시余英時 156
여유량呂留良 159
여회余懷 117
『역대몽구歷代蒙求』 256
역대 제왕 17
『역학과편力學課編』 399
「연구비기보고研究飛機報告」 417
연납제도捐納制度 156
『연의백화보演義白話報』 404
연인술鉛印術(활자판인쇄술) 352
연종聯宗 136
연춘각延春閣 285
연해도시 310
연화年畵 104
열녀사烈女祠 149
『열장지진閱藏知津』 28
염계서원濂溪書院 227
염락관민濂洛關閩 224
염상鹽商 180, 182, 317
「염소주艶蘇州」 185
「염정론鹽政論」 166
엽경장葉瓊章 262
엽소원葉紹袁 117, 262
엽소재葉昭齊 262
엽춘급葉春及 250
엽향고葉向高 226
엽혜조葉蕙綢 262
『영길리기英吉利記』 369
『영길리기략英吉利紀略』 369
『영녕嬰寧』 72
영락제永樂帝 주체朱棣 284
『영매암억어影梅庵憶語』 118, 195
영부寧府 122
영부榮府 122
영이英夷(영국 오랑캐) 369
영파방寧波幇 325
『영파백화보寧波白話報』 404
영파여숙寧波女塾 310
「영해갈탕嬰孩喝湯」 405
영혜부인靈惠夫人 52
『영환전지瀛環全志』 402
『영환지략瀛環志略』 368
예감생例監生 223
예악 15
예원로倪元璐 105
『오경대전五經大典』 224
오경재吳敬梓 72
오구통상五口通商 327
5권분립五權分立 435
오남훈吳南薰 399
오대징吳大澂 205
오려보伍蠡甫 107
오력吳歷 108
오록정吳祿貞 416
오명학처五明學處 32
오명훤吳明烜 234

오문여숙澳門女塾 382
오문영吳文英(사가객思佳客) 127
『오문화사吳門畵史』 106
오문화파吳門畵派 263
5·4신시가운동五四新詩歌運動 389
오사운동五四運動 89
오월상吳越商(소주·절강 상인) 169
오위업吳偉業 222
오정방伍廷芳 421
오제五帝 16
오조吳藻 263
오징吳澄 74
『오풍록吳風錄』 160
『오현지吳縣志』 174
『옥편玉篇』 181
「옥화궁玉華宮」 126
온사특溫斯特(Wanstall) 381
옹동화翁同龢 204
옹문호翁文灝 402
옹정제 167
와비臥碑 218
와비문臥碑文 218
『완사기浣紗記』 75
완원阮元 182, 231
왕감王鑒 108
왕계열王季烈 398
왕국유王國維 123, 128, 392
왕균王筠 243
왕난생王蘭生 23
왕대여王岱輿 38
왕도곤汪道昆 178
왕령王令 256
왕명성王鳴盛 160, 181
왕문태汪文泰 369
왕부지王夫之 190
왕상王相 258
왕상월王常月 36
왕시민王時敏 108
왕양명王陽明 157, 227, 251, 271
왕어양王漁洋 204
왕완汪琬 153
왕우태王宇泰 29
왕원기王原祁 108
왕유王維 106
왕의영王懿榮 205
왕조王照 403
왕지형王之衡 102
왕진汪縉 29
왕탁王鐸 105
왕휘王翬 108
왕흠약王欽若 50
『외국사략外國史略』 368
외해만형 304
요공학姚公鶴 352
『요문窈聞』 118
『요범사훈了凡四訓』 276
요수풍廖壽豊 388
요영姚瑩 368
『요우약僚友約』 267
『요재지이聊齋志異』 71
『요화집瑤華集』 209
용강서원龍岡書院 227
용문파 36
『용문편영龍文鞭影』 256

용수龍樹 31
용수사龍樹寺 212
『용장龍藏』 30
용진서원龍津書院 228
『우속장경又續藏經』 30
우익 지욱藕益智旭 27
우전부郵傳部 427
「우천심일수又忏心一首」 95
운서 주굉雲栖袾宏 27
운수평惲壽平 108
「원강原强」 364, 392, 397
원고료 제도 355
원굉도袁宏道 29, 62, 85, 86
원림園林 172, 203
원매袁枚 88, 151, 192, 198, 263
『원부原富(국부론)』 397
원세개袁世凱 424
원앙호접파鴛鴦胡蝶派 390
원황袁皇 276
월상粵商(광동 상인) 169
월성月城사당 50
『위관법계록爲官法戒錄』 268
위교魏校 237, 250, 255
위소衛所 306
위염신韋廉臣(Alexander Williamson) 395
위원魏源 368, 408
위정진魏廷珍 22
위충현魏忠賢 230
위학衛學 218
유거경游居敬 228
유계장劉繼莊 184
유기劉基 15
유단裕端 233
유동규兪同奎 400
유리창琉璃廠 205, 298
『유림외사儒林外史』 72
유살유사維薩留斯(Andreas Vesalius) 400
유서類書(사전류) 60
유성우劉成禺 432
『유세명언喩世明言』 65
유소명劉素明 102
유식학 27
유신사조維新思潮 377
유아자柳亞子 78
유여시柳如是 151, 264
유용전劉龍田 102
유우석劉禹錫 90, 126
유우의劉于義 160
유월兪樾 387
유종주劉宗周 230, 278
유지劉智 38
유학儒學 216, 218, 222
『유학경림幼學瓊林』 256
유학순劉學詢 433
『유희보遊戲報』 406
육군상비학동판법陸軍常備學童辦法 415
「육군학술유학장정陸軍學術遊學章程」 416
육기陸機 89
육세의陸世儀 251
육속陸續 184
육유陸游 128, 155
육즙陸楫 162
육천六天 16

『율려정의律呂正義』23
『율려정의후편律呂正意後編』23
음양학 216
『음즐문陰騭文』275
의례 15
의전義田 140
의학醫學 216
의학義學 238
「의학규칙義學規則 18조」248
「의학선회서醫學善會序」400
의화단사변義和團事變 376
『이각박안경기二刻拍案驚奇』65, 160
이경희李經羲 416
이락李樂 176
이몽양李夢陽 169
이박二拍 161
이백李白 96
이복기李復幾 399
이불李紱 149
이사훈李思訓 106
이석李石 275
이선란李善蘭 395
이선장李善長 15
이성원李星沅 370
이성탁李盛鐸 413
『이소離騷』103
이슬람교 37
『이십년목도지괴현상二十年目睹之怪現狀』390
『이십사사二十四史』351
『20세기대무대』78
이어李漁 69, 183, 201
이옥李玉 93
이요방李耀邦 399
이우李顒 230
이유방李流芳 203
이일화李日華 188
이지李贄 29, 84, 261, 276
이한李翰 255
이함암李緘庵 417
이향군李香君 151, 264
이홍장李鴻章 345, 349, 375
「인도인의 봉춤(印度人執棍跳舞)」406
『인보人譜』278
『인신경심록人臣儆心錄』264
『인체구조』400
인효문仁孝文 황후 257
『일강예기해의日講禮記解義』16
『일기고사日記故事』256
『일목요연초계一目了然初階』403
일본남만철로주식회사日本南滿鐵路株式會社 315
일주다日鑄茶 195
임금남林琴南(林紓) 391
임덕리林德利(John Lindley) 395
임시대총통 취임선언서 436
임역소설林譯小說 391
임칙서林則徐 212, 368, 408
임해林獬 404
입헌운동 408

ㅈ

『자감字鑑』181

자금성紫金城 286
『자림서보字林西報(North China Daily News)』 385
자백 진가紫柏眞可 27
「자위묘지명自爲墓志銘」 82
자의국咨議局 429
「자의국의원선거장정諮議局議員選擧章程」 429
『자정신편資政新篇』 375
자정원資政院 429
자치공소自治公所 429
자희태후慈禧太后(서태후) 363, 380
작방爵房(상원) 409
잠례蠶禮 19
잡극雜劇 77
『잡화도雜花圖』 105
장거정張居正 229
장건張謇 353, 430
장계석蔣季錫 263
장국상張國祥 35
장대張岱 117, 182, 196
장돈복蔣敦復 192
「장려공사장정獎勵公司章程」 423
장몽藏蒙(티베트·몽골) 불교 32
장문장경藏文藏經(티베트대장경) 30
『장물지長物志』 200
장방진蔣方震 416
장백행張伯行 162, 250
장백희張白熙 389
장사전蔣士銓 183
장상문張相文 402
『장생전長生殿』 93
장수성張樹聲 411
장숙蔣淑 263
장신張新 74
장양휘張陽輝 142
장우張宇 35
장이상張履祥 277
장이혜張貽惠 399
장재張載 135
장전藏傳불교 26
장정상張正常 34
장정석蔣廷錫 263
장조張潮 196
장죄杖罪 148
장죽파張竹坡 70
장지동張之洞 375, 416, 424
장탄蔣坦 118
장태염章太炎 393
장헌張憲 142
장형蔣衡 181
장홍조章鴻釗 402
「장흥가중회진주채蔣興哥重會珍珠衫」 65
재도載濤 417
재자才子의식 68
적고문狄考文(C.W. Matter) 387
『적고재종정이문관식積古齋鐘鼎彝文款式』 182
전각자모電刻字模 310
전겸익錢謙益 263
전교사 234, 368, 384
전기傳奇 77
전난아傳蘭雅(J. Fryer) 398, 399
『전당시全唐詩』 351

전대흔錢大昕 158, 181
전례원典禮院 427
전문경田文鏡 268
『전상평화오종全相平話五種』 101
전영錢泳 171, 193, 203
「전운한우교동정홍轉運漢遇巧洞庭紅」 65
「전월의사의민공격全粵義士義民公檄」 371
전종백(전겸익錢謙益) 209
전종서錢鍾書 129
전진도全眞道 34
전포錢鋪 184
전후칠자前後七子 80
「절임빙공묘표節庵方公墓表」 157
『절운유의節韻幼儀』 251
절강浙江 29
점마아부아문占馬阿富衙門 408
『점석재화보點石齋畫報』 351, 354
정관응鄭觀應 411
『정교진전政敎眞詮』 38
정난지역靖難之役 316
정녀방貞女坊 149
정등길程登吉 256
『정률심음定律審音』 23
정문강丁文江 402
정민정程敏正 142
정성공鄭成功 307, 328
『정암문집定庵文集』 98
정원훈鄭元勛 209
정이程頤 135
정일도正一道 34
정잠程崟 183
정주이학程朱理學 223
정지룡鄭芝龍 328
정지번鄭之蕃 398
정천리鄭千里 102
『정통도장正統道藏』 35
정판교鄭板橋 100, 109, 112, 113
정학서원正學書院 231
「정향현사학기程鄉縣社學記」 238
제법합체諸法合體 423
『제석도소죽유난도題石濤疏竹幽蘭圖』 109
「제원유산집題元遺山集」 92
제조정관提調正官 219
제학관提學官 237
조계구租界區 308
조길사趙吉士 211
조남성趙南星 251
조단曹端 266
조량漕粮 316
조산潮汕철도 335
조선漕船 317
조설근曹雪芹 117, 118, 130, 177
조운漕運 317
「조의항烏衣巷」 90
조이손趙爾巽 416
조익趙翼 192
조일朝日 16, 17
조조曹操 84
조진경개粗陳梗概 130
조필진趙必振 391
족규族規 135, 142
족산族産 139

족전族田 135, 139
존슨(Lewis M. Johnson) 405
존정尊情 59
종객파宗喀巴(총카파) 30
종고 선사宗杲禪師 127
종교제사 15
종묘宗廟 16
종법제도 135
종보宗譜 135
종사宗祠 135, 136, 169
종사從祀 16
「종실각라소송장정宗室覺羅訴訟章程」 423
『종정명언從政名言』 266
『종정유규從政遺規』 268
종학宗學 216, 232
주개周凱 248
『주관』(주례周禮) 242
『주금당도晝錦堂圖』 107
주선酒船 164
주순수朱舜水 160
주양공周亮工 198
주여등朱汝登 230
『주역周易』 249
주원장朱元璋 165, 287, 305
주이존朱彝尊 181, 197, 225
주자朱子 248
『주자전서朱子全書』 224
주자학朱子學 224
『주자향약朱子鄉約』 271
주재육朱載堉 23
「주정경학과대학문학과대학장정서후奏定經學科大學文學科大學章程書後」 392
주체朱棣 316
주탑朱耷 105, 109, 190
주희朱熹 135, 225, 250, 271
『죽계심씨가승竹溪沈氏家乘』 139
「죽석도竹石圖」 112
중관中觀사상 31
『중국백화보中國白話報』 404
『중국소설사략中國小說史略』 73
『중국지리교과서』 402
『중국통속소설총목제요中國通俗小說總目提要』 78
『중등본국지리교과서中等本國地理教科書』 402
중류中霤 16
중사中祀 16
중영천진조약中英天津條約 335
중체서용中體西用 375, 376
증국번曾國藩 344, 375
증인서원證人書院 230
「증장상호贈張相鎬」 96
「증조설근贈曹雪芹」 117
지곤地棍 176
『지군백화보智群白話報』 404
지사支祠 137
지자 대사智者大師 49
지지地祇 17
『지질학원리』 401
지행합일知行合一 253
진계유陳繼儒 106, 189, 194
진공가향眞空家鄉 46
진공윤陳恭尹 90

진굉모陳宏謀 152, 238, 260, 268
진기창陳其彰 382
진덕수眞德秀 266
진독수陳獨秀 404
진력陳櫟 256
진무사眞武祠 35
진문술陳文述 263
진배陳裴 118
진백사陳白沙 228
진봉형陳逢衡 369
진분秦汾 398
진상晉商(산서 상인) 169
진상대원晉商大院 169
진신陳選 250
진신사대부縉紳士大夫 166
『진씨예서陳氏禮書』 148
진인각陳寅恪 248
「진차량부랑에게 드리는 글(與陳次亮部郎書)」 411
『진천명조서眞天命詔書(또는 진약眞約)』 374
진침陳忱 90
진헌장陳獻章 238
진홍수陳洪綬 102, 103
진화론 395
『진화와 윤리(Evolution and Ethics)』 395
진확陳確 158

ㅊ

찬합攢盒 175
『찰세속매월통기전察世俗每月統記傳(Chinese Monthly Magazine)』 384
『창힐倉頡』 242
채악蔡鍔 416
『천가시千家詩』 256
천단天壇 23
천문 · 역법 233
『천방성리도해天方性理圖解』 39
『천방전례天方典禮』 38
『천설天說』 28
『천연론天演論』 395, 396
천은 원수天隱圓修 27
『천자문千字文』 242
천지 16
천진조약 313
「천천증도기天泉證道記」 230
『천충록千忠祿』 93
천태종 27
천해령遷海令 307
천황天皇 15
첨동詹同 15
『청대학술개론淸代學術槪論』 98, 182
청류당淸流黨 212
「청리재정장정淸理財政章程」 419
청사靑詞 36
『청사고淸史稿』 17, 233
청사재상靑詞宰相 36
청원 조사淸源祖師 55
청육가淸六家 108
청일전쟁 376
청진사淸眞寺 37
『청진지남淸眞指南』 38
『청회전淸會典』 426

초굉蕉竑 29, 251
『초담집初潭集』 261
『초등지리교과서』 402
초석 범기楚石梵琦 27
초순焦循 76
『초씨유림焦氏類林』 261
초제醮祭 35
「촉루찬髑髏贊」 127
총리아문總理衙門 426
최국인崔國因 410
최학고崔學古 241
「추노아령醜奴兒令」 95
추대균鄒代鈞 401
『추등쇄억秋燈瑣憶』 118
추원보본追遠報本 137
추원표鄒元標 229
축가정竺可楨 402
축윤명祝允明 187
『축자죄지祝子罪知』 188
『춘희椿姬』 391
충의신무관성대제忠義神武關聖大帝 49
측천무후則天武后 269
「치공당신장致公黨新章」 433
「치안5책治安五策」 411
치양지致良知 227, 252
치일진인致一眞人 35

ㅋ

쾌활론快活論 88

ㅌ

타추풍打抽風 183
『탄연嘆燕』 90
탈아입구脫亞入歐 377
탕빈湯斌 162, 164
탕약망湯若望(Johann Adam Schall von Bell) 234
탕현조湯顯祖 75, 81
태묘太廟 17, 23
『태미선군공과격太微仙君功過格』 275
태산낭랑泰山娘娘 50
『태상감응편太上感應篇』 275
태세太歲 16, 17
태을太乙 16
태주학파泰州學派 75
『태천향례泰泉鄕禮』 272
태평천국 373
태평천국운동 372
『태평청화太平淸話』 194
태학太學 216
태학생 217
『통물전광通物電光』 398
통속문학 59, 80
통종보統宗譜 141

ㅍ

『파려다화녀유사巴黎茶花女遺事』 391
「파산율破產律」 423
『판교잡기板橋雜記』 117
판화 101
팔고문八股文 225

팔고문 선집 226
팔기八旗 415
팔기관학八旗官學 232
팔기군 293
팔대산인八大山人 29, 190
패방牌房 137, 140
팽소승彭紹昇 29
편석산방片石山房 203
평강平江 엽씨葉氏 137
평자平子 183
포계운鮑啓運 139
포송령蒲松齡 71, 120
포조鮑照 233
포지도鮑志道 139
포탈라궁 33
표호票號 159, 184
풍몽룡馮夢龍 67, 81
풍몽정馮夢禎 188
풍부馮溥 211
풍여馮如 417
풍운뇌우風雲雷雨 16
『풍월보감風月寶鑒』 125, 130
풍조순馮祖荀 398
풍종오馮從吾 229
풍화선묘風火仙廟 54
『풍헌약風憲約』 267
필원畢沅 193

ㅎ

하경명何景明 231
하구형河口型 304
하병체何炳棣 179
하양준何良俊 170, 176
하언夏言 36, 136
하원율夏元瑮 399
하육걸何育傑 399
하인호夏仁虎 210
하증우夏曾佑 389
『학사유규學仕遺規』 268
학전學田 237
학해당學海堂 231, 388
『한강아집邗江雅集』 209
한강음사邗江吟社 209
『한서漢書』 242
한유寒儒(한미한 선비)의식 68
한전漢傳불교 26
항남주項南洲 102
항세준杭世駿 160
『항아嫦娥』 120
『항주백화보杭州白話報』 404
『해국도지海國圖志』 368, 408
해금海禁 305
해단海端 268
해독海瀆 16
해서海瑞 36
해향解餉 418
행가화行家畵 106
행업신行業神 53
향신방鄕紳房(하원) 409
향약鄕約 257, 270
『향원루억어香畹樓憶語』 118
허부원許孚遠 230
허찬許讚 228

헌법 436
혁서려赫胥黎(T.H. Huxley) 395
『현행형률』 422
협만형狹灣型 304
『협운도곡協韻度曲』 23
협의소설俠義小說 73
협향協餉 418
『형사민사소송법刑事民事訴訟法』 423
혜경慧經 27
혜동惠棟 181
호거인胡居仁 237
호계종胡繼宗 256
호광등弧光燈(아크등) 355
호국비민묘령소응홍인보제천비護國庇民妙靈昭應弘仁普濟天妃 52
호돈胡敦 398
호동胡同 290
호등주胡登洲 37
호림익胡林翼 344
호종헌胡宗憲 83
혼례철로婚禮鐵路 350
홀필렬忽必烈(쿠빌라이) 282
홍교수계虹橋修禊 208
『홍루몽』 116, 120, 122, 130
『홍모번영길리고략紅毛番英吉利考略』 369
홍수전洪秀全 372
홍승洪昇 93
홍양길洪亮吉 197
홍인간洪仁玕 375
홍학가紅學家 130
「화락천제진낭묘和樂天題眞娘墓」 126
화본소설話本小說 66
화부花部 76
『화부농담花部農譚』 76
『화성정의和聲定義』 23
화승畵僧 29
『화어록畵語錄』 111
화엄종 27
『화학감원化學鑑原』 399
화형방華衡芳 401
화화성경서방華花聖經書房 310
환구圜丘 16, 17
환구단 17
환유 정전幻有正傳 27
활불전세活佛轉世 32
황교 32
황도주黃道周 106
황도파黃道波 55
『황모란도축黃牧丹圖軸』 100
황성증黃省曾 160
황식권黃式權 351
황신黃愼 113
황아黃峨 262
황염배黃炎培 426
황은동黃恩彤 371
황정皇星 서씨徐氏 137
황종희黃宗羲 158, 190, 207, 229, 237
황좌黃佐 272
황준헌黃遵憲 389
황포군교黃埔軍校 416
회군淮軍 415
『회양결추지도淮揚潔秋之圖』 100
회청回靑 39

회통보會通譜 141
회회력回回曆 39
횡양선橫洋船 331
후조종候朝宗 207
휘반徽班 77
휘상徽商(휘주 상인) 169
휘주 황씨徽州黃氏 103
휘파徽派 판화 102
흑막소설黑幕小說 390
「흠정경사대학당장정欽定京師大學堂章程」 389
흠천감欽天監 233
흥중회興中會 432
희곡戱曲 182, 184
희반戱班 182, 183
희신喜神 55

중화문명사 제4권 下

2017년 10월 20일 초판 1쇄 인쇄
2017년 10월 30일 초판 1쇄 발행

주편主編 위안싱페이, 옌원밍, 장촨시, 러우위리에
제4권 주편 러우위리에
제4권 부주편 류융창
역 자 김상일
발행인 한태식
발행처 동국대학교출판부

주소 04620 서울시 중구 필동로 1길 30
전화 02-2260-3483~4
팩스 02-2268-7851
Homepage http://www.dgpress.co.kr
E-mail book@dongguk.edu
출판등록 제2-163(1973. 6. 28)
편집디자인 동국대학교출판부
인쇄처 보명C&I

ISBN 978-89-7801-597-4 94910
978-89-7801-535-6(세트)

값 25,000원